VOLL FETT ABNEHMEN

VOLL FETT ABNEHMEN

DAS GROSSE KETO-KOCHBUCH

LEISTUNG STEIGERN MIT LOW CARB HIGH FAT

EIN BUCH DER
EDITION MICHAEL FISCHER

200 REZEPTE
+ GRUNDLAGEN
+ NÄHRWERTTABELLEN
+ WOCHENPLÄNE

IMPRESSUM

Bibliografische Information der Deutschen Bibliothek.

Die Deutsche Bibliothek verzeichnet diese Publikation in der Deutschen Nationalbibliografie.
Detaillierte bibliografische Daten sind im Internet über http://www.dnb.de/ abrufbar.

Alle in diesem Buch veröffentlichten Abbildungen sind urheberrechtlich geschützt und dürfen nur mit ausdrücklicher schriftlicher Genehmigung des Verlags gewerblich genutzt werden. Eine Vervielfältigung oder Verbreitung der Inhalte des Buchs ist untersagt und wird zivil- und strafrechtlich verfolgt. Das gilt insbesondere für Vervielfältigungen, Übersetzungen, Mikroverfilmungen und die Einspeicherung und Verarbeitung in elektronischen Systemen.

Die im Buch veröffentlichten Aussagen und Ratschläge wurden von Verfasser und Verlag sorgfältig erarbeitet und geprüft. Eine Garantie für das Gelingen kann jedoch nicht übernommen werden, ebenso ist die Haftung des Verfassers bzw. des Verlags und seiner Beauftragten für Personen-, Sach- und Vermögensschäden ausgeschlossen.

Bei der Verwendung im Unterricht ist auf dieses Buch hinzuweisen.

EIN BUCH DER EDITION MICHAEL FISCHER

1. Auflage 2019

Alle Rechte der deutschsprachigen Ausgabe bei
© 2019 Edition Michael Fischer GmbH, Donnersbergstr. 7, 86859 Igling
© 2018 Rockridge Press, 6005, Shellmound Street, Suite 175, Emeryville, CA 94608

Erstveröffentlicht in den USA bei Rockridge Press

Titel der Originalausgabe:
KETO DIET COOKING: 200 Everyday Recipes and Easy 2-Week Meal Plans for a Healthy Keto Lifestyle

Aus dem Englischen übertragen von Annegret Hunke-Wormser (Berlin) und
Claudia Theis-Passaro (Heidelberg)

Gesamtherstellung: Anna Köperl

Bildnachweis:
Umschlag: © Hélène Dujardin, außer Rückseite, oben mitte: © Katarzyna Hurova/Shutterstock, Rückseite, oben rechts: © vanillaechoes/Shutterstock, Rückseite, unten links: © Alexander Prokopenko/Shutterstock.
Rezeptfotos: © Hélène Dujardin, außer S. 49, S. 53: © Amallia Eka/Shutterstock, S. 55: © zarzamora/Shutterstock, S. 59: © margouillat photo/Shutterstock, S. 61: © Michelle Lee Photography/Shutterstock, S. 63: © SewCream/Shutterstock, S. 66: © nadianb/Shutterstock, S. 77: © Settaphan Rummanee/Shutterstock, S. 79: © Kati Finell/Shutterstock, S. 81: © denira/Shutterstock, S. 87: © Katarzyna Hurova/Shutterstock, S. 88: © bitt24/Shutterstock, S. 93: © Katrin Winner München (Foodstyling: Alissa Maria Zoller, München), S. 97: © Alexander Prokopenko/Shutterstock, S. 99 © Food Travel Stockforlife/Shutterstock, S. 109, Brent Hofacker/Shutterstock, S. 110 © Natasha Breen/Shutterstock, S. 117: © Larisa Blinova/Shutterstock, S. 119: © Julia Sudnitskaya/Shutterstock, S. 125: © vanillaechoes/Shutterstock, S. 132: © Anna Shkuratova/Shtterstock, S. 145: © MariaKovaleva/Shutterstock, S. 151: © Magdanatka/Shutterstock, S. 153: © topotishka/Shutterstock, S. 154: © Foxys Forest Manufacture/Shutterstock, S. 165: © Kiian Oksana/Shutterstock, S. 174, S. 179: © from my point of view/Shutterstock, S. 185: © gowithstock/Shutterstock, 198: © Sea Wave/Shutterstock, S. 205: © KarepaStock/Shutterstock, S. 220: © Lisovskaya Natalia/Shutterstock, 227: © Olha Afanasieva/Shutterstock, S. 235: © Magrig/Shutterstock, S. 245: © Denis Kornilov/Shutterstock, S. 255: © Ekaterina Smirnova/Shutterstock, S. 257: © Lucky_elephant/Shutterstock, S. 263: © zi3000/Shutterstock, S. 265: © Gulsina/Shutterstock, S. 288: © stockcreations/Shutterstock, S. 303: © Ildi Papp/Shutterstock.

Projektmanagement, Redaktion und Lektorat: Marcelina Schulte

ISBN 978-3-96093-450-9

Gedruckt bei Polygraf Print, Čapajevova 44, 08001 Prešov, Slowakei
www.emf-verlag.de

*Für meine Tochter Kaia,
mein Bärchen und
wichtigste Testesserin*

INHALT

Vorwort	12
Einleitung	14
Die ketogene Küche	17

BASISREZEPTE 45

Kräuterbutter	46
Rinder-Knochenbrühe	47
Hackfleischfrikadellen	48
Gebackene Avocado	50
Blumenkohlreis	52
Zoodles (Zucchininudeln)	54
Ofengemüse	56
Shirataki-Nudeln	58
Keto-Kürbis-Brot	60
Eiweißbrötchen (Oopsies)	62
Frühstücksspeck	64
Keto-Dessertcreme	65

MILCHPRODUKTE, NÜSSE UND SAMEN 67

Scharfe Pekannüsse	68
Röstmandeln mit Zimt	69
Schoko-Crunch-Frühstücksflocken	70
Kokos-Frühstücksflocken	72
Knusper-Granola	73
Schoko-Zimt-Frühstücksflocken	74
Berry Cheese Bites	75
Macadamia-Schoko-Frühstückscookies	76
Heidelbeer-Frischkäse-Muffins	78
Kürbis-Pfannkuchen mit Aromakick	80
Fathead-Bagels	82
Macadamia-Nussecken	84
Mini-Burger mit Frikadellen	85
Waffeln mit Schweinekrusten	86

EIER UND ANDERE FRÜHSTÜCKSGERICHTE 89

Gebackenes Ei mit Grünkohl, Avocado und Feta	90
Blumenkohl-Eierküchlein	91
Cloud Eggs mit Parmesan	92
Tacos mit knusprigen Käseschalen	94
Käse-Spinat-Auflauf mit Schweinekrusten	95
Portobello-Pilze mit Ei-Spinat-Füllung	96
Eier Benedict mit Räucherlachs	98
Eiersalat im Salatblatt mit Bacon	100
Frühstücks-Nachos mit Blumenkohl	101
Mexikanische Frühstücks-Bowl	102
Ei-Wurst-Frühstück im Glas	104
Russische Eier mit Speck und Sriracha-Sauce	105
Paprika-Prosciutto-Frittata	106
Eier-Muffins nach Santa-Fe-Art	108

GETRÄNKE UND SMOOTHIES 111

Keto-Latte	112
Keto-Eiskaffee	114
Keto-Tee	115
Keto-Matcha-Tee	116
Keto-Kürbis-Latte	118
Kalt gebrühter Keto-Nuss-Latte	120
Heiße Keto-Schokolade	121
Nussmus-Smoothie	122
Avocado-Kurkuma-Smoothie	123
Minze-Smoothie mit Schokodrops	124
Heidelbeer-Kokos-Smoothie	126
Keto-Jito	128
Eistee Pink Passion	130
Keto-Chata	131

SUPPEN UND SALATE 133

Spinat-Artischocken-Suppe	134
Hühnerrahmsuppe mit grünen Chilis	135
Kokos-Curry-Hühnersuppe	136
Cobb Salad mit Chili-Limetten-Garnelen	137
Bacon-Cheeseburger-Suppe	138
Mediterraner Wedge-Salat	139
Hühner-Tortilla-Suppe	140
Avocado-Cotija-Salat	142
Thailändischer Garnelen-Zoodles-Salat	143

Sahniger Gurkensalat	144
Antipasto-Salat	146
Hähnchen-Salat nach ChickenWing-Art	147
Erdbeer-Spinat-Salat mit Speck	148
Knackiger Thai-Hähnchensalat	150
Eier-Speck-Salat mit Avocado	152

FISCH UND MEERESFRÜCHTE 155

Lachs-Burger mit Aioli und Blattgemüse	156
Pochierter Lachs mit Gurken-Rahm-Sauce	158
Scharfe Garnelen mit Shirataki-Nudeln	159
Kaisergranat mit Zoodles	160
Thunfisch-Poke-Bowl	162

Jalapeño-Garnelen im Speckmantel	163
Kokos-Goldmakrelen-Nuggets	164
Krosse Fischstäbchen	166
Kabeljau-Prosciutto-Rolle	167
Lachs in Knoblauch-Butter-Rahmsauce	168
Gegrillte Langustenschwänze	169
Knoblauch-Königskrabbenbeine	170
Marinierte Gelbflossen-Thunfischsteaks	171
Blackened Fish auf Sriracha-Rotkohl	172
Würzige Miesmuscheln aus dem Ofen	173

GEFLÜGEL 175

Avocado-Geflügel-Salat	176
Scharfes Alfredo-Hähnchen mit Zoodles	177
Jalapeño-Hähnchen	178
Erdnuss-Hähnchen-Curry mit Blumenkohlreis	180
Hähnchen-Curry mit Shirataki-Nudeln	181
Chickenwings aus dem Schongarer	182
Hähnchenschnitzel in Schweinekruste paniert	183
Brokkoli-Hähnchen-Auflauf	184
Blumenkohlreis-Hähnchen-Auflauf	186
Dijon-Hähnchenunterschenkel aus dem Ofen	187
Pollo alla Caprese	188
Hähnchenschenkel mit Zitronen-Rahmsauce	190
Pulled Chicken mit Knoblauch und Limette	192
Hähnchen mit Pilzsauce »Alfredo-Art«	193
Hähnchen-Enchilada-Bowl, schonend gegart	194
Hähnchen-Käse-Nachos	195
Blumenkohlreis mit Pulled Chicken aus Mexiko	196
Hähnchen-Käse-Roulade im Speckmantel	197

SCHWEINEFLEISCH 199

Prosciutto-Mozzarella-Bomben	200
Paprika im Prosciuttomantel	201
Blumenkohl-Pizza mit Prosciutto und Rucola	202
Pikantes Pulled Pork aus dem Schongarer	204
Fathead-Pizza mit Salami und Peperoni	206
Schweinefleisch-Nuggets im Speckmantel	207
Blumenkohl-Mac-and-Cheese mit Speck	208
Knuspriger Schweinebauch aus dem Ofen	209
Schweinelende im Speckmantel	210
Burger-Patties mit Kräuterbutter	211
Schweinekoteletts mit Parmesankruste	212
Schweinelende in Butter aus dem Schongarer	213
Frikadellen im Salatblatt	214
Schweinekoteletts mit würziger Rahmsauce	215

Schweinekoteletts mit Kräutern und Dijonsenf	216
Doppelt panierte Schweinekoteletts	218
Schweinefleisch-Pfanne mit Sriracha-Sauce	219

RINDFLEISCH 221

Weltklasse T-Bone-Steak mit Kräuterbutter	222
Fajita-Skirt-Steak mitBlumenkohlreis	224
Fajita vom Blech	225
Slow-Cooker-Chili	226
Asiatische Rindfleisch-»Nudel«-Bowl	228
Ofensteak mit Radieschen und Kräuterbutter	230
Vietnamesische Steak-»Reis«-Bowl	231
Steak and Eggs vom Blech	232
Mediterrane Burger-Patties	233
Fleischbällchen mit grünen Chilischoten	234
Hacksteak mit Pilzen und Bacon	236
Santa-Fe-Burger mit grünen Chilischoten	237
Cheeseburger im Speckmantel	238
»Spaghetti« mit Fleischsauce	239
Steakhäppchen im Speckmantel mit Senf-Dipsauce	240
Mini-Hackbraten	241
Paniertes Schnitzel auf Keto-Art	242
Cheeseburger-Tacos	243
Steak-Pilz-Häppchen aus dem Schongarer	244

BEILAGEN 247

Gurken-Happen	248
Knusprig geröstete Rosenkohlblätter	249
Ofentomaten mit Parmesan	250
Zitroniger Spinat	252
Buffalo-Blumenkohl	253
Gerösteter Spargel mit Käse	254
Gerösteter Brokkoli mit Knoblauch und Mandeln	256
Gerösteter Blumenkohl mit Speck	258
Russische Eier mit Buffalo-Sauce	259
Thai-Blumenkohl mit Erdnussauce	260
Champignons mit Krebsfleischfüllung	262
Herzhafte Cheddar-Schnittlauch-Waffeln	264
Spargel im Speckmantel	266
Avocado-»Fritten« im Speckmantel	267
Grünkohl-Kürbis-Gratin	268
»Gebratener« Blumenkohlreis im Schongarer	269

SNACKS 271

Schweinekrusten-Chips	272
Käse-»Fritten« im Speckmantel	273
Gurken-»Fritten« im Speckmantel	274
Käse-Cracker	275
Käse-Chips mit Speck und Jalapeños	276
Lachs-Avocado-Schiffchen	278
Reuben-Wraps	279
Buffalo-Wing-Dip ohne Käse	280
Wraps all'italiana	281
Salami-»Tacos«	282
Käse-Cups mit Bacon und Avocado	283
Sushi-Style-Snacks aus Algen	284

Geröstete Blumenkohl-Nachos ohne Käse	286
Pikanter Krebsfleisch-Dip	287

DRESSINGS, SAUCEN & WÜRZMISCHUNGEN 289

Chili-Limetten-Würzmischung	290
Taco-Würzmischung	292
Allround-Bagel-Würzmischung	293
Ranch-Würzmischung	294
Italienische Kräutermischung	295
Pico de Gallo	296
Enchilada-Sauce	298
Milchfreie Sauce Tartare	299
Geschlagene Sahne	300
Milchfreier geschlagener Kokos-Rahm	301
Milchfreie Sauce Hollandaise	302
Milchfreie Avocado-Crema	304
Milchfreier Rahmkäse	305
Milchfreier Sauerrahm	306
Schweinekrusten-»Semmelbrösel«	307

SÜSSE LECKEREIEN 309

Macadamia-Splitter	310
Fruchtgummis	311
Bacon im Schokomantel	312
Nussmus-Cookies mit Schokodrops	313
Heidelbeer-Zitronen-Kuchen	314
Weiche Schokodrop-Cookies	316
Schoko-Cookie-Bruch	318
Pekannuss-Fettbomben	319
Scharfe Schoko-Fettbomben	320
Zitronen-Kekskugeln ohne Backen	322
Schoko-Avocado-Mousse	323
Erdnuss-Chia-Pudding	324
Schoko-Chia-Pudding	325
Fathead-Zimtschnecken	326
Beeren-Kokos-Chia-Pudding	327

REGISTER 328

VORWORT

ALS JEN MICH GEBETEN HAT, DAS VORWORT FÜR IHR BUCH ZU SCHREIBEN, FIEL ES MIR SO LEICHT WIE LANGE NICHTS MEHR, JA ZU SAGEN.

Mein Leben mit Keto begann im Februar 2017. Auf Jens Instagram-Account (@KetoInTheCity_) bin ich ganz am Anfang meiner Nachforschungen im Internet gestoßen und mein Interesse war sofort geweckt. Jen war nicht nur schön und selbstbewusst, sondern hatte auch viel zu sagen, und alles, was sie sagte, war leicht zu verstehen. Keto kann knifflig sein. Es gibt so viele unterschiedliche Ansätze, sich ketogen zu ernähren, dass es schnell zu viel werden kann und man die Flinte ins Korn wirft. Bei Jens Account hatte ich das Gefühl, dass ich endlich einen roten Faden gefunden hatte. Ihre Rezepte waren einfach und man benötigte keine exotischen Zutaten, die mich davon abgehalten hätten, verschiedene Gerichte auszuprobieren. Ihre Vorschläge für ketogene Mahlzeiten waren so bodenständig, dass ich mir vorstellen konnte, sie ein Leben lang in die Tat umzusetzen.

Ich habe von Jen gelernt, dass ketogene Ernährung weder kompliziert noch anspruchsvoll sein muss, und sie inspiriert mich auch heute noch Tag für Tag. Sie hat mich sogar dazu angeregt, einen eigenen Instagram-Account ins Leben zu rufen, der speziell auf die ketogene Ernährungsweise ausgerichtet ist! Ich wollte der Welt zeigen, dass Keto ganz einfach sein und problemlos umgesetzt werden kann. Ich habe die Keto-Grundlagen von Jen gelernt und bin ihr überaus dankbar dafür.

Ich hatte das große Glück, Jen im Juni dieses Jahres persönlich zu treffen. Man könnte denken, wir hätten etwas total Ausgefallenes gemacht, irgendetwas mit köstlichem Keto-Essen, aber nein! Wir haben auf der Couch gesessen und stundenlang darüber geredet, wie diese Art der Ernährung alles zum Besseren gewendet hat. Wir haben Erfolgsgeschichten ausgetauscht und über unser Leben als berufstätige Mütter und vieles mehr geredet. Jen ist erfüllt von einer echten Leidenschaft für alles, was mit Keto zu tun hat, und sprüht nur so vor Energie und Tatendrang. Ihre Hingabe und Leidenschaft für die ketogene Küche ist in jedem Rezept spürbar.

Ich hätte mir so sehr gewünscht, dass es dieses Buch schon gegeben hätte, als ich mit ketogener Ernährung angefangen habe. Dieses Kochbuch hat einfach alles, was man braucht. Jen bietet in diesem umfangreichen Werk eine Einführung in die ketogene Ernährung, eine Tabelle mit keto-freundlichen Nahrungsmitteln und anderen Lebensmitteln, die man besser meiden sollte, Einkaufslisten, Speisepläne und vor allem jede Menge EINFACHE Rezepte! Dieses Buch wird zu Ihrer Keto-Bibel werden und ich hoffe, dass Sie sich genauso von Jen inspirieren lassen, wie sie mich inspiriert hat.

Ich bin so stolz auf alles, was sie geleistet hat, und bin immer noch ein wenig euphorisch, dass sie mich gebeten hat, an diesem Buch teilzuhaben. Alles in allem war sie mein Keto-Guru. Ich kann es kaum erwarten, dass Sie in dieses Buch eintauchen und sich Jens Wissen zunutze machen. Sie werden begeistert sein!

Julie Smith, @KetoMadeSimple

EINLEITUNG

ICH HABE MICH IN DAS KETO-ABENTEUER GESTÜRZT, WEIL ICH AUF DER SUCHE NACH EINER ERNÄHRUNGSFORM WAR, WELCHE DIE ENTZÜNDUNGEN LINDERN WÜRDE, DIE ALS FOLGE MEINER AUTOIMMUNKRANKHEITEN PSORIASIS-ARTHRITIS UND PSORIASIS AUFTRETEN. ICH KÄMPFE SEIT UNGEFÄHR 20 JAHREN GEGEN DIESE KRANKHEITEN AN UND HABE IN DIESER ZEIT GELERNT, DASS EINE ENTZÜNDUNGSHEMMENDE ERNÄHRUNG VIEL BEWIRKEN KANN. DAS ESSEN ALLEIN WIRD MEINE GELENKE NICHT VOR DEN ZERSTÖRERISCHEN AUSWIRKUNGEN DER PSORIASIS-ARTHRITIS BEWAHREN, ABER FÜR MICH IST ES WICHTIG ZU WISSEN, DASS ICH ALLES ERDENKLICH MÖGLICHE TUE, UM DIE VON MEINEN ÄRZTEN VERORDNETE BEHANDLUNG ZU ERGÄNZEN.

Auch die Aussicht, mein Gewicht zu reduzieren, hat mich motiviert, mich ketogen zu ernähren. Ich habe in den letzten zwei Jahren mit ketogener Ernährung ungefähr 13 Kilo abgenommen. Einige werden schneller abnehmen als ich – es gibt Leute, die nach dem Einstieg in die ketogene Ernährungsweise innerhalb weniger Monate 13 Kilo abnehmen, da jeder Körper individuell reagiert. In jedem Fall weiß ich, dass es mir sehr viel besser geht als vor einigen Jahren, und das ist für mich entscheidend. Als alleinerziehende berufstätige Mutter brauche ich unglaublich viel Energie, um den Alltag zu meistern, und Keto gibt mir diese Energie. Darüber hinaus hilft mir die ketogene Ernährung dabei, nachts wie ein Baby zu schlafen, und das ist in diesen hektischen Zeiten überaus wertvoll.

Ich habe vor ungefähr 10 Jahren angefangen, häufiger selbst zu kochen, vor allem deshalb, weil ich in meiner freien Zeit mit einer kreativen Tätigkeit Stress abbauen wollte. Ich bin weder Köchin noch Ernährungsberaterin, sondern nur eine müde (und hungrige) Mutter, die schnelle, gesunde Mahlzeiten für ihre Tochter und sich selbst zubereiten will. Seitdem ich mehr koche, macht es mir auch immer mehr Spaß. Ich möchte mit diesem Buch dazu beitragen, dass die Zubereitung der Mahlzeiten für Sie, genau wie für mich, zu den angenehmsten Stunden des Tages wird.

Außerdem möchte ich Ihnen nahebringen, welch wichtiges Werkzeug die ketogene Ernährung in Ihrem Leben darstellen kann. Die Umstellung auf eine neue Ernährungsweise ist immer mit einer gewissen Anpassungszeit verbunden, aber ich habe versucht, diesen Wandel so einfach (und lecker) wie möglich zu gestalten. Ob Sie durch die Keto-Lebensweise nun abnehmen oder etwas für Ihre Gesundheit tun möchten, oder beides, ich zeige Ihnen hier, wie Sie mit wohlvertrauten Lebensmitteln Erfolg haben können.

Ich höre oft, dass ketogene Ernährung kostspielig oder aufwendig sein muss. Ich kann Ihnen versichern, dass dies nicht der Fall ist. Keto kann einfach, unkompliziert und so lecker sein. Sie brauchen keine Rezepte mit ewig langen Zutatenlisten oder endlosen Zubereitungsschritten. Wenn Sie mein erstes Buch, *Express-Keto für Berufstätige – Schnelle ketogene Küche*, gelesen haben, dann wissen Sie bereits, dass man mit nur wenigen Zutaten tolle Mahlzeiten zaubern kann. Mit Keto werden Sie den Inhalt Ihres Vorratsschranks vereinfachen und sich darauf konzentrieren, mit gesunden Fetten und frischen Zutaten zu kochen.

Ich habe dieses Buch *The Big Book of Ketogenic Diet Cooking* (engl. Originaltitel) genannt, weil ich Ihnen gern eine umfassende Informationsquelle an die Hand geben wollte, die zu Ihrer ganz eigenen Bibel der ketogenen Küche werden kann. Es enthält jede Menge Rezeptideen und Inspiration für neue und bereits erfahrene Keto-Anhänger, sodass Ihr Tisch immer reich gedeckt sein wird.

Sie finden hier einfache Rezepte, die großartig schmecken und aus Zutaten bestehen, die man in jedem Supermarkt finden kann. Ich streife für mein Leben gern ziellos durch die Regale eines Supermarktes (für mich hat das merkwürdigerweise eine heilsame Wirkung), aber bei den Rezepten aus diesem Buch bleibt Ihnen langwieriges Suchen garantiert erspart! Da jedes Gericht aus Zutaten besteht, die leicht zu beschaffen sind, können Sie in Ihrer freien Zeit andere spannende Orte erkunden. Ganz zu Anfang gebe ich Ihnen einen kurzen Überblick über die ketogene Ernährung, aber im Mittelpunkt dieses Buches stehen die Rezepte. (Siehe die Quellen am Ende dieses Buches, um mehr über die Wissenschaft hinter ketogener Ernährung zu erfahren.) Die Gerichte in diesem Buch sind auf all jene ausgerichtet, die zwischen 20 und 50 g Netto-Kohlenhydrate (sieheSeite18) täglich zu sich nehmen wollen. Für einen schnellen Überblick über Ihre Kohlenhydrataufnahme finden Sie unter jedem Rezept eine Aufschlüsselung der Makronährwerte.

Der Erfolg von Keto oder jeder anderen gesunden Ernährungsform hängt von zwei wichtigen Faktoren ab:

1. Wie satt werden Sie?
2. Wie praxistauglich ist diese Ernährungsform im Alltag?

Die Rezepte in diesem Buch berücksichtigen diese beiden Faktoren. Der Verzehr von Gerichten mit viel gesundem Fett wird dafür sorgen, dass Sie sich satt fühlen, und allein die Anzahl der Rezepte wird Ihnen vor Augen führen, dass Sie mit Keto auf nichts verzichten müssen. Sie müssen die gewohnte kohlenhydratreiche Seelennahrung lediglich durch keto-freundliche Versionen ersetzen. Ich werde Ihnen zeigen, wie man das im Alltag mit einfachen, leicht zu befolgenden Rezepten realisieren kann. Ich stelle Ihnen in diesem Buch außerdem drei 2-Wochen-Speisepläne vor, die Sie als Leitfaden verwenden können. Die Speisepläne ersparen Ihnen die Qual der Wahl bei den Gerichten und das Rätselraten, was jeden Tag auf den Tisch kommen soll.

Julie Smith, @KetoMadeSimple

DIE KETOGENE KÜCHE

* KAPITEL 1 *

Eine der ersten Aktionen, die anstehen, wenn man sich voll und ganz auf die Keto-Küche einlassen möchte, besteht darin, den Vorratsschrank entsprechend auszustatten und die Küche keto-gerecht aufzuräumen. Zunächst aber wollen wir uns auf die Grundlagen der ketogenen Ernährung konzentrieren. Ich werde Ihnen hier die Besonderheiten der ketogenen Ernährung darlegen, Ihnen dabei helfen, Ihren neuen, keto-gerechten Vorratsschrank anzulegen und Ihnen alles zeigen, was Sie brauchen, um sich auf dieses spannende kulinarische Abenteuer einzulassen.

KETOGEN ESSEN

Die ketogene Ernährung ist geprägt durch einen hohen Anteil an Fetten, einen mäßigen Anteil an Eiweißen und einen geringen Anteil an Kohlenhydraten. Durch eine drastische Reduzierung der aufgenommenen Kohlenhydrate wird der Körper dazu gezwungen, anstelle von Glukose sein eigenes Fett (Ketonkörper) zu verbrennen. Dazu kommt es, weil die Leber Fett zu Fettsäuren umwandelt. Die dabei entstehenden Ketonkörper gelangen über das Blut ins Gehirn und ersetzen dort Glukose als Energiequelle. Dieser Zustand wird als Ketose bezeichnet und ist das Ziel der ketogenen Ernährung.

VIEL FETT

Die Keto-Ernährung besteht üblicherweise aus etwa 70 Prozent gesunden Fetten. Als ich anfing, mich ketogen zu ernähren, fiel es mir nicht schwer, die Kohlenhydrate zu reduzieren, Probleme bereitete es mir allerdings, genug Fette zu mir zu nehmen. Fett ist das, was die Keto-Ernährung so spannend und auf lange Sicht erfolgreich macht. Ob Speck, Avocado, Eigelb, Lachs und Doppelrahmfrischkäse … alle diese Leckereien sind Teil des Keto-Speiseplans! Es ist wichtig, bei jeder Mahlzeit genug Fett zu verzehren, da es für ein lang anhaltendes Sättigungsgefühl sorgt. Hat man sich erst einmal an das Fett gewöhnt, stellt man fest, dank der aufgenommenen hohen Fettmengen viel seltener Appetit zu haben. Die häufigsten Fettlieferanten sind bei der Keto-Ernährung meist Milchprodukte mit hohem Fettgehalt, fettreiche Fleisch- und Fischsorten und Butter aus Weidemilch sowie besonders hochwertige Öle.

MÄSSIGE EIWEISSMENGEN

Die bei der Keto-Diät aufgenommenen Eiweißmengen sind ein wichtiges Unterscheidungsmerkmal im Vergleich zu anderen Low-Carb-Ernährungsformen. Jeder, der schon einmal eine proteinreiche, kohlenhydratarme Diät gemacht hat, kennt vermutlich das Gefühl, »hangry« zu sein – ein Wortspiel aus »hungry« und »angry« –, also schlechte Laune durch Hunger zu haben und sich nie wirklich satt zu fühlen. Bei Keto passiert dies nicht, weil Sie nur mäßige Mengen Eiweiß zu sich nehmen und den Fettverzehr erhöhen. Wenn man zu viel Protein zu sich nimmt, kann sich dieses in Glukose umwandeln, daher ist es wichtig, die Mengen an Eiweiß im Blick zu haben, damit man in der Ketose bleibt. Eine typische Keto-Ernährung besteht zu etwa 25 Prozent aus Eiweiß. Die gängigsten Eiweißlieferanten bei der Keto-Ernährung sind Fleisch, Fisch und Eier.

WENIG KOHLENHYDRATE

Mittlerweile wissen Sie, dass Keto eine Form der Low-Carb-Ernährung ist, und vermutlich ist Ihnen aufgefallen, dass wir nur noch 5 Prozent übrig haben, um die 100 Prozent an Makronährstoffen zu erreichen. Nun, dies ist der Spielraum, der mit Kohlenhydraten gefüllt wird! Angesichts der Tatsache, dass in den USA eine durchschnittliche Ernährung etwa 60–70 Prozent Kohlenhydrate umfasst, haben wir hier eine sehr große Differenz, die natürlich für den Körper eine gewaltige Umstellung darstellt. Die meisten Menschen, die eine ketogene Lebensweise befolgen, verzehren täglich zwischen 20 und 50 g Netto-Kohlenhydrate, also Kohlenhydrate abzüglich der unverdaulichen Ballaststoffe. Wenn also 100 g Brokkoli insgesamt 6 g Kohlenhydrate enthalten, von denen 2 g Ballaststoffe sind, dann beträgt die Netto-Kohlenhydratmenge 4 g. Und falls man etwas verzehrt, das Zuckeralkohole enthält, werden auch diese Kohlenhydrate bei der Berechnung der N-KH, also der Netto-Kohlenhydrate abgezogen. Ich persönlich strebe täglich eine Kohlenhydrataufnahme von 20 g N-KH an. Es gibt jedoch auch Menschen, die mit der Gesamt-Kohlenhydratmenge rechnen. Dies ist eine persönliche Entscheidung, probieren Sie es aus und schauen Sie, was für Sie stimmiger ist. Oft denkt man bei Kohlenhydraten an Brot und brotähnliche Nahrungsmittel, aber Kohlenhydrate sind auch in anderen Lebensmitteln enthalten. Bei der Keto-Ernährung stammen die meisten Kohlenhydrate aus Gemüse – meine Favoriten sind dabei dunkle Sorten Blattgemüse und Kreuzblütler-Gemüsesorten wie Brokkoli und Blumenkohl.

MAKRONÄHRSTOFFE

Der Begriff Makronährstoffe, oft auch kurz Makros genannt, taucht im Zusammenhang mit der Keto-Ernährung sehr häufig auf, daher wollen wir hier zunächst klären, was darunter zu verstehen ist, wie man sie einordnet und wie man damit umgeht. Im Wesentlichen handelt es sich bei Makronährstoffen um die drei Komponenten, aus denen unsere gesamte Nahrung besteht. Alles, was wir essen, setzt sich zusammen aus den drei Makronährstoffen Fett, Eiweiß (Protein) und Kohlenhydraten. Fett liefert pro Gramm mehr Kalorien als Eiweiß und Kohlenhydrate und ist daher der Makronährstoff mit der höchsten Energiedichte. Dies ist ein wichtiger Punkt, denn wenn Sie sich ketogen ernähren, werden Sie feststellen, dass Sie nicht so große Mengen essen werden, weil viele der vorgesehenen Nahrungsmittel reich an Fetten sind. Zur Bestimmung der für Sie persönlich idealen Mengen an Makros finden Sie im Internet zahlreiche Keto-Rechner. Ich selbst biete auf meiner Website ketointhecity.com einen an, aber die Auswahl ist groß, auch in deutscher Sprache. Man gibt dort das Aktivitätslevel, das Geschlecht, die Größe und die eigenen Ziele ein und erhält daraufhin eine personalisierte Aufstellung der für den eigenen Körper empfohlenen täglichen Makros. Mit diesen Werten können Sie anschließend in einer App wie CarbManager oder MyFitnessPal Ihre persönlichen Einstellungen festlegen. Wenn Sie dann aufzeichnen, was Sie täglich essen, bekommen Sie das Verhältnis der Makronährstoffe angezeigt. Ich selbst fand dies sehr hilfreich, als ich angefangen habe, mich ketogen zu ernähren. Aber es gibt auch Leute, denen das kontinuierliche Aufzeichnen zu aufwendig ist. Dies ist eine Entscheidung, die ganz bei Ihnen liegt. Allerdings würde ich Ihnen ans Herz legen, zumindest die Makros zu berechnen, sodass man ein Ziel im Kopf hat und bewusster isst.

FETT IST NICHT GLEICH FETT

Welche Art von Fett Sie essen, ist sehr wichtig. Beim ketogenen Ansatz spielen gute Fette eine zentrale Rolle. Fette sind nicht nur ein wichtiger Energielieferant, sondern sorgen auch dafür, dass Sie sich satt und zufrieden fühlen. Der Verzehr einer Mischung aus gesunden Fetten hilft dabei, den Wert des »guten« Cholesterins (HDL) zu erhöhen und gleichzeitig den des »schlechten« (LDL) zu senken. Zu den guten Fetten, die Bestandteil der Keto-Ernährung sein sollten, gehören:

- **einfach ungesättigte Fette:** Avocados, Oliven, Macadamianüsse
- **gesättigte Fette:** Butter aus Weidemilch, Fleisch, Ghee, Kokosöl
- **mehrfach ungesättigte Omega-3-Fettsäuren:** Lachs, Sardinen, Chia-Samen, Walnüsse
- **mittelkettige Triglyceride (auch bekannt als MCTs):** Kokosöl, Milchprodukte, MCT-Öl

Zu den ungünstigen Fetten gehören raffinierte Öle wie Maiskeimöl, Weizenkeimöl, Canola-Öl. Auch künstliche Transfette wie Margarine und Brat- und Backfette sind nicht zu empfehlen. Diese minderwertigeren Produkte lassen sich leicht umgehen, wenn man zu Hause selbst kocht und seine Vorräte entsprechend umgestellt hat. Auswärts essen zu gehen kann allerdings schon eine gewisse Herausforderung darstellen. Vor allem Fast-Food-Restaurants, aber auch andere nutzen häufig minderwertigere Öle, weshalb es ratsam ist, genauer nachzufragen.

FLEXIBILITÄT UND AUSGEWOGENHEIT

Auf der Basis der berechneten Makros können Sie nun Ihren Tag dementsprechend planen. Ich betrachte die Makrowerte gern als meine erlaubten Mengen für den Tag. Möchten Sie drei Mahlzeiten am Tag essen oder setzen Sie die Mehrzahl der Makros lieber in einer großen Mahlzeit ein? Das liegt voll und ganz bei Ihnen! Mit Keto haben Sie die Flexibilität, Ihren täglichen Speiseplan ganz individuell zu gestalten. Meistens beginne ich den Tag mit einem Keto-Latte (Seite 112), nehme mittags eine große Mahlzeit zu mir und abends nur ein kleines Abendessen. Mit zwei Mahlzeiten am Tag komme ich gut zurecht, wobei mich der fettreiche Kaffee am Morgen lange genug satt hält, um problemlos bis mittags durchzuhalten. Der wichtigste Punkt ist eigentlich, auf den eigenen Körper zu hören. Wenn Sie hungrig sind, dann essen Sie! Und umgekehrt sollten Sie sich nicht zwingen, zu essen, wenn Sie keinen Hunger haben, nur um die Makrowerte zu erreichen. Einer der Aspekte, die ich an der Keto-Ernährung ganz besonders schätze, ist, dass ich wirklich begonnen habe, auf die Bedürfnisse meines Körpers zu achten, die sich von Tag zu Tag oder Woche zu Woche ändern können. Die in diesem Buch vorgestellten Rezepte liefern eine große Bandbreite an Möglichkeiten, um die zu Ihren täglichen Zielen passenden Rezepte auszuwählen.

GÜNSTIGE UND UNGÜNSTIGE LEBENSMITTEL – EINE ÜBERSICHT

Im Folgenden finden Sie eine Übersicht der grundlegenden Nahrungsmittel, die Sie täglich beim Kochen verwenden können, sowie eine Liste der Nahrungsmittel, die Sie am besten von der Einkaufsliste streichen. Mein Credo lautet, immer die hochwertigsten Zutaten zu kaufen, die man sich leisten kann. Ich weiß, dass es teuer ist, Fleisch von Tieren aus Weidehaltung und Wildlachs zu kaufen, aber letztlich ernähre ich mich ja ketogen, um Entzündungen in meinem Körper zu reduzieren, daher möchte ich sichergehen, keine unnötigen chemischen Substanzen und Konservierungsstoffe zu mir zu nehmen. Fleisch und Fisch aus konventioneller Aufzucht enthält viel weniger Nährstoffe und kann ungesunde Konservierungsstoffe und Nitrate enthalten, die dem Körper Probleme bereiten können (wie beispielsweise Entzündungen). Am besten ist es daher, sich wann immer möglich, die hochwertigste Sorte eines Nahrungsmittels zu gönnen, die man finden kann.

EIN WORT ZU CHOLESTERIN

Sehr oft treten Fragen auf zum Thema Keto-Ernährung und Cholesterin. Ich habe zu Beginn der Umstellung auf ketogene Ernährung meinen Cholesterinwert messen lassen und anschließend einmal jährlich, sodass ich die Ergebnisse vergleichen kann. Und es freut mich sehr, sagen zu können, dass mein Gesamtcholesterinwert Jahr für Jahr zurückgegangen ist, seitdem ich ketogen esse. Allein von 2017 auf 2018 ist der Gesamtcholesterinwert um 30 Punkte gesunken. Einigen Studien zufolge kann eine ketogene Ernährungsform ein effektiver Ansatz sein, um den Anteil des herzgesunden HDL-Cholesterins zu erhöhen. Eine gute Sache ist es, einen Arzt/eine Ärztin mit einer unvoreingenommenen und positiven Einstellung gegenüber der ketogenen Ernährung zu haben und sich beraten zu lassen, welche Untersuchungen regelmäßig durchgeführt werden sollten. Es gibt auch Bücher, die sich nur mit dem Thema Keto-Diät und Cholesterin befassen.

EMPFOHLENE LEBENSMITTEL

- ☐ Butter aus Weidemilch und/oder Ghee
- ☐ natives Olivenöl extra und/oder Avocadoöl
- ☐ Fisch und Meeresfrüchte aus Wildfang
- ☐ Fleisch von Tieren aus Weidehaltung
- ☐ Hähnchenfleisch aus Freilandhaltung
- ☐ Eier von freilaufenden Hühnern
- ☐ ungepökelter, nitratfreier Frühstücksspeck
- ☐ Kreuzblütler: Rucola, Pak Choi, Brokkoli, Rosenkohl, Weiß- und Rotkohl, Blumenkohl, Blattkohl, Krauskohl
- ☐ andere Gemüsesorten: Spargel, Staudensellerie, Gurken, Paprikaschoten, Spinat, Sommerkürbis, Zucchini
- ☐ Milchprodukte mit natürlichem Fettgehalt: Doppelrahmfrischkäse, Sauerrahm, Schlagsahne, Käse
- ☐ Kokosmilch mit hohem Fettgehalt
- ☐ Nüsse, Kerne und Samen: Mandeln, Walnüsse, Macadamianüsse, Pekannüsse, Chia-Samen, Leinsamen, Sonnenblumenkerne
- ☐ fettreiche Früchte: Avocados, Oliven
- ☐ Beeren
- ☐ Kakao und zuckerfreie Schokolade
- ☐ Süßungsmittel: Erythrit, Stevia, Xylit
- ☐ rosafarbenes Himalaja-Salz
- ☐ Getränke: Wasser mit und ohne Kohlensäure, Kaffee, ungesüßter Tee
- ☐ Mehlersatz: gemahlene Mandeln, Kokosmehl
- ☐ Schweinekrusten (pork rinds, pork scratchings)

ZU VERMEIDENDE LEBENSMITTEL

- ☐ Margarine
- ☐ minderwertige Öle: Maiskeimöl, Weizenkeimöl, Canola-Öl, Sojaöl
- ☐ Fisch aus Aufzuchtfarmen
- ☐ industriell hergestellte Fleisch- und Wurstwaren
- ☐ stärkereiche Gemüsesorten: Kartoffeln, Yamswurzeln, Bohnen, Erbsen, Mais
- ☐ Milch
- ☐ kohlenhydratreiche Kerne: Pistazien, Cashewkerne
- ☐ andere Früchte außer Beeren
- ☐ Trockenfrüchte
- ☐ zuckerhaltige Getränke: Saft, Energy-Drinks
- ☐ fruktosehaltige Süßungsmittel: Zucker, Agavendicksaft, Honig
- ☐ Mehl: Weizenmehl, Maismehl, Reismehl

GRUNDAUSSTATTUNG FÜR DEN VORRAT

Die richtigen Zutaten griffbereit zu haben ist ein wichtiger Faktor, um bei der Keto-Ernährung erfolgreich zu sein. Es erleichtert das Kochen ungemein, und im Grunde genommen ist die Liste mit Produkten, die ich für wirklich unverzichtbar halte, recht kurz.

Oliven- oder Avocadoöl: Avocadoöl hat einen höheren Rauchpunkt als Olivenöl und ist milder im Geschmack. Ich nehme Avocadoöl gern zum Braten und Olivenöl zum Beträufeln von Gerichten wie beispielsweise einem Caprese-Salat. Früher war es nicht einfach, Avocadoöl zu finden, aber das hat sich mittlerweile gebessert.

Himalaja-Salz: Bevor ich auf Keto umgestiegen bin, hatte ich noch nie rosafarbenes Salz gekauft, und jetzt könnte ich gar nicht mehr ohne auskommen. Salz ist wichtig bei der Keto-Ernährung, weil man keine industriell verarbeiteten Kohlenhydrate zu sich nimmt, die in der Regel viel Natrium enthalten. Man sollte daher darauf achten, ausreichend und vor allem hochwertiges Salz zu sich zu nehmen. Das rosafarbene Himalaja-Salz enthält über 84 Mineralstoffe und Spurenelemente, darunter so wichtige Dinge wie Kalzium, Magnesium, Kupfer und Eisen. Es tut Ihnen also gut und sorgt zudem dafür, dass alles besser schmeckt. Meine Empfehlung ist, überall, wo in diesem Buch Salz angegeben ist, Himalaja-Salz zu verwenden.

Fein oder grob gemahlene Mandeln: In der Regel verwende ich am liebsten fein gemahlene Mandeln, in manchen Gerichten aber wie beispielsweise der Fathead-Pizza mit Salami und Peperoni (Seite 206) sorgen gröber gemahlene Mandeln für eine schöne Textur.

Kokosmehl: Kokosmehl und gemahlene Mandeln als Mehlersatz verhalten sich in der Verwendung recht unterschiedlich, daher kommt mal das eine, mal das andere Produkt zum Einsatz. Ich rate eher davon ab, sie untereinander auszutauschen, es sei denn, Sie haben viel Erfahrung damit.

Kokosmilch: Ich verwende immer Kokosmilch aus der Dose, denn diese enthält weniger Zusatzstoffe als Produkte aus dem Tetrapack und schmeckt zudem authentischer. In Dosen wird oft auch fettreduzierte Kokosmilch angeboten – diese kommt in Keto-Rezepten NICHT zum Einsatz, sondern immer nur die ungesüßte Sorte mit hohem Fettgehalt.

Süßungsmittel: Wenn es um das Süßen geht, stehen verschiedene Möglichkeiten zur Wahl. Ich verwende am häufigsten Erythrit und Stevia. Probieren Sie einfach aus, womit Sie am besten klarkommen. In meinem letzten Buch habe ich in den Rezepten Stevia verwendet und in diesem Buch ist es Erythrit. Im Internet gibt es nützliche Hilfsmittel zur Umrechnung, wenn man die Süßungsmittel untereinander austauschen möchte. Wenn ich Erythrit verwende, greife ich zur Marke Swerve, denn sie bietet sowohl eine an Kristall- als auch eine an Puderzucker erinnernde Variante, was ich sehr schätze. Manchmal verwende ich auch Xylit, dabei sollte man sich aber stets bewusst sein, dass Xylit für Tiere gefährlich ist. Da ich selbst keine Haustiere habe, ist dies für mich kein Thema, aber vielleicht betrifft es Sie. Bedenken Sie bitte, dass Erythrit zwar streng genommen Kohlenhydrate enthält, diese sich jedoch nicht auf den Blutzuckerspiegel auswirken und deshalb bei der Berechnung der Makronährstoffe nie als Kohlenhydrate mitgerechnet werden sollten. Aus diesem Grund ist jedes Rezept, das Erythrit enthält, so berechnet, dass es nicht einfließt und die Menge stattdessen separat angegeben ist.

Kakao: Kakaobohnen sind die Ursprungsform von Schokolade, wie die Natur sie hervorbringt. Kakaobohnen werden nicht mit hohen Temperaturen behandelt, sodass Nährstoffe wie Magnesium, Antioxidantien und Eisen erhalten bleiben. Ich kaufe nur naturbelassenen Kakao, um sicher zu sein, dass er frei von Zucker oder sonstigen Inhaltsstoffen ist. Echten Kakao findet man im Handel sowohl in Form von Pulver als auch Kakaobohnensplittern (Kakao-Nibs).

Neben einem gut gefüllten Vorratsschrank kann auch ein gut ausgestatteter Kühlschrank dazu beitragen, schnell eine gesunde Keto-Mahlzeit zu zaubern. Ich gehöre eigentlich nicht zu denen, die immer wieder dieselben Mahlzeiten essen, aber es gibt durchaus einiges, was ich jederzeit im Kühlschrank habe.

EIN WORT ZU GLUTEN

Die ketogene Ernährung ist schon vom Grundsatz her eine sehr glutenarme Ernährungsform. Wer sich an einfache, naturbelassene Zutaten wie Fleisch, Fisch, Gemüse und Milchprodukte mit natürlichem Fettgehalt hält, muss sich keine Gedanken zum Thema Gluten machen. Bei gekauften Produkten sollte man allerdings Vorsicht walten lassen, wenn man Gluten vollständig vermeiden möchte. Zu gängigen glutenhaltigen Produkten, auf die während der Keto-Ernährung gern zurückgegriffen wird, gehören Low-Carb-Tortillas, Mayonnaise von bestimmten Marken, Ei-Ersatz, Hotdogs und normale Sojasauce. Achten Sie daher auf die Kennzeichnung »glutenfrei« auf dem Etikett und versuchen Sie sicherzustellen, dass der Großteil Ihrer Ernährung aus »echten«, also unverarbeiteten Lebensmitteln besteht.

VORRÄTE IM KÜHLSCHRANK

Butter aus Weidemilch oder Ghee: Diese beiden Produkte sind in den Rezepten untereinander austauschbar. Ich persönlich verwende vorwiegend Butter, wer jedoch Milchprodukte vermeidet, ist mit Ghee gut bedient. Ja, es stimmt, Ghee wird aus Butter gemacht, aber es handelt sich dann um geklärte Butter ohne die Feststoffe aus der Milch, die entzündungsfördernd wirken können. In diesem Buch gilt somit Ghee als milchfreies Produkt. Egal ob Sie Butter oder Ghee wählen, ich rate dazu, darauf zu achten, dass die Butter aus Weidemilch stammt. Sie schmeckt nicht nur besser, sondern weist auch ein besseres Verhältnis der verschiedenen Fettsäuren auf.

Eier: Nichts geht über die gelborangen Eigelbe von Eiern aus Freilaufhaltung. Eier von frei umherlaufenden Hühnern enthalten mehr Nährstoffe als konventionelle Eier, es lohnt sich also, auf beste Qualität zu achten.

Blattgemüse: Ich habe eigentlich immer frischen Spinat bei der Hand. Die Blätter verwende ich überall von Eiern über Pasta bis zu Smoothies. Spinat liefert viel Kalium und Magnesium, Mineralstoffe, die während der Keto-Ernährung eine wichtige Rolle im Zusammenhang mit einem ausgewogenen Elektrolyt-Haushalt spielen.

Blumenkohl und Blumenkohlreis: Ich esse sehr gern Blumenkohl und habe immer entweder einen ganzen Kopf oder schon geschnittene Röschen griffbereit. Wenn in einem der Rezepte im Buch von Blumenkohlreis die Rede ist, meine ich damit auf etwa Reiskorngröße zerkleinerten Blumenkohl. Das geht in einer Küchenmaschine oder mit einer Reibe ganz schnell und einfach. In manchen Geschäften kann man mittlerweile auch Blumenkohlreis abgepackt kaufen.

Kohlenhydratarme Gemüsesorten: Brokkoli, Gurken und Staudensellerie.

Kohlenhydratarme Früchte: Avocado, Rispentomaten und Beeren.

Schlagsahne oder Kokosmilch mit hohem Fettgehalt: Ich kaufe in beiden Fällen am liebsten Bio-Sorten und nutze je nach Rezept mal Schlagsahne, mal Kokosmilch.

Frühstücksspeck: Sie werden meinen Kühlschrank nie ohne Speck antreffen, es sei denn, ich habe kurz zuvor den letzten verschlungen. Am besten ungepökelte Sorten ohne Nitrate wählen. Ich kaufe gern auch Endstücke oder Speck am Stück, sie kosten weniger und eignen sich wunderbar für Rezepte, in denen der Speck sowieso zerkleinert wird.

Eingelegte Peperoni, Kapern, Gurken und Oliven: Wenn ich in den verschiedensten Gerichten einen unkomplizierten Geschmackskick suche, greife ich immer auf eine dieser vier leckeren säuerlich-frischen Zutaten zurück. Ich mag sie alle gleichermaßen gern und verwende sie oft auf keto-freundlichen Pizzen, im Ofen gerösteten Blumenkohl und vielem mehr.

Shirataki-Nudeln: Diese kohlenhydrat- und kalorienfreie Nudelart, die man auch unter der Bezeichnung Konjak-Nudeln findet, nach der Wurzel, aus der sie hergestellt werden, habe ich immer in meinem Vorrat, um daraus verschiedene »Pasta«-Gerichte zuzubereiten. Ein guter Ersatz für Nudeln sind auch spiralförmig geschnittene Zucchini (Zoodles). Zur Frage, ob Shirataki-Nudeln zur Paleo-Ernährung zählen können, gibt es verschiedene Ansichten. Ich persönlich betrachte sie im Rahmen dieses Buchs als paleo-freundlich.

Käse: Ich liebe Käse und habe deshalb immer ein paar Sorten im Kühlschrank. Viele Leute raten dazu, bei der Keto-Ernährung keinen bereits geraspelten Käse zu kaufen, da er häufig Kartoffelstärke als Trennmittel enthält, damit der Käse nicht verklebt. Da meine oft wunden und schmerzenden Hände aber nicht gern Käse reiben, kaufe ich ihn der Einfachheit halber schon geraspelt oder gerieben.

Würzmittel: Mayonnaise, Sriracha-Sauce und Senf. Ich kaufe immer Mayo auf der Basis von Avocadoöl mit Eiern aus artgerechter Hühnerhaltung. Sie ist in meinen Augen qualitativ viel hochwertiger als die Standardmayonnaise, insbesondere im Hinblick auf das darin verwendete Öl.

Zuckerfreie dunkle Schokolade: Für den Fall, dass man Lust auf etwas Süßes bekommt, ist es immer gut, dunkle Schokolade griffbereit zu haben.

Fleisch, Fisch und Meeresfrüchte: Ich neige dazu, immer wieder Gerichte aus denselben Protein liefernden Grundzutaten zu machen und auf dieser Basis dann zu variieren. Wildlachs sowie Rinderhackfleisch, Schweinekoteletts und Hähnchenunterschenkel von Tieren aus Weidehaltung bzw. Freilandhaltung stehen regelmäßig auf meiner Einkaufsliste.

SÜSSUNGSMITTEL WÄHREND DER KETO-ERNÄHRUNG

Wie schon bei der Grundausstattung für den Vorrat auf Seite 5 erwähnt, verwende ich vorwiegend Erythrit und Stevia. Die Makronährstoffe sind in diesem Buch auf der Grundlage von Erythrit berechnet. Es handelt sich bei Erythrit um einen Zuckeralkohol, der keine Blutzuckerspitzen hervorruft und dessen glykämischer Index null beträgt. Erythrit wird vom Dünndarm aufgenommen und dann zu 90 Prozent wieder vom Körper ausgeschieden und daher nie verstoffwechselt. Daher liefert 1 TL Erythrit zwar 4 g Kohlenhydrate, von denen aber dann 4 g Zuckeralkohole wieder abgezogen werden, sodass sich eine Bilanz von null ergibt. Da Erythrit keinen Einfluss auf den Blutzuckerspiegel hat, gelten diese Kohlenhydrate als neutral.

Anmerkung:
Alle in diesem Buch vorgestellten Rezepte, die ein Süßungsmittel enthalten, beruhen im Hinblick auf die Nährwertberechnung auf der Basis von Erythrit.

GRUNDAUSSTATTUNG DER KÜCHE

Küchenmaschine: Ich persönlich nutze einen Universalzerkleinerer, keinen aufwendigen Food Processor, da ich in der Regel nur für meine Tochter und mich koche. Er war nicht teuer und funktioniert wunderbar. Ich habe keinen guten Standmixer, weshalb ich meine Küchenmaschine bei sehr vielen Dingen einsetze!

Mixer: Ich nutze ein elektrisches Handrührgerät, das ebenfalls nicht teuer war, aber falls Sie ein schönes großes Standgerät mit Rührbesen haben, ist das auch sehr praktisch.

Pfanne: Eine Pfanne in einer guten Größe ist für viele Gerichte unverzichtbar. Ich kenne viele Leute, die am liebsten gusseiserne Pfannen verwenden, aber ich persönlich habe (aufgrund meiner Arthrose) Schwierigkeiten mit einem so schweren Gerät und bleibe daher lieber bei einer normalen Pfanne.

Auflaufform: Ich habe Formen in verschiedenen Größen, da ich aber in der Regel für nur zwei Personen koche, kommen meistens die kleinen zum Einsatz. Sehr praktisch ist eine quadratische Form mit einer Seitenlänge von 22 oder 24 cm.

Backblech: Ein gutes großes Backblech ist praktisch für ofengegartes Gemüse und vieles mehr.

Silikon-Backmatte: Ich verwende gern die Silikon-Backmatte in Kombination mit dem Backblech. Sie ist leicht zu säubern und schnell wieder einsetzbar. Sie können aber auch Backpapier nehmen.

Schongarer: Ich würde meinen Schongarer nicht hergeben, auch wenn er schon viele Macken aufweist und wirklich ein Grundmodell ist. Man benötigt letztlich aber auch kein besonderes Modell, solange man es auf eine hohe und niedrige Stufe einstellen kann. Auch manche Schnellkochtöpfe haben eine Slow-Cooker-Einstellung.

Auflaufförmchen oder Muffinblech: Beides ist praktisch für Einzelportionen von Desserts und Keto-Brot, aber auch für schnelle Eigerichte.

KOHLENHYDRATREICHES COMFORT FOOD KETO-GERECHT ABGEWANDELT

Kohlenhydratreiches Comfort Food	Portionsgröße	N-KH	keto-freundliche Alternative	Portionsgröße	N-KH
Pasta	1 Tasse (240 ml Fassungsvermögen)	41 g	Shirataki-Nudeln bzw. Zoodles	1 Tasse (240 ml Fassungsvermögen)	<1 g 4 g
Pizza Salami	2 Scheiben	44 g	Fathead-Pizza mit Salami und Peperoni oder Pfannenpizza	2 Stücke 1 Pizza	5,5 g 2 g
Käsekuchen	1 Stück	20 g	Käsekuchen-Riegel	1 Riegel	7 g
Kartoffelpüree	1 Tasse (240 ml Fassungsvermögen)	32 g	Blumenkohlpüree	1 Tasse (240 ml Fassungsvermögen)	5,5 g
Ofenkartoffeln	1 Tasse (240 ml Fassungsvermögen)	22 g	Ofen-Radieschen	1 Tasse (240 ml Fassungsvermögen)	4 g
Brot	1 Scheibe	12 g	Keto-Brot	1 Scheibe	1 g
Bagel	1 Stück	54 g	Fathead-Bagel	1 Stück	5 g
Waffeln	1 Waffel	18 g	Keto-Waffel	1 Waffel	5 g
Risotto	1 US-Cup	43,5 g	Blumenkohl-Risotto	1 US-Cup	4 g

INFO ZU DEN REZEPTEN

Sind Sie jetzt bereit loszulegen und sich an die Rezepte zu wagen? Die Gerichte in diesem Buch decken jede Kategorie der ketogenen Küche ab. Mit mehr als 200 einfachen und leckeren Keto-Rezepten wird es Ihnen leichtfallen, Freude an der Zubereitung von kohlenhydratarmen und fettreichen Speisen zu bekommen. Alle Rezepte bauen auf unverarbeiteten Lebensmitteln auf, die in der Regel problemlos im Handel zu finden sind. Mir hat es Spaß gemacht, diese Rezepte zu entwickeln, denn genau wie Sie möchte auch ich die Keto-Ernährung unkompliziert halten, damit sie sich gut in meinen geschäftigen Alltag eingliedert. Sie werden feststellen, dass einige Rezepte zwar eine längere Zutatenliste umfassen, aber dennoch auch für Hobbyköche einfach und machbar sind.

Jedes Rezept ist mit einer oder mehreren Kategorien gekennzeichnet, damit schnell erkenntlich ist, ob es auch bei Allergien oder bestimmten Unverträglichkeiten geeignet ist. Auf diese Weise sehen Sie bei den Rezepten auf einen Blick, ob es zu Ihnen passt.

Bei jedem Rezept ist darüber hinaus ein Tipp aufgeführt, beispielsweise, wie sich ein Gericht variieren lässt oder wie man es paleo-freundlich abwandeln kann. Machen Sie sich diese Tipps zunutze, um Ihre Ernährung an Ihre individuelle Situation anzupassen.

Alle Rezepte im Buch wurden von meiner Tochter genehmigt, und sie ist meine strengste Testesserin. Ich gebe ihr gern neue Gerichte zum Kosten – wenn sie es mag, dann weiß ich, dass es gut ist, denn sie hält sich mit ihrer Meinung nicht zurück! Die Rezepte mit der Kennzeichnung Comfort Food gehören zu ihren erklärten Lieblingsgerichten, denn es handelt sich dabei um klassischerweise kohlenhydratreiche Leibspeisen in köstlicher Keto-Version.

ohne Milchprodukte
(Rezepte, die keine Milchprodukte enthalten. Beachten Sie bitte, dass Ghee nicht zu Milchprodukten gezählt wird und deshalb auch in Rezepten dieser Kategorie zum Einsatz kommt.)

ohne Nüsse
(Rezepte, die keine Nüsse enthalten. Beachten Sie bitte, dass die Kokosnuss nicht zu den Nüssen zählt.)

allergenfrei
(Gerichte, die keine der acht wichtigsten Allergene – Milch, Eier, Fisch, Muscheln, Nüsse, Erdnüsse, Weizen, Soja – enthalten, oder die so abgewandelt werden können, dass sie diesen Kriterien entsprechen.)

paleo oder paleo-freundlich
(Rezepte, die der Paleo-Ernährung entsprechen oder leicht dementsprechend abgewandelt werden können.)

bis 30 Minuten
(Gerichte, deren Zubereitung inklusive Vorbereitung und Garzeit 30 Minuten oder weniger in Anspruch nimmt.)

Comfort Food
(Beliebte und gängige Gerichte, die an die Keto-Ernährung angepasst wurden, oder schlicht und einfach lange bewährte Seelentröster.)

DIE SPEISEPLÄNE

* KAPITEL 2 *

Ich weiß, wie verwirrend es am Anfang sein kann, die Menge an Fetten herauszufinden, die man bei ketogener Ernährung zu sich nehmen sollte. Es kann sogar ein wenig beängstigend sein, plötzlich viel Fett, auch wenn es sich um gesundes Fett handelt, zu essen, wenn man an eine typische westliche Ernährung gewöhnt ist. Aus diesem Grund habe ich Speisepläne mit Gerichten aus diesem Buch zusammengestellt, die Ihnen Vorschläge an die Hand geben, wie Sie gesunde Fette und eine Vielfalt an Nahrungsmitteln in Ihre ketogene Lebensweise integrieren können. Sie können sich genau an diese Pläne halten oder sie einfach nur als Inspirationsquelle nutzen. Da der Körper und die jeweilige Lebenssituation von Menschen unterschiedlich sind, können Sie diese Speisepläne jederzeit an Ihre spezifischen Bedürfnisse anpassen.

Die Speisepläne sind so konzipiert, dass sie eine Gewichtsabnahme fördern.

Sie sind gegliedert nach:

1. Keto-Speiseplan **mit Vollmilchprodukten**
2. Keto-Paleo-Speiseplan **ohne Milchprodukte**
3. Keto-Speiseplan **ohne die 8 Hauptallergene**

KETO-SPEISEPLAN MIT VOLLMILCHPRODUKTEN

Dieser Speiseplan enthält gesunde Fette, die für Sättigung sorgen und Ihnen damit gleichzeitig ermöglichen, tagsüber weniger zu essen. Der Plan umfasst darüber hinaus auch das Intervallfasten, was bedeutet, dass Sie in einem Zeitfenster von 6 bis 8 Stunden Nahrung aufnehmen und während der restlichen 16 bis 18 Stunden fasten. Dies mag auf den ersten Blick hart klingen, aber vergessen Sie nicht, dass Sie während vieler dieser Stunden schlafen. Ich halte mich an den Intervallfastenplan der Bulletproof-Diät, die morgens Bulletproof Coffee, Keto-Latte (Seite 112), Keto-Eiskaffee (Seite 114) oder Keto-Tee (Seite 115) erlaubt. Der hohe Fettgehalt sorgt dafür, dass man sich bis zum Mittagessen satt fühlt, und da es sich um reines Fett handelt, wird der Körper getäuscht und denkt, man würde immer noch fasten.

In Ihren ersten Keto-Wochen wird Ihnen das Intervallfasten vermutlich schwerfallen, da Ihr Körper sich noch nicht an das Fett gewöhnt hat, und Sie werden deshalb hungriger sein als jemand, der bereits seit drei oder vier Wochen dabei ist. Wenn Sie das Gefühl haben, das könnte auch bei Ihnen der Fall sein, können Sie morgens zusätzlich zu einem fettreichen Keto-Kaffee oder Keto-Tee ein Frühstücksgericht zu sich nehmen. Die Speisepläne sollen lediglich als Inspirationsquelle und Leitfaden dienen, aber wenn Ihr Körper Ihnen sagt, dass er hungrig (oder satt) ist, sollten Sie auf ihn hören und dementsprechend handeln.

Die Zeiten in dem Speiseplan sind auf einen »typischen Arbeitstag« ausgerichtet, können aber an die jeweilige Lebenssituation angepasst werden. Sie sind lediglich ein Vorschlag, wie die Nahrungsaufnahme in einem bestimmten Zeitfenster organisiert werden kann. Wie bereits erwähnt, sollte der fettreiche Kaffee oder ein sonstiges Getränk nach Wahl um 8 Uhr morgens vor allem dann für ein Sättigungsgefühl sorgen, wenn Ihr Körper sich an das Fett angepasst hat, aber wenn Sie im Laufe des Vormittags einen weiteren fettreichen Kaffee brauchen, ist das kein Problem. Wenn Sie um 12 Uhr Mittagspause haben, sollten Sie auch um 12 Uhr essen. Hier ist das Mittagessen um 14 Uhr angesetzt, um einige zusätzliche Fastenstunden zu erhalten, aber irgendwann zwischen 12 Uhr und 14 Uhr ist eine gute Zeit für das Mittagessen. Abends werden Sie nach 20 Uhr nichts mehr essen und nur Wasser trinken.

- ☐ 8 Uhr: Morgengetränk
- ☐ 14 Uhr: Mahlzeit 1
- ☐ 19 Uhr: Mahlzeit 2 + Dessert (gegebenenfalls)
- ☐ Snacks sind bei Hungergefühl vor 20 Uhr immer möglich

Einige Leute, die sich ketogen ernähren, zählen Kalorien, andere nicht. Während der Übergangsphase in eine ketogene Ernährungsform sollten Sie anfangs vielleicht eine etwas höhere Anzahl an Kalorien konsumieren, als Sie normalerweise am Tag zu sich nehmen würden. Ich weiß, dass das widersinnig klingt, wenn man abnehmen möchte, aber mit dieser Ernährungsform anzufangen und gleichzeitig die Kalorienzufuhr einzuschränken, könnte den Übergang in die Ketose erschweren. Sie können die Gerichte als Ausgangspunkt nutzen und nach Belieben einen Snack aus der Liste unter dem Speiseplan hinzufügen, wenn Sie sich hungrig fühlen. Sie können die Kalorienzufuhr jederzeit einschränken, wenn Sie sich erst an Fett als neue Energiequelle gewöhnt haben!

Persönlich gestalte ich meine Mahlzeiten gern so, dass ich jeweils etwa 500 bis 700 Kalorien zu mir nehme. Das heißt jeden Tag zwei Mahlzeiten und einen Bulletproof Coffee, daher fällt es mir nicht besonders schwer, in einer Kalorienspanne zwischen 1500 und 1800 Kalorien täglich zu bleiben, aber ich ernähre mich schon seit drei Jahren ketogen. Da hierbei auch Ihr Aktivitätslevel eine Rolle spielt, sollten Sie einen der vielen online zur Verfügung stehenden Keto-Makro-Rechner zurate ziehen, um Zahlen zu erhalten, die auf Ihren Körper, Ihre Ziele und Ihr Aktivitätsniveau zugeschnitten sind. Diese Speisepläne basieren auf den Netto-Kohlenhydraten, nicht auf den Gesamt-Kohlenhydraten. Wie bereits in Kapitel 1 (Seite 18) erwähnt, sind die Netto-Kohlenhydrate die Gesamt-Kohlenhydrate abzüglich der Ballaststoffe.

Wenn ein Gericht ein Süßungsmittel enthält, in diesem Fall Erythrit, wird der Alkoholzucker nicht mitgezählt. Die Netto-Kohlenhydrate sind die Kohlenhydrate, die tatsächlich verdaut werden und sich auf den Blutzuckerspiegel auswirken.

Wenn Sie sich an die gleiche Regel halten wie ich – zwei Mahlzeiten plus ein fettreicher Kaffee täglich –, wird es Ihnen leichtfallen, dieses Buch optimal zu nutzen und festzulegen, welche Gerichte Sie für Ihren täglichen Speiseplan kombinieren möchten. Sie können nach Belieben andere Beilagen, Snacks, süße Leckereien und Getränke in die Speisepläne integrieren, wenn Sie nicht satt werden. Unter den Speiseplänen sind zum schnellen Nachschlagen einige Snacks aufgeführt, die nicht gekocht werden müssen. Sie können auch selbst ketofreundliche Snacks in diese Speisepläne integrieren. Käse, Guacamole und Macadamianusskerne gehören zu den praktischen Snacks, die ich gern mitnehme, wenn ich unterwegs bin.

Für den Fall, dass Sie mehr Fett verzehren möchten, können Sie ganz einfach MCT-Öl oder Bulletproof Brain Octane Oil über Ihre Speisen träufeln. Da beide geschmacks- und geruchlos sind, bieten sie eine tolle Möglichkeit, Mahlzeiten mit hochwertigen Fetten anzureichern. Viele Marken bieten praktische Päckchen mit Einzelportionen an, die man immer dabeihaben kann. MCT-Öl gibt es auch in Pulverform, das man in Getränke oder Backwaren rühren kann. Ich hoffe, dass diese Speisepläne Ihnen vor allem zeigen werden, dass es viele Möglichkeiten gibt, sich ketogen zu ernähren, sowie eine immens große Vielfalt an Nahrungsmitteln, die Sie essen können.

Sie werden sehen, dass täglich 3 Liter Wasser auf dem Plan stehen, und das ist sehr wichtig! Es gibt so viele Gründe, warum Wasser gut für uns ist, aber ein wichtiger Keto-Vorteil ist, dass Wasser dazu beiträgt, den Appetit und Heißhunger auf Kohlenhydrate zu zügeln. Wasser sorgt außerdem dafür, dass Fett schneller verstoffwechselt wird (und wenn Sie sich für diesen Speiseplan interessieren, gehe ich davon aus, dass Sie Fett verbrennen wollen!) – trinken Sie Ihr Glas also aus und schenken Sie sich nach.

KETO-PALEO-SPEISEPLAN OHNE MILCHPRODUKTE

Eine Keto-Version einer Paleo-Diät umfasst vollwertige Nahrungsmittel wie Gemüse, qualitativ hochwertiges Fleisch, Fisch und Geflügel. Sie schließt jedoch Milchprodukte, Süßungsmittel und Kohlenhydrate aus, die zwar paleo-freundlich sind, aber nicht keto-paleo-freundlich, beispielsweise Süßkartoffeln. Wie bei allen Speiseplänen können Sie nach Belieben den Keto-Latte durch ein anderes Getränk aus dem Snackplan ersetzen.

KETO-SPEISEPLAN OHNE DIE 8 HAUPT-ALLERGENE

Nahrungsmittelallergien können jede Ernährungsform komplizierter werden lassen, aber es ist sehr gut möglich, mit ketogener Ernährung Erfolg zu haben, wenn man die 8 Hauptallergene ausschließt: Eier, Weizen, Erdnüsse und verschiedene andre Nüsse, Milch, Fisch, Meeresfrüchte und Sojabohnen.

Dieser Speiseplan enthält Kokosnuss, da sie trotz ihres Namens botanisch zu den Steinfrüchten gehört und von den meisten Menschen, die allergisch auf Nüsse und sonstige Schalenfrüchte reagieren, gut vertragen wird.

KETO-SPEISEPLAN MIT VOLLMILCHPRODUKTEN • WOCHE 1

	MONTAG	DIENSTAG	MITTWOCH
Morgens	**Keto-Latte (S. 112)** kcal: 423; Fett: 47 g; EW: 2 g; Gesamt-KH: 4 g; BS: 1 g; N-KH: 3 g	**Keto-Latte (S. 112)** kcal: 423; Fett: 47 g; EW: 2 g; Gesamt-KH: 4 g; BS: 1 g; N-KH: 3 g	**Keto-Latte (S. 112)** kcal: 423; Fett: 47 g; EW: 2 g; Gesamt-KH: 4 g; BS: 1 g; N-KH: 3 g
Mahlzeit 1	**Sushi-Style-Snacks aus Algen (S.284)** kcal: 165; Fett: 9 g; EW: 19 g; Gesamt-KH: 6 g; BS: 3 g; N-KH: 3 g	**Hähnchen-Salat nach Chickenwing-Art (S. 147)** kcal: 336; Fett: 18 g; EW: 27 g; Gesamt-KH: 21 g; BS: 11 g; N-KH: 10 g	**Thailändischer Garnelen-Zoodles-Salat (S. 143)** kcal: 335; Fett: 19 g; EW: 28 g; Gesamt-KH: 13 g; BS: 4 g; N-KH: 9 g
Mahlzeit 2	**Spinat-Artischocken-Suppe (S.134)** kcal: 395; Fett: 34 g; EW: 12 g; Gesamt-KH: 14 g; BS: 2 g; N-KH: 12 g und **Mexikanischer Blumenkohlreis mit Pulled Chicken (S. 196)** kcal: 388; Fett: 23 g; EW: 28 g; Gesamt-KH: 18 g; BS: 7 g; N-KH: 11 g	**Ofentomaten mit Parmesan (S. 250)** kcal: 124; Fett: 7 g; EW: 10 g; Gesamt-KH: 5 g; BS: 1 g; N-KH: 4 g und **Bacon-Cheeseburger-Suppe (S. 138)** kcal: 410; Fett: 34 g; EW: 21 g; Gesamt-KH: 5 g; BS: 1 g; N-KH: 3 g	**Cobb Salad mit Chili-Limetten-Garnelen (S. 137)** kcal: 741; Fett: 53 g; EW: 52 g; Gesamt-KH: 14 g; BS: 8 g; N-KH: 6 g
Dessert	**Keto-Dessertcreme (S.65)** kcal: 219; Fett: 22 g; EW: 3 g; Gesamt-KH: 1 g; BS: 0 g; N-KH: 1 g	**Beeren-Kokos-Chia-Pudding (S. 327)** kcal: 288; Fett: 24 g; EW: 4 g; Gesamt-KH: 11 g; BS: 6 g; N-KH: 5 g	**Pekannuss-Fettbomben (S. 319)** kcal: 181; Fett: 19 g; EW: 1 g; Gesamt-KH: 3 g; BS: 2 g; N-KH: 1 g
Getränk	3 l Wasser	3 l Wasser	3 l Wasser
Gesamtwerte	Fett (135 g).................76,4% EW (64 g)....................16,1% KH (30 g netto).............7,5% kcal: 1590	Fett (130 g).................74,3% EW (64 g)....................16,2% KH (25 g netto).............9,5% kcal: 1581	Fett (138 g).................73,9% EW (83 g)....................19,8% KH (19 g netto).............6,3% kcal: 1680

+ zusätzlicher Snack nach Wunsch

DONNERSTAG	FREITAG	SAMSTAG	SONNTAG
Keto-Latte (S. 112) kcal: 423; Fett: 47 g; EW: 2 g; Gesamt-KH: 4 g; BS: 1 g; N-KH: 3 g	**Keto-Latte (S. 112)** kcal: 423; Fett: 47 g; EW: 2 g; Gesamt-KH: 4 g; BS: 1 g; N-KH: 3 g	**Keto-Latte (S. 112)** kcal: 423; Fett: 47 g; EW: 2 g; Gesamt-KH: 4 g; BS: 1 g; N-KH: 3 g	**Keto-Latte (S. 112)** kcal: 423; Fett: 47 g; EW: 2 g; Gesamt-KH: 4 g; BS: 1 g; N-KH: 3 g
Hähnchen-Enchilada-Bowls (S. 194) aus dem Schongarer kcal: 427; Fett: 28 g; EW: 30 g; Gesamt-KH: 13 g; BS: 7 g; N-KH: 6 g	**Mediterrane Burger-Patties (S. 233)** kcal: 531; Fett: 42 g; EW: 33 g; Gesamt-KH: 7 g; BS: 3 g; N-KH: 4 g	**2 Fathead-Biscuits mit Frikadellen (S. 85)** kcal: 229; Fett: 18 g; EW: 16 g; Gesamt-KH: 1 g; BS: 0 g; N-KH: 1 g	**Käse-»Fritten« im Speckmantel (S. 273)** kcal: 184; Fett: 14 g; EW: 12 g; Gesamt-KH: 1 g; BS: 0 g; N-KH: 1 g und **Käse-Spinat-Auflauf mit Ei und Schweinekrusten (S. 95)** kcal: 338; Fett: 26 g; EW: 25 g; Gesamt-KH: 3 g; BS: 1 g; N-KH: 2 g
Eier-Speck-Salat mit Avocado (S. 152) kcal: 313; Fett: 26 g; EW: 15 g; Gesamt-KH: 9 g; BS: 6 g; N-KH: 3 g und **Gurken-»Fritten« im Speckmantel (S. 274)** kcal: 190; Fett: 14 g; EW: 13 g; Gesamt-KH: 4 g; BS: 2 g; N-KH: 2 g	**Kabeljau-Prosciutto-Rolle (S. 167)** kcal: 317; Fett: 18 g; EW: 38 g; Gesamt-KH: 0 g; BS: 0 g; N-KH: 0 g und **2 Portionen Sahniger Gurkensalat (S. 144)** kcal: 118; Fett: 6 g; EW: 3 g; Gesamt-KH: 13 g; BS: 2 g; N-KH: 11 g	**Lachs-Burger mit Schnittlauch-Aioli und Blattgemüse (S. 156)** kcal: 471; Fett: 31 g; EW: 38 g; Gesamt-KH: 10 g; BS: 2 g; N-KH: 8 g	**Hähnchen mit milchfreier Pilz-Rahmsauce »Alfredo-Art« (S. 193)** kcal: 464; Fett: 36 g; EW: 22 g; Gesamt-KH: 13 g; BS: 3 g; N-KH: 10 g
Heidelbeer-Zitronen-Kuchen (S. 314) kcal: 147; Fett: 11 g; EW: 5 g; Gesamt-KH: 5 g; BS: 3 g; N-KH: 2 g und **Eistee Pink Passion (S. 130)** kcal: 114; Fett: 12 g; EW: 1 g; Gesamt-KH: 2 g; BS: 0 g; N-KH: 2 g	**2 Scharfe Schoko-Fettbomben (S. 320)** kcal: 190; Fett: 18 g; EW: 2 g; Gesamt-KH: 5 g; BS: 3 g; N-KH: 2 g	**Nussmus-Cookies mit Schokodrops (S. 313)** kcal: 245; Fett: 17 g; EW: 5 g; Gesamt-KH: 8 g; BS: 3 g; N-KH: 5 g und **Eistee Pink Passion (S. 130)** kcal: 114; Fett: 12 g; EW: 1 g; Gesamt-KH: 2 g; BS: 0 g; N-KH: 2 g	**Nussmus-Cookies mit Schokodrops (S. 313)** kcal: 245; Fett: 17 g; EW: 5 g; Gesamt-KH: 8 g; BS: 3 g; N-KH: 5 g
3 l Wasser	**3 l Wasser**	**3 l Wasser**	**3 l Wasser**
Fett (138 g)................76,9 % EW (66 g)....................16,4 % KH (19 g netto)..............6,7 % kcal: 1614	Fett (131 g)................74,7 % EW (78 g)....................17,2 % KH (20 g netto)..............8,1 % kcal: 1579	Fett (125 g)................75,9 % EW (62 g)....................16,7 % KH (19 g netto)..............7,4 % kcal: 1482	Fett (140 g)................76,2 % EW (66 g)....................16 % KH (21 g netto)..............7,8 % kcal: 1654

DIE SPEISEPLÄNE

KETO-SPEISEPLAN MIT VOLLMILCHPRODUKTEN • WOCHE 2

	MONTAG	DIENSTAG	MITTWOCH
Morgens	**Keto-Latte (S. 112)** kcal: 423; Fett: 47 g; EW: 2 g; Gesamt-KH: 4 g; BS: 1 g; N-KH: 3 g	**Keto-Latte (S. 112)** kcal: 423; Fett: 47 g; EW: 2 g; Gesamt-KH: 4 g; BS: 1 g; N-KH: 3 g	**Keto-Latte (S. 112)** kcal: 423; Fett: 47 g; EW: 2 g; Gesamt-KH: 4 g; BS: 1 g; N-KH: 3 g
Mahlzeit 1	**Spinat-Artischocken-Suppe (S. 134)** kcal: 427; Fett: 28 g; EW: 30 g; Gesamt-KH: 13 g; BS: 7 g; N-KH: 6 g und **Antipasto-Salat (S. 146)** kcal: 240; Fett: 18 g; EW: 9 g; Gesamt-KH: 14 g; BS: 8 g; N-KH: 6 g	**Hähnchen-Salat nach Chickenwing-Art (S. 147)** kcal: 336; Fett: 18 g; EW: 27 g; Gesamt-KH: 21 g; BS: 11 g; N-KH: 10 g	**Avocado-Cotija-Salat (S. 142)** kcal: 454; Fett: 39 g; EW: 8 g; Gesamt-KH: 27 g; BS: 12 g; N-KH: 15 g
Mahlzeit 2	**Slow-Cooker-Chili (S. 226)** kcal: 399; Fett: 27 g; EW: 30 g; Gesamt-KH: 9 g; BS: 1 g; N-KH: 8 g	**Schweinekoteletts mit Kräutern und Dijonsenf (S. 216)** kcal: 323; Fett: 22 g; EW: 27 g; Gesamt-KH: 3 g; BS: 0 g; N-KH: 3 g und **Grünkohl-Kürbis-Gratin (S. 268)** kcal: 266; Fett: 22 g; EW: 8 g; Gesamt-KH: 9 g; BS: 2 g; N-KH: 7 g	**Ofensteak mit Radieschen und Kräuterbutter (S. 230)** kcal: 609; Fett: 48 g; EW: 36 g; Gesamt-KH: 6 g; BS: 2 g; N-KH: 4 g
Dessert		**Keto-Dessertcreme (S. 65)** kcal: 219; Fett: 22 g; EW: 3 g; Gesamt-KH: 1 g; BS: 0 g; N-KH: 1 g	**Schoko-Cookie-Bruch (S. 318)** kcal: 130; Fett: 10 g; EW: 4 g; Gesamt-KH: 6 g; BS: 3 g; N-KH: 3 g
Getränk	3 l Wasser	3 l Wasser	3 l Wasser
Gesamtwerte	Fett (120 g)..............77,8 % EW (71 g)..................14,6 % KH (23 g netto)..........7,6 % kcal 1489	Fett (131 g)..............75,2 % EW (67 g)..................17,1 % KH (24 g netto)..........7,7 % kcal 1567	Fett (144 g)..............80,2 % EW (50 g)..................12,4 % KH (25 g netto)..........7,4 % kcal 1616

Beispiele für schnelle Snacks:

		Sushi-Style-Snacks aus Algen (S. 284) kcal: 165; Fett: 9 g; EW: 19 g; Gesamt-KH: 6 g; BS: 3 g; N-KH: 3 g	**Beeren-Kokos-Chia-Pudding (S. 327)** kcal: 288; Fett: 24 g; EW: 4 g; Gesamt-KH: 11 g; BS: 6 g; N-KH: 5 g
	Salami-»Tacos« (S. 282) kcal: 262; Fett: 23 g; EW: 10 g; Gesamt-KH: 3 g; BS: 1 g; N-KH: 2 g	**Lachs-Avocado-Schiffchen (S. 278)** kcal: 188; Fett: 14 g; EW: 7 g; Gesamt-KH: 11 g; BS: 5 g; N-KH: 6 g	**Pekannuss-Fettbomben (S. 319)** kcal: 181; Fett: 19 g; EW: 1 g; Gesamt-KH: 3 g; BS: 2 g; N-KH: 1 g

DONNERSTAG	FREITAG	SAMSTAG	SONNTAG
Keto-Latte (S. 112) kcal: 423; Fett: 47 g; EW: 2 g; Gesamt-KH: 4 g; BS: 1 g; N-KH: 3 g	**Keto-Latte (S. 112)** kcal: 423; Fett: 47 g; EW: 2 g; Gesamt-KH: 4 g; BS: 1 g; N-KH: 3 g	**Keto-Latte (S. 112)** kcal: 423; Fett: 47 g; EW: 2 g; Gesamt-KH: 4 g; BS: 1 g; N-KH: 3 g	**Keto-Latte (S. 112)** kcal: 423; Fett: 47 g; EW: 2 g; Gesamt-KH: 4 g; BS: 1 g; N-KH: 3 g
Gebackene Portobello-Pilze mit Ei-Spinat-Füllung (S. 96) kcal: 308; Fett: 21 g; EW: 23 g; Gesamt-KH: 10 g; BS: 2 g; N-KH: 8 g und **Russische Eier mit Buffalo-Sauce (S. 259)** kcal: 223; Fett: 19 g EW: 11 g; Gesamt-KH: 2 g; BS: 1 g; N-KH: 1 g	**Mediterraner Wedge-Salat (S. 139)** kcal: 196; Fett: 17 g; EW: 2 g; Gesamt-KH: 12 g; BS: 3 g; N-KH: 9 g und **Prosciutto-Mozzarella-Bomben (S. 200)** kcal: 450; Fett: 35 g; EW: 31 g; Gesamt-KH: 2 g; BS: 1 g; N-KH: 1 g	**Steak and Eggs vom Blech (S. 232)** kcal: 409; Fett: 29 g; EW: 33 g; Gesamt-KH: 4 g; BS: 2 g; N-KH: 2 g	**Schweinefleisch-Nuggets im Speckmantel (S. 207)** kcal: 353; Fett: 30 g; EW: 20 g; Gesamt-KH: 1 g; BS: 0 g; N-KH: 1 g und **Paprika im Prosciuttomantel (S. 201)** kcal: 236; Fett: 16 g; EW: 12 g; Gesamt-KH: 11 g; BS: 2 g; N-KH: 9 g
Burger-Patties mit Kräuterbutter (S. 211) kcal: 504; Fett: 44 g; EW: 27 g; Gesamt-KH: 0 g; BS: 0 g; N-KH: 0 g und **Eiweißbrötchen (Oopsies) (S. 62)** kcal: 42; Fett: 4 g; EW: 2 g; Gesamt-KH: 0 g; BS: 0 g; N-KH: 0 g	**Fajita vom Blech (S. 225)** kcal: 426; Fett: 30 g; EW: 26 g; Gesamt-KH: 13 g; BS: 3 g; N-KH: 10 g	**Fathead-Pizza mit Salami und Peperoni (S. 206)** kcal: 416; Fett: 33 g; EW: 25 g; Gesamt-KH: 5 g; BS: 1 g; N-KH: 4 g	**Fleischbällchen mit grünen Chilis (S. 234)** kcal: 326; Fett: 22 g; EW: 26 g; Gesamt-KH: 6 g; BS: 1 g; N-KH: 5 g und **Ofengemüse (S. 56)** kcal: 83; Fett: 7 g; EW: 2 g; Gesamt-KH: 5 g; BS: 2 g; N-KH: 3 g
	Heidelbeer-Zitronen-Kuchen (S. 314) kcal: 147; Fett: 11 g; EW: 5 g; Gesamt-KH: 5 g; BS: 3 g; N-KH: 2 g	**Heidelbeer-Zitronen-Kuchen (S. 314)** kcal: 147; Fett: 11 g; EW: 5 g; Gesamt-KH: 5 g; BS: 3 g; N-KH: 2 g und **Eistee Pink Passion (S. 130)** kcal: 114; Fett: 12 g; EW: 1 g; Gesamt-KH: 2 g; BS: 0 g; N-KH: 2 g	**Heidelbeer-Zitronen-Kuchen (S. 314)** kcal: 147; Fett: 11 g; EW: 5 g; Gesamt-KH: 5 g; BS: 3 g; N-KH: 2 g
3 l Wasser	**3 l Wasser**	**3 l Wasser**	**3 l Wasser**
Fett (118 g)..........70,8 % **EW (65 g)............17,3 %** **KH (12 g netto)....11,9 %** **kcal: 1500**	**Fett (140 g)..........76,7 %** **EW (66 g)............16,1 %** **KH (25 g netto)......7,2 %** **kcal: 1642**	**Fett (132 g)..........78,7 %** **EW (66 g)............17,5 %** **KH (13 g netto)......3,8 %** **kcal: 1509**	**Fett (133 g)..........76,3 %** **EW (67 g)............17,1 %** **KH (23 g netto)......6,6 %** **kcal: 1568**

Scharfe Schoko-Fettbomben (S. 320)

kcal: 190; Fett: 18 g;
EW: 2 g; Gesamt-KH: 5 g;
BS: 3 g; N-KH: 2 g

Eistee Pink Passion (S. 130)

kcal: 114; Fett: 12 g;
EW: 1 g; Gesamt-KH: 2 g;
BS: 0 g; N-KH: 2 g

Nussmus-Smoothie (S. 122)

kcal: 330; Fett: 34 g;
EW: 5 g; Gesamt-KH: 7 g;
BS: 1 g; N-KH: 6 g

Avocado-Kurkuma-Smoothie (S.123)

kcal: 239; Fett: 23 g;
EW: 3 g; Gesamt-KH: 9 g;
BS: 5 g; N-KH: 4 g

Keto-Dessertcreme

kcal: 219; Fett: 22 g;
EW: 3 g; Gesamt-KH: 1 g;
BS: 0 g; N-KH: 1 g

KETO-PALEO-SPEISEPLAN OHNE MILCHPRODUKTE • WOCHE 1

	MONTAG	DIENSTAG	MITTWOCH
Morgens	**Keto-Latte (S. 112)** kcal: 423; Fett: 47 g; EW: 2 g; Gesamt-KH: 4 g; BS: 1 g; N-KH: 3 g	**Keto-Latte (S. 112)** kcal: 423; Fett: 47 g; EW: 2 g; Gesamt-KH: 4 g; BS: 1 g; N-KH: 3 g	**Keto-Latte (S. 112)** kcal: 423; Fett: 47 g; EW: 2 g; Gesamt-KH: 4 g; BS: 1 g; N-KH: 3 g
Mahlzeit 1	**Scharfe Garnelen mit Shirataki-Nudeln (S. 159)** kcal: 240; Fett: 15 g; EW: 19 g; Gesamt-KH: 8 g; BS: 2 g; N-KH: 6 g	**»Spaghetti« mit Fleischsauce (S. 239)** kcal: 495; Fett: 39 g; EW: 24 g; Gesamt-KH: 11 g; BS: 3 g; N-KH: 8 g	**Pikantes Pulled Pork aus dem Schongarer (S. 204)** kcal: 412; Fett: 26 g; EW: 40 g; Gesamt-KH: 6 g; BS: 2 g; N-KH: 4 g
Mahlzeit 2	**Hacksteak mit Pilzen und Bacon (S. 236)** kcal: 382; Fett: 28 g; EW: 30 g; Gesamt-KH: 4 g; BS: 1 g; N-KH: 3 g und **Antipasto-Salat (S. 146)** kcal: 240; Fett: 18 g; EW: 9 g; Gesamt-KH: 14 g; BS: 8 g; N-KH: 6 g	**Steak and Eggs vom Blech (S. 232)** kcal: 409; Fett: 29 g; EW: 33 g; Gesamt-KH: 4 g; BS: 2 g; N-KH: 2 g	**Vietnamesische Steak-»Reis«-Bowl (S. 231)** kcal: 466; Fett: 34 g; EW: 34 g; Gesamt-KH: 6 g; BS: 1 g; N-KH: 5 g
Dessert	**Keto-Chata (S. 131)** kcal: 131; Fett: 13 g; EW: 1 g; Gesamt-KH: 5 g; BS: 1 g; N-KH: 4 g	**Nussmus-Smoothie (S. 122)** kcal: 330; Fett: 34 g; EW: 5 g; Gesamt-KH: 7 g; BS: 1 g; N-KH: 6 g	**Heiße Keto-Schokolade (S. 121)** kcal: 465; Fett: 49 g; EW: 6 g; Gesamt-KH: 14 g; BS: 3 g; N-KH: 11 g
Getränk	3 l Wasser	3 l Wasser	3 l Wasser
Gesamtwerte	Fett (121 g).................76,9 % EW (61 g)....................17,2 % KH (22 g netto)..............5,9 % kcal: 1416	Fett (143 g).................79,2 % EW (62 g)....................15,6 % KH (18 g netto)..............5,2 % kcal: 1585	Fett (156 g).................80,5 % EW (82 g)....................16,6 % KH (23 g netto)..............2,9 % kcal: 1766
+ zusätzlicher Snack nach Wunsch	Beispiele für schnelle Keto-Paleo-Snacks: **Keto-Latte (S. 112)** kcal: 423; Fett: 47 g; EW: 2 g; Gesamt-KH: 4 g; BS: 1 g; N-KH: 3 g	**Keto-Eiskaffee (S. 114)** kcal: 189; Fett: 21 g; EW: 1 g; Gesamt-KH: 2 g; BS: 0 g; N-KH: 2 g **Heiße Keto-Schokolade (S. 121)** kcal: 465; Fett: 49 g; EW: 6 g; Gesamt-KH: 14 g; BS: 3 g; N-KH: 11 g	**Keto-Kürbis-Latte (S. 118)** kcal: 409; Fett: 45 g; EW: 3 g; Gesamt-KH: 6 g; BS: 1 g; N-KH: 5 g **Keto-Tee (S. 115)** kcal: 155; Fett: 12 g; EW: 11 g; Gesamt-KH: 1 g; BS: 1 g; N-KH: 0 g

DONNERSTAG	FREITAG	SAMSTAG	SONNTAG
Keto-Latte (S. 112) kcal: 423; Fett: 47 g; EW: 2 g; Gesamt-KH: 4 g; BS: 1 g; N-KH: 3 g	**Keto-Latte (S. 112)** kcal: 423; Fett: 47 g; EW: 2 g; Gesamt-KH: 4 g; BS: 1 g; N-KH: 3 g	**Keto-Latte (S. 112)** kcal: 423; Fett: 47 g; EW: 2 g; Gesamt-KH: 4 g; BS: 1 g; N-KH: 3 g	**Keto-Latte (S. 112)** kcal: 423; Fett: 47 g; EW: 2 g; Gesamt-KH: 4 g; BS: 1 g; N-KH: 3 g
Thunfisch-Poke-Bowl (S. 162) kcal: 518; Fett: 34 g; EW: 37 g; Gesamt-KH: 16 g; BS: 10 g; N-KH: 6 g	**Knackiger Thai-Hähnchensalat (S. 150)** kcal: 354; Fett: 18 g; EW: 38 g; Gesamt-KH: 12 g; BS: 4 g; N-KH: 8 g	**Eier-Muffins nach Santa-Fe-Art (S. 108)** kcal: 321; Fett: 24 g; EW: 19 g; Gesamt-KH: 10 g; BS: 2 g; N-KH: 8 g und **Avocado-»Fritten« im Speckmantel (S. 267)** kcal: 286; Fett: 24 g; EW: 13 g; Gesamt-KH: 6 g; BS: 5 g; N-KH: 1 g	**Tacos mit knusprigen Käseschalen (S. 94)** kcal: 323; Fett: 23 g; EW: 29 g; Gesamt-KH: 0 g; BS: 0 g; N-KH: 0 g
Fajita vom Blech (S.225) kcal: 426; Fett: 30 g; EW: 26 g; Gesamt-KH: 13 g; BS: 3 g; N-KH: 10 g und **Milchfreie Avocado-Crema (S. 304)** kcal: 206; Fett: 20 g; EW: 2 g; Gesamt-KH: 7 g; BS: 5 g; N-KH: 2 g	**Schweinefleisch-Nuggets im Speckmantel (S. 207)** kcal: 353; Fett: 30 g; EW: 20 g; Gesamt-KH: 1 g; BS: 0 g; N-KH: 1 g und **Gurken-Happen (S. 248)** kcal: 95; Fett: 7 g; EW: 3 g; Gesamt-KH: 6 g; BS: 1 g; N-KH: 5 g	**Schweinefleisch-Pfanne mit Sriracha-Sauce (S. 219)** kcal: 469; Fett: 38 g; EW: 24 g; Gesamt-KH: 11 g; BS: 4 g; N-KH: 7 g	**Fajita-Skirt-Steak mit mexikanischem Blumenkohlreis (S. 224)** kcal: 355; Fett: 23 g; EW: 26 g; Gesamt-KH: 11 g; BS: 4 g; N-KH: 7 g
	Minze-Smoothie mit Schokodrops (S. 124) kcal: 415; Fett: 41 g; EW: 5 g; Gesamt-KH: 16 g; BS: 7 g; N-KH: 9 g	**Keto-Chata (S. 131)** kcal: 131; Fett: 13 g; EW: 1 g; Gesamt-KH: 5 g; BS: 1 g; N-KH: 4 g	**Heidelbeer-Kokos-Smoothie (S. 126)** kcal: 506; Fett: 53 g; EW: 5 g; Gesamt-KH: 12 g; BS: 1 g; N-KH: 11 g
3 l Wasser	3 l Wasser	3 l Wasser	3 l Wasser
Fett (131 g)..............74,9 % EW (67 g).....................17 % KH (21 g netto)............8,1 % kcal: 1573	Fett (143 g)..............78,5 % EW (68 g)..................16,6 % KH (26 g netto)............4,9 % kcal: 1640	Fett (146 g)................ 80 % EW (59 g)..................14,5 % KH (23 g netto)............5,5 % kcal: 1630	Fett (146 g)..............80,1 % EW (632 g)................14,6 % KH (21 g netto)............5,3 % kcal: 1607
Keto-Matcha-Tee (S. 116) kcal: 163; Fett: 17 g; EW: 2 g; Gesamt-KH: 3 g; BS: 1 g; N-KH: 2 g **Eistee Pink Passion (S. 130)** kcal: 114; Fett: 12 g; EW: 1 g; Gesamt-KH: 2 g; BS: 0 g; N-KH: 2 g	**Heidelbeer-Kokos-Smoothie (S. 126)** kcal: 506; Fett: 53 g; EW: 5 g; Gesamt-KH: 12 g; BS: 1 g; N-KH: 11 g **Schoko-Crunch-Frühstücksflocken (S. 70)** Pro Portion (nur die Frühstücksflocken): kcal: 325; Fett: 27 g; EW: 10 g; Gesamt-KH: 17 g; BS: 12 g; N-KH: 5 g	**Nussmus-Smoothie (S. 122)** kcal: 330; Fett: 34 g; EW: 5 g; Gesamt-KH: 7 g; BS: 1 g; N-KH: 6 g **Minze-Smioothie mit Schokodrops (S. 124)** kcal: 415; Fett: 41 g; EW: 5 g; Gesamt-KH: 16 g; BS: 7 g; N-KH: 9 g	**Keto-Chata (S. 131)** kcal: 131; Fett: 13 g; EW: 1 g; Gesamt-KH: 5 g; BS: 1 g; N-KH: 4 g

KETO-PALEO-SPEISEPLAN OHNE MILCHPRODUKTE • WOCHE 2

	MONTAG	DIENSTAG	MITTWOCH
Morgens	**Keto-Latte (S. 112)** kcal: 423; Fett: 47 g; EW: 2 g; Gesamt-KH: 4 g; BS: 1 g; N-KH: 3 g	**Keto-Latte (S. 112)** kcal: 423; Fett: 47 g; EW: 2 g; Gesamt-KH: 4 g; BS: 1 g; N-KH: 3 g	**Keto-Latte (S. 112)** kcal: 423; Fett: 47 g; EW: 2 g; Gesamt-KH: 4 g; BS: 1 g; N-KH: 3 g
Mahlzeit 1	**Hühnerrahmsuppe mit grünen Chilis (S. 135)** kcal: 325; Fett: 21 g; EW: 25 g; Gesamt-KH: 9 g; BS: 2 g; N-KH: 7 g	**Erdbeer-Spinat-Salat mit Speck (S. 148)** kcal: 380; Fett: 34 g; EW: 12 g; Gesamt-KH: 10 g; BS: 6 g; N-KH: 4 g	**Fleischbällchen mit grünen Chilis (S. 234)** kcal: 326; Fett: 22 g; EW: 26 g; Gesamt-KH: 6 g; BS: 1 g; N-KH: 5 g und **Mediterraner Wedge-Salat (S. 139)** kcal: 196; Fett: 17 g; EW: 2 g; Gesamt-KH: 12 g; BS: 3 g; N-KH: 9 g
Mahlzeit 2	**Lachs-Burger mit Schnittlauch-Aioli und Blattgemüse (S. 156)** kcal: 471; Fett: 31 g; EW: 38 g; Gesamt-KH: 10 g; BS: 2 g; N-KH: 8 g und **Ofengemüse (S. 56)** kcal: 83; Fett: 7 g; EW: 2 g; Gesamt-KH: 5 g; BS: 2 g; N-KH: 3 g	**Kabeljau-Prosciutto-Rolle (S. 167)** kcal: 317; Fett: 18 g; EW: 38 g; Gesamt-KH: 0 g; BS: 0 g; N-KH: 0 g und **2 Champignons mit Krebsfleischfüllung (S. 262)** kcal: 139; Fett: 10 g; EW: 8 g; Gesamt-KH: 3 g; BS: 1 g; N-KH: 2 g	**»Spaghetti« mit Fleischsauce (S. 239)** kcal: 495; Fett: 39 g; EW: 24 g; Gesamt-KH: 11 g; BS: 3 g; N-KH: 8 g
Dessert	**Keto-Latte (S. 112)** kcal: 423; Fett: 47 g; EW: 2 g; Gesamt-KH: 4 g; BS: 1 g; N-KH: 3 g	**Keto-Chata (S. 131)** kcal: 131; Fett: 13 g; EW: 1 g; Gesamt-KH: 5 g; BS: 1 g; N-KH: 4 g	
Getränk	3 l Wasser	3 l Wasser	3 l Wasser
Gesamtwerte	Fett (153 g)..............78,8 % EW (69 g)......................16 % KH (24 g netto)............5,2 % kcal: 1725	Fett (122 g)..............77,9 % EW (61 g)..................17,5 % KH (13 g netto)............4,6 % kcal: 1390	Fett (125 g)..............78,1 % EW (54 g)......................15 % KH (25 g netto)............6,9 % kcal: 1440

+ zusätzlicher Snack nach Wunsch

DONNERSTAG	FREITAG	SAMSTAG	SONNTAG
Keto-Latte (S. 112) kcal: 423; Fett: 47 g; EW: 2 g; Gesamt-KH: 4 g; BS: 1 g; N-KH: 3 g	**Keto-Latte (S. 112)** kcal: 423; Fett: 47 g; EW: 2 g; Gesamt-KH: 4 g; BS: 1 g; N-KH: 3 g	**Keto-Latte (S. 112)** kcal: 423; Fett: 47 g; EW: 2 g; Gesamt-KH: 4 g; BS: 1 g; N-KH: 3 g	**Keto-Latte (S. 112)** kcal: 423; Fett: 47 g; EW: 2 g; Gesamt-KH: 4 g; BS: 1 g; N-KH: 3 g
Thailändischer Garnelen-Zoodles-Salat (S. 143) kcal: 335; Fett: 19 g; EW: 28 g; Gesamt-KH: 13 g; BS: 4 g; N-KH: 9 g	**Frikadellen im Salatblatt (S. 214)** kcal: 395; Fett: 33 g; EW: 20 g; Gesamt-KH: 5 g; BS: 1 g; N-KH: 4 g	**Lachs-Avocado-Schiffchen (S. 278)** kcal: 188; Fett: 14 g; EW: 7 g; Gesamt-KH: 11 g; BS: 5 g; N-KH: 6 g	**Ei-Wurst-Frühstück im Glas (S. 104)** kcal: 507; Fett: 43 g; EW: 26 g; Gesamt-KH: 5 g; BS: 1 g; N-KH: 4 g
Steakhäppchen im Speckmantel mit Senf-Dipsauce (S. 240) kcal: 419; Fett: 31 g; EW: 30 g; Gesamt-KH: 4 g; BS: 0 g; N-KH: 4 g	**2 Gegrillte Langustenschwänze (S. 169)** kcal: 285; Fett: 24 g; EW: 17 g; Gesamt-KH: 2 g; BS: 1 g; N-KH: 1 g und **Zitroniger Spinat (S. 252)** kcal: 82; Fett: 7 g; EW: 2 g; Gesamt-KH: 4 g; BS: 2 g; N-KH: 2 g	**Schweinelende im Speckmantel (S. 210)** kcal: 447; Fett: 34 g; EW: 33 g; Gesamt-KH: 0 g; BS: 0 g; N-KH: 0 g	**Steak-Pilz-Häppchen aus dem Schongarer (S. 244)** kcal: 594; Fett: 52 g; EW: 29 g; Gesamt-KH: 5 g; BS: 1 g; N-KH: 4 g und **Ofengemüse (S. 56)** kcal: 83; Fett: 7 g; EW: 2 g; Gesamt-KH: 5 g; BS: 2 g; N-KH: 3 g
Minze-Smoothie mit Schokodrops (S. 124) kcal: 415; Fett: 41 g; EW: 5 g; Gesamt-KH: 16 g; BS: 7 g; N-KH: 9 g		**Schoko-Crunch-Frühstücksflocken (S. 70)** Pro Portion (nur die Frühstücksflocken): kcal: 325; Fett: 27 g; EW: 10 g; Gesamt-KH: 17 g; BS: 12 g; N-KH: 5 g und **Eistee Pink Passion (S. 130)** kcal: 114; Fett: 12 g; EW: 1 g; Gesamt-KH: 2 g; BS: 0 g; N-KH: 2 g	
3 l Wasser	**3 l Wasser**	**3 l Wasser**	**3 l Wasser**
Fett (138 g)....................78% EW (65 g)....................16,3% KH (25 g netto)............5,7% kcal: 1592	Fett (111 g)................83,3% EW (41 g)....................12,8% KH (10 g netto)............3,9% kcal: 1185	Fett (134 g)................79,5% EW (53 g)....................14,1% KH (16 g netto)............6,4% kcal: 1497	Fett (149 g)................80,2% EW (59 g)....................14,1% KH (14 g netto)............5,7% kcal: 1607

KETO-SPEISEPLAN OHNE DIE ACHT HAUPTALLERGENE • WOCHE 1

	MONTAG	DIENSTAG	MITTWOCH
Morgens	**Keto-Latte (S. 112)** kcal: 423; Fett: 47 g; EW: 2 g; Gesamt-KH: 4 g; BS: 1 g; N-KH: 3 g	**Keto-Latte (S. 112)** kcal: 423; Fett: 47 g; EW: 2 g; Gesamt-KH: 4 g; BS: 1 g; N-KH: 3 g	**Keto-Latte (S. 112)** kcal: 423; Fett: 47 g; EW: 2 g; Gesamt-KH: 4 g; BS: 1 g; N-KH: 3 g
Mahlzeit 1	**Wraps all'italiana (S. 281)** kcal: 402; Fett: 30 g; EW: 27 g; Gesamt-KH: 6 g; BS: 2 g; N-KH: 4 g	**Lachs-Avocado-Schiffchen (S. 278)** kcal: 188; Fett: 14 g; EW: 7 g; Gesamt-KH: 11 g; BS: 5 g; N-KH: 6 g	**Avocado-Geflügel-Salat (S. 176)** kcal: 308; Fett: 17 g; EW: 29 g; Gesamt-KH: 10 g; BS: 5 g; N-KH: 5 g und **Gurken-Happen (S. 248)** kcal: 95; Fett: 7 g; EW: 3 g; Gesamt-KH: 6 g; BS: 1 g; N-KH: 5 g
Mahlzeit 2	**Pikantes Pulled Pork aus dem Schongarer (auf Nachos) (S. 204)** kcal: 412; Fett: 26 g; EW: 40 g; Gesamt-KH: 6 g; BS: 2 g; N-KH: 4 g und **Geröstete Blumenkohl-Nachos ohne Käse (S. 286)** kcal: 288; Fett: 24 g; EW: 4 g; Gesamt-KH: 14 g; BS: 7 g; N-KH: 7 g	**»Spaghetti« mit Fleischsauce (S. 239)** kcal: 495; Fett: 39 g; EW: 24 g; Gesamt-KH: 11 g; BS: 3 g; N-KH: 8 g	**Hacksteak mit Pilzen und Bacon (S. 236)** kcal: 382; Fett: 28 g; EW: 30 g; Gesamt-KH: 4 g; BS: 1 g; N-KH: 3 g und **Avocado-»Fritten« im Speckmantel (S. 267)** kcal: 286; Fett: 24 g; EW: 13 g; Gesamt-KH: 6 g; BS: 5 g; N-KH: 1 g
Dessert		**Heidelbeer-Kokos-Smoothie (S. 126)** kcal: 506; Fett: 53 g; EW: 5 g; Gesamt-KH: 12 g; BS: 1 g; N-KH: 11 g	
Getränk	3 l Wasser	3 l Wasser	3 l Wasser
Gesamtwerte	**Fett (127 g)**..............75 % **EW (73 g)**...................19,1 % **KH (18 g netto)**.............5,9 % **kcal: 1525**	**Fett (153 g)**..............85,4 % **EW (38 g)**...................9,4 % **KH (28 g netto)**.............5,2 % **kcal: 1612**	**Fett (123 g)**..............74,1 % **EW (77 g)**...................20,6 % **KH (17 g netto)**.............5,3 % **kcal: 1494**
+ zusätzlicher Snack nach Wunsch	Beispiele für schnelle Snacks ohne die acht Hauptallergene: **Keto-Latte (S. 112)** kcal: 423; Fett: 47 g; EW: 2 g; Gesamt-KH: 4 g; BS: 1 g; N-KH: 3 g	**Keto-Eiskaffee (S. 114)** kcal: 189; Fett: 21 g; EW: 1 g; Gesamt-KH: 2 g; BS: 0 g; N-KH: 2 g **Heiße Keto-Schokolade (S. 121)** kcal: 465; Fett: 49 g; EW: 6 g; Gesamt-KH: 14 g; BS: 3 g; N-KH: 11 g	**Keto-Kürbis-Latte (S. 118)** kcal: 409; Fett: 45 g; EW: 3 g; Gesamt-KH: 6 g; BS: 1 g; N-KH: 5 g **Keto-Tee (S. 115)** kcal: 155; Fett: 12 g; EW: 11 g; Gesamt-KH: 1 g; BS: 1 g; N-KH: 0 g

DONNERSTAG	FREITAG	SAMSTAG	SONNTAG
Keto-Latte (S. 112) kcal: 423; Fett: 47 g; EW: 2 g; Gesamt-KH: 4 g; BS: 1 g; N-KH: 3 g	**Keto-Latte (S. 112)** kcal: 423; Fett: 47 g; EW: 2 g; Gesamt-KH: 4 g; BS: 1 g; N-KH: 3 g	**Keto-Latte (S. 112)** kcal: 423; Fett: 47 g; EW: 2 g; Gesamt-KH: 4 g; BS: 1 g; N-KH: 3 g	**Keto-Latte (S. 112)** kcal: 423; Fett: 47 g; EW: 2 g; Gesamt-KH: 4 g; BS: 1 g; N-KH: 3 g
Hackfleischpfanne mit Krautsalat kcal: 423; Fett: 33 g; EW: 22 g; Gesamt-KH: 10 g; BS: 3 g; N-KH: 7 g	**Erdbeer-Spinat-Salat mit Speck (S. 148)** kcal: 380; Fett: 34 g; EW: 12 g; Gesamt-KH: 10 g; BS: 6 g; N-KH: 4 g	**»Gebratener« Blumenkohlreis aus dem Schongarer (S. 269)** kcal: 184; Fett: 12 g; EW: 10 g; Gesamt-KH: 9 g; BS: 3 g; N-KH: 6 g und **Gurken-»Fritten« im Speckmantel (S. 274)** kcal: 190; Fett: 14 g; EW: 13 g; Gesamt-KH: 4 g; BS: 2 g; N-KH: 2 g; 6 g	**Asiatische Rindfleisch-»Nudel«-Bowl (S. 228)** kcal: 404; Fett: 31 g; EW: 25 g; Gesamt-KH: 9 g; BS: 2 g; N-KH: 7 g
Hähnchen mit Pilzsauce »Alfredo-Art« (S. 193) kcal: 464; Fett: 36 g; EW: 22 g; Gesamt-KH: 13 g; BS: 3 g; N-KH: 10 g und **Gerösteter Blumenkohl mit Speck (S. 258)** kcal: 352; Fett: 32 g; EW: 9 g; Gesamt-KH: 8 g; BS: 4 g; N-KH: 4 g	**Steak-Pilz-Häppchen aus dem Schongarer (S. 244)** kcal: 594; Fett: 52 g; EW: 29 g; Gesamt-KH: 5 g; BS: 1 g; N-KH: 4 g und **Zitroniger Spinat (S. 252)** kcal: 82; Fett: 7 g; EW: 2 g; Gesamt-KH: 4 g; BS: 2 g; N-KH: 2 g	**Chickenwings aus dem Schongarer (S. 182)** kcal: 603; Fett: 48 g; EW: 42 g; Gesamt-KH: 0 g; BS: 0 g; N-KH: 0 g	**Steakhäppchen im Speckmantel mit Senf-Dipsauce (S. 240)** kcal: 419; Fett: 31 g; EW: 30 g; Gesamt-KH: 4 g; BS: 0 g; N-KH: 4 g
	Eistee Pink Passion (S. 130) kcal: 114; Fett: 12 g; EW: 1 g; Gesamt-KH: 2 g; BS: 0 g; N-KH: 2 g	**Heiße Keto-Schokolade (S. 121)** kcal: 465; Fett: 49 g; EW: 6 g; Gesamt-KH: 14 g; BS: 3 g; N-KH: 11 g	**Eistee Pink Passion (S. 130)** kcal: 114; Fett: 12 g; EW: 1 g; Gesamt-KH: 2 g; BS: 0 g; N-KH: 2 g
3 l Wasser	3 l Wasser	3 l Wasser	3 l Wasser
Fett (148 g)..............80,1 % EW (55 g)..................13,2 % KH (24 g netto)..........6,7 % kcal: 1662	Fett (152 g)..............83,5 % EW (46 g)..................11,5 % KH (15 g netto)..........5 % kcal: 1593	Fett (170 g)..............80,1 % EW (73 g)..................15,7 % KH (21 g netto)..........4,2 % kcal: 1865	Fett (121 g)..............79,1 % EW (58 g)..................17,1 % KH (16 g netto)..........3,8 % kcal: 1360
Keto-Matcha-Tee (S. 116) kcal: 163; Fett: 17 g; EW: 2 g; Gesamt-KH: 3 g; BS: 1 g; N-KH: 2 g **Eistee Pink Passion (S. 130)** kcal: 114; Fett: 12 g; EW: 1 g; Gesamt-KH: 2 g; BS: 0 g; N-KH: 2 g	**Beeren-Kokos-Chia-Pudding (S. 327)** kcal: 288; Fett: 24 g; EW: 4 g; Gesamt-KH: 14 g; BS: 6 g; N-KH: 8 g **Heidelbeer-Kokos-Smoothie (S. 126)** kcal: 506; Fett: 53 g; EW: 5 g; Gesamt-KH: 12 g; BS: 1 g; N-KH: 11 g	**Kokos-Frühstücksflocken (S. 72)** Pro Portion (nur die Frühstücksflocken): kcal: 247; Fett: 24 g; EW: 3 g; Gesamt-KH: 7 g; BS: 6 g; N-KH: 1 g	**Schoko-Zimt-Frühstücksflocken (S. 74)** kcal: 405; Fett: 40 g; EW: 4 g; Gesamt-KH: 12 g; BS: 10 g; N-KH: 2 g

KETO-SPEISEPLAN OHNE DIE ACHT HAUPTALLERGENE • WOCHE 2

	MONTAG	DIENSTAG	MITTWOCH
Morgens	**Keto-Latte (S. 112)** kcal: 423; Fett: 47 g; EW: 2 g; Gesamt-KH: 4 g; BS: 1 g; N-KH: 3 g	**Keto-Latte (S. 112)** kcal: 423; Fett: 47 g; EW: 2 g; Gesamt-KH: 4 g; BS: 1 g; N-KH: 3 g	**Keto-Latte (S. 112)** kcal: 423; Fett: 47 g; EW: 2 g; Gesamt-KH: 4 g; BS: 1 g; N-KH: 3 g
Mahlzeit 1	**Dijon-Hähnchenunterschenkel aus dem Ofen (S. 187)** kcal: 316; Fett: 24 g; EW: 23 g; Gesamt-KH: 2 g; BS: 1 g; N-KH: 1 g und **Mediterraner Wedge-Salat (S. 139)** kcal: 196; Fett: 17 g; EW: 2 g; Gesamt-KH: 12 g; BS: 3 g; N-KH: 9 g	**Antipasto-Salat (S. 148)** kcal: 240; Fett: 18 g; EW: 9 g; Gesamt-KH: 14 g; BS: 8 g; N-KH: 6 g	**Frikadellen im Salatblatt (S. 214)** kcal: 395; Fett: 33 g; EW: 20 g; Gesamt-KH: 5 g; BS: 1 g; N-KH: 4 g
Mahlzeit 2	**Fajita vom Blech (S. 225)** kcal: 426; Fett: 30 g; EW: 26 g; Gesamt-KH: 13 g; BS: 3 g; N-KH: 10 g	**Vietnamesische Steak-»Reis«-Bowl (S. 231)** kcal: 466; Fett: 34 g; EW: 34 g; Gesamt-KH: 6 g; BS: 1 g; N-KH: 5 g	**Slow-Cooker-Chili (S. 226)** kcal: 399; Fett: 27 g; EW: 30 g; Gesamt-KH: 9 g; BS: 1 g; N-KH: 8 g
Dessert	**Heiße Keto-Schokolade (S. 121)** kcal: 465; Fett: 49 g; EW: 6 g; Gesamt-KH: 14 g; BS: 3 g; N-KH: 11 g	**Heidelbeer-Kokos-Smoothie (S. 126)** kcal: 506; Fett: 53 g; EW: 5 g; Gesamt-KH: 12 g; BS: 1 g; N-KH: 11 g	**Kokos-Frühstücksflocken (S. 72)** kcal: 247; Fett: 24 g; EW: 3 g; Gesamt-KH: 7 g; BS: 6 g; N-KH: 1 g und **Eistee Pink Passion (S. 130)** kcal: 114; Fett: 12 g; EW: 1 g; Gesamt-KH: 2 g; BS: 0 g; N-KH: 2 g
Getränk	3 l Wasser	3 l Wasser	3 l Wasser
Gesamtwerte	**Fett (167 g)**..............81,3 % **EW (59 g)**..................12,9 % **KH (34 g netto)**..........5,8 % **kcal: 1826**	**Fett (152 g)**..............82,6 % **EW (50 g)**..................12,2 % **KH (25 g netto)**..........5,2 % **kcal: 1635**	**Fett (143 g)**..............81,5 % **EW (56 g)**..................14,2 % **KH (18 g netto)**..........4,3 % **kcal: 1578**

+ zusätzlicher Snack nach Wunsch

DONNERSTAG	FREITAG	SAMSTAG	SONNTAG
Keto-Latte (S. 112) kcal: 423; Fett: 47 g; EW: 2 g; Gesamt-KH: 4 g; BS: 1 g; N-KH: 3 g	**Keto-Latte (S. 112)** kcal: 423; Fett: 47 g; EW: 2 g; Gesamt-KH: 4 g; BS: 1 g; N-KH: 3 g	**Keto-Latte (S. 112)** kcal: 423; Fett: 47 g; EW: 2 g; Gesamt-KH: 4 g; BS: 1 g; N-KH: 3 g	**Keto-Latte (S. 112)** kcal: 423; Fett: 47 g; EW: 2 g; Gesamt-KH: 4 g; BS: 1 g; N-KH: 3 g
Kokos-Curry-Hühnersuppe (S. 136) kcal: 410; Fett: 30 g; EW: 25 g; Gesamt-KH: 10 g; BS: 2 g; N-KH: 8 g	**Hähnchen-Salat nach Chickenwing-Art (S. 147)** kcal: 336; Fett: 18 g; EW: 27 g; Gesamt-KH: 21 g; BS: 11 g; N-KH: 10 g und **Spargel im Speckmantel (S. 266)** kcal: 244; Fett: 21 g; EW: 11 g; Gesamt-KH: 3 g; BS: 1 g; N-KH: 2 g	**Fleischbällchen mit grünen Chilis (S. 234)** kcal: 326; Fett: 22 g; EW: 26 g; Gesamt-KH: 6 g; BS: 1 g; N-KH: 5 g und **Mediterraner Wedge-Salat (S. 139)** kcal: 196; Fett: 17 g; EW: 2 g; Gesamt-KH: 12 g; BS: 3 g; N-KH: 9 g	**Schweinelende in Butter aus dem Schongarer (S. 213)** kcal: 372; Fett: 19 g; EW: 47 g; Gesamt-KH: 1 g; BS: 0 g; N-KH: 1 g
Schweinefleisch-Nuggets im Speckmantel (S. 207) kcal: 353; Fett: 30 g; EW: 20 g; Gesamt-KH: 1 g; BS: 0; N-KH: 1 g und **Buffalo-Blumenkohl (S. 253)** kcal: 145; Fett: 13 g; EW: 2 g; Gesamt-KH: 5 g; BS: 2 g; N-KH: 3 g	**Schweinefleisch-Pfanne mit Sriracha-Sauce (S. 219)** kcal: 469; Fett: 38 g; EW: 24 g; Gesamt-KH: 11 g; BS: 4 g; N-KH: 7 g	**Ofensteak mit Radieschen und Kräuterbutter (S. 230)** kcal: 609; Fett: 48 g; EW: 36 g; Gesamt-KH: 6 g; BS: 2 g; N-KH: 4 g und **Zitroniger Spinat (S. 252)** kcal: 82; Fett: 7 g; EW: 2 g; Gesamt-KH: 4 g; BS: 2 g; N-KH: 2 g	**Knuspriger Schweinebauch aus dem Ofen (S. 209)** kcal: 647; Fett: 67 g; EW: 11 g; Gesamt-KH: 0 g; BS: 0 g; N-KH: 0 g und **Knusprig geröstete Rosenkohlblätter (S. 249)** kcal: 49; Fett: 4 g; EW: 1 g; Gesamt-KH: 4 g; BS: 2 g; N-KH: 2 g
Heiße Keto-Schokolade (S. 121) kcal: 465; Fett: 49 g; EW: 6 g; Gesamt-KH: 14 g; BS: 3 g; N-KH: 11 g			
3 l Wasser	3 l Wasser	3 l Wasser	3 l Wasser
Fett (169 g)............82,7 % **EW (55 g)**............12,3 % **KH (26 g netto)**............5 % **kcal: 1796**	**Fett (124 g)**............75,8 % **EW (64 g)**............17,4 % **KH (22 g netto)**............6,8 % **kcal: 1472**	**Fett (141 g)**............77,6 % **EW (68 g)**............18,1 % **KH (23 g netto)**............4,3 % **kcal: 1636**	**Fett (137 g)**............81,6 % **EW (61 g)**............15,3 % **KH (6 g netto)**............3,1 % **kcal: 1491**

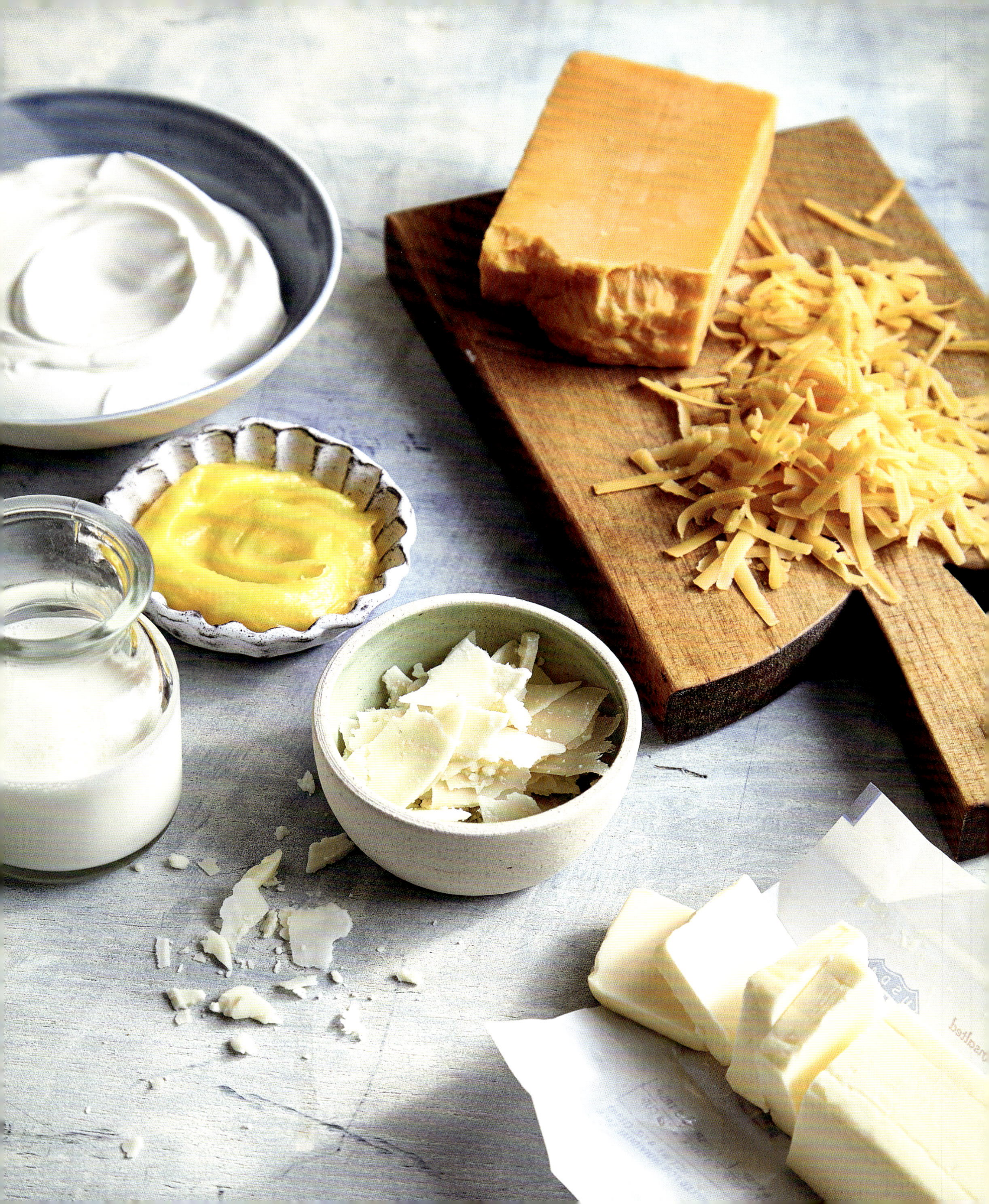

BASISREZEPTE

* KAPITEL 3 *

Kräuterbutter 46

Rinder-Knochenbrühe 47

Hackfleischfrikadellen 48

Gebackene Avocado 50

Blumenkohlreis 52

Zoodles (Zucchininudeln) 54

Ofengemüse 56

Shirataki-Nudeln 58

Keto-Kürbis-Brot 60

Eiweißbrötchen (Oopsies) 62

Frühstücksspeck 64

Keto-Dessertcreme 65

8 PORTIONEN | ZUBEREITUNG: 5 MINUTEN

KRÄUTERBUTTER

Die Kombination aus einem schönen saftigen Steak mit schmelzender Kräuterbutter ist einfach Genuss vom Feinsten. Kräuterbutter kann man ganz einfach selbst machen, noch dazu kann man die Kräuter beliebig kombinieren.

- ☐ Comfort Food
- ☑ ohne Nüsse
- ☐ bis 30 Minuten

ZUTATEN:

230 g zimmerwarme Butter
¼ TL fein gehackter Knoblauch
4 EL gehackte frische Kräuter (Petersilie, Dill und Schnittlauch)
¼ TL frisch gemahlener schwarzer Pfeffer
1 TL frisch gepresster Zitronensaft

1. Die Butter mit Knoblauch, Kräutern, Pfeffer und Zitronensaft in eine Küchenmaschine oder einen Standmixer geben.

2. Eine Minute sorgfältig mixen, aber ohne die Masse dabei aufzuschlagen.

MAKRONÄHRSTOFFE:

99,5 % F
0,5 % EW
0 % KH

kcal: 202; F: 23 g; EW: 0 g;
Gesamt-KH: 0 g; BS: 0 g; N-KH: 0 g

VARIANTE:
Eine weitere leckere und sehr beliebte Kräuterkombi besteht aus Rosmarin, Thymian und Salbei.

BASISREZEPTE

6 PORTIONEN | ZUBEREITUNG: 15 MINUTEN | KOCHZEIT: 8–24 STUNDEN

RINDER-KNOCHENBRÜHE

Knochenbrühe tut nicht nur dem Darm unglaublich gut, sondern liefert darüber hinaus auch sehr viele Nährstoffe. Je länger die Brühe kocht, desto konzentrierter und kollagenreicher wird sie. Die Brühe kann wunderbar einfach so getrunken oder als Basis für eine Suppe verwendet werden. Wichtig ist es, die Knochen vorab kurz abzukochen, damit die Brühe später klarer wird, und sie im Anschluss daran noch kräftig braun zu rösten. Auf diese Weise lässt sich mehr geschmackliche Tiefe in der Brühe erzielen. Geeignete Knochen bekommt man beim Metzger, besonders gut sind Mark-, Gelenk- und Nackenknochen.

- ☐ allergenfrei
- ☐ Comfort Food
- ☐ ohne Milchprodukte
- ☐ ohne Nüsse
- ☐ paleo oder paleo-freundlich
- ☐ bis 30 Minuten

ZUTATEN:

1800 g Rinderknochen
1 geviertelte Zwiebel
1 ganze Knolle Knoblauch, quer halbiert
2 EL frisch gemahlener schwarzer Pfeffer

1. Die Knochen in einem großen Topf mit Wasser bedecken und bei starker Hitze 20 Minuten auskochen. Dann abgießen.
2. Den Backofen auf 230 °C (Ober-/Unterhitze) vorheizen.
3. Die Knochen nebeneinander auf einem großen Backblech verteilen und 45 Minuten rösten.
4. Die Knochen sowie eventuell auf dem Blech vorhandenen Bratensatz in den großen Topf geben.
5. Zwiebel, Knoblauch und Pfeffer zugeben.
6. Gerade so viel Wasser angießen, dass die Knochen bedeckt sind, und zum Kochen bringen. Dann die Temperatur reduzieren und zugedeckt köcheln lassen.
7. Die Knochenbrühen sollte so lange wie möglich siedend köcheln, mindestens etwa 8 Stunden, besser bis zu 24 Stunden.
8. Den Topf vom Herd nehmen und etwas abkühlen lassen. Die Brühe durch ein feines Sieb abseihen und die Knochen sowie die Gewürze entfernen.
9. Die Brühe weiter abkühlen lassen, bis sie lauwarm ist, und dann in kleinere Behälter umfüllen, um sie im Kühlschrank oder im Gefrierschrank aufzubewahren.

GUT VORZUBEREITEN:
Knochenbrühe kann im Kühlschrank 5 Tage und im Gefrierschrank bis zu 6 Monate aufbewahrt werden.

MAKRONÄHRSTOFFE:

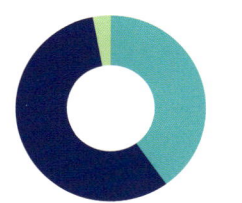

40 % F
57 % EW
3 % KH

kcal: 194; F: 9 g; EW: 27 g; Gesamt-KH: 2 g; BS: 1 g; N-KH: 1 g

BASISREZEPTE

47

4 PORTIONEN | ZUBEREITUNG: 5 MINUTEN | BRATZEIT: 10 MINUTEN

HACKFLEISCHFRIKADELLEN

Mir ist es immer wichtig zu wissen, was in meinem Essen steckt. Irgendwie traue ich den fertigen Frikadellen aus dem Supermarkt einfach nicht und mache sie deshalb lieber selbst. Das geht zum Glück ganz einfach und zudem kann man sie ganz nach Belieben würzen. Wer es besonders herzhaft mag, kann statt Schweinehackfleisch auch gehackte Chorizo nehmen.

- ☐ allergenfrei
- ☐ Comfort Food
- ■ ohne Milchprodukte
- ■ ohne Nüsse
- ■ paleo oder paleo-freundlich
- ☐ bis 30 Minuten

ZUTATEN:

230 g Schweinehackfleisch
1 TL Knoblauchpulver
¼ TL Chiliflocken
½ TL Fenchelsamen
Salz
frisch gemahlener schwarzer Pfeffer
1 EL natives Olivenöl extra

1. In einer mittelgroßen Schüssel das Hackfleisch mit dem Knoblauchpulver, den Chiliflocken und den Fenchelsamen verrühren und mit Salz und Pfeffer würzen.
2. Mit den Händen aus der Mischung 4 größere Frikadellen oder 12 kleinere formen.
3. In einer Pfanne auf mittlerer bis hoher Stufe das Olivenöl erhitzen.
4. Die Frikadellen in 10 Minuten braten, dann wenden und von der anderen Seite braten, bis sie durchgegart sind.
5. Die Frikadellen zum Entfetten auf einen mit Küchenpapier ausgelegten Teller legen.

MAKRONÄHRSTOFFE:

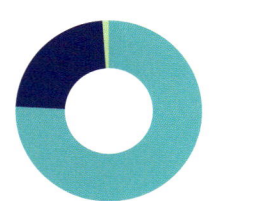

76 % F
23 % EW
1 % KH

kcal: 182; F: 15 g; EW: 10 g; Gesamt-KH: 1 g; BS: 0 g; N-KH: 1 g

GUT VORZUBEREITEN:

Die fertig gebratenen Frikadellen können im Gefrierschrank bis zu 6 Monate aufbewahrt werden.

BASISREZEPTE

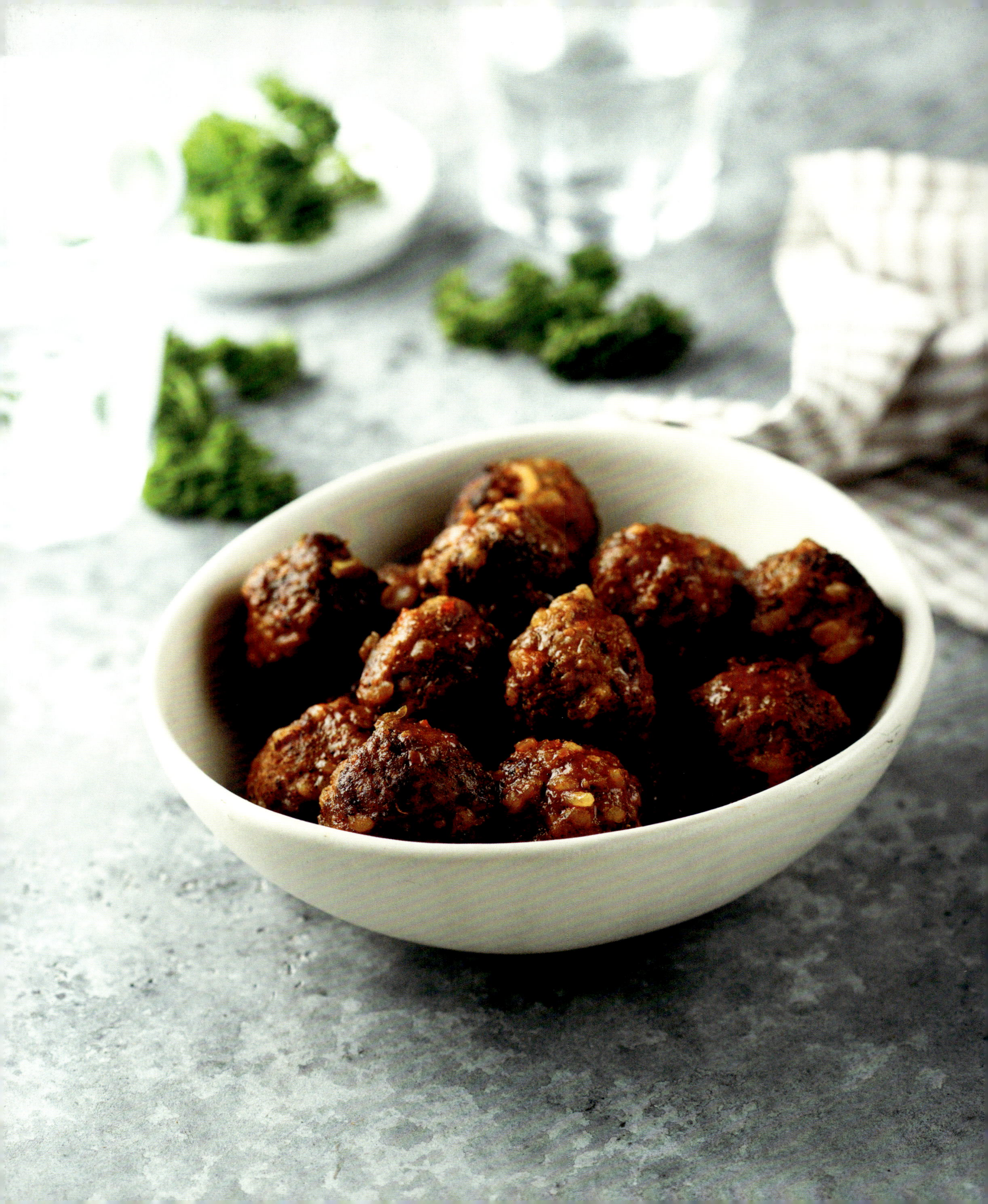

6 PORTIONEN | ZUBEREITUNG: 5 MINUTEN | BACKZEIT: 30 MINUTEN

GEBACKENE AVOCADO

Gebackene Avocados sind ideal, um aus nur wenigen Zutaten, die man meist sowieso im Kühlschrank oder im Vorrat hat, im Handumdrehen eine Mahlzeit zu zaubern. Am besten löffelt man für dieses Rezept vorab etwas Avocadofleisch heraus, um Platz für das Ei zu schaffen. Betrachten Sie es als feinen Appetizer, während Sie darauf warten, dass der Rest fertig backt!

- ☐ Comfort Food
- ▢ ohne Milchprodukte
- ▢ ohne Nüsse
- ■ paleo oder paleo-freundlich

ZUTATEN:

1 Avocado, halbiert und entkernt

1 TL Tajín-Sauce (optional)

2 Eier (Größe L)

Salz

frisch gemahlener schwarzer Pfeffer

1. Den Backofen auf 180 °C (Ober-/Unterhitze) vorheizen.

2. Mit einem Melonenausstecher oder einem Espressolöffel aus jeder Avocadohälfte die etwa 1 EL entsprechende Menge Fruchtfleisch herausnehmen, um Platz für die Eier zu machen.

3. Für einen Kick Schärfe die Avocadohälften mit der Tajín-Sauce (wenn verwendet) besprenkeln.

4. Beide Avocadohälften mit der Schnittfläche nach oben auf ein Backblech oder über die Mulden eines Muffinblechs legen.

5. In jede Hälfte jeweils 1 Ei vorsichtig aufschlagen und mit Salz und Pfeffer würzen.

6. Je nachdem, wie fest das Ei werden soll, die Avocados im Ofen 25–30 Minuten backen und sofort genießen.

MAKRONÄHRSTOFFE:

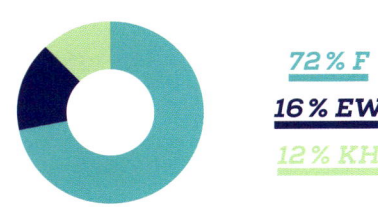

72 % F
16 % EW
12 % KH

kcal: 88; F: 7 g; EW: 5 g; Gesamt-KH: 1 g; BS: 0 g; N-KH: 1 g

VARIANTE:
Die Kombination aus Ei und Avocado ist schon für sich genommen eine Delikatesse, die sich aber mit zerkrümeltem Speck, Parmesankäse oder Pico de Gallo (Seite 296) auch sehr gut aufpeppen lässt.

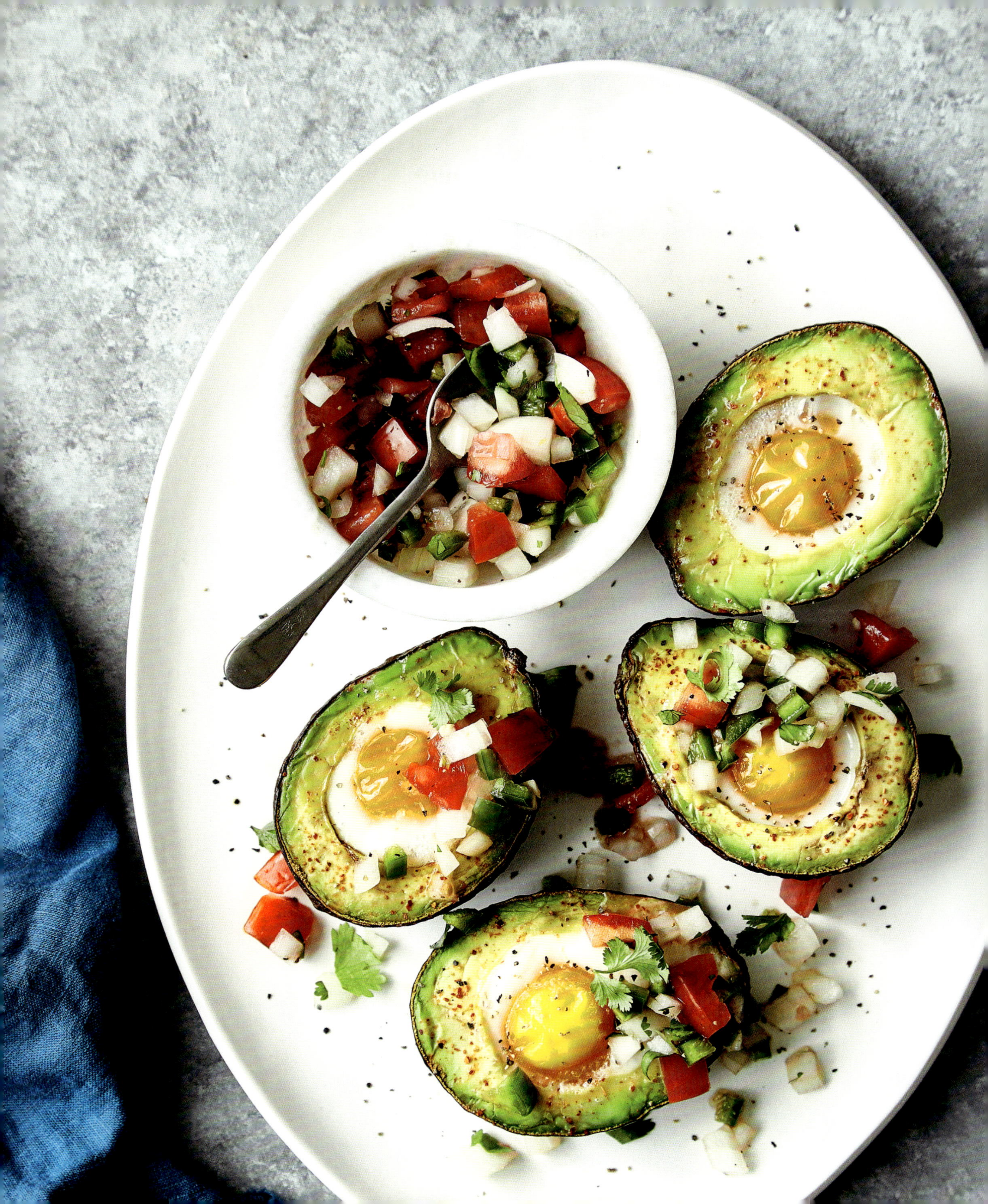

2 PORTIONEN | ZUBEREITUNG: 5 MINUTEN | GARZEIT: 10 MINUTEN

BLUMENKOHLREIS

Blumenkohl ist eine der vielseitigsten Zutaten überhaupt und kommt somit auch bei der Keto-Ernährung auf vielerlei Art und Weise zum Einsatz. Mit diesem Blumenkohlreis können Sie all Ihre Reisgerichte keto-gerecht abwandeln.

- ☐ allergenfrei
- ☐ Comfort Food
- ☐ ohne Milchprodukte
- ☐ ohne Nüsse
- ☐ paleo oder paleo-freundlich
- ☐ bis 30 Minuten

ZUTATEN:

2 EL natives Olivenöl extra
½ kleine gewürfelte Zwiebel
½ Kopf Blumenkohl
Salz
frisch gemahlener schwarzer Pfeffer
2 EL gehackte frische Petersilie

1. In einer Pfanne das Olivenöl bei mittlerer bis hoher Temperatur erhitzen.
2. Die Zwiebel im heißen Öl etwa 5 Minuten weich dünsten.
3. Während die Zwiebel gart, den Blumenkohl in Röschen zerteilen und den Strunk wegwerfen.
4. Die Röschen in einer Küchenmaschine langsam +auf Reiskorngröße zerkleinern.
5. Den Blumenkohlreis in die Pfanne geben, mit Salz und Pfeffer würzen und unter häufigem Rühren 5 Minuten garen. Wenn er knuspriger werden soll, auch bis zu 10 Minuten.
6. Den fertigen Blumenkohlreis auf zwei Schalen aufteilen und mit der Petersilie bestreuen.

MAKRONÄHRSTOFFE:

67 % F
6 % EW
27 % KH

kcal: 180; F: 14 g; EW: 4 g;
Gesamt-KH: 13 g; BS: 6 g; N-KH: 7 g

VARIANTE:

Blumenkohlreis kann auf sehr unterschiedliche Weise gewürzt werden, daher ist dieses Rezept eine gute Basis, um kreativ zu werden. Gut dazu passen Knoblauch, Koriandergrün und Limette, spanische Würzmischungen, indische Gewürze oder auch eine Zubereitung als gebratener Reis.

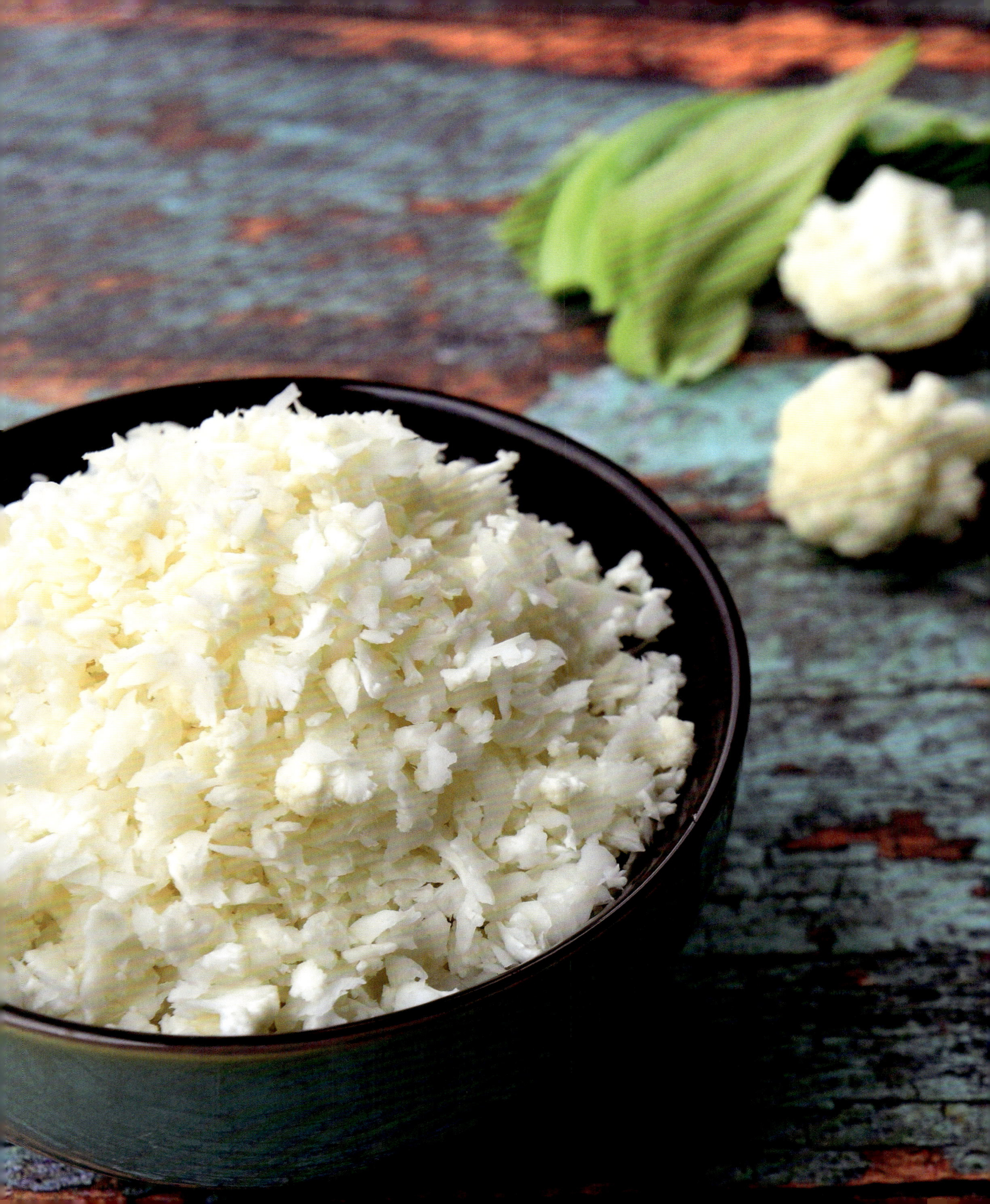

2 PORTIONEN | ZUBEREITUNG: 5 MINUTEN | GARZEIT: 5 MINUTEN

ZOODLES (ZUCCHININUDELN)

Mit einem Spiralschneider zu Spaghetti geschnittene Zucchini, auch Zoodles genannt, sind großartig, um kohlenhydratreiche Nudelgerichte in Low-Carb-Gerichte umzuwandeln. Zucchini ist das in der Keto-Küche für Gemüsespiralen am häufigsten verwendete Gemüse, weil andere Sorten wie etwa Süßkartoffeln nicht keto-freundlich sind. Es gibt verschiedene Geräte, um aus Zucchini nudelförmige Zoodles zu machen, man kann sie aber manchmal auch im Laden schon fertig kaufen. Sie können in kalten Gerichten roh gegessen oder in einer Pfanne kurz gegart werden.

- ☐ allergenfrei
- ☐ Comfort Food
- ▣ ohne Milchprodukte
- ▣ ohne Nüsse
- ▣ paleo oder paleo-freundlich
- ☐ bis 30 Minuten

ZUTATEN:

1 EL natives Olivenöl extra
1 fein gehackte Knoblauchzehe
2 zu Spiralen geschnittene Zucchini
Salz
frisch gemahlener schwarzer Pfeffer
Eventuell Pasta-Sauce

1. In einer Pfanne das Olivenöl auf mittlerer Stufe erhitzen.
2. Den Knoblauch zugeben und 30 Sekunden anbraten, dann die Zucchininudeln unterrühren.
3. Die Spiralen 2–3 Minuten unter ständigem Rühren garen.
4. Die Zucchininudeln mit Salz und Pfeffer würzen und wenn gewünscht mit einer Pasta-Sauce anrichten.

MAKRONÄHRSTOFFE:

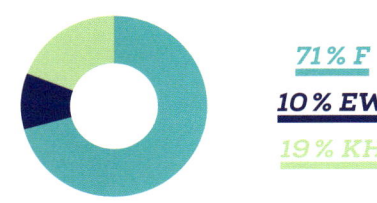

71 % F
10 % EW
19 % KH

kcal: 91; F: 7 g; EW: 4 g; Gesamt-KH: 5 g; BS: 2 g; N-KH: 3 g

VARIANTE:

Wenn ich nach einem eiweißreichen Mittagessen das Bedürfnis nach einem leichten Abendessen habe, mache ich mir Zoodles mit Alfredo-Sauce. Köstlich!

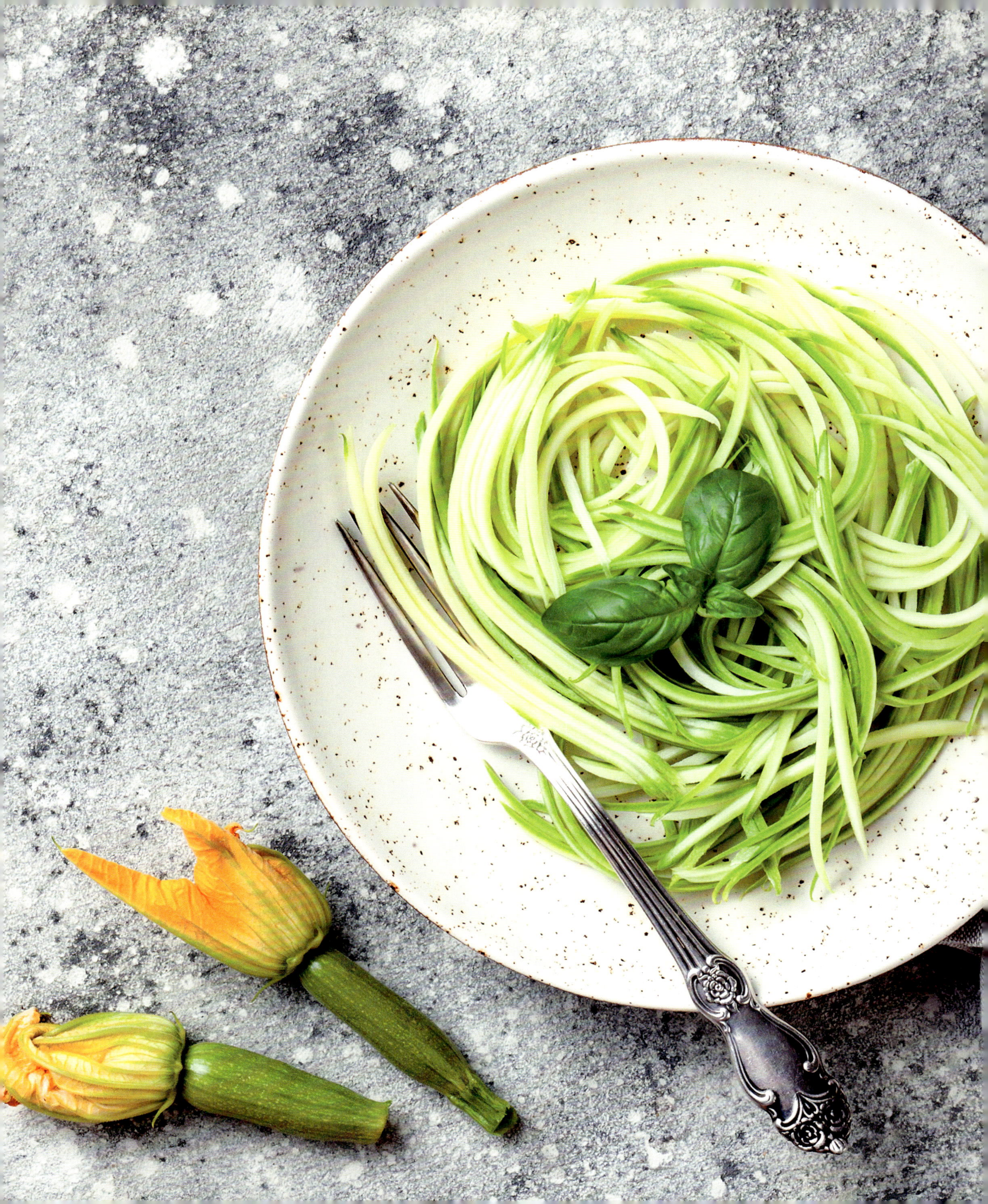

4 PORTIONEN | ZUBEREITUNG: 5 MINUTEN | GARZEIT: 20–25 MINUTEN

OFENGEMÜSE

Im Grunde kann so gut wie jedes Gemüse im Ofen geröstet werden. Für Blumenkohl, Brokkoli und Rosenkohl ist das Ofengaren in meinen Augen der absolute Favorit. Wichtig ist, dass die Gemüsestücke etwa die gleiche Größe haben, damit sie gleichmäßig garen.

- ☐ allergenfrei
- ☐ Comfort Food
- ◼ ohne Milchprodukte
- ◼ ohne Nüsse
- ◼ paleo oder paleo-freundlich

ZUTATEN:

100 g Blumenkohlröschen
100 g Brokkoliröschen
100 g Rosenkohl
2 EL natives Olivenöl extra
Salz
frisch gemahlener schwarzer Pfeffer

1. Den Backofen auf 220 °C (Ober-/Unterhitze) vorheizen.
2. In einer mittelgroßen Schüssel Blumenkohl, Brokkoli und Rosenkohl mit Olivenöl, Salz und Pfeffer verrühren.
3. Die Gemüsestücke in einer Lage auf einem Backblech verteilen. Sie sollten nicht zu dicht beieinander- oder übereinanderliegen, da sie sonst eher dünsten anstatt zu rösten.
4. Das Gemüse 20–25 Minuten garen und nach der Hälfte der Garzeit einmal umrühren.
5. Vor dem Servieren mit Salz und Pfeffer bestreuen.

MAKRONÄHRSTOFFE:

74 % F
6 % EW
20 % KH

kcal: 83; F: 7 g; EW: 2 g; Gesamt-KH: 5 g; BS: 2 g; N-KH: 3 g

VARIANTE:

Grüne Bohnen, Zucchini, Spargel und Paprikaschoten sind ebenfalls eine schöne Mischung. Die Zubereitung bleibt dieselbe, nur die Garzeit verkürzt sich auf etwa 15 Minuten.

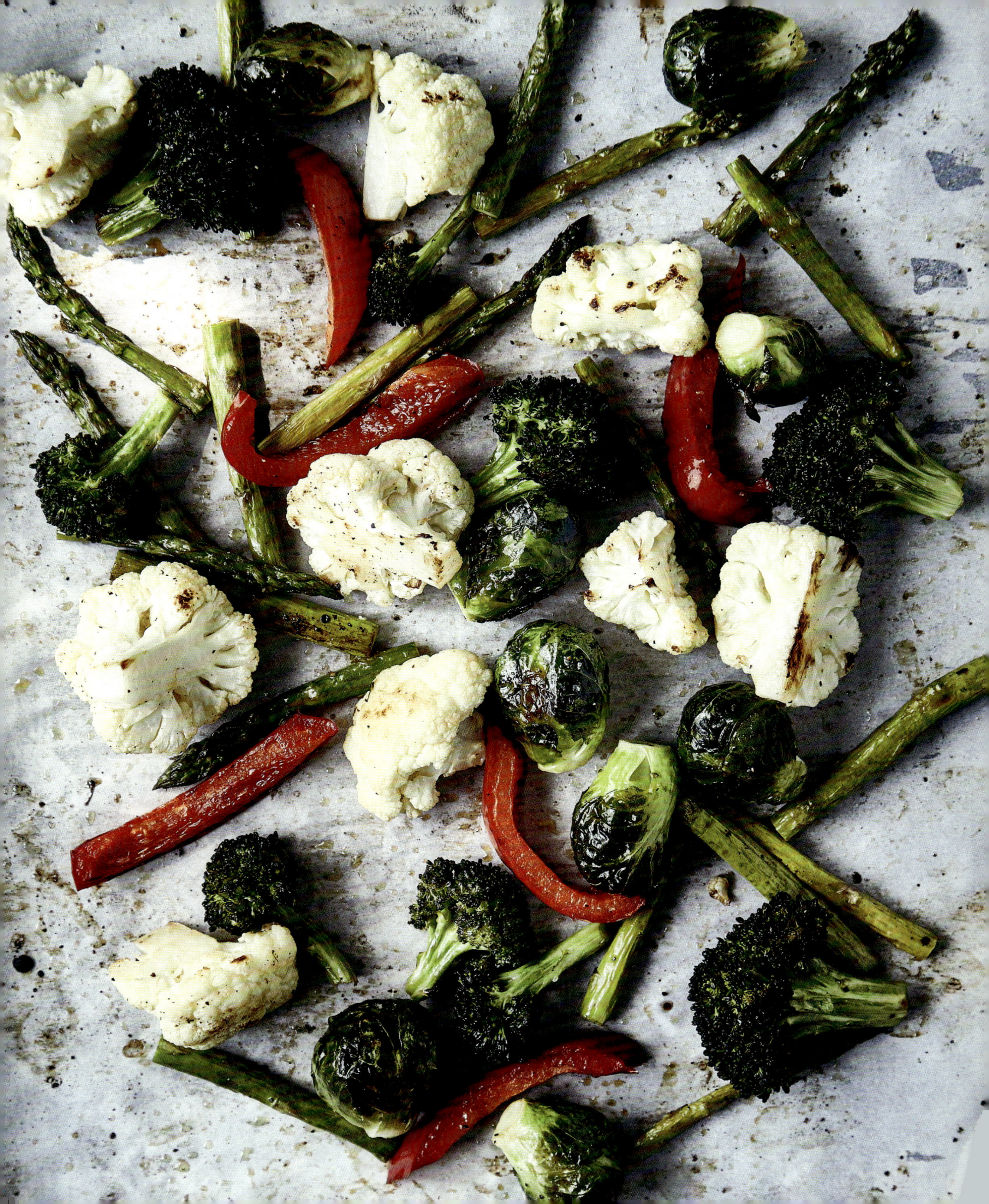

2 PORTIONEN | ZUBEREITUNG: 5 MINUTEN | GARZEIT: 7 MINUTEN

SHIRATAKI-NUDELN

Shirataki-Nudeln werden aus der in der Konjakwurzel enthaltenen ballaststoffreichen Stärke hergestellt und liefern weder Netto-Kohlenhydrate noch Kalorien. Mit diesem leichten Nudelersatz lassen sich alle beliebten Pasta-Gerichte zubereiten, nur eben ohne Kohlenhydrate. Wichtig ist, auf die Anweisungen auf der Packung zu achten, da sie ganz anders zubereitet werden als die gängigen Nudeln aus Weizenmehl.

- ☐ allergenfrei
- ☐ Comfort Food
- ■ ohne Milchprodukte
- ■ ohne Nüsse
- ■ paleo oder paleo-freundlich
- ■ bis 30 Minuten

ZUTATEN:
1 Päckchen (ca. 200 g) Shirataki-Nudeln (alternativ Shirataki-Reis)

1. Einen Stieltopf halbhoch mit Wasser füllen und bei starker Hitze zum Kochen bringen.
2. Die Shirataki-Nudeln in einem Sieb 30 Sekunden unter fließendem kaltem Wasser abspülen.
3. Die Nudeln im sprudelnden Wasser 2 Minuten garen.
4. Die abgegossenen Nudeln in eine Pfanne geben und bei mäßiger Hitze 3–5 Minuten erhitzen, bis sie trocken und nicht mehr glasig sind.

MAKRONÄHRSTOFFE:

0 % F
0 % EW
100 % KH

kcal: 2; F: 0 g; EW: 0 g; Gesamt-KH: 0,5 g; BS: 0,5 g; N-KH: 0 g

VARIANTE:
Die fertig gegarten Nudeln können mit jeder beliebigen Sauce angerichtet oder als Einlage in einer Brühe verwendet werden. Auch wenn die Kohlenhydrate hier vom Anteil her überwiegen, fällt die geringe Menge bei der Keto-Ernährung nicht ins Gewicht.

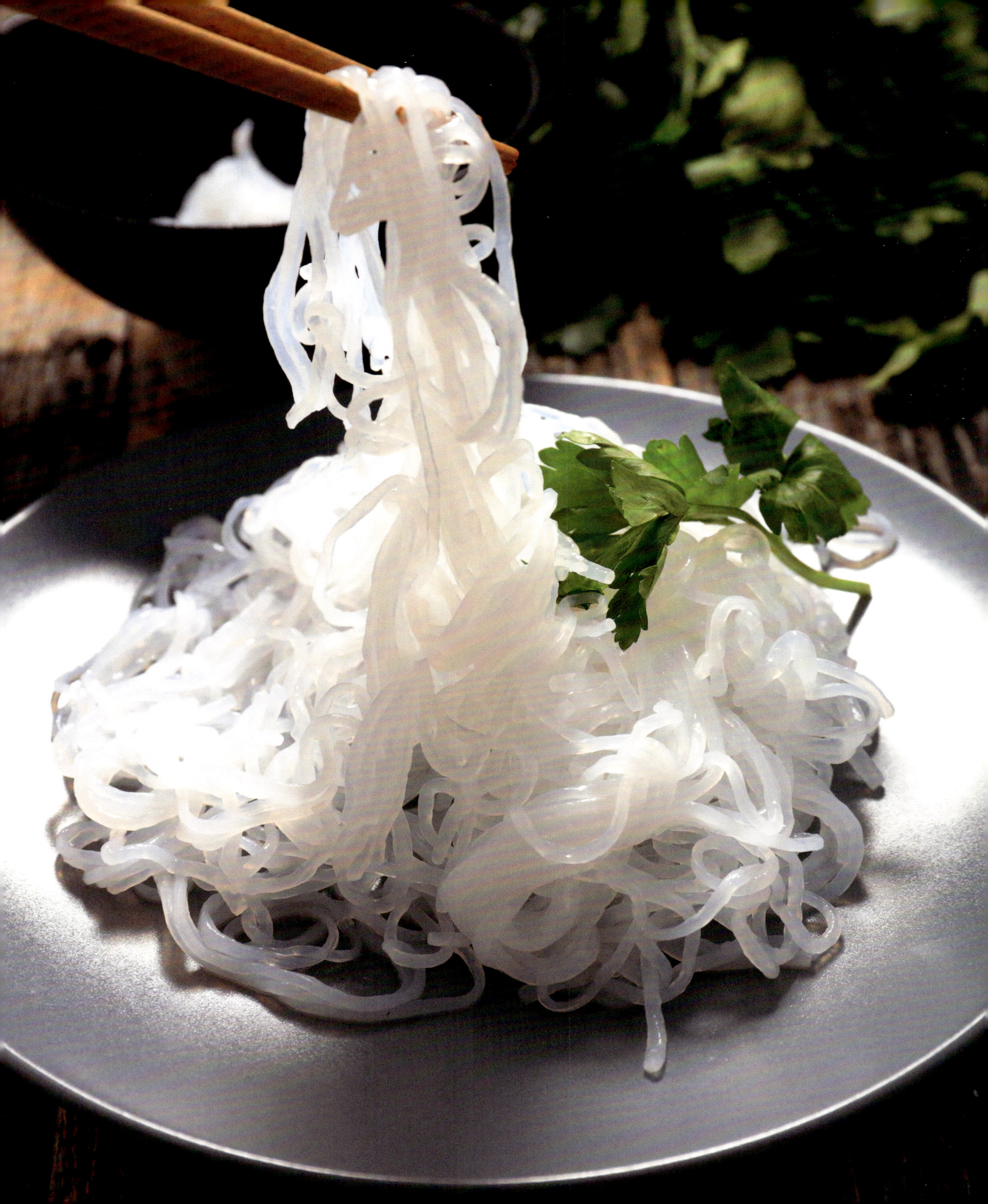

12 PORTIONEN | ZUBEREITUNG: 5 MINUTEN | BACKZEIT: 25 MINUTEN

KETO-KÜRBIS-BROT

Dieses Brot backe ich immer wieder gern. Der Geschmack von Kürbis erinnert mich an Herbst, egal welche Jahreszeit gerade ist. Aus dickeren Scheiben kann man auch gut Arme Ritter machen.

- ☐ Comfort Food
- ☐ bis 30 Minuten

ZUTATEN:

Butter, festes Pflanzenfett oder Schmalz, zum Einfetten
6 Eier (Größe L)
4 EL zimmerwarme Butter
4 EL Kürbispüree (ohne Zusätze)
3 TL Erythrit (Süßungsmittel)
1 EL Kürbiskuchengewürz (siehe Tipp)
170 g gemahlene Mandelkerne
3 TL Backpulver
1 Messlöffel MCT-Öl-Pulver (optional)
1 Prise Salz

1. Den Backofen auf 200 °C (Ober-/Unterhitze) vorheizen.
2. Kastenform mit Butter, Pflanzenfett oder Schmalz einfetten.
3. In einer Rührschüssel die Eier mit Butter, Kürbispüree, Erythrit, Kürbiskuchengewürz, gemahlenen Mandeln, Backpulver, MCT-Öl-Pulver (wenn verwendet) und einer Prise Salz mit einem Handrührgerät zu einem glatten Teig verrühren.
4. Die Masse in die vorbereitete Kastenform gießen und etwa 25 Minuten backen, bis bei der Stäbchenprobe kein Teig mehr haften bleibt.

MAKRONÄHRSTOFFE:

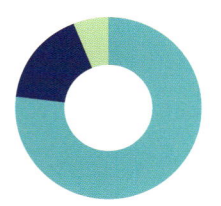

77 % F
17 % EW
6 % KH

kcal: 90; F: 8 g; EW: 4 g; Gesamt-KH: 1 g; BS: 0 g; N-KH: 1 g; Erythrit: 1 g

TIPP:

Kürbiskuchengewürz lässt sich aus 4 Teilen Zimt und je 1 Teil Muskat, Gewürznelken, Ingwer und Piment leicht herstellen.

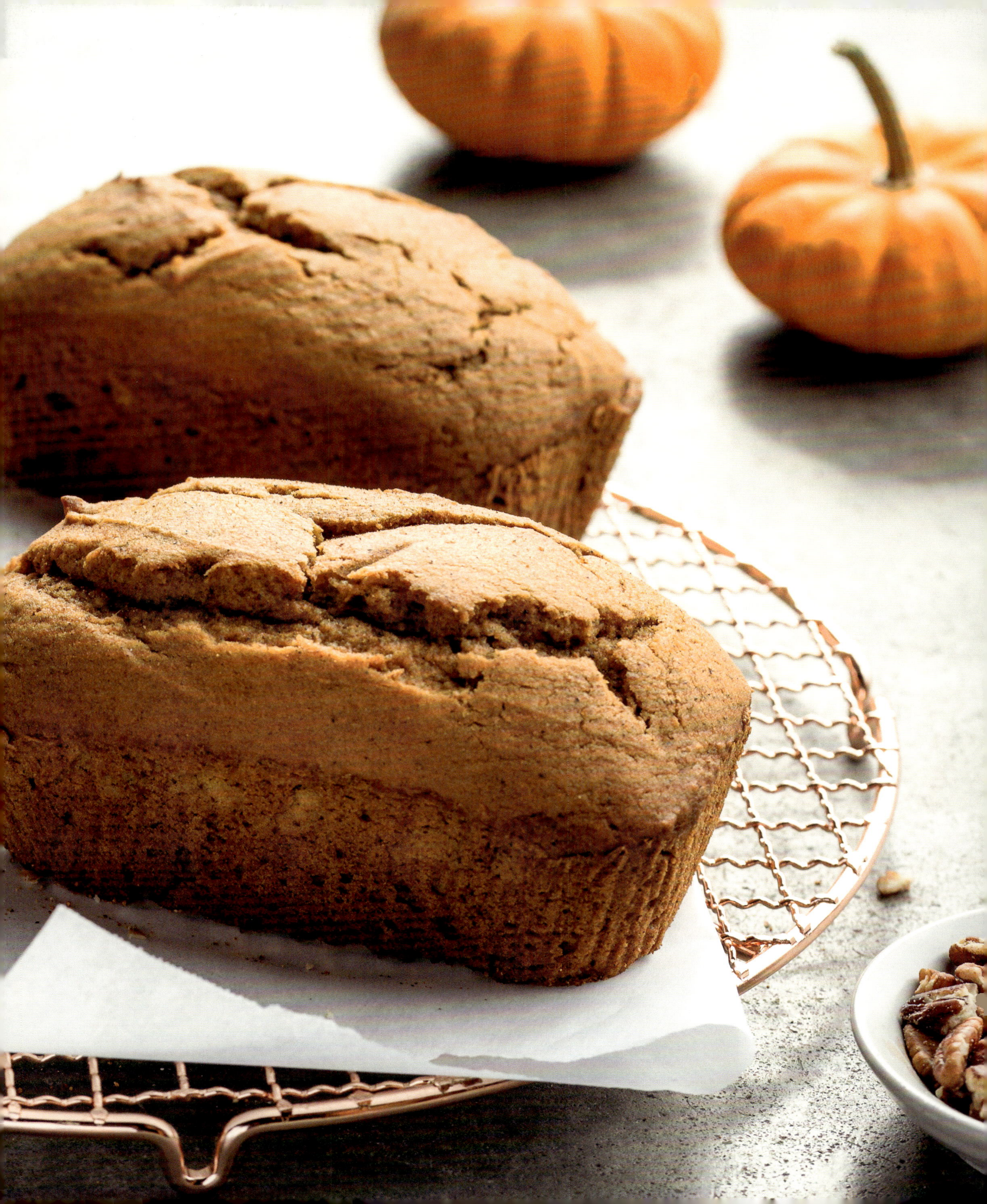

8 PORTIONEN | ZUBEREITUNG: 20 MINUTEN | GARZEIT: 35 MINUTEN

EIWEISSBRÖTCHEN (OOPSIES)

Diese auch gern als Oopsies oder Wolkenbrötchen bezeichneten Low-Carb-Brötchen sind in Keto-Kochbüchern eine feste Größe und wirklich ideal, um die Lust auf Brot zu stillen. Da sie sehr wenig Kohlenhydrate, dafür aber viel Fett enthalten, fügen sie sich prima in die Keto-Makros ein. Das Weinsteinbackpulver sorgt dafür, dass die Brötchen locker und luftig werden, und sollte also nicht weggelassen werden.

☐ Comfort Food
■ ohne Nüsse

ZUTATEN:
2 Eier (Größe L)
1 TL Weinsteinbackpulver
60 g Doppelrahmfrischkäse
1 Prise Salz

1. Den Backofen auf 150 °C (Ober-/Unterhitze) vorheizen. Anschließend sin Backblech mit Backpapier oder einer Silikon-Backmatte auslegen.
2. Die Eier trennen.
3. Mit einem Handrührgerät das Eiweiß leicht blasig aufschlagen. Dann das Weinsteinbackpulver zugeben und zu steifem Eischneee schlagen.
4. In einer zweiten Schüssel das Eigelb mit dem Doppelrahmfrischkäse und dem Salz zu einer blassgelben schaumigen Masse aufschlagen.
5. Mit einem Teigschaber den Eischnee unter die Eigelb-Käse-Mischung heben.
6. Mit einem Löffel Teigkleckse in der Größe von Burgerbrötchen auf das Backblech setzen.
7. Brötchen 35 Minuten backen, bis sie goldgelb und fest sind.
8. Vor dem Verzehr abkühlen lassen. Die abgekühlten Brötchen halten sich gut verpackt im Kühlschrank etwa 1 Woche.

MAKRONÄHRSTOFFE:

77 % F
19 % EW
4 % KH

kcal: 42; F: 4 g; EW: 2 g; Gesamt-KH: 0 g; BS: 0 g; N-KH: 0 g

VARIANTE:
Mit Vanille und Erythrit werden aus diesen Oopsies kleine keto-freundliche Kuchen.

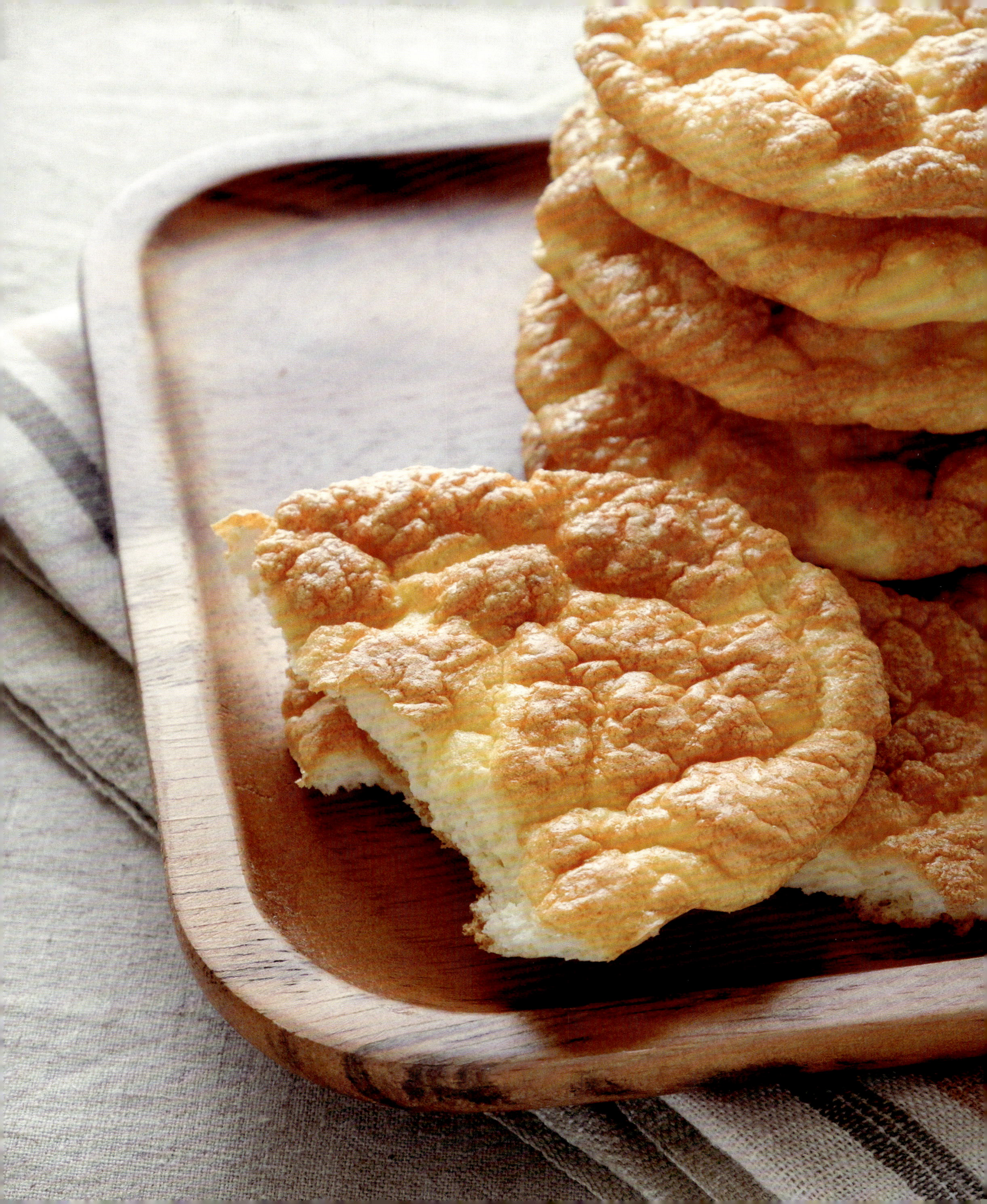

4 PORTIONEN | ZUBEREITUNG: 5 MINUTEN | BACKZEIT: 20 MINUTEN

FRÜHSTÜCKSSPECK (BACON)

Ich mache Bacon am liebsten im Backofen! So lässt sich leicht gleich eine größere Menge Speck vorbereiten und die Herdplatte bleibt schön sauber. Die Speckscheiben können im Ganzen gebacken oder zuvor in kleinere »Chips« geschnitten werden. Beides funktioniert wunderbar.

- ☐ allergenfrei
- ☐ Comfort Food
- ■ ohne Milchprodukte
- ■ ohne Nüsse
- ■ paleo oder paleo-freundlich
- ☐ bis 30 Minuten

ZUTATEN:
450 g ungepökelten Frühstücksspeck

1. Den Backofen auf 200 °C (Ober-/Unterhitze) vorheizen.
2. Ein großes Backblech bis ganz an den Rand mit Alufolie auslegen. Man kann auf die Alufolie noch einen Bratrost stellen, aber ich lege den Speck einfach direkt auf die Folie.
3. Den Speck auf dem vorbereiteten Backblech in einer Lage ausbreiten, wenn nötig leicht überlappend.
4. Auf der mittleren Schiene im Ofen 20 Minuten backen, bis der Speck so knusprig wie gewünscht ist.
5. Den Speck zum Entfetten auf Küchenpapier legen.

MAKRONÄHRSTOFFE:

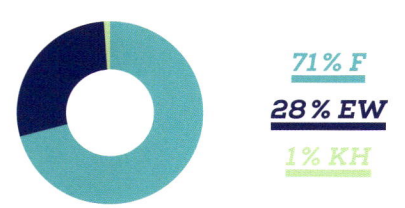

71 % F
28 % EW
1 % KH

kcal: 173; F: 13 g; EW: 12 g;
Gesamt-KH: 0 g; BS: 0 g; N-KH: 0 g

VARIANTE:
Wie wäre es mit geriebenem Parmesan, Knoblauchpulver und frischer Petersilie auf dem Bacon? Dazu den Speck nach 10 Minuten aus dem Ofen holen, mit den drei Zutaten bestreuen und nochmals für 10 Minuten in den Ofen schieben.

2 PORTIONEN | ZUBEREITUNG: 5 MINUTEN

KETO-DESSERTCREME

Diese fluffige Käsecreme ist wohl das einfachste Dessert aller Zeiten. Ich habe schon früher gern löffelweise locker aufgeschlagenen Doppelrahmfrischkäse gegessen, und dieser Ansatz wird hier verfeinert durch die Zugabe von Vanille und Erythrit.

- ☐ Comfort Food
- ■ ohne Nüsse
- ☐ bis 30 Minuten

ZUTATEN:

120 g Doppelrahmfrischkäse
1 EL Schlagsahne
1 TL Erythrit (Süßungsmittel)
½ TL Vanillepulver (alternativ 1 TL reiner Vanilleextrakt)

In der Küchenmaschine den Doppelrahmfrischkäse und die Schlagsahne mit Erythrit und Vanillepulver zu einer glatten Masse verrühren. Sofort essen oder vor dem Verzehr kalt stellen.

MAKRONÄHRSTOFFE:

89 % F
9 % EW
2 % KH

kcal: 219; F: 22 g; EW: 3 g; Gesamt-KH: 1 g; BS: 0 g; N-KH: 1 g; Erythrit: 2 g

VARIANTE:

Diese locker-leichte Creme als Basis bietet unendlich viele Möglichkeiten für eigene Kreationen. Sie können ein paar Beeren mitpürieren für einen Kick herbe Frische. Oder aber Sie mischen zuckerfreie Sirupsorten oder verschiedene Aromaextrakte unter.

BASISREZEPTE

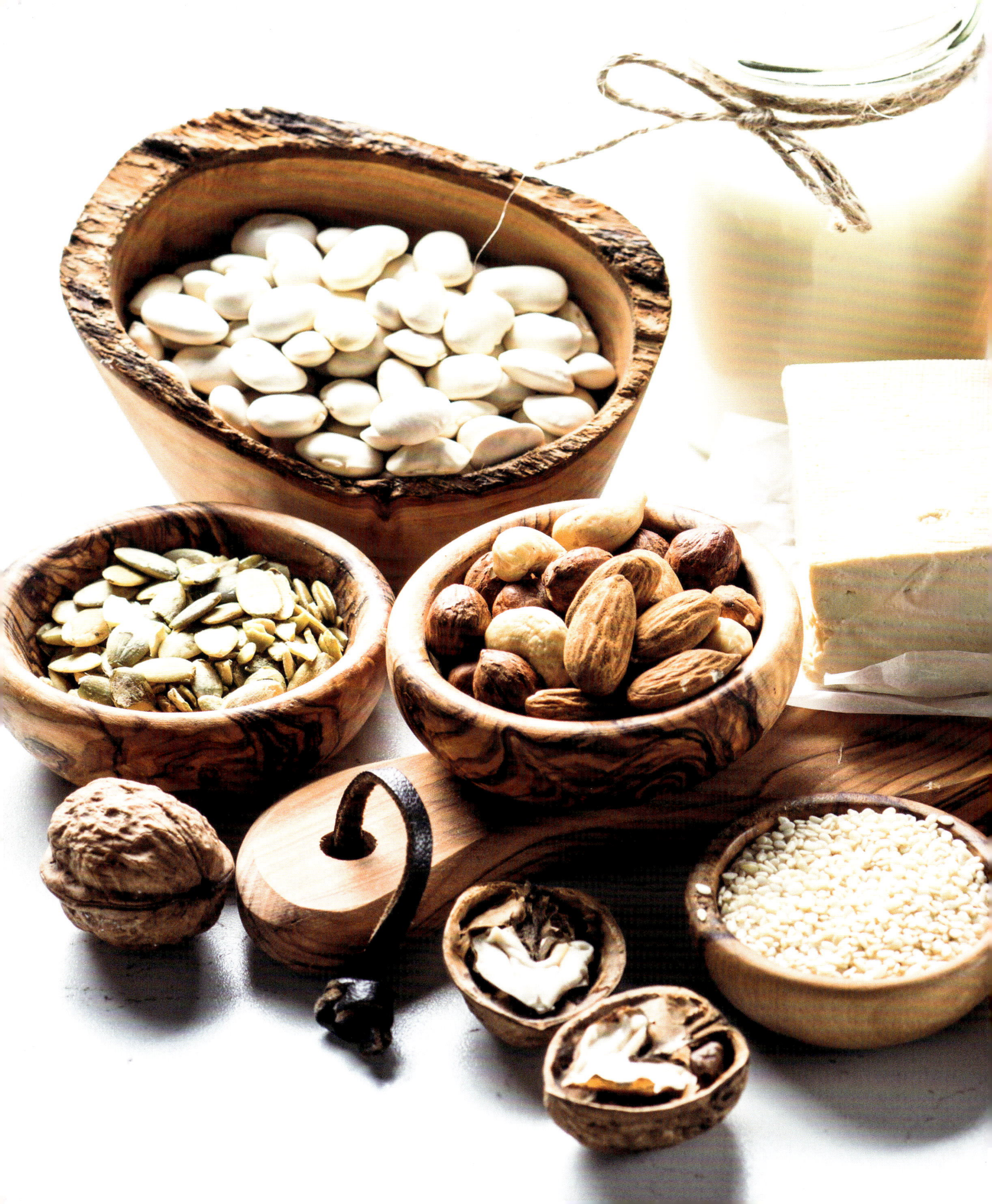

MILCHPRODUKTE, NÜSSE UND SAMEN

* KAPITEL 4 *

Scharfe Pekannüsse 68

Röstmandeln mit Zimt 69

Schoko-Crunch-Frühstücksflocken 70

Kokos-Frühstücksflocken 72

Knusper-Granola 73

Schoko-Zimt-Frühstücksflocken 74

Berry Cheese Bites 75

Macadamia-Schoko-Frühstückscookies 76

Heidelbeer-Frischkäse-Muffins 78

Kürbis-Pfannkuchen mit Aromakick 80

Fathead-Bagels 82

Macadamia-Nussecken 84

Mini-Burger mit Frikadellen 85

Waffeln mit Schweinekrusten 86

4 PORTIONEN | ZUBEREITUNG: 5 MINUTEN | RÖSTZEIT: 5 MINUTEN

SCHARFE PEKANNÜSSE

Nüsse sind ein großartiger Snack, der jede Menge gesunder Fette liefert. In der Pfanne selbst gemacht lassen sie sich im Handumdrehen nach Belieben geschmacklich aufpeppen. Das geht schnell und einfach und man weiß genau, was enthalten ist. Außerdem macht es Spaß, immer wieder neue Kombinationen auszuprobieren.

- ohne Milchprodukte
- paleo oder paleo-freundlich
- bis 30 Minuten

ZUTATEN:
1 TL gemahlener Kreuzkümmel
1 TL Chilipulver*
Salz
frisch gemahlener schwarzer Pfeffer
200 g Pekannusskerne
1 EL natives Olivenöl extra
 alternativ Ghee

1. In einer mittelgroßen Schüssel Kreuzkümmel, Chilipulver, Salz und Pfeffer mischen.

2. Pfanne ohne Fett bei mittlerer Temperatur erhitzen und die Pekannusskerne darin etwa 5 Minuten leicht braun anrösten.

3. Die gerösteten Nüsse in die Schüssel mit den Gewürzen geben, das Olivenöl dazugeben und durch Umrühren alles gleichmäßig verteilen.

4. Die Nusskerne zum Abkühlen auf ein mit Backpapier oder einer Silikon-Backmatte ausgelegtes Backblech schütten.

MAKRONÄHRSTOFFE:

88 % F
4 % EW
8 % KH

kcal: 375; F: 39 g EW: 5 g;
Gesamt-KH: 7 g; BS: 5 g; N-KH: 2 g

VARIANTE:
Die Pekannüsse können durch andere Sorten wie Mandeln oder Walnüsse ersetzt oder ergänzt werden.

4 PORTIONEN | ZUBEREITUNG: 5 MINUTEN | RÖSTZEIT: 5 MINUTEN

RÖSTMANDELN MIT ZIMT

Zimt gehört zu den Zutaten, die nicht nur ein tolles Aroma liefern, sondern auch noch gut für die Gesundheit sind, indem sie beispielsweise entzündungshemmend wirken. Ich mag diese schlichten Mandeln mit Zimt sehr, wer es aber gern etwas süßer hat, kann auch 1 TL Erythrit untermischen.

- ohne Milchprodukte
- paleo oder paleo-freundlich
- bis 30 Minuten

ZUTATEN:
1 TL gemahlener Zimt
Salz
280 g Mandelkerne
1 EL natives Olivenöl extra alternativ Ghee

1. Zimtpulver und Salz in einer mittelgroßen Schüssel verrühren.
2. Eine Pfanne ohne Fett bei mittlerer Temperatur erhitzen und die Mandeln darin etwa 5 Minuten braun anrösten.
3. Die gerösteten Mandeln in die Schüssel mit den Gewürzen geben, das Olivenöl dazugeben und durch Umrühren alles gleichmäßig verteilen.
4. Die Mandeln zum Abkühlen auf ein mit Backpapier oder einer Silikon-Backmatte ausgelegtes Backblech schütten.

MAKRONÄHRSTOFFE:

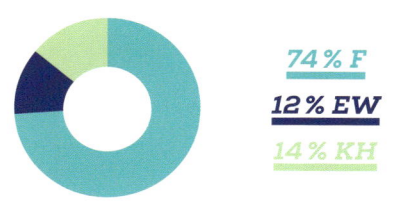

74 % F
12 % EW
14 % KH

kcal: 453; F: 40 g; EW: 16 g; Gesamt-KH: 15 g; BS: 8 g; N-KH: 7 g

VARIANTE:
Die Mandeln können auch bei 120 °C (Ober-/Unterhitze) im Backofen geröstet werden.

MILCHPRODUKTE, NÜSSE UND SAMEN

2 PORTIONEN | ZUBEREITUNG: 5 MINUTEN

SCHOKO-CRUNCH-FRÜHSTÜCKSFLOCKEN

Lust auf Frühstücksflocken ohne den üblichen Zucker? Diese gesunde Variante liefert Crunch und Süße, aber gleichzeitig auch viele Ballaststoffe und gesunde Fette. Ich verzichte hier auf Erythrit, aber Sie können nach Belieben auch süßen – alternativ lässt sich das auch gut mit ein paar Beeren natürlich süßen. Erdbeeren und Kakao-Nibs sind ein tolles Paar!

- ohne Milchprodukte
- paleo oder paleo-freundlich
- bis 30 Minuten

ZUTATEN:

50 g Mandelstifte
2 EL Kokosraspel oder -chips
2 EL Chia-Samen
2 EL Kakao-Nibs
2 EL Sonnenblumenkerne
ungesüßter Nussdrink nach Wahl (z. B. Macadamia), zum Anrühren

1. In einer Rührschüssel Mandeln, Kokosraspel, Chiasamen, Kakao-Nibs und Sonnenblumenkerne mischen und dann auf zwei Schalen aufteilen.
2. Den Nussdrink zugießen und servieren.

MAKRONÄHRSTOFFE:

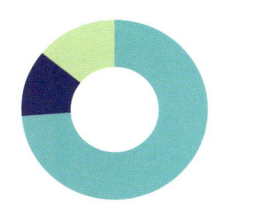

70 % F
11 % EW
19 % KH

Pro Portion (ohne Nussdrink):
kcal: 325 kcal; F: 27 g; EW: 10 g;
Gesamt-KH: 17 g; BS: 12 g; N-KH: 5 g

TIPP:
Ein solch selbst zusammengemixtes Müsli aus trockenen Zutaten hält bis zu 4 Wochen wenn es gut verschlossen in einer Dose oder einem Glasbehälter aufbewahrt wird.

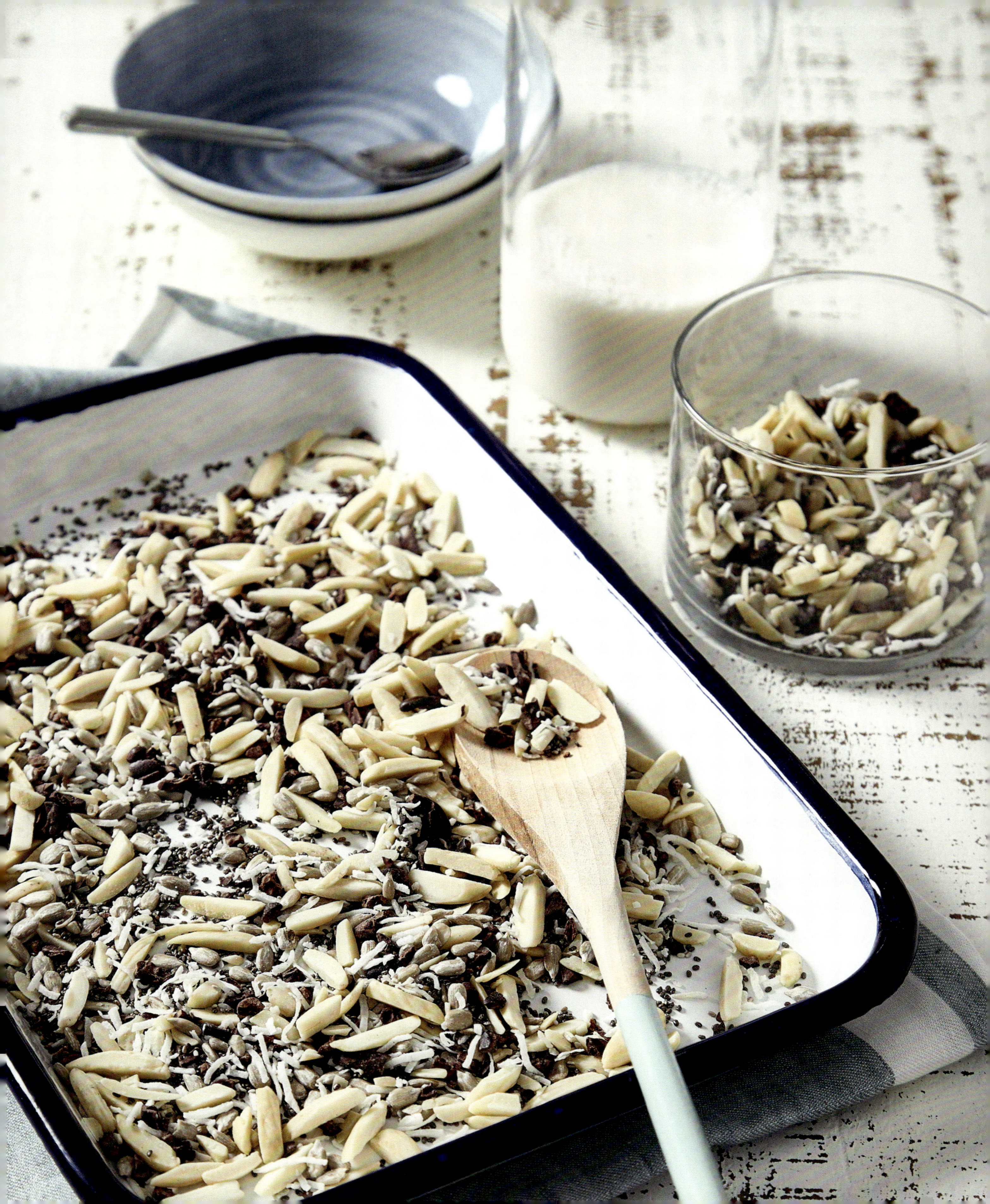

2 PORTIONEN | ZUBEREITUNG: 5 MINUTEN | RÖSTZEIT: 5 MINUTEN

KOKOS-FRÜHSTÜCKSFLOCKEN

Unkomplizierter können Frühstücksflocken kaum sein! Und da die Kokosflocken durch das Rösten wunderbar knusprig werden und einen Hauch Süße annehmen, könnte man glatt meinen, ein kohlenhydratreiches Müsli zu essen.

- ohne Milchprodukte
- bis 30 Minuten

ZUTATEN:
90 g Kokosraspel oder -chips
1 TL Erythrit (Süßungsmittel)
ungesüßter Nussdrink nach Wahl (z. B. Macadamia), zum Anrühren

1. Den Backofen auf 180 °C (Ober-/Unterhitze) vorheizen.
2. Die Kokosraspel oder -chips in einer Lage auf einem Backblech verteilen.
3. Die Kokosraspel etwa 5 Minuten backen, bis sie leicht goldgelb geröstet sind.
4. Die Kokosraspel 5–10 Minuten abkühlen lassen, dann mit dem Erythrit in einen Gefrierbeutel geben und gut schütteln.
5. Auf zwei Schalen aufteilen, den Nussdrink dazugießen und servieren.

MAKRONÄHRSTOFFE:

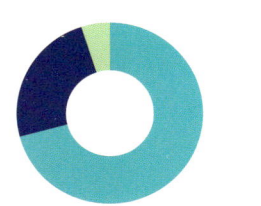

71 % F
24 % EW
5 % KH

kcal: 247; F: 24 g; EW: 3 g; Gesamt-KH: 7 g; BS: 6 g; N-KH: 1 g; Erythrit: 2 g

VARIANTE:
Für zusätzliche natürliche Süße beliebige Beeren zugeben.

KNUSPER-GRANOLA

Es ist so einfach, ein knuspriges Granola selbst zu machen. Vielleicht haben Sie ja – wie es bei mir der Fall ist – sowieso immer diverse Nüsse und Kerne im Vorrat, sodass Sie daraus im Handumdrehen etwas Leckeres kombinieren können. Dieses Granola ist ideal als Zwischenmahlzeit oder Frühstück »to go« – außerdem geht es so einfach, dass auch Ihre Kinder prima mithelfen können (Meiner Erfahrung nach lassen sich Kinder viel leichter darauf ein, etwas zu essen, an dessen Herstellung sie selbst beteiligt waren.).

- ohne Milchprodukte
- paleo oder paleo-freundlich
- bis 30 Minuten

ZUTATEN:

- 150 g gemischte Nüsse (Pekannusskerne, Macadamiakerne, Walnusskerne, Pilinusskerne, Haselnusskerne und Mandelkerne)
- 75 g gemischte Samen (Leinsamen, Sonnenblumenkerne, Kürbiskerne, Chia-Samen)
- 40 g Kokosraspel oder -chips
- 4 EL gemahlene Mandelkerne
- 1 EL Erythrit (Süßungsmittel)
- 1 Prise Salz
- 2 EL Butter alternativ Ghee, zerlassen
- 1 Ei (Größe L)
- 2 EL Kakao-Nibs

1. Den Backofen auf 160 °C (Ober-/Unterhitze) vorheizen. Ein Backblech mit Backpapier auslegen und beiseitestellen.
2. Die Nüsse in der Küchenmaschine in ein paar Schüben leicht zerkleinern, sodass auch ein paar größere Stücke bleiben.
3. Die Nussstücke in einer mittelgroßen Schüssel mit den Samen, den Kokosraspeln, den gemahlenen Mandeln und dem Erythrit verrühren und leicht salzen. Dann die geschmolzene Butter sowie das Ei dazugeben und alles gut durchrühren.
4. Die Mischung auf das vorbereitete Backblech geben und mit den Kakao-Nibs bestreuen.
5. Im Ofen 25 Minuten backen und dabei alle 5–10 Minuten umrühren, damit alles gleichmäßig bräunt.

MAKRONÄHRSTOFFE:

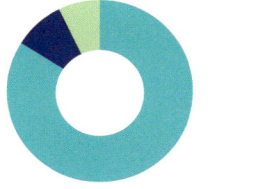

84 % F
9 % EW
7 % KH

kcal: 432; F: 43 g; EW: 8 g; Gesamt-KH: 8 g; BS: 7 g; N-KH: 1 g; Erythrit: 3 g

DIE PALEO-VARIANTE:
Lassen Sie das Erythrit weg.

SCHOKO-ZIMT-FRÜHSTÜCKSFLOCKEN

Die Kombination aus Kokos, Kakao-Nibs und Zimt ist einfach überragend. Je nachdem, welchen Nussdrink Sie wählen, wirkt sich dies auch auf den Geschmack unterschiedlich aus. Es lohnt sich also zu experimentieren – wichtig ist, dass der Drink ungesüßt ist.

- ohne Milchprodukte
- bis 30 Minuten

ZUTATEN:

90 g Kokosraspel alternativ -flocken
2 EL Butter alternativ Ghee
1 EL gemahlener Zimt
1 TL Erythrit (Süßungsmittel)
2 EL Kakao-Nibs
ungesüßter Nussdrink nach Wahl (z. B. Macadamia), zum Anrühren

1. Den Backofen auf 160 °C (Ober-/Unterhitze) vorheizen.
2. Die Kokosraspel oder -flocken in eine kleine Schüssel geben.
3. In einem Stieltopf die Butter mit Zimt und Erythrit bei mäßiger Hitze schmelzen lassen und gut durchrühren.
4. Die Mischung über die Kokosraspel oder -flocken gießen, durch Rühren gleichmäßig darauf verteilen und dann in einer Lage auf das Backblech geben.
5. Im Ofen 5–7 Minuten backen, bis die Kokosflocken schön goldgelb sind. Zwischendurch ein paar Mal umrühren, damit sie rundum gleichmäßig rösten und nicht verbrennen.
6. Die Kokosflocken 5–20 Minuten abkühlen lassen.
7. Auf zwei Schalen aufteilen, die Kakao-Nibs dazugeben und den Nussdrink darübergießen.

MAKRONÄHRSTOFFE:

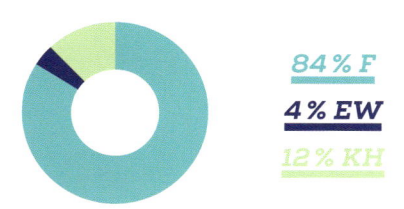

84 % F
4 % EW
12 % KH

kcal: 405; F: 40 g; EW: 4 g; Gesamt-KH: 12 g; BS: 10 g; N-KH: 2 g; Erythrit: 2 g

GUT VORZUBEREITEN:

Es bietet sich an hier gleich eine größere Portion zubereiten und gut verschlossen bis zu 1 Woche im Kühlschrank aufzubewahren.

4 PORTIONEN | ZUBEREITUNG: 10 MINUTEN | BACKZEIT: 25 MINUTEN

BERRY CHEESE BITES

Beeren und Käsekuchen sind eigentlich alles, was ich im Leben brauche, um glücklich zu sein, daher sind diese gefüllten Riegel für mich der Himmel schlechthin. Dieser Snack ist ganz unkompliziert und die Käsebasis lässt sich gut mit anderen Aromen kombinieren. Man kann die Riegel in einer kleinen Auflaufform oder einer Kastenform machen, aber auch gleich mehrere Einzelportionen in einem gut gefetteten Muffinblech zubereiten.

☐ Comfort Food
■ ohne Nüsse

ZUTATEN:
4 EL zerlassene Butter
2 Eier (Größe L)
4 EL Doppelrahmfrischkäse
½ TL Vanillepulver (alternativ 1 TL reiner Vanilleextrakt)
¼ TL Backpulver
1–4 EL Erythrit-Puderzucker (Puderxucker)
2 EL TK-Heidelbeeren alternativ gemischte Beeren

1. Den Backofen auf 160 °C (Ober-/Unterhitze) vorheizen.
2. Butter, Eier, Doppelrahmfrischkäse, Vanille, Backpulver und Erythrit in eine mittelgroße Schüssel geben.
3. Die Zutaten mit einem Handrührgerät oder einem Stabmixer zu einem vollständig glatten Teig verarbeiten.
4. Eine kleine Auflauf- oder Kastenform mit Backpapier auslegen und die Masse hineingeben.
5. Zuletzt Heidelbeeren gleichmäßig darüber verteilen, damit später in jedem Riegel welche enthalten sind. Sie sinken beim Backen ein und müssen nicht untergerührt werden.
6. Im Ofen 20–25 Minuten backen, bis die Masse gerade fest, aber noch leicht wabbelig ist.
7. Vollständig abkühlen lassen, aus der Form stürzen und in Riegel schneiden.

MAKRONÄHRSTOFFE:

88 % F
9 % EW
3 % KH

kcal: 189; F: 19 g; EW: 4 g; Gesamt-KH: 2 g; BS: 0 g; N-KH: 2 g; Erythrit: 3 g

VARIANTE:
Ich verwende hierfür gern feinen Erythrit-Puderzucker, es geht aber genauso gut mit normalem Erythrit.

MILCHPRODUKTE, NÜSSE UND SAMEN

MACADAMIA-SCHOKO-FRÜHSTÜCKSCOOKIES

Cookies zum Frühstück sind einfach eine feine Sache. Es fühlt sich zwar dekadent an, aber diese Cookies mit gesunden Fetten sind ein toller Start in den Tag und halten stundenlang satt. Gut gekühlt aufbewahrt liefern sie die ganze Woche über ein feines Frühstück.

☐ Comfort Food
☐ bis 30 Minuten

ZUTATEN:

4 EL Butter (55 g)
140 g gemahlene Mandelkerne
4 EL Erythrit (Süßungsmittel)
¼ TL Salz
¼ TL Weinsteinbackpulver
1 Ei (Größe L)
½ TL Vanillepulver (alternativ 1 TL reiner Vanilleextrakt)
4 EL gehackte Macadamiakerne alternativ andere Nüsse nach Wahl
4 EL zuckerfreie Schokotropfen

1. Den Backofen auf 180 °C (Ober-/Unterhitze) vorheizen. Ein Backblech mit Backpapier oder einer Silikon-Backmatte auslegen und beiseitestellen.

2. In einem Stieltopf die Butter bei schwacher Hitze zerlassen, in eine kleine Schüssel füllen und 10 Minuten im Kühlschrank abkühlen lassen.

3. In einer großen Schüssel die gemahlenen Mandeln sorgfältig mit Erythrit, Salz und Weinsteinbackpulver verrühren.

4. In einer kleineren Schüssel das Ei mit der Vanille und der abgekühlten Butter verquirlen.

5. Die feuchten Zutaten zu den trockenen Zutaten geben und mit einem großen Löffel oder einem Teigschaber gut vermischen. Dann die Macadamiastückchen unterziehen.

6. Mit einem Löffel etwa 5 cm große Kugeln vom Cookie-Teig auf das vorbereitete Backblech geben und nach Belieben etwas flach drücken.

7. Die Cookies 10–12 Minuten backen, bis sie am Rand goldbraun sind.

8. Auf dem Backblech 10–15 Minuten abkühlen lassen, dann auf ein Kuchengitter legen und nochmals 15 Minuten abkühlen lassen.

9. Die Schokolade in der Mikrowelle bei ca. 50 Prozent Leistung 30 Sekunden schmelzen. Umrühren und in kurzen Intervallen weiter erhitzen, bis sie ganz geschmolzen ist.

10. Mit einem in die geschmolzene Schokolade getunkten Teigschaber die Schokolade über die Cookies träufeln. Die fertigen Cookies zum Aushärten in den Kühlschrank stellen.

MAKRONÄHRSTOFFE:

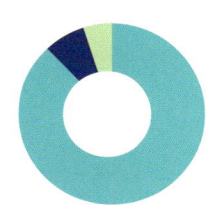

88 % F
7 % EW
5 % KH

kcal: 156; F: 12 g; EW: 3 g; Gesamt-KH: 7 g; BS: 1 g; N-KH: 6 g; Erythrit: 2 g

GUT VORZUBEREITEN:
Diese Cookies halten sich im Kühlschrank bis zu 1 Woche.

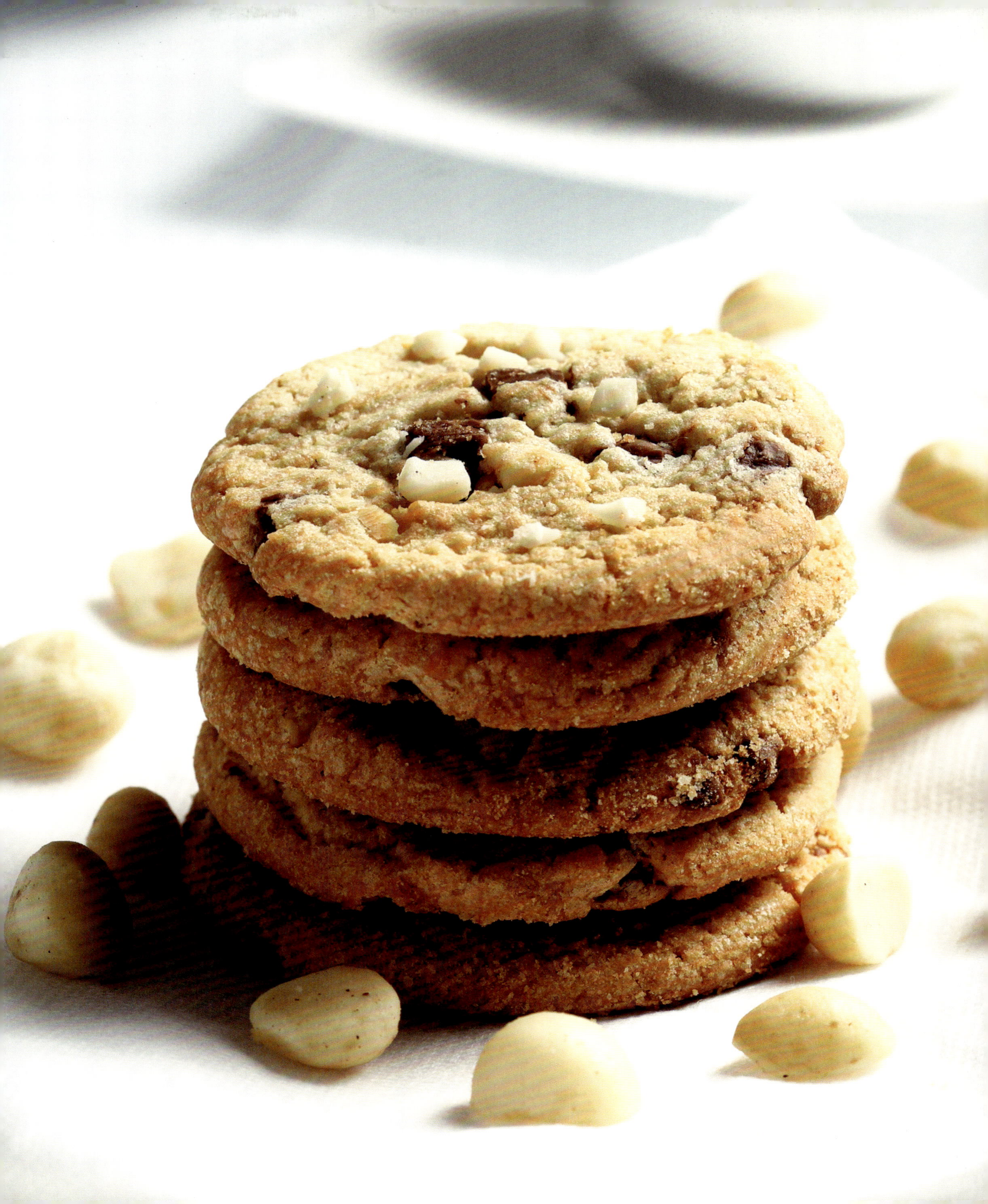

6 PORTIONEN | ZUBEREITUNG: 10 MINUTEN | BACKZEIT: 12 MINUTEN

HEIDELBEER-FRISCHKÄSE-MUFFINS

Heidelbeer-Muffins sind für mich Seelenfutter pur. Als Teenager habe ich oft Muffins aus Backmischungen gebacken. Heidelbeer-Muffins sind daher für mich wirklich eine Erinnerung an alte Zeiten. Heute bereite ich sie auf diese keto-freundliche Weise zu und so schmecken sie sogar noch besser. Für Extra-Genuss bestreiche ich sie noch mit Butter – sooo lecker!

- ☐ Comfort Food
- ☐ bis 30 Minuten

ZUTATEN:
- 110 g gemahlene Mandelkerne
- 2 TL gemahlener Zimt
- 3–4 EL Erythrit (Süßungsmittel)
- ¾ EL Backpulver
- 2 Eier (Größe L)
- 2 EL Doppelrahmfrischkäse
- 2 EL Schlagsahne
- 4 EL zerlassene und abgekühlte Butter
- 1 TL Vanillepulver (alternativ 2 TL reiner Vanilleextrakt)
- 2 EL Heidelbeeren (frisch oder alternativ tiefgekühlt)

1. Den Backofen auf 200 °C (Ober-/Unterhitze) vorheizen. Ein Muffinbackblech mit Backspray einsprühen oder mit Papierförmchen auslegen.
2. In einer kleinen Schüssel die gemahlenen Mandeln mit Zimt, Erythrit und Backpulver verrühren.
3. In einer mittelgroßen Rührschüssel Eier, Doppelrahmfrischkäse, Schlagsahne, Butter und Vanille mithilfe eines Handrührgeräts verquirlen.
4. Die Mehlmischung zur Eimischung geben und mit dem Handrührgerät alles gründlich verrühren.
5. Die Masse auf die vorbereiteten Muffinmulden verteilen.
6. Die Beeren auf den Teig in den Muffinmulden verteilen.
7. Im Ofen 12 Minuten backen, bis die Oberfläche schön goldbraun ist.

MAKRONÄHRSTOFFE:

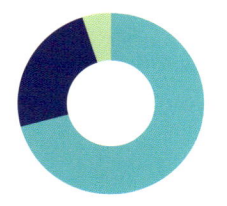

- 71 % F
- 24 % EW
- 5 % KH

kcal: 88; F: 7 g; EW: 5 g; Gesamt-KH: 1 g; BS: 0 g; N-KH: 1 g

VARIANTE:
Anstelle von Doppelrahmfrischkäse und Schlagsahne kann man auch 125 g Sauerrahm verwenden.

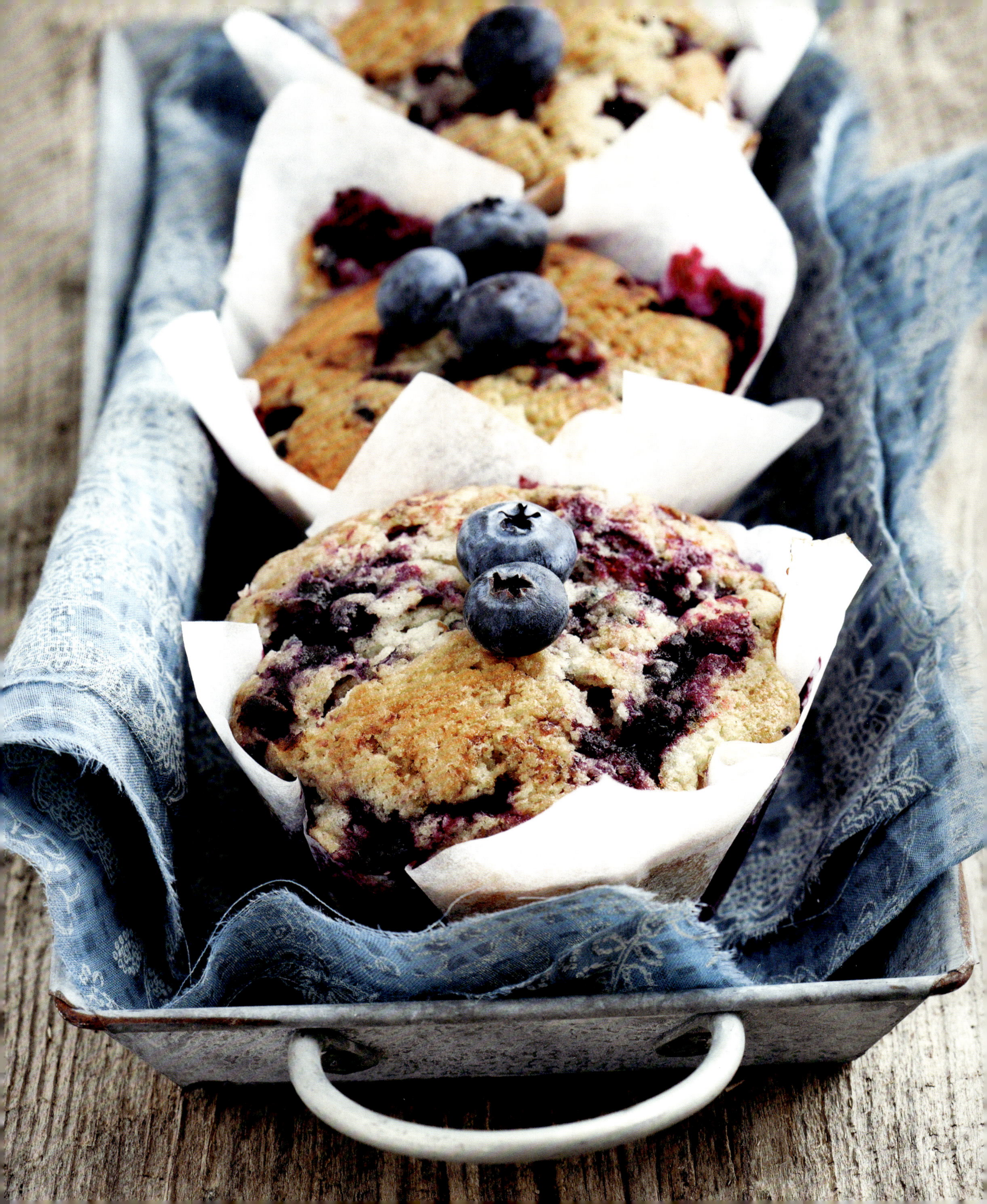

KÜRBIS-PFANNKUCHEN MIT AROMAKICK

Diese Pfannkuchen mache ich gern, wenn ich Kürbis übrig habe – beispielsweise vom Keto-Kürbis-Brot (Seite 60). Im Winter kann man etwas Vanille und ein wärmendes Gewürz wie Zimt zugeben.

- ☐ Comfort Food
- ☐ ohne Nüsse
- ☐ bis 30 Minuten

ZUTATEN:

2 EL Kürbispüree (ohne Zusätze)

4 Eier (Größe L)

120 g zimmerwarmen Doppelrahmfrischkäse

1 TL Erythrit (Süßungsmittel)

2 TL gemahlener Zimt alternativ Kürbiskuchengewürz (siehe Tipp auf Seite 60)

4 EL Kokosmehl

1 TL Vanillepulver (alternativ 2 TL reiner Vanilleextrakt)

1 ½ TL Backpulver

4 EL Butter

1. In der Küchenmaschine das Kürbispüree mit Eiern, Doppelrahmfrischkäse, Erythrit, Zimt, Kokosmehl, Vanille und Backpulver so lange verarbeiten, bis der Teig eine sämige Konsistenz aufweist.

2. In einer großen Pfanne auf mittlerer bis hoher Stufe 2 EL Butter zerlassen.

3. Den Teig portionsweise (jeweils etwa 4 EL) in die heiße Pfanne geben.

4. Die Pfannkuchen werden sich aufblähen, wenn es nach etwa 2 Minuten Zeit ist, sie zu wenden. Von der anderen Seite nochmals etwa 1 Minute backen, bis die Unterseite leicht gebräunt ist.

5. Mit den übrigen 2 EL Butter und dem restlichen Teig einen zweiten Pfannkuchen backen.

MAKRONÄHRSTOFFE:

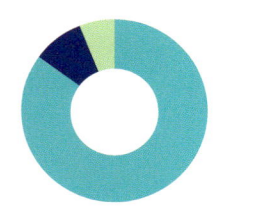

85 % F
9 % EW
6 % KH

kcal: 160; F: 15 g; EW: 4 g; Gesamt-KH: 8 g; BS: 2 g; N-KH: 6 g

GUT VORZUBEREITEN:

Diese Pfannkuchen lassen sich gut aufwärmen, es lohnt sich daher, gleich die doppelte Menge als Vorrat für die Woche zu machen. Diesem Gericht verleihen Nüsse (Pekanuss- oder Haselnusskerne) grob gehackt und über die Pfannkuchen gestreut einen besonderen Aroma-Kick.

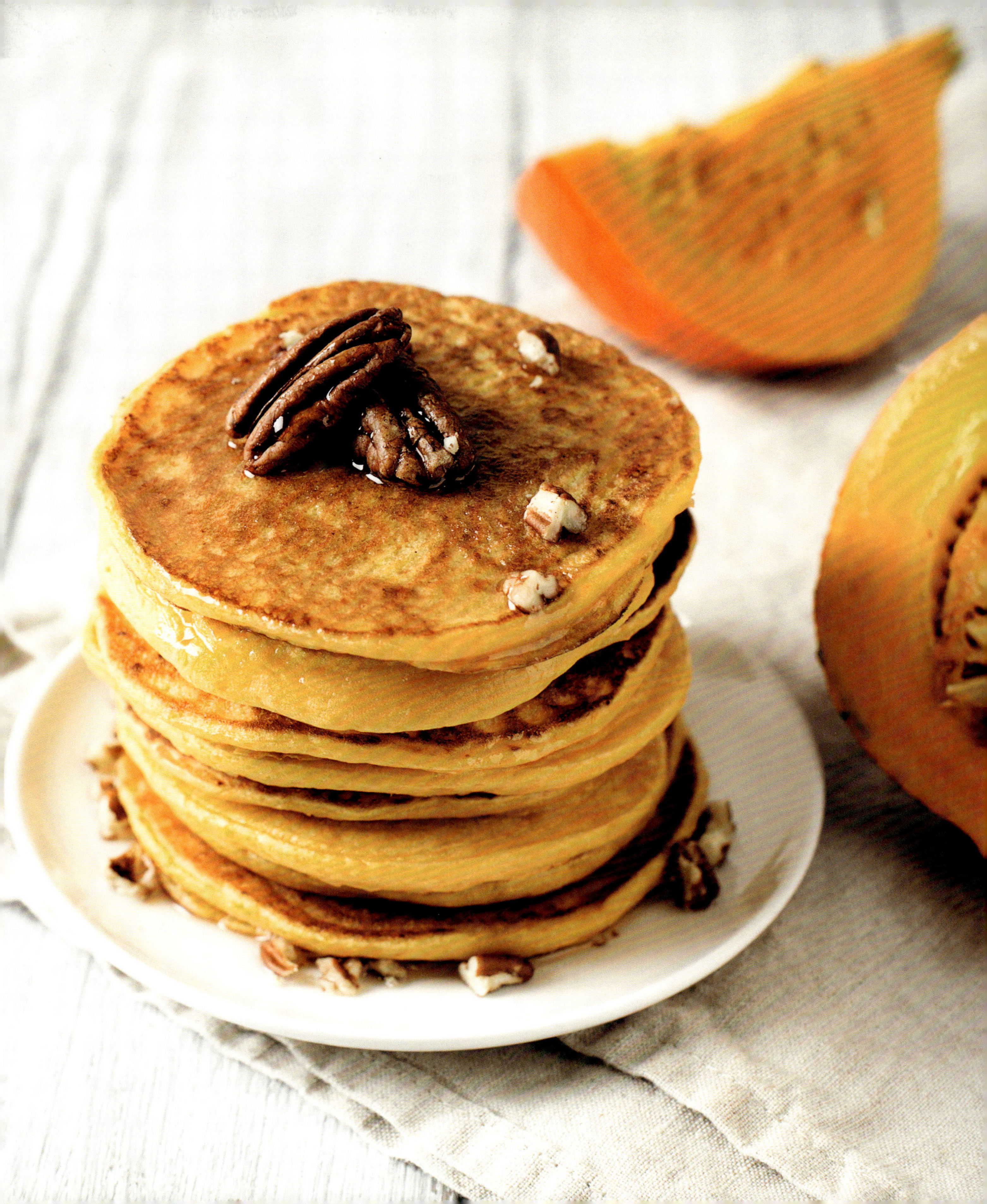

6 PORTIONEN | ZUBEREITUNG: 20 MINUTEN | BACKZEIT: 15 MINUTEN

FATHEAD-BAGELS

Selbst auf Bagels muss man bei der Keto-Ernährung keineswegs verzichten! Diese Fathead-Teigbasis können Sie für Bagels in beliebigen Geschmacksrichtungen verwenden, von Heidelbeere über Zimt bis zu scharfer Salami. Diese hier werden jedoch einfach nur mit der Allround-Bagel-Würzmischung (Seite 293) gewürzt. Wer keine Donut-Form hat, legt einfach runde Teigkränze auf ein mit Backpapier oder einer Silikon-Backmatte ausgelegtes Backblech.

- ☐ Comfort Food
- ☐ ohne Milchprodukte
- ☐ ohne Nüsse
- ■ paleo oder paleo-freundlich

ZUTATEN:

- 90 g zerzupften Mozzarella
- 2 EL Doppelrahmfrischkäse
- 85 g gemahlene Mandelkerne, plus gegebenenfalls etwas mehr
- 1 Ei (Größe L)
- Salz
- Backspray
- 1 EL Allround-Bagel-Würzmischung (Seite 293)

1. Den Backofen auf 200 °C (Ober-/Unterhitze) vorheizen.
2. In einer für die Mikrowelle geeigneten Schüssel den Mozzarella und den Doppelrahmfrischkäse auf hoher Stufe 1 Minute erhitzen. Gut durchrühren und nochmals 30 Sekunden in der Mikrowelle erhitzen, bis die Masse geschmolzen ist.
3. Die gemahlenen Mandeln, das Ei und Salz zugeben und alles behutsam verrühren.
4. Wenn der Teig klebt, noch mehr gemahlene Mandeln darüberstreuen. Den Teig in Frischhaltefolie verpackt 10 Minuten im Kühlschrank fest werden lassen.
5. Aus dem Teig 6 Kugeln formen und diese länglich ausrollen.
6. Eine Donut-Backform mit Backspray einfetten und die Teigstücke in die Vertiefungen drücken. Den Teig mit der Bagel-Würzmischung bestreuen.
7. Die Bagels im heißen Ofen 15 Minuten goldbraun backen. Übrig gebliebene Bagels können in einem Gefrierbeutel oder einem Behälter im Kühlschrank bis zu 1 Woche aufbewahrt werden.

MAKRONÄHRSTOFFE:

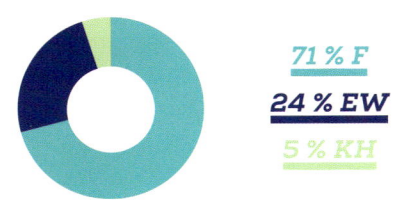

71 % F
24 % EW
5 % KH

kcal: 88; F: 7 g; EW: 5 g; Gesamt-KH: 1 g; BS: 0 g; N-KH: 1 g

VARIANTE:

Wer es gern würziger hat, gibt anstelle der Gewürzmischung Salami und in feine Streifen geschnittenen Jalapeño-Chilis zum Teig.

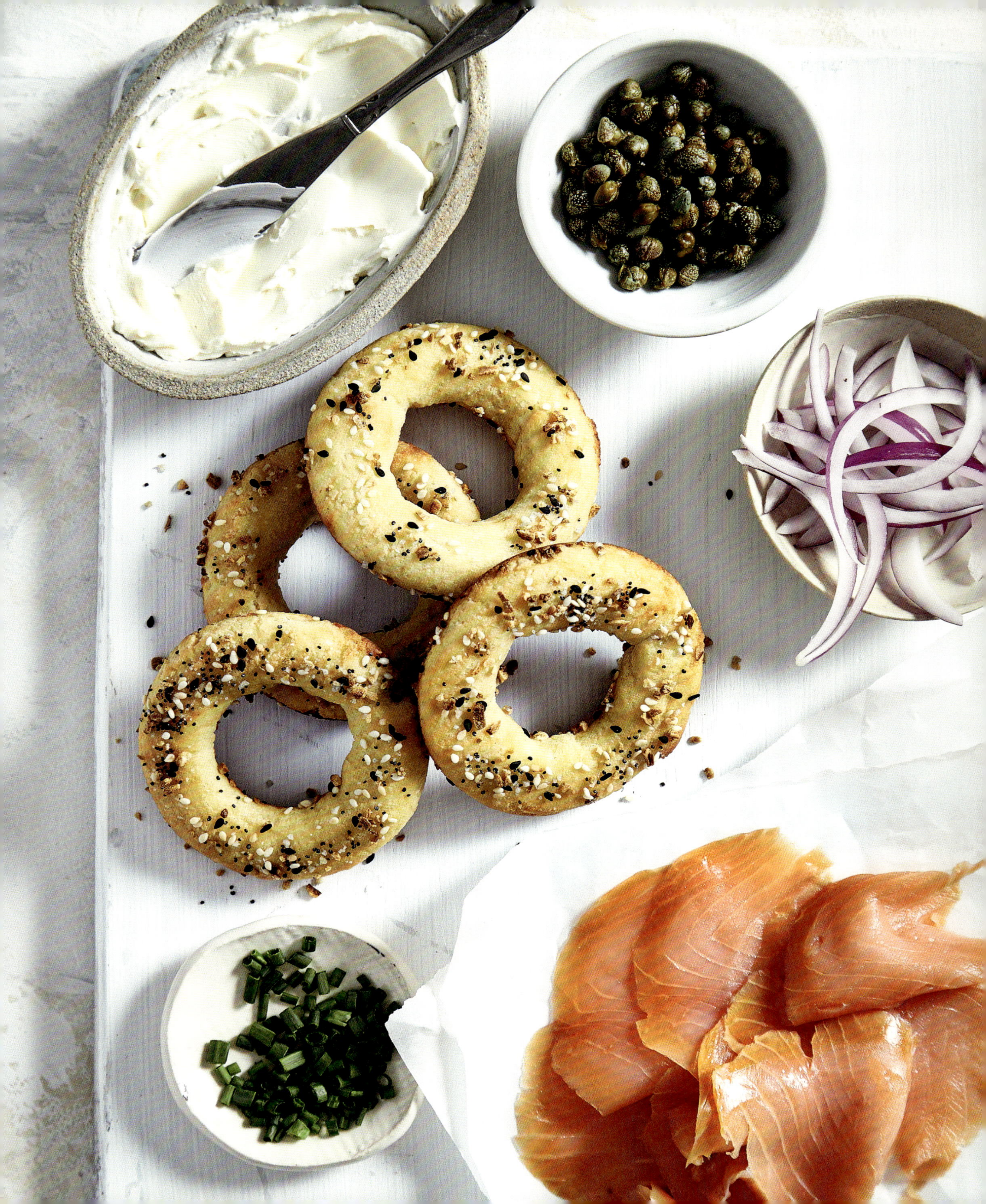

4 PORTIONEN | ZUBEREITUNG: 10 MINUTEN | KÜHLZEIT: 1 STUNDE

MACADAMIA-NUSSECKEN

Ich liebe Macadamianüsse! Es lag also nahe, mir etwas zu überlegen, um sie mit Nussmus zu einem leckeren Frühstücks- oder Dessertsnack zu kombinieren. Welches Nussmus Sie dafür nehmen, bleibt Ihren Vorlieben überlassen. Falls Sie keine Kastenform haben, können Sie auch die doppelte Menge zubereiten und ein etwa 22 x 22 cm großes Backblech verwenden.

☐ Comfort Food

ZUTATEN:
- 4 EL Macadamiakerne
- 4 EL Nussmus nach Wahl
- 1 TL Erythrit (Süßungsmittel)
- 2 EL zerlassene Butter
- 2 EL Kokosraspel oder Kakao-Nibs (optional)

1. In einer Küchenmaschine Macadamiakerne in mehreren Schüben so zerkleinern, dass sie kleiner sind als Reiskörner.

2. Die Nussstückchen in einer Schüssel mit dem Nussmus, dem Erythrit und der Butter sorgfältig verrühren. Die Kokosraspel und/oder Kakao-Nibs zugeben und gut unterrühren.

3. Eine Kastenform mit Backpapier auslegen und anschließend die Nussmasse hineingeben.

4. Im Kühlschrank in 1 Stunde fest werden lassen und dann in Quadrate oder Dreiecke schneiden. In einer Frischhaltedose im Kühlschrank aufbewahren oder einfrieren.

MAKRONÄHRSTOFFE:

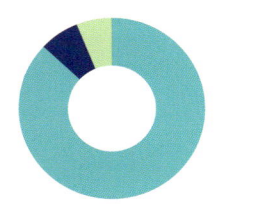

87 % F
7 % EW
6 % KH

kcal: 208; F: 21 g; EW: 3 g; Gesamt-KH: 3 g; BS: 1 g; N-KH: 2 g; Erythrit: 1 g

VARIANTE:
Es gibt tolle keto-freundliche Nussmus-Mischungen – probieren Sie einfach aus, was Ihnen gut schmeckt. Auch im Handel findet man leckere Sorten in verschiedenen Geschmacksrichtungen.

MILCHPRODUKTE, NÜSSE UND SAMEN

8 PORTIONEN | ZUBEREITUNG: 10 MINUTEN | BACKZEIT: 15 MINUTEN

MINI-BURGER MIT FRIKADELLEN

Fathead-Teig kann auf vielerlei Weise eingesetzt werden und macht es einfach, selbst kreativ zu werden, um verschiedene beliebte kohlenhydratreiche Gerichte nachzukochen. In diesem Buch verwenden wir ihn für Bagels, Pizza, Zimtschnecken und diese leckeren mit Hackfleischfrikadellen gefüllten Mini-Burger-Brötchen.

☐ Comfort Food
☐ bis 30 Minuten

ZUTATEN:

90 g zerzupfter Mozzarella
2 EL Doppelrahmfrischkäse
85 g gemahlene Mandelkerne, plus gegebenenfalls etwas mehr
1 Ei (Größe L)
Salz
8 Hackfleischfrikadellen (Seite 48)
30 g geraspelten Käse, beispielsweise Cheddar
Backspray

1. Den Backofen auf 200 °C (Ober-/Unterhitze) vorheizen.
2. Den Mozzarella und den Doppelrahmfrischkäse in einer geeigneten Schüssel in der Mikrowelle auf hoher Stufe 1 Minute erhitzen. Gut durchrühren und nochmals 30 Sekunden in der Mikrowelle erhitzen, bis die Masse geschmolzen ist.
3. Die gemahlenen Mandeln sowie Ei und Salz zugeben und alles behutsam verrühren.
4. Wenn der Teig klebt, noch mehr gemahlene Mandeln darüberstreuen. Den Teig in Frischhaltefolie verpackt 10 Minuten im Kühlschrank fest werden lassen.
5. Den Teig in 8 gleich große Kugeln aufteilen.
6. Ein Muffinblech mit Backspray einsprühen und die Teigkugeln in die gefetteten Mulden legen.
7. Jede Teigkugel mit einer gegarten Frikadelle und etwas geraspelten Käse belegen, leicht eindrücken und beides mit Teig umschließen. Jedes Burger-Brötchen noch mit einer Prise Käse bestreuen.
8. Die Mini-Burger im heißen Ofen 15 Minuten goldbraun backen. Was nicht verzehrt wird, kann in einem gut verschließbaren Beutel oder einer Frischhaltedose im Kühlschrank 1 Woche aufbewahrt werden.

VARIANTE:

Statt der Frikadelle können Sie auch Reste von Speck und auch Gemüse zugeben.

MAKRONÄHRSTOFFE:

69 % F
29 % EW
2 % KH

kcal: 229; F: 18 g; EW: 16 g;
Gesamt-KH: 1 g; BS: 0 g; N-KH: 1 g

4 PORTIONEN | ZUBEREITUNG: 5 MINUTEN | BACKZEIT: 10 MINUTEN

WAFFELN MIT SCHWEINEKRUSTEN

Diese Waffeln mit Schweinekrusten sind ungewöhnlich und sehr keto-spezifisch, aber eine überragende Kombi. Mit Schweinekrusten lässt sich jede Art von Gericht geschmacklich aufpeppen, hier aber sorgen sie in den Waffeln zusätzlich auch für eine spannende Textur. Etwas keto-freundlichen Sirup darüberträufeln und fertig ist das neue Super-Frühstück.

- ☐ Comfort Food
- ■ ohne Nüsse
- ☐ bis 30 Minuten

ZUTATEN:

4 Eier (Größe L)
120 g zimmerwarmen Doppelrahmfrischkäse
1 TL Erythrit (Süßungsmittel)
2 TL gemahlener Zimt
1 TL Vanillepulver (wahlweise 2 TL reiner Vanilleextrakt)
1 ½ TL Backpulver
4 EL Kokosmehl
8 EL gemahlene Schweinekrusten (in der Küchenmaschine)
Backspray

1. Das Waffeleisen vorheizen.

2. Eier, Doppelrahmfrischkäse, Erythrit, Zimt, Vanille, Backpulver, Kokosmehl und 6 EL der Schweinekrustenbrösel in der Küchenmaschine zu einem sämigen Teig verarbeiten.

3. Das Waffeleisen mit Backspray einsprühen und je nach Größe des Geräts 60–100 ml Teig hineingeben. Dann jeweils ½ EL der Schweinekrustenbrösel auf die Waffel geben, das Eisen zuklappen und die Waffel goldbraun und knusprig backen.

MAKRONÄHRSTOFFE:

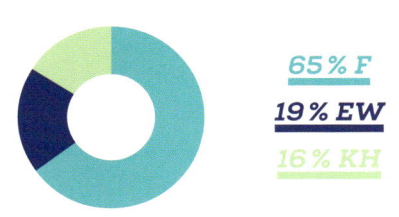

65 % F
19 % EW
16 % KH

kcal: 248; F: 17 g; EW: 12 g; Gesamt-KH: 10 g; BS: 6 g; N-KH: 4 g; Erythrit: 1 g

VARIANTE:

Ich nehme diese Waffeln auch gern als Brotersatz für ein Sandwich. Gegrillter Käse und Bacon auf dieser Schweinekrusten-Waffel sind einfach himmlisch.

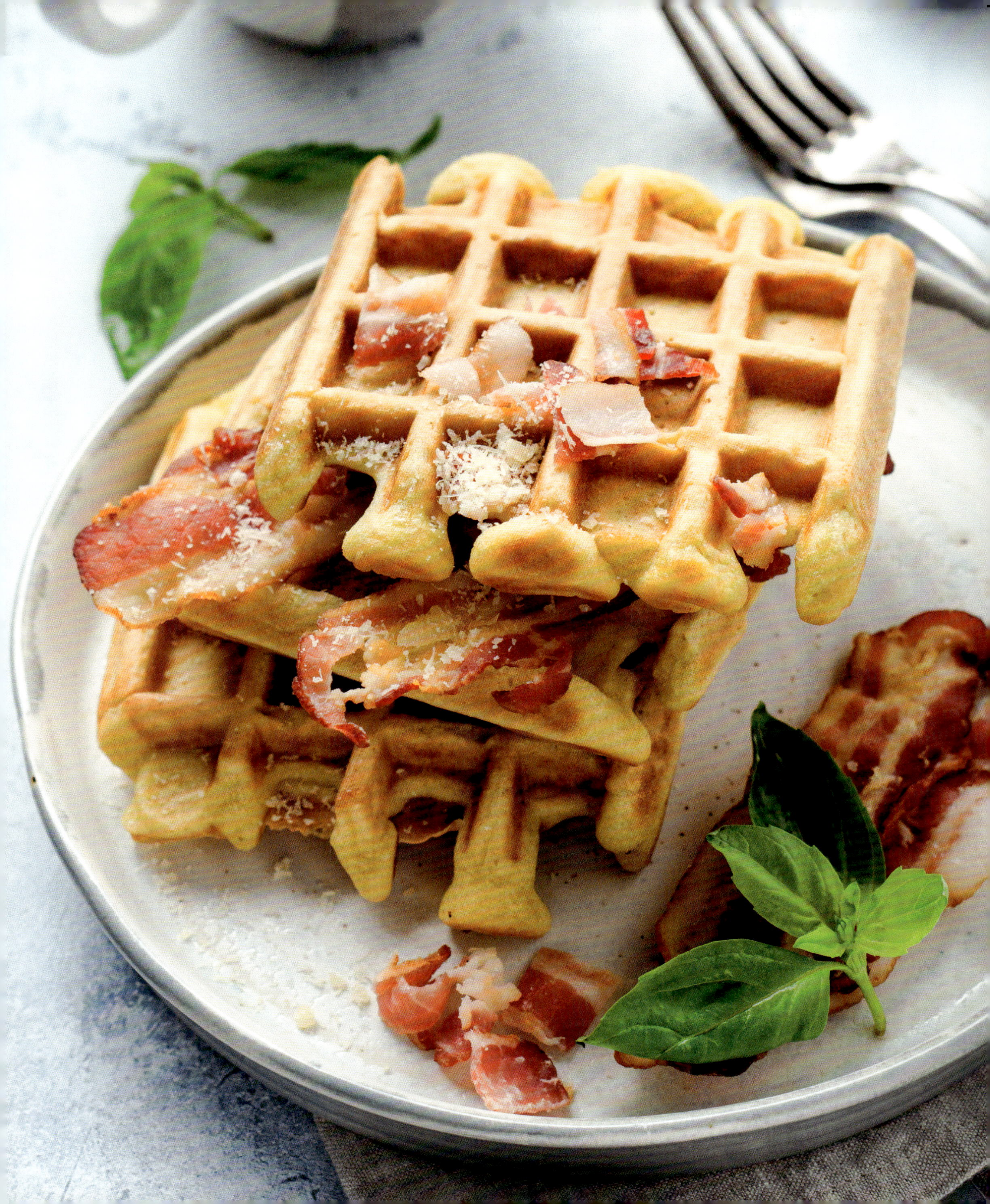

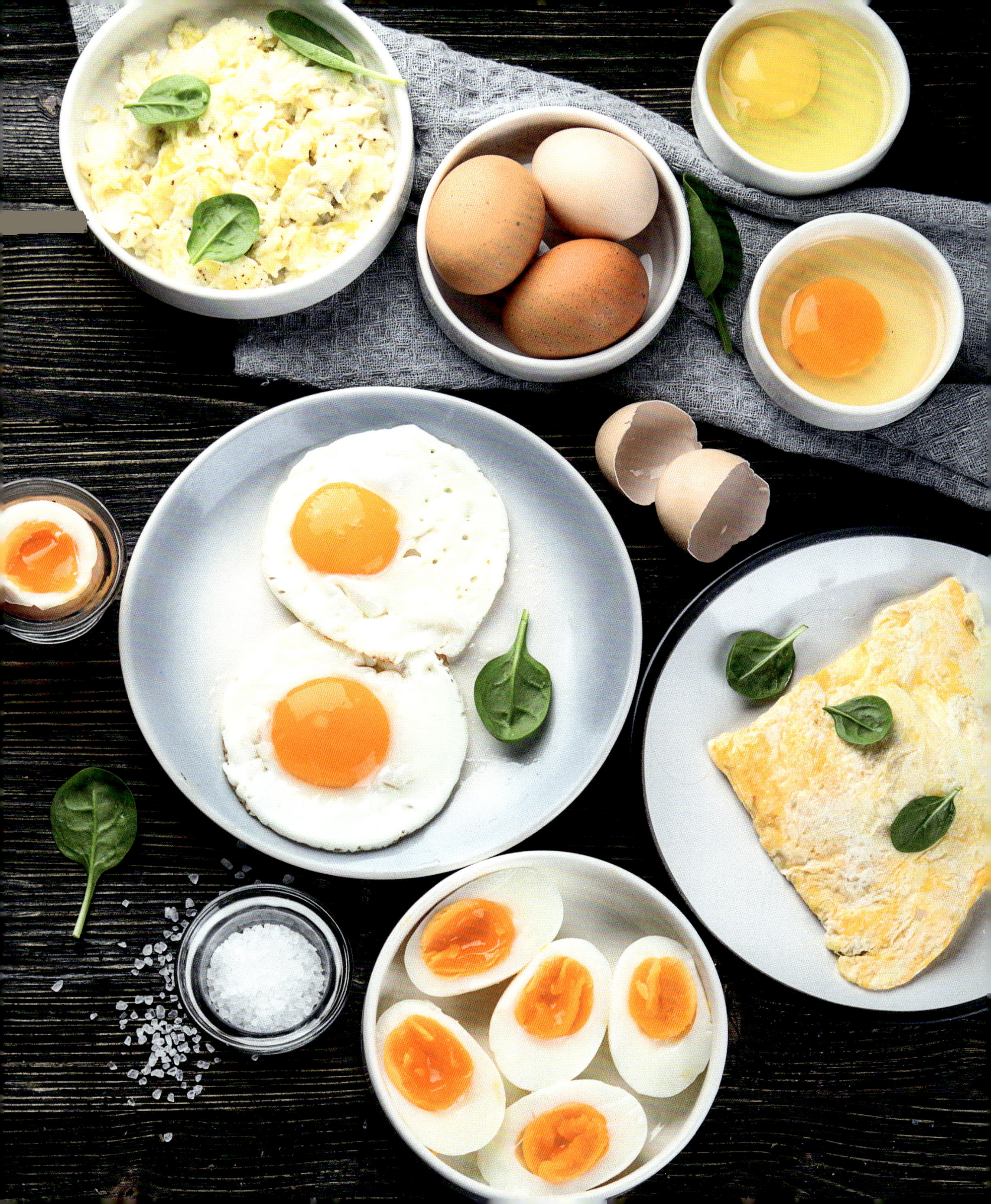

EIER UND ANDERE FRÜHSTÜCKSGERICHTE

* KAPITEL 5 *

Gebackenes Ei mit Grünkohl, Avocado und Feta 90

Blumenkohl-Eierküchlein 91

Cloud Eggs mit Parmesan 92

Tacos mit knusprigen Käseschalen 94

Käse-Spinat-Auflauf mit Schweinekrusten 95

Portobello-Pilze mit Ei-Spinat-Füllung 96

Eier Benedict mit Räucherlachs 98

Eiersalat im Salatblatt mit Bacon 100

Frühstücks-Nachos mit Blumenkohl 101

Mexikanische Frühstücks-Bowl 102

Ei-Wurst-Frühstück im Glas 104

Russische Eier mit Speck und Sriracha-Sauce 105

Paprika-Prosciutto-Frittata 106

Eier-Muffins nach Santa-Fe-Art 108

2 PORTIONEN | ZUBEREITUNG: 10 MINUTEN | GARZEIT: 25 MINUTEN

GEBACKENES EI MIT GRÜNKOHL, AVOCADO UND FETA

In individuellen Förmchen gebackene Gerichte sind irgendwie immer etwas ganz Besonderes, und dieses hier macht da keine Ausnahme. Man kann es nach Belieben mit vielen unterschiedlichen Zutaten zubereiten, aber mir schmeckt diese Kombination mit einer Scheibe getoastetem Keto-Brot besonders gut.

☐ Comfort Food
■ ohne Nüsse

ZUTATEN:

Backspray
1 EL natives Olivenöl extra
1 fein gehackter Knoblauchzehe
1 in Ringe geschnittene Schalotte
170 g klein geschnitten Grünkohl
¼ TL Chiliflocken
2 Eier (Größe L)
Salz
frisch gemahlener schwarzer Pfeffer
4 EL zerkrümelter Feta
1 Avocado, Kern entfernt und geschält, gewürfelt (optional)

1. Den Backofen auf 190 °C (Ober-/Unterhitze) vorheizen.
2. Zwei Auflaufförmchen mit Backspray einsprühen.
3. In einer Pfanne Olivenöl auf mittlerer Stufe erhitzen und Knoblauch sowie Schalotte darin 2–3 Minuten weich garen.
4. Grünkohl und Chiliflocken zugeben und 2 Minuten mitgaren.
5. Den Kohl auf zwei Auflaufförmchen verteilen, dann 1 Ei in jedes Förmchen aufschlagen. Mit Salz und Pfeffer würzen.
6. Etwa 20 Minuten backen, bis das Eiweiß gestockt ist.
7. Darauf dann den Feta und die Avocado (falls verwendet) geben und servieren.

MAKRONÄHRSTOFFE:

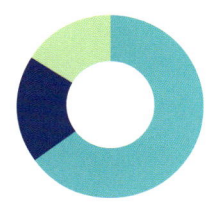

65 % F
19 % EW
16 % KH

kcal: 220; F: 16 g; EW: 11 g;
Gesamt-KH: 9 g; BS: 1 g; N-KH: 8 g

DIE PALEO-VARIANTE:

Den Feta durch schwarze Oliven ersetzen, um auf Milchprodukte, aber nicht auf gutes Fett zu verzichten.

BLUMENKOHL-EIERKÜCHLEIN

Der Blumenkohl sorgt hier für eine Konsistenz, die mehr an Muffins als an typische Eierküchlein erinnert. Dieses Rezept ist eine gute Ausgangsbasis, aber geben Sie ganz nach Lust und Laune auch andere Gemüsesorten oder Fleisch zu dieser Mischung.

- ohne Milchprodukte
- ohne Nüsse
- paleo oder paleo-freundlich
- bis 30 Minuten

ZUTATEN:

100 g Blumenkohlröschen
5 Eier (Größe L)
90 g gehackter Spinat
100 g gewürfelter Schinken oder Pancetta
Salz
frisch gemahlener schwarzer Pfeffer
Backspray

1. Den Backofen auf 180 °C (Ober-/Unterhitze) vorheizen.
2. Den Blumenkohl in einer Küchenmaschine zu reisähnlicher Konsistenz vermahlen.
3. In einer großen Schüssel die Eier verquirlen. Den Spinat, den Schinken und den Blumenkohlreis zugeben, salzen und pfeffern und alles gut verrühren.
4. Die Mulden eines Muffinblechs mit Backspray einsprühen und die Mischung auf die Mulden verteilen.
5. Im Ofen 25 Minuten backen, bis die Eier gestockt und goldgelb sind.

MAKRONÄHRSTOFFE:

54 % F
41 % EW
5 % KH

kcal: 96; F: 6 g; EW: 10 g; Gesamt-KH: 1 g; BS: 1 g; N-KH: 0 g

ALLERGEN-TIPP:

Für dieses Gericht können Sie einen Ei-Ersatz verwenden, falls Sie allergisch auf Eier reagieren.

CLOUD EGGS MIT PARMESAN

Als ich Cloud Eggs, Wolkeneier, zum ersten Mal gesehen habe, war ich begeistert und konnte kaum glauben, dass ich diese leichten, fluffigen Kreationen nie zuvor gemacht hatte. Cremigweiches Eigelb in der Mitte einer Wolke aus würzigem Eiweiß – lecker! Da es entscheidend ist, das Eiweiß sehr locker aufzuschlagen, sollten Sie einen Handrührgerät verwenden, wenn Sie nicht unbedingt Ihre Armmuskeln trainieren wollen.

- ☐ Comfort Food
- ■ ohne Nüsse
- ☐ bis 30 Minuten

ZUTATEN:

4 Eier (Größe L), Eiweiß und Eigelb getrennt

Salz

2 Scheiben Frühstücksspeck, kross gebraten und zerbröselt

1 Frühlingszwiebel, fein gehackt, nur der grüne Teil

3 EL geriebener Parmesan

frisch gemahlener schwarzer Pfeffer

1. Den Backofen auf 230 °C (Ober-/Unterhitze) vorheizen.
2. Ein Backblech mit einer Silikon-Backmatte oder mit Backpapier auslegen.
3. In einer Schüssel das Eiweiß mit dem Salz verrühren. Mit Handrührgerät auf hoher Stufe steif schlagen.
4. Speckbrösel, Frühlingszwiebel und Parmesan unterheben.
5. Die Eischneemischung in vier Häufchen auf das Backblech setzen. In die Mitte jeder Eischneewolke eine Mulde drücken – dort kommt später das Eigelb hinein.
6. Die Wolken etwa 3 Minuten backen, bis sie leicht goldgelb sind.
7. Vorsichtig ein Eigelb in jede Mulde gleiten lassen. Falls erforderlich, kann die Mulde mit einem Löffel vergrößert werden.
8. Etwa 3–5 Minuten backen. Das Eigelb soll flüssig bleiben.
9. Die Wolkeneier herausnehmen und salzen und pfeffern.

MAKRONÄHRSTOFFE:

64 % F
34 % EW
2 % KH

kcal: 187; F: 13 g; EW: 16 g; Gesamt-KH: 1 g; BS: 0 g; N-KH: 1 g

DIE PALEO-VARIANTE:
Die Wolkeneier sind auch ohne Käse köstlich.

SERVIERVORSCHLAG::
Als Beilage macht sich hier aromatisches Ofengemüse gut. Dazu Zucchini, Fenchel und Paprika zerkleinern und eine Zwiebel in Ringe schneiden. Alles bei 200 °C Ober-/Unterhitze ca. 25 Minuten backen und mit Enchilada-Sauce (Seite 298) servieren.

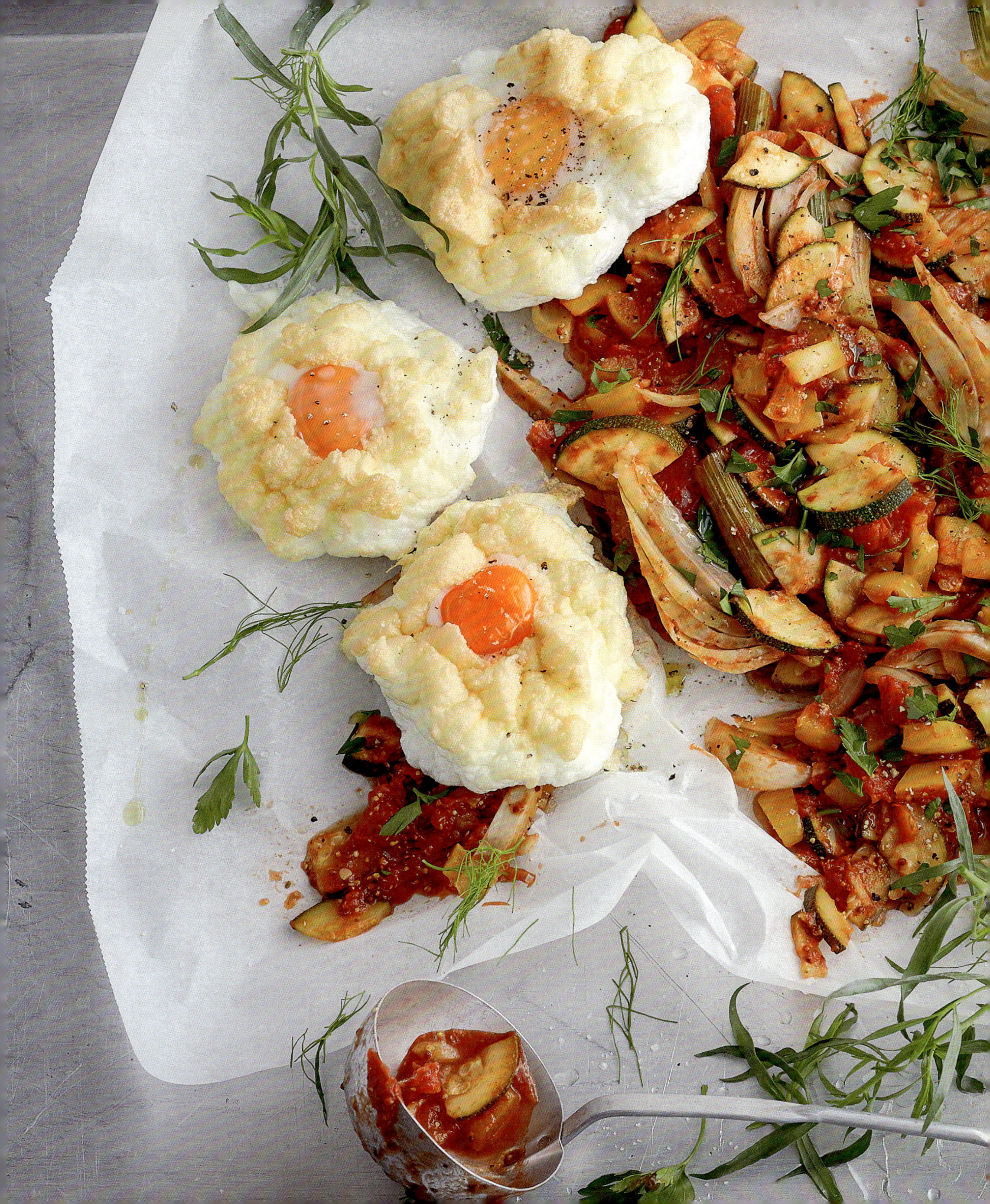

2 PORTIONEN | ZUBEREITUNG: 10 MINUTEN | GARZEIT: 15 MINUTEN

TACOS MIT KNUSPRIGEN KÄSESCHALEN

Sie vermissen den knusprigen Crunch von Tacoschalen? Käseschalen sind die Rettung. Da Käsechips zu meinen Lieblingssnacks gehören, habe ich eines Tages beschlossen, etwas größere Käsechips zu backen und aus diesen dann Tacoschalen zu formen, solange sie noch biegsam sind. Es hat funktioniert. Profi-Tipp: Sie können mithilfe eines Muffinblechs auch kleine Becher daraus formen. Es gibt so unglaublich viele Möglichkeiten.

- ☐ Comfort Food
- ■ ohne Nüsse
- ☐ bis 30 Minuten

ZUTATEN:

160 g geriebener Käse (beispielsweise eine Mischung aus kräftigen Sorten wie Cheddar, mittelalter Gouda und Monterey Jack etc.)

1 EL Butter alternativ Ghee

4 Eier (Größe L)

2 EL Schlagsahne

Salz

frisch gemahlener schwarzer Pfeffer

1 Spritzer Chilisauce

1 Avocado, entkernt und geschält, gewürfelt oder in Scheiben geschnitten

1 EL gehacktes Koriandergrün

MAKRONÄHRSTOFFE:

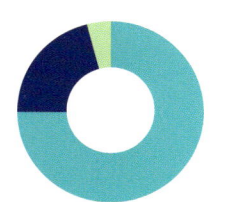

75 % F
21 % EW
4 % KH

kcal: 220; F: 16 g; EW: 11 g;
Gesamt-KH: 9 g; BS: 1 g; N-KH: 8 g

1. Den Backofen auf 180 °C (Ober-/Unterhitze) vorheizen. Ein Backblech mit einer Silikon-Backmatte oder mit Backpapier auslegen

2. Auf das Backblech mit viel Abstand kleine Häufchen aus jeweils 5 EL (40 g) der Käsemischung setzen. Etwa 7 Minuten backen, bis der Rand gebräunt und die Mitte vollständig zerlaufen ist.

3. Das Blech auf ein Kuchengitter stellen. Nun heißt es, schnell zu arbeiten, da die Schalen geformt werden müssen, während sie noch biegsam sind. Die Wahl des Gegenstands, mit dem Sie die Schalen formen wollen, überlasse ich Ihrer Kreativität. Ich lege gern ein breites Auskühlgitter über mein Spülbecken und forme sie dann über mehreren Gitterstäben zu Schalen oder ich forme sie mithilfe der Seiten eines größeren Behälters. Sie werden während des Abkühlens fest.

4. In einer Pfanne die Butter bei mittlerer Hitze zerlassen

5. Mit einem Schneebesen die Eier und die Schlagsahne einrühren und mit Salz, Pfeffer und einem Spritzer Chilisauce würzen.

6. Die Eier etwa 3 Minuten oder bis zum gewünschten Gargrad zu Rührei verarbeiten.

7. Das Rührei in die Schalen füllen, die Avocado daraufgeben und mit Koriandergrün garnieren.

VARIANTE:

Ich verwende gern Reste als Füllung für meine Tacos. Brathähnchen, zerbröselter Frühstücksspeck oder was auch immer gerade im Kühlschrank ist, passt gut als Füllung.

2 PORTIONEN | ZUBEREITUNG: 10 MINUTEN | GARZEIT: 25 MINUTEN

KÄSE-SPINAT-AUFLAUF MIT SCHWEINEKRUSTEN

Schweinekrusten sind nahezu ein Zaubermittel, das überall dort zum Einsatz kommen kann, wo man sonst Semmelbrösel verwenden würde. Es gibt zwar bereits fertig gemahlene Krusten zu kaufen, aber geben Sie einfach einige ganze Krusten in die Küchenmaschine. Schweinekrusten findet man manchmal in unterschiedlichen Geschmacksrichtungen, sodass man wunderbar alle möglichen Aromen ausprobieren kann.

☐ Comfort Food
☑ ohne Nüsse

ZUTATEN:
Backspray
90 g frischer Spinat
60 g geraspelter Gruyère
4 Eier (Größe L)
Salz
frisch gemahlener schwarzer Pfeffer
1 EL Schlagsahne
4 EL gemahlene Schweinekrusten
1 EL gehackte frische Petersilie

1. Den Backofen auf 200 °C (Ober-/Unterhitze) vorheizen.
2. Eine Auflaufform (etwa 24 cm x 24 cm) mit Backspray einsprühen.
3. Den Spinat in der Auflaufform verteilen und mit 4 EL Gruyère bestreuen. Vier Mulden für die Eier formen.
4. Die Eier einzeln in eine kleine Schüssel aufschlagen und behutsam in jeweils eine Mulde gleiten lassen.
5. Die Eier salzen und pfeffern.
6. Die Schlagsahne über die Mischung träufeln und dann die restlichen 4 EL Gruyère darüberstreuen. Die gemahlenen Schweinekrusten über den Spinat und den Käse streuen.
7. Im Ofen 25 Minuten backen, oder bis die Eier die gewünschte Garstufe erreicht haben. Mit der Petersilie garnieren.

MAKRONÄHRSTOFFE:

67 % F
29 % EW
4 % KH

kcal: 338; F: 26 g; EW: 25 g;
Gesamt-KH: 3 g; BS: 1 g; N-KH: 2 g

VARIANTE:
Sie können auch 2 gewürfelte Roma-Tomaten in die Mischung geben. In diesem Fall die Tomaten zuerst in die Auflaufform geben, würzen und darauf dann den Spinat verteilen.

PORTOBELLO-PILZE MIT EI-SPINAT-FÜLLUNG

Ich esse schrecklich gern fleischige Portobello-Pilze, die wunderbar als Gefäß für andere Zutaten dienen können. Diese gefüllten Pilze sind gehaltvoll und köstlich. Ich mag sie besonders gern zum Brunch und man kann auch für viele Leute problemlos eine große Portion zubereiten. Portobello-Pilze können mit allen möglichen Zutaten gefüllt werden – lassen Sie Ihrer Fantasie mit Käse- und Fleischtoppings freien Lauf.

- ohne Nüsse
- bis 30 Minuten

ZUTATEN:

2 große Portobello-Pilze, entstielt
250 g TK-Rahmspinat, aufgetaut
2 Eier (Größe L)
Salz
frisch gemahlener schwarzer Pfeffer
30 g geraspelter Gruyère
4 Scheiben Speck, kross gebraten und zerbröselt

1. Den Backofen auf 190 °C (Ober-/Unterhitze) vorheizen.
2. Die Pilze mit den Lamellen nach oben in eine kleine Auflaufform legen.
3. Den Rahmspinat in die Pilze geben. In die Mitte eine Mulde drücken, um Platz für das Ei zu schaffen.
4. In jede Mulde jeweils 1 Ei aufschlagen und mit Salz und Pfeffer würzen. Den Käse und den Speck darauf verteilen.
5. Etwa 20 Minuten backen, bis die Eier gestockt sind und der Käse goldgelb ist.

MAKRONÄHRSTOFFE:

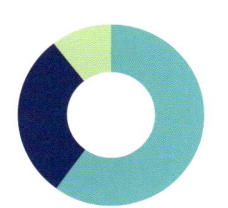

60 % F
29,5 % EW
10,5 % KH

kcal: 308; F: 21 g; EW: 23 g;
Gesamt-KH: 10 g; BS: 2 g; N-KH: 8 g

VARIANTE:

Sie können nach Belieben auch 1 Päckchen (290 g) aufgetauten TK-Spinat verwenden.

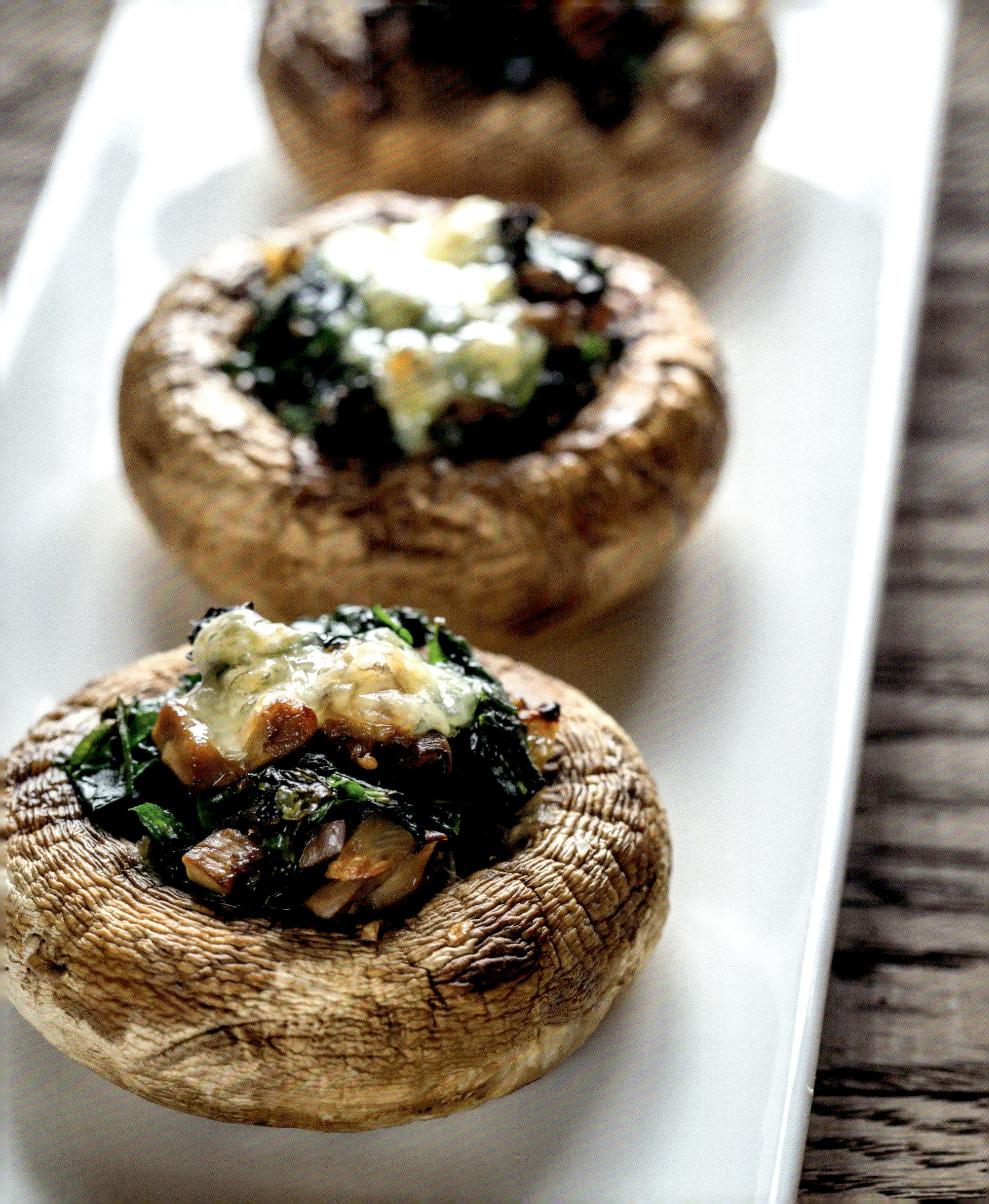

2 PORTIONEN | ZUBEREITUNG: 15 MINUTEN | GARZEIT: 5 MINUTEN

EIER BENEDICT MIT RÄUCHERLACHS

Ich habe mich lange gescheut, dieses Gericht zuzubereiten, weil ich immer Angst vor dem Pochieren von Eiern hatte. Ich habe es schließlich geschafft, diese Scheu zu überwinden, und habe entdeckt, dass es im Grunde genommen doch nicht so schwierig ist. Ich ersetze das »Brot« in den Eiern Benedict durch Räucherlachs, und das schmeckt richtig gut.

- ☐ Comfort Food
- ◼ ohne Milchprodukte
- ◼ ohne Nüsse
- ◼ paleo oder paleo-freundlich
- ◼ bis 30 Minuten

ZUTATEN:
1 TL Weißweinessig
2 Eier (Größe L)
230 g Räucherlachs
4 EL Milchfreie Sauce Hollandaise (Seite 302)
1 EL Schnittlauchröllchen

1. Einen Topf zur Hälfte mit Wasser füllen, den Essig zugeben und bei starker Hitze zum Kochen bringen.
2. Die Eier vorsichtig in 2 kleine Schüsseln aufschlagen, die Eigelbe sollten intakt bleiben.
3. Wenn das Wasser kocht, die Temperatur auf eine mittlere Stufe herunterschalten und warten, bis es nur noch siedet.
4. Wasser mit einem Löffel rühren, sodass ein Strudel entsteht.
5. Sehr behutsam zuerst das eine Ei in das Wasser gleiten lassen, dann das andere.
6. Für weiche Eier 3 Minuten, für mittelharte Eier 4 Minuten und für harte Eier 5 Minuten kochen. Überschüssiges Eiweiß kann nach Belieben während des Kochens abgeschöpft werden. Wenn die gewünschte Konsistenz erreicht ist, die Eier vorsichtig mit einem großen Löffel aus dem Wasser heben.
7. Den Räucherlachs auf zwei Teller verteilen, darauf jeweils ein pochiertes Ei setzen, die Sauce Hollandaise darüberträufeln und mit Schnittlauch garnieren.

MAKRONÄHRSTOFFE:
64 % F
36 % EW
0 % KH

kcal: 323; F: 23 g; EW: 29 g;
Gesamt-KH: 0 g; BS: 0 g; N-KH: 0 g

VARIANTE:
Wenn Sie nicht auf Milchprodukte verzichten, geben Sie Oopsie-Eiweißbrötchen (Seite 62) als Basis hinzu.

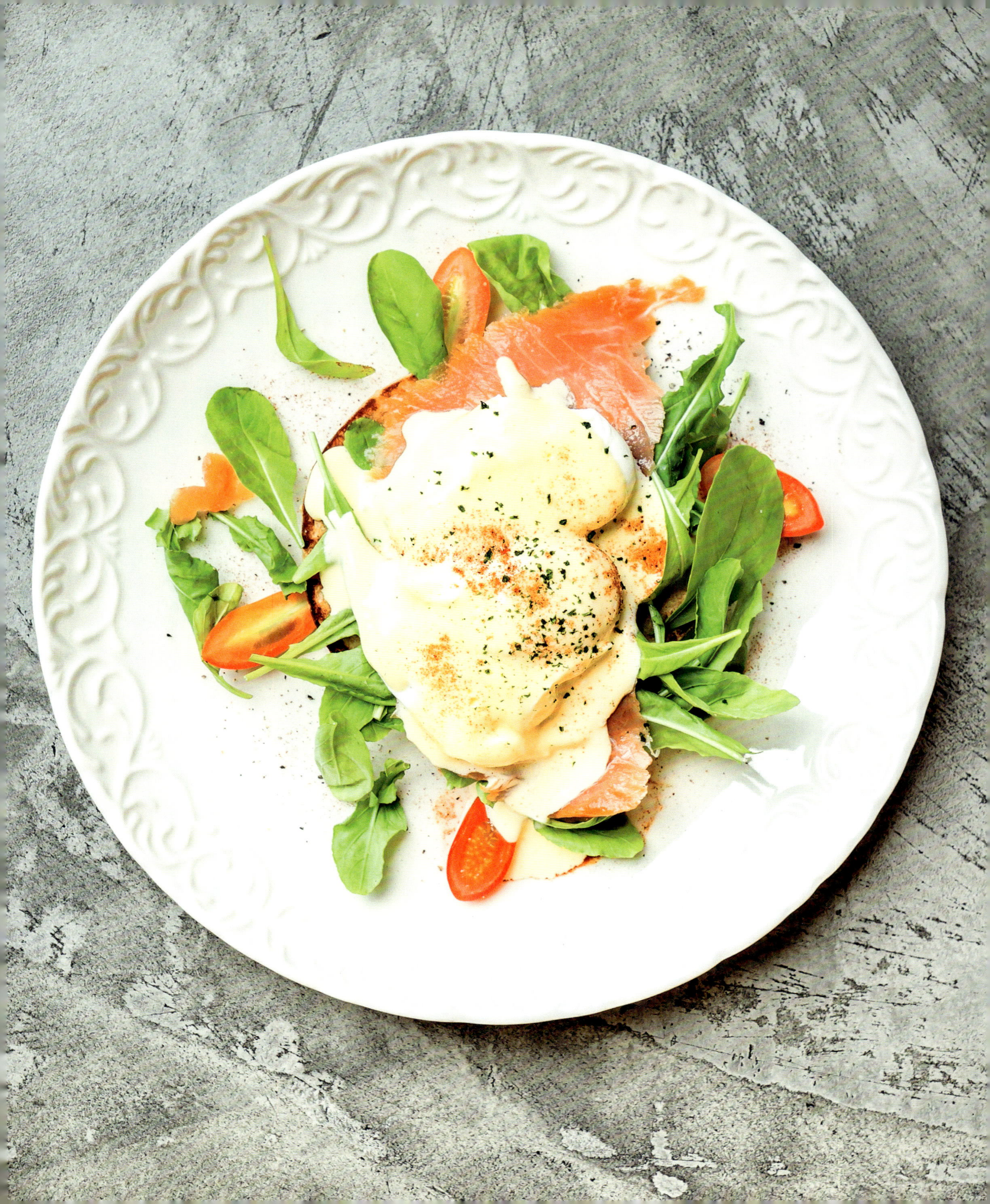

2 PORTIONEN | ZUBEREITUNG: 15 MINUTEN | GARZEIT: 15 MINUTEN

EIERSALAT IM SALATBLATT MIT BACON

Ich bin ein großer Fan von Eiersalat und eigentlich von allem, was mit Eiern zu tun hat. Und ich gehöre nicht zu denen, die Eiersalat nur mittags essen würden. Ich mag die glatte Konsistenz des Eiersalats in Kombination mit dem knusprig-krossen Bacon und dem frischen knackigen Salat zu jeder Tageszeit.

- ☐ Comfort Food
- ■ ohne Nüsse
- ☐ bis 30 Minuten

ZUTATEN:

4 Eier (Größe L)
2 EL Avocadoöl-Mayonnaise
1 EL Sauerrahm
1 TL Dijonsenf
1 EL Schnittlauchröllchen
Salz
frisch gemahlener schwarzer Pfeffer
4 Blätter Romanasalat
⅛ TL Paprikapulver
4 Scheiben gebratenen Frühstücksspeck

1. Die Eier in einem Topf mit Wasser bedecken und bei starker Hitze das Wasser zum Kochen bringen. Sobald das Wasser kocht, die Herdplatte ausschalten und den Topf 10–12 Minuten auf der Platte stehen lassen.

2. Die Eier mit einem Schaumlöffel aus dem Topf nehmen und 1 Minute unter fließendes kaltes Wasser halten oder in ein Eisbad geben. Die Schalen behutsam aufschlagen und schälen. Die Hände während des Schälens unter fließendes kaltes Wasser halten.

3. In einer Schüssel die Eier mit einer Gabel zerdrücken.

4. Mayonnaise, Sauerrahm und Dijonsenf zugeben und alles gründlich glatt rühren. Den Schnittlauch zugeben und mit Salz und Pfeffer würzen.

5. Den Eiersalat in die Romanablätter füllen und das Paprikapulver darüberstreuen. Auf jedes Salatblatt mit Füllung 1 Scheibe Speck, entweder im Ganzen oder zerbröselt, geben.

MAKRONÄHRSTOFFE:

68 % F
26 % EW
6 % KH

kcal: 302; F: 23 g; EW: 19 g;
Gesamt-KH: 5 g; BS: 0 g; N-KH: 5 g

DIE PALEO-VARIANTE:

Mayonnaise und Sauerrahm können durch eine Avocado ersetzt werden.

FRÜHSTÜCKS-NACHOS MIT BLUMENKOHL

Ich mag alles, was in Form von Nachos daherkommt. So viele leckere Sachen und jeder Bissen schmeckt anders. Diese Nachos werden anstatt mit kohlenhydratreichen Tortillachips mit geröstetem Blumenkohl zubereitet. Klingt merkwürdig? Mag sein, schmeckt aber toll!

- ☐ Comfort Food
- ☐ ohne Milchprodukte
- ☐ ohne Nüsse
- ☐ paleo oder paleo-freundlich
- ☐ bis 30 Minuten

ZUTATEN:

150 g Blumenkohlröschen
2 EL natives Olivenöl extra
¼ TL gemahlener Kreuzkümmel
¼ TL Paprikapulver
¼ TL Chilipulver
Salz
frisch gemahlener schwarzer Pfeffer
2 Eier (Größe L)
1 TL Weißweinessig
120 g Milchfreie Avocado-Crema (Seite 304)
120 g Pico de Gallo (Seite 296)
4 EL gewürfelte Jalapeño-Chilischoten
4 Scheiben Speck, kross gebraten und zerbröselt

MAKRONÄHRSTOFFE:

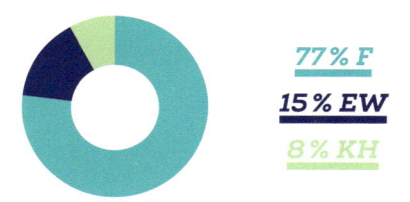

77 % F
15 % EW
8 % KH

kcal: 407; F: 35 g; EW: 15 g;
Gesamt-KH: 8 g; BS: 4 g; N-KH: 4 g

1. Den Backofen auf 220 °C (Ober-/Unterhitze) vorheizen.

2. In einer großen Schüssel die Blumenkohlröschen, das Olivenöl, den Kreuzkümmel, das Paprikapulver und das Chilipulver vermengen. Mit Salz und Pfeffer würzen. Mischen, bis die Röschen gleichmäßig überzogen sind.

3. Den Blumenkohl auf einem Backblech verteilen und 25 Minuten rösten, bis er schön goldgelb ist.

4. Während der Blumenkohl im Ofen ist, die Eier pochieren. Dazu einen Topf zur Hälfte mit Wasser füllen, den Essig zugeben und bei starker Hitze zum Kochen bringen.

5. Die Eier vorsichtig einzeln in 2 kleine Schüsseln aufschlagen.

6. Wenn das Wasser kocht, die Temperatur auf eine mittlere Stufe reduzieren und warten, bis es nur noch siedet.

7. Das Wasser mit einem Löffel umrühren, sodass ein Strudel entsteht. Sehr behutsam zunächst das eine Ei in das Wasser gleiten lassen, dann das andere. Für weiche Eier 3 Minuten, für mittelharte Eier 4 Minuten und für harte Eier 5 Minuten kochen. Überschüssiges Eiweiß kann nach Belieben während des Kochens abgeschöpft werden. Wenn sie die gewünschte Konsistenz erreicht haben, die Eier vorsichtig mit einem großen Löffel aus dem Wasser heben.

8. Den Blumenkohl auf zwei Schalen verteilen. Darauf dann die Avocado-Crema, das Pico de Gallo und die Jalapeño-Streifen geben. Die pochierten Eier und zum Schluss den zerbröselten Speck zugeben.

ALLERGEN-TIPP:

Obwohl ich das weiche Ei hier besonders gern mag, schmecken die Nachos genauso gut, wenn man es weglässt!

2 PORTIONEN | ZUBEREITUNG: 10 MINUTEN | GARZEIT: 20 MINUTEN

MEXIKANISCHE FRÜHSTÜCKS-BOWL

Ich mag jede Art von Schweinefleisch sehr gern zum Frühstück, einschließlich Carnitas. Da dieses Gericht sehr sättigend und zudem kalorienreich ist, esse ich es bevorzugt als eine der beiden größeren Mahlzeiten, die ich täglich zu mir nehme. Stünde in der mexikanischen US-Restaurantkette Chipotle auch Frühstück auf der Speisekarte, wäre es vermutlich ein Gericht wie dieses!

- ☐ Comfort Food
- ■ ohne Nüsse
- ☐ bis 30 Minuten

ZUTATEN:

1 EL Butter alternativ Ghee

125 g Pikantes Pulled Pork aus dem Schongarer (Seite 204)

4 Eier (Größe L)

2 EL Schlagsahne

Salz

frisch gemahlener schwarzer Pfeffer

60 g geriebener Käse (beispielsweise eine Mischung aus kräftigen Sorten wie Cheddar, mittelalter Gouda und Monterey Jack etc.)

1 Avocado, entkernt und geschält, in Scheiben geschnitten

4 EL Sauerrahm

1 EL gehacktes Koriandergrün

1 Rezeptmenge Blumenkohlreis (Seite 52) (optional)

1. In einer Pfanne Butter bei mittlerer Hitze zerlassen.

2. Das Schweinefleisch zugeben und braten.

3. In der Zwischenzeit in einer kleinen Schüssel die Eier mit dem Schneebesen verquirlen und mit Salz und Pfeffer würzen.

4. Wenn das Fleisch rundum knusprig ist, aus der Pfanne nehmen und auf zwei Schalen verteilen. Ich schiebe es gern auf die eine Seite der Schale, um Platz für das Rührei zu schaffen.

5. Die Temperatur auf eine mittlere Stufe reduzieren und die Eier etwa 3 Minuten unter Rühren garen, bis der gewünschte Gargrad erreicht ist.

6. Das Rührei auf die beiden Schalen verteilen. Den Käse, dann die Avocadoscheiben, den Sauerrahm und das Koriandergrün sowie, nach Belieben, den Blumenkohlreis zugeben.

MAKRONÄHRSTOFFE:

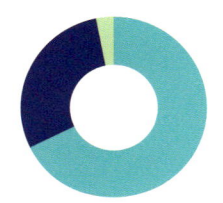

68 % F
29 % EW
3 % KH

kcal: 680; F: 50,5 g; EW: 48,5 g;
Gesamt-KH: 9 g; BS: 4,5 g; N-KH: 4,5 g

VARIANTE:

Blumenkohlreis als Beilage macht dieses Gericht sättigender.

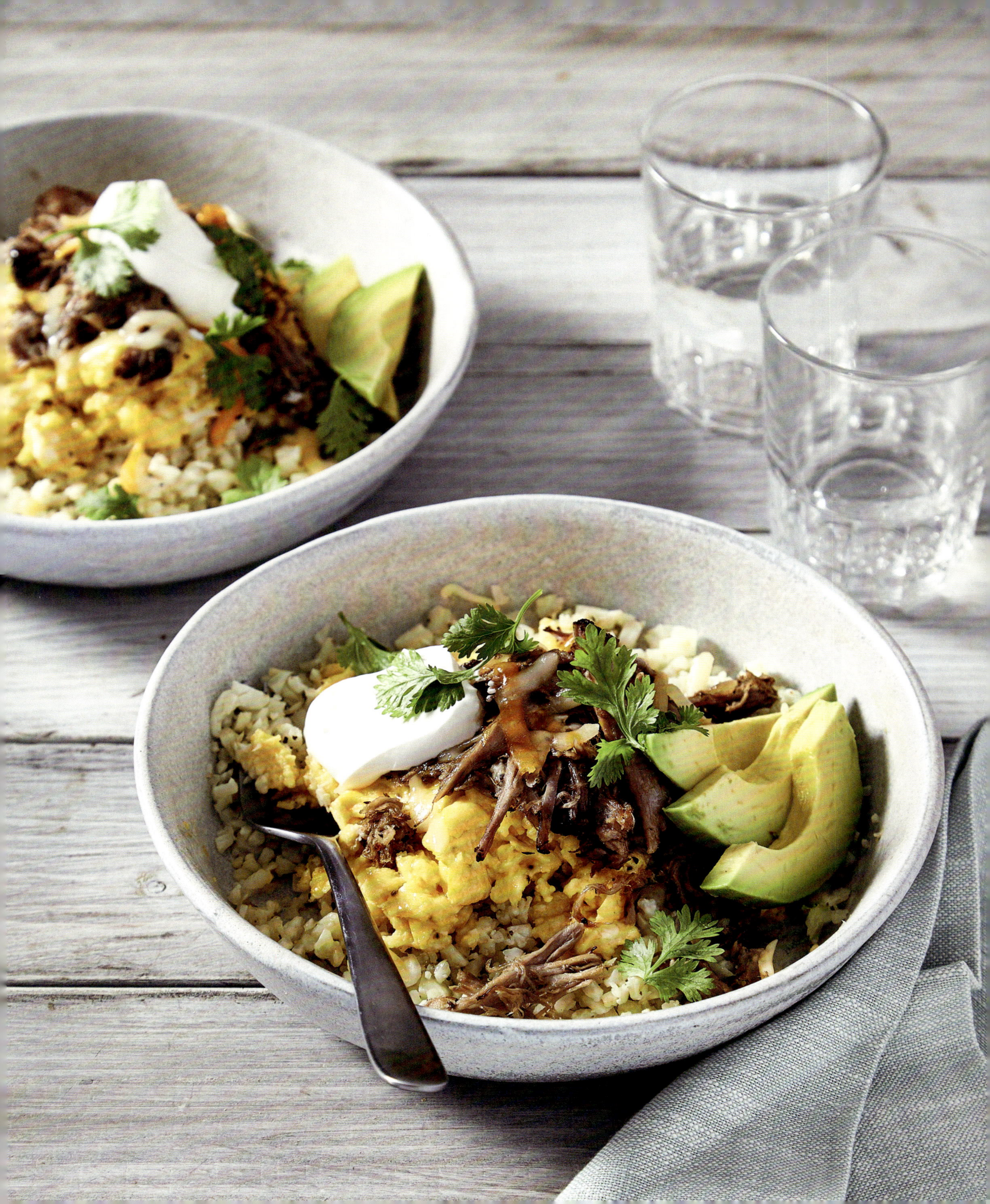

EI-WURST-FRÜHSTÜCK IM GLAS

Einmachgläser sind für so viele Dinge nützlich, auch für das Backen leckerer Eierspeisen. Diese locker-leichte aromatische Eierspeise kann problemlos für jedes Familienmitglied verändert werden. Außerdem sehen die Gläser mit den einzelnen Schichten auch noch sehr hübsch aus.

- ☐ Comfort Food
- ◼ ohne Nüsse
- ◼ paleo oder paleo-freundlich

ZUTATEN:

4 Eier (Größe L)
4 Eiweiß
120 g Sauerrahm oder Milchfreier Sauerrahm (Seite 306)
1 TL Knoblauchpulver
¼ TL Chiliflocken
2 EL Butter alternativ Ghee, zum Einfetten
2 gegarte Würstchen, gewürfelt
30 g g Blattspinat
Salz
frisch gemahlener schwarzer Pfeffer

1. Den Backofen auf 180 °C (Ober-/Unterhitze) vorheizen.

2. In einer großen Schüssel die Eier, das Eiweiß, den Sauerrahm, das Knoblauchpulver und die Chiliflocken verrühren. Mit einem Handmixer zu einer locker-luftigen Masse aufschlagen.

3. Vier ofenfeste Einmachgläser (0,5 l Inhalt) mit Butter oder Ghee einfetten.

4. Die Wurst und den Spinat auf die Gläser verteilen. Die Eimischung zugießen, bis die Gläser ¾ voll sind. Die Masse geht während des Backens noch auf.

5. Die Gläser auf ein Backblech stellen und 25–30 Minuten backen. Aus dem Ofen nehmen, wenn die Eimasse gestockt ist.

6. Die Gläser 10 Minuten abkühlen lassen und mit Salz und Pfeffer bestreut servieren.

MAKRONÄHRSTOFFE:

60 % F
35 % EW
5 % KH

kcal: 254; F: 22 g; EW: 13 g; Gesamt-KH: 3 g; BS: 1 g; N-KH: 2 g

VARIANTE:

Solche Frühstücksgerichte im Glas können mit allen möglichen Zutaten kombiniert werden – eine perfekte Gelegenheit, übrig gebliebenes Gemüse zu verbrauchen.

6 PORTIONEN | ZUBEREITUNG: 30 MINUTEN

RUSSISCHE EIER MIT SPECK UND SRIRACHA-SAUCE

Verleihen Sie Ihrem Morgen (oder jeder anderen Zeit des Tages) ein wenig Würze mit dieser pfiffigen Version von Russischen Eiern. Die scharfe Sriracha-Sauce aus roten Chilischoten gibt dem Ganzen in Kombination mit dem salzig-knusprigen Speck einen schönen Kick.

- ☐ Comfort Food
- ■ ohne Nüsse
- ☐ bis 30 Minuten

ZUTATEN:
6 hart gekochte Eier (Größe L)
4 EL Avocadoöl-Mayonnaise
2 EL Sauerrahm
1 ½ EL Sriracha-Sauce
½ TL Paprikapulver
3 Scheiben gebratenen, klein geschnittenen Frühstücksspeck

1. Eier längs halbieren. Eigelb mit einem kleinen Löffel vorsichtig herauslösen, in eine kleine Schüssel geben und zerdrücken.

2. Mayonnaise, Sauerrahm und Sriracha-Sauce zugeben und alles mit einer Gabel zu einer glatten Paste zerdrücken.

3. Die Eigelbmischung mit einem Löffel oder einem Spritzbeutel in die Eihälften füllen. Ich gebe die Eigelbmischung in einen kleinen Gefrierbeutel, schneide eine untere Ecke ab und spritze die Masse dann in die Hälften.

4. Auf jede Eihälfte Paprikapulver und ein mundgerechtes Stück knusprigen Speck geben.

MAKRONÄHRSTOFFE:

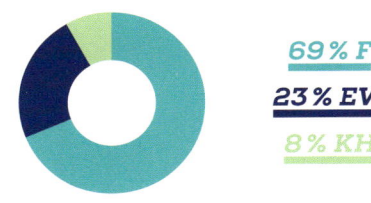

69 % F
23 % EW
8 % KH

kcal: 70; F: 5 g; EW: 4 g; Gesamt-KH: 2 g; BS: 0 g; N-KH: 2 g

GUT VORZUBEREITEN:
Diese Eier halten sich gut in einer Frischhaltebox, der Frühstücksspeck wird allerdings weich und sollte deshalb besser separat aufbewahrt werden.

PAPRIKA-PROSCIUTTO-FRITTATA

Frittatas könnte ich jeden Morgen zum Frühstück essen. Sie sind so viel schneller zubereitet als Omeletts, da man einfach alles zusammenrühren und dann im Ofen backen kann. Ich gebe zu meinen Frittatas keinen Käse, weil ich sie ohne lockerer und leichter finde, aber Sie können gern Käse zugeben. Für diese Frittata wird der sonst übliche Kochschinken durch Prosciutto ersetzt.

- ☐ Comfort Food
- ■ ohne Nüsse

ZUTATEN:

2 EL Butter alternativ Ghee
4 EL gehackte grüne, rote oder gelbe Paprikaschote
½ gehackte Zwiebel
120 g klein geschnittenen Prosciutto
8 Eier (Größe L)
240 g Schlagsahne
Salz
frisch gemahlener schwarzer Pfeffer

1. Den Backofen auf 190 °C (Ober-/Unterhitze) vorheizen. Eine Auflaufform (etwa 24 cm x 30 cm) mit 1 EL Butter einfetten.

2. In einer kleinen Pfanne den restlichen EL Butter bei mittlerer bis hoher Hitze zerlassen. Paprika und Zwiebel darin etwa 4 Minuten weich garen. Die Pfanne vom Herd nehmen, den Prosciutto zugeben und alles gründlich vermengen.

3. Die Mischung in die vorbereitete Auflaufform geben.

4. In einer großen Schüssel die Eier mit der Schlagsahne verquirlen, salzen und pfeffern. Die Eimischung über die Gemüse-Prosciutto-Mischung gießen.

5. Die Frittata 25 Minuten backen, bis sie am Rand goldgelb und die Eimasse gerade eben gestockt ist.

6. Ca. 5 Minuten abkühlen lassen und in 4 Portionen schneiden.

MAKRONÄHRSTOFFE:

78 % F
19 % EW
3 % KH

kcal: 473; F: 41 g; EW: 22 g; Gesamt-KH: 4 g; BS: 0 g; N-KH: 4 g

GUT VORZUBEREITEN:

Ich mache diese Frittata gern am Wochenende und behalte einige Stücke davon für die kommende Woche zurück. In der Mikrowelle dauert das Aufwärmen nur 30 Sekunden.

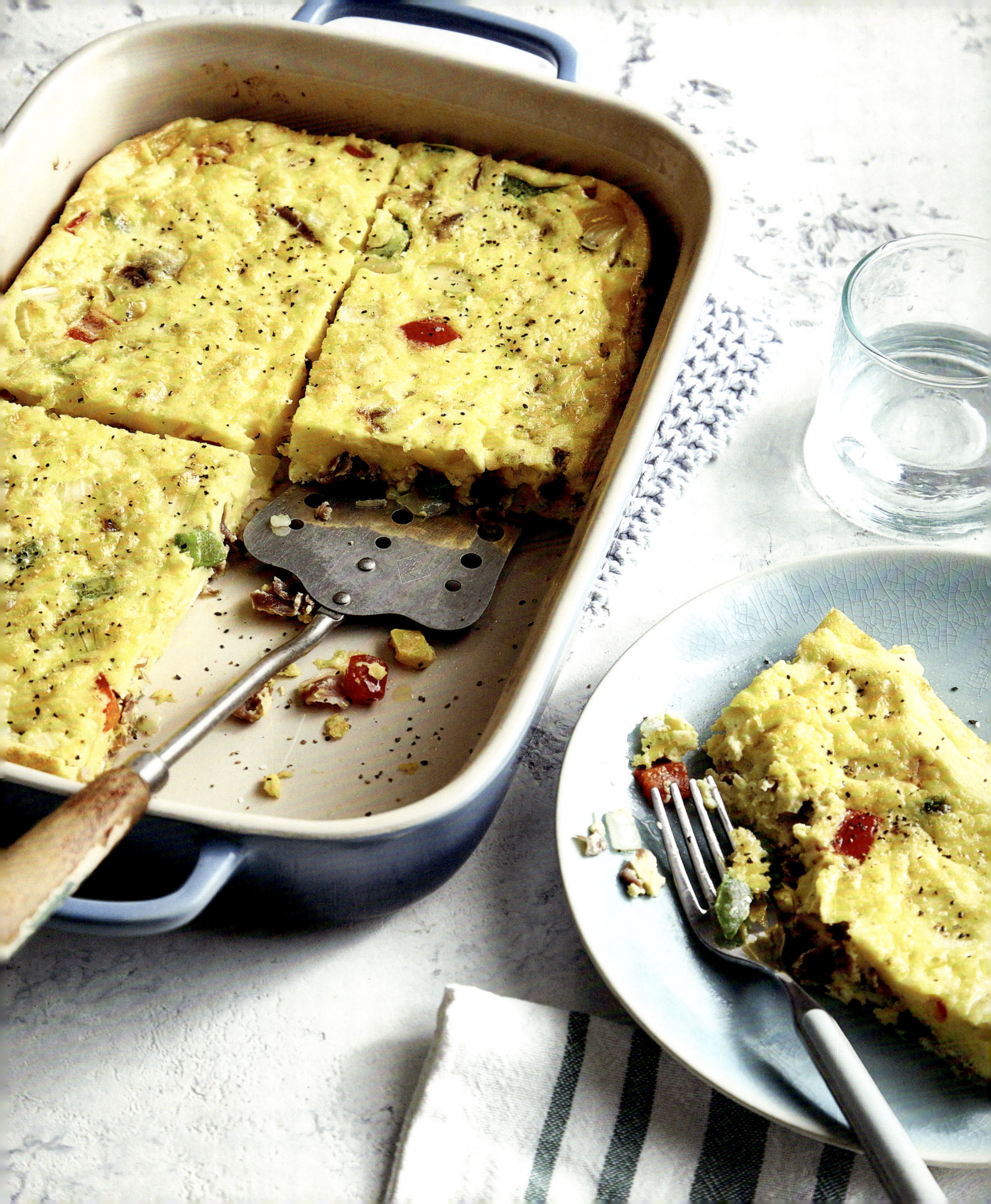

6 PORTIONEN | ZUBEREITUNG: 5 MINUTEN | GARZEIT: 25 MINUTEN

EIER-MUFFINS NACH SANTA-FE-ART

Eier-Muffins kann man sehr gut im Voraus zubereiten und dann aufwärmen, wenn man ein schnelles Frühstück braucht. Diese Muffins sind mit Zutaten gefüllt, die mich an meine Zeit in Santa Fe erinnern. Ich verwende hier vorgegarte Chorizo, damit es schneller geht.

- ☐ Comfort Food
- ■ ohne Nüsse
- ☐ bis 30 Minuten

ZUTATEN:

5 Eier (Größe L)
4 EL Schlagsahne
Salz
frisch gemahlener schwarzer Pfeffer
Backspray
60 g gewürfelte rote Paprikaschote
80 g vorgegarte gewürfelte Chorizo
60 g grüne Chilischoten aus der Dose, abgetropft
1 gehackte Frühlingszwiebel nur der grüne Teil
30 g Chili-Käse, geraspelt

1. Den Backofen auf 180 °C (Ober-/Unterhitze) vorheizen.
2. In einer großen Schüssel die Eier mit der Schlagsahne verquirlen. Mit Salz und Pfeffer würzen.
3. Eine Muffinblech mit Backspray einsprühen.
4. Die Paprika, die Chorizo, die grünen Chilis und das Frühlingszwiebelgrün auf die Muffinmulden verteilen und die Eimischung über das Gemüse gießen.
5. Den Käse gleichmäßig auf die Mulden verteilen.
6. Etwa 25 Minuten backen, bis die Eimasse gestockt ist.

MAKRONÄHRSTOFFE:

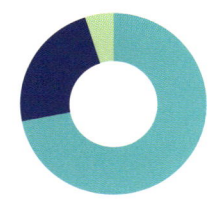

72 % F
23 % EW
5 % KH

kcal: 172; F: 14 g; EW: 10 g;
Gesamt-KH: 2 g; BS: 1 g; N-KH: 1 g

DIE PALEO-VARIANTE:
Sie können den Käse weglassen oder durch eine milchfreie Version ersetzen. Statt Schlagsahne kann Kokosmilch mit hohem Fettgehalt verwendet werden.

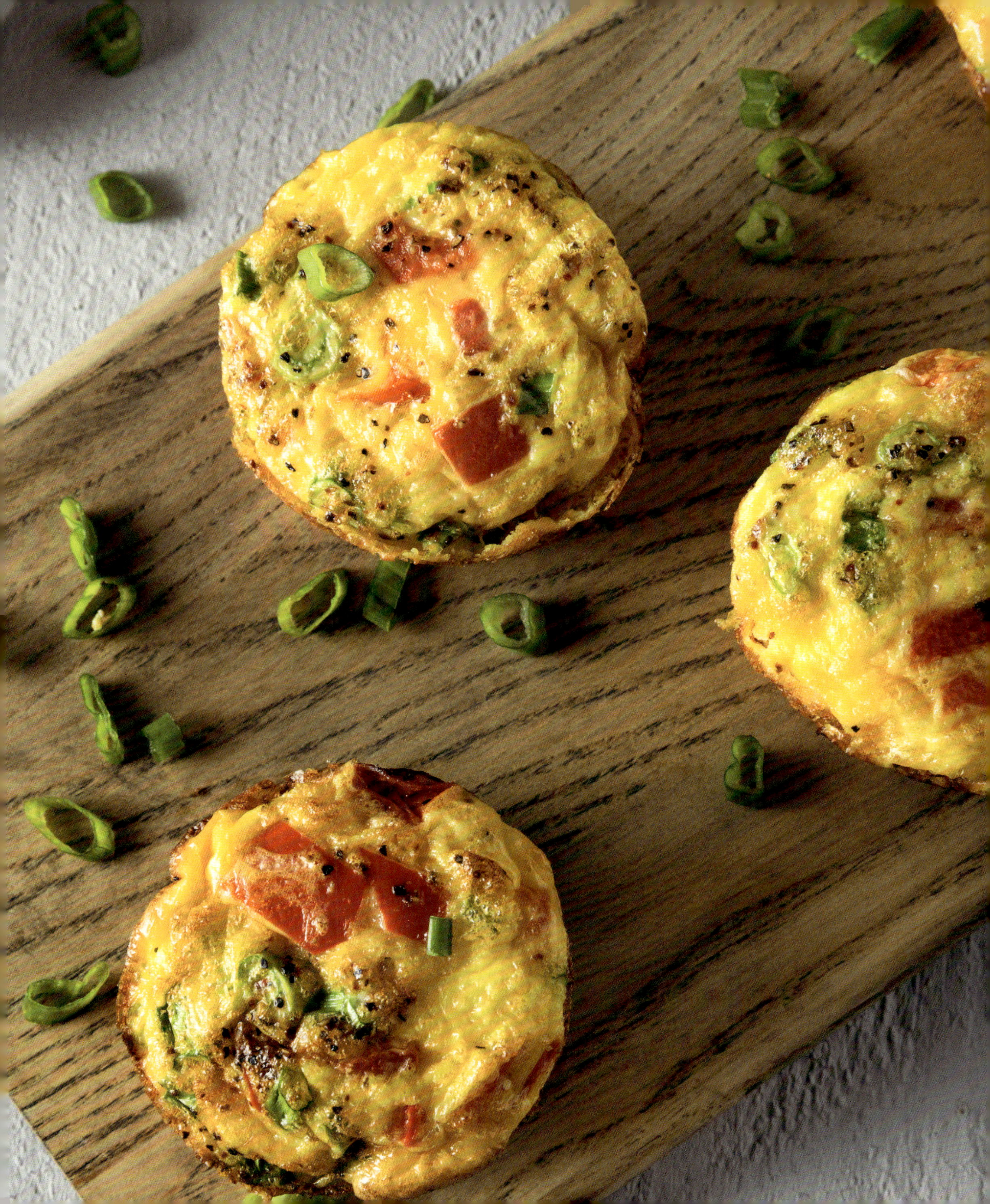

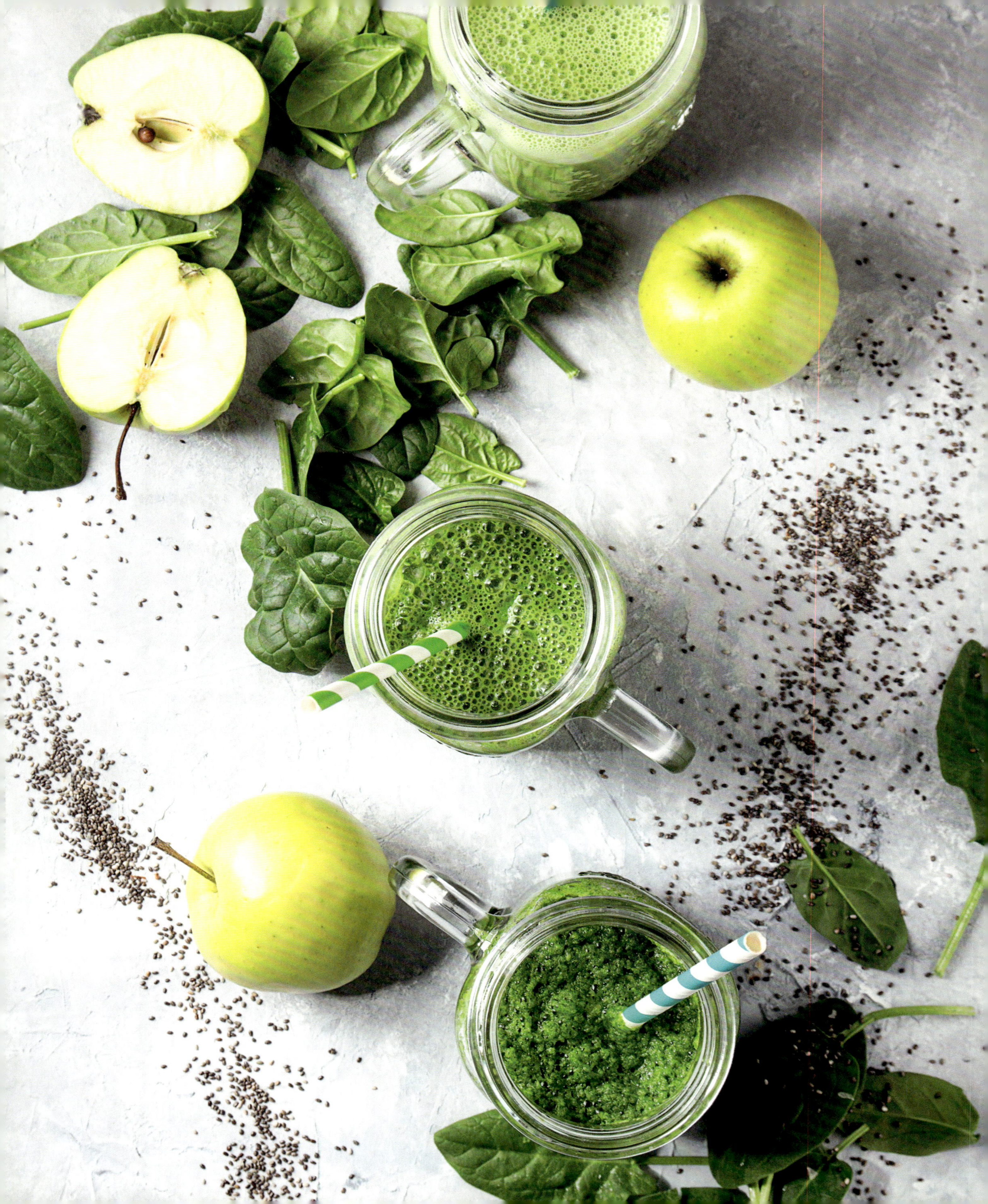

GETRÄNKE UND SMOOTHIES

* KAPITEL 6 *

Keto-Latte 112

Keto-Eiskaffee 114

Keto-Tee 115

Keto-Matcha-Tee 116

Keto-Kürbis-Latte 118

Kalt gebrühter Keto-Nuss-Latte 120

Heiße Keto-Schokolade 121

Nussmus-Smoothie 122

Avocado-Kurkuma-Smoothie 123

Minze-Smoothie mit Schokodrops 124

Heidelbeer-Kokos-Smoothie 126

Keto-Jito 128

Eistee Pink Passion 130

Keto-Chata 131

1 PORTION | ZUBEREITUNG: 5 MINUTEN

KETO-LATTE

In meinem ersten Buch ist das Grundrezept für Bulletproof Coffee zu finden, aber das Tolle an fettreichen Kaffeegetränken ist, dass man sie auf so viele unterschiedliche Arten zubereiten kann. In diesen milchfreien Keto-Latte gebe ich gern noch etwas Zimt und Vanille, aber auch andere Aromen können ganz nach Geschmack zugegeben werden. Das Kollagenpulver ist kein Muss, hat aber viele heilende Eigenschaften.

- ohne Milchprodukte
- ohne Nüsse
- paleo oder paleo-freundlich
- bis 30 Minuten

ZUTATEN:

120 ml Kokosmilch mit hohem Fettgehalt

2 TL MCT-Öl alternativ Brain Octane Oil

360 ml heißer, frisch aufgebrühter Kaffee

1 EL Ghee

½ TL gemahlener Zimt

⅛ TL Vanillepulver (alternativ ¼ TL reiner Vanilleextrakt)

1 Messlöffel Kollagenpulver (optional)

1. In einem Stieltopf die Kokosmilch mit dem MCT-Öl verrühren und bei mittlerer Temperatur erhitzen.

2. In einem Standmixer den heißen Kaffee, die heiße Kokosmilchmischung, das Ghee, den Zimt und die Vanille auf hoher Stufe 15–30 Sekunden schaumig mixen.

3. Das Kollagenpulver (falls verwendet) zugeben und auf niedrigster Stufe mixen, bis sich alles gut verbunden hat. Kollagenmoleküle sind sehr empfindlich und können bei zu starkem Mixen Schaden nehmen.

MAKRONÄHRSTOFFE:

94 % F
2 % EW
4 % KH

kcal: 423; F: 47 g; EW: 2 g;
Gesamt-KH: 4 g; BS: 1 g; N-KH: 3 g

VARIANTE:

Ausgezeichnete Kollagenprodukte von Tieren aus Weidehaltung sind in einer Vielzahl von Geschmacksrichtungen erhältlich, die Ihren Kaffee wunderbar abrunden können. Das Kollagenpulver fügt Protein hinzu, wenn Sie also morgens Protein vermeiden möchten, sollten Sie es weglassen.

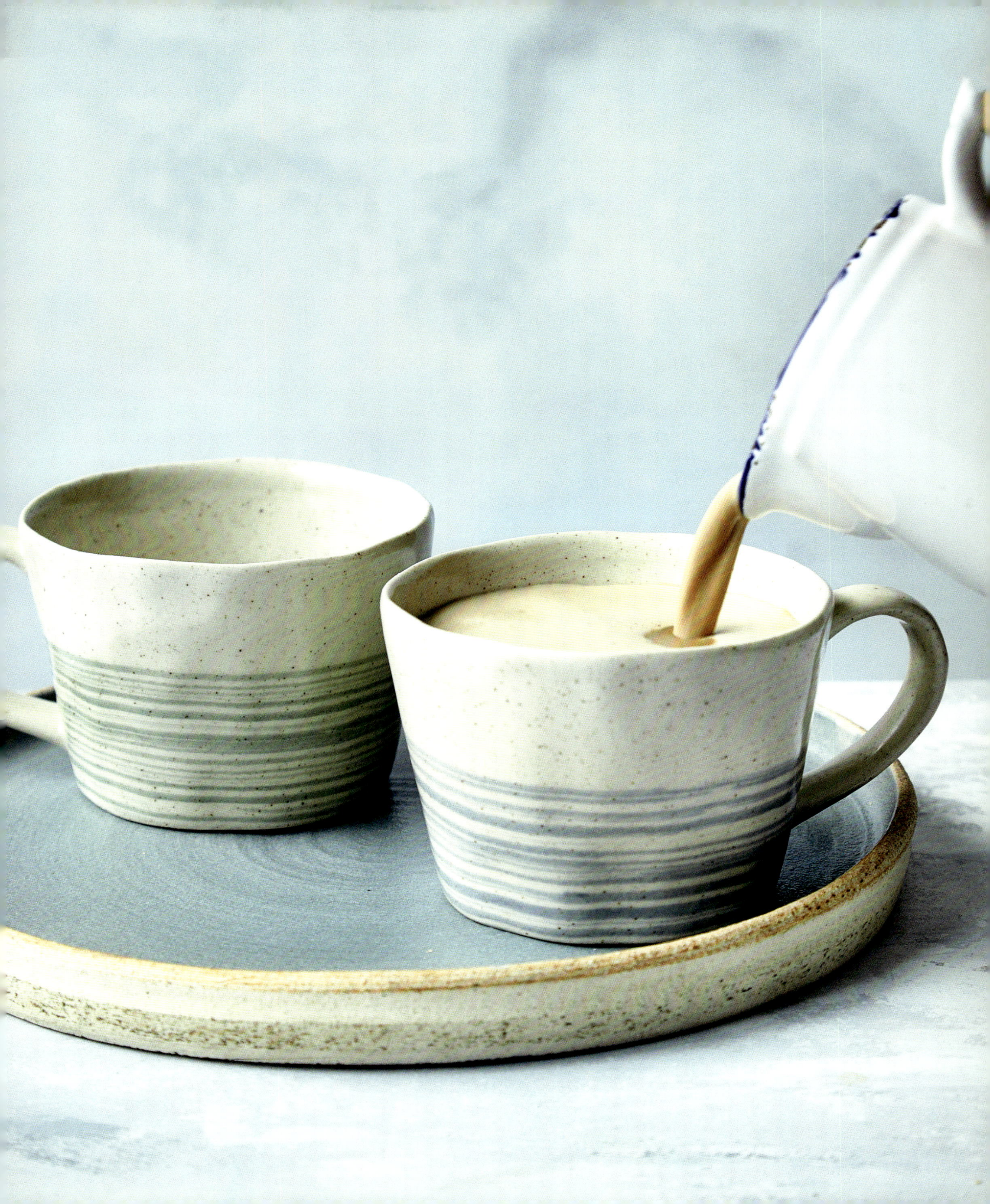

KETO-EISKAFFEE

Jeder, der schon einmal versucht hat, aus gewöhnlichem Bulletproof Coffee, zubereitet mit Butter oder Kokosöl, durch Gefrieren Eiskaffee herzustellen, weiß, dass man am Ende mit vielen gefrorenen, wenig appetitlichen Stückchen im Kaffee dasteht. Diese Version hier mit vollfetter Kokosmilch und MCT-Öl ist schaumig, milchfrei und einfach köstlich.

- ☐ allergenfrei
- ☐ Comfort Food
- ■ ohne Milchprodukte
- ■ ohne Nüsse
- ■ paleo oder paleo-freundlich
- ■ bis 30 Minuten

ZUTATEN:

360 ml gekühlter aufgebrühter Kaffee

120 ml Kokosmilch mit hohem Fettgehalt

2 TL MCT-Öl alternativ Brain Octane Oil

7 Eiswürfel

⅛ TL Vanillepulver (alternativ ¼ TL reiner Vanilleextrakt)

1 Messlöffel Kollagenpulver (optional)

1. In einem Standmixer Kaffee, Kokosmilch, MCT-Öl, Eiswürfel und Vanille auf hoher Stufe 15–30 Sekunden schaumig mixen.

2. Das Kollagenpulver (falls verwendet) zugeben und auf niedrigster Stufe mixen, bis sich alles gut verbunden hat. Kollagenmoleküle sind sehr empfindlich und können bei zu starkem Mixen Schaden nehmen.

MAKRONÄHRSTOFFE:

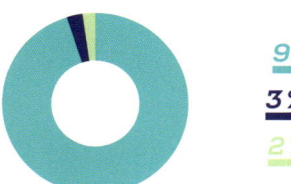

95 % F
3 % EW
2 % KH

kcal: 189; F: 21 g; EW: 1 g;
Gesamt-KH: 2 g; BS: 0 g; N-KH: 2 g

GUT VORZUBEREITEN:

Auch wenn dies naheliegt, hat es sich bewährt, den Kaffee über Nacht in den Kühlschrank zu stellen, damit er morgens einsatzbereit ist.

1 PORTION | ZUBEREITUNG: 5 MINUTEN

KETO-TEE

Wenn Sie Lust auf ein fettreiches heißes Getränk haben, aber nicht in der Stimmung für Kaffee sind, ist dieser Tee genau das Richtige. Sie können jede Ihrer bevorzugten Schwarz- oder Grünteesorten verwenden, aber ich mag am liebsten Chai.

- ☐ allergenfrei
- ■ ohne Milchprodukte
- ■ ohne Nüsse
- ■ paleo oder paleo-freundlich
- ☐ bis 30 Minuten

ZUTATEN:

360 ml heißer, frisch aufgebrühter Schwarz- oder Grüntee
1 EL Kokosmilch mit hohem Fettgehalt
2 TL MCT-Öl alternativ Brain Octane Oil
1 Messlöffel Kollagenpulver (optional)
½ TL gemahlener Zimt

1. In einem Standmixer Tee, Kokosmilch und MCT-Öl auf hoher Stufe 15–30 Sekunden schaumig mixen.
2. Das Kollagenpulver (falls verwendet) zugeben und alles auf niedrigster Stufe mixen.
3. Den Tee in einen Becher gießen und mit Zimt bestreuen.

MAKRONÄHRSTOFFE:

69 % F
28 % EW
3 % KH

kcal: 155; F: 12 g; EW: 11 g;
Gesamt-KH: 1 g; BS: 1 g; N-KH: 0 g

VARIANTE:

Sie können auch gesundheitsfördernde Zutaten wie Kurkuma in Ihre Teemischung geben.

GETRÄNKE UND SMOOTHIES

1 PORTION | ZUBEREITUNG: 5 MINUTEN

KETO-MATCHA-TEE

Matcha-Tee ist momentan total angesagt, und das aus gutem Grund: Er ist sehr reich an Antioxidantien. Außerdem schmeckt er gut, und wenn er mit einigen gesunden Fetten kombiniert wird, ist er eine tolle Alternative zu Keto-Kaffee.

- ☐ allergenfrei
- ◾ ohne Milchprodukte
- ◾ ohne Nüsse
- ◼ paleo oder paleo-freundlich
- ☐ bis 30 Minuten

ZUTATEN:

¼ TL Matcha-Pulverr
60 ml Kokosmilch mit hohem Fettgehalt
1 TL MCT-Öl alternativ Brain Octane Oil
Erythrit (Süßungsmittel, optional)
½ TL gemahlener Zimt

1. In einer kleinen Schale das Matcha-Pulver gründlich mit 120 ml kochenden Wasser verquirlen. Falls vorhanden, können Sie auch einen Milchaufschäumer benutzen.

2. In einem Standmixer die Matcha-Mischung, die Kokosmilch, das MCT-Öl und das Erythrit (falls verwendet) 15–30 Sekunden mixen.

3. Den Zimt darüberstreuen.

MAKRONÄHRSTOFFE:

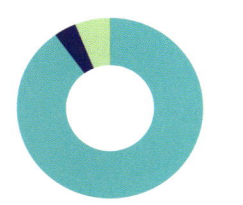

90 % F
4 % EW
6 % KH

kcal: 163; F: 17 g; EW: 2 g;
Gesamt-KH: 3 g; BS: 1 g; N-KH: 2 g

VARIANTE:

Die Zubereitung wird noch einfacher, wenn Matcha-Pulver verwendet wird, das bereits MCT-Öl enthält.

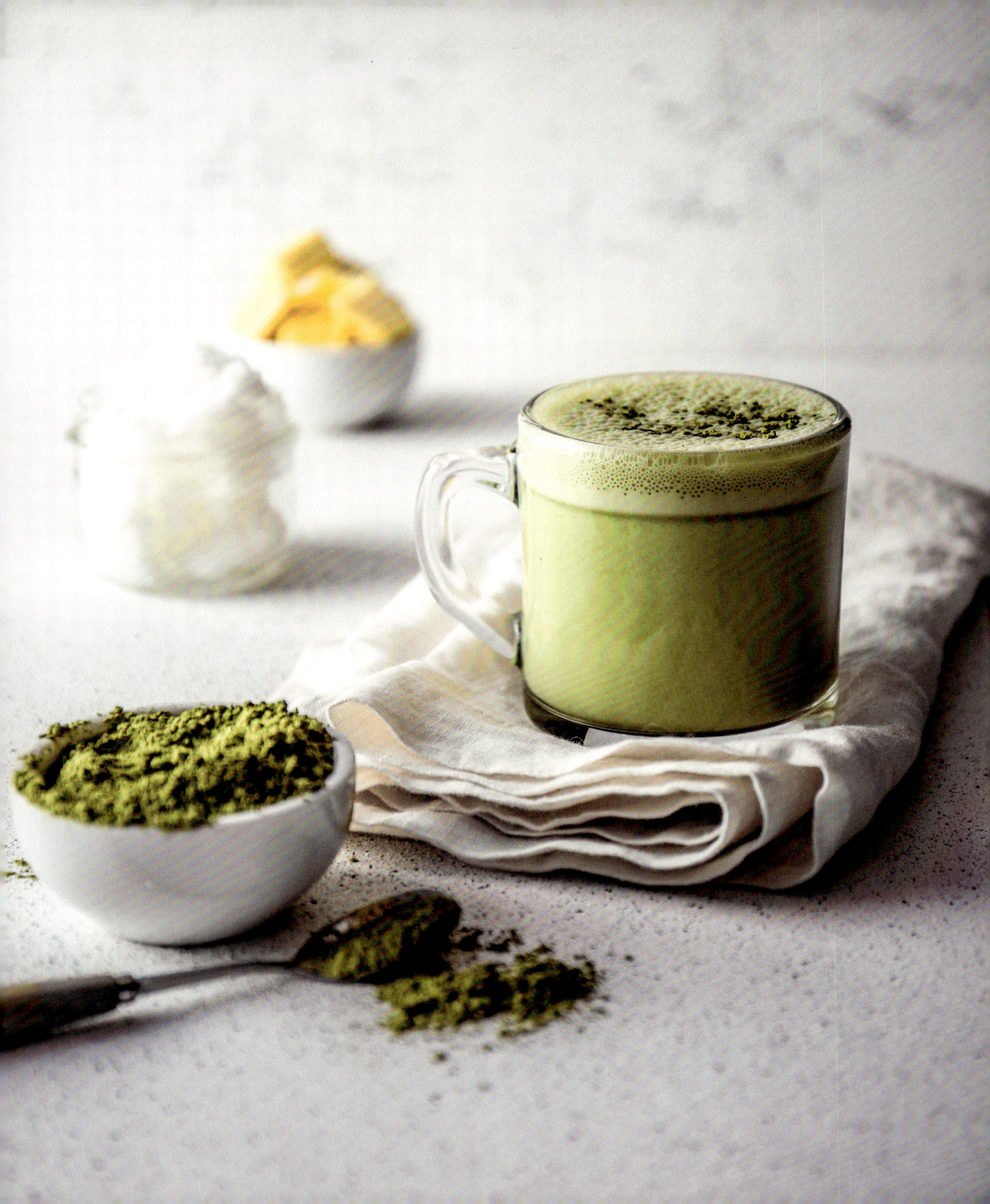

1 PORTION | ZUBEREITUNG: 5 MINUTEN | KOCHZEIT: 10 MINUTEN

KETO-KÜRBIS-LATTE

Da ich Jahr für Jahr, wenn es Herbst wird, unbändige Lust auf einen PSL, das Starbucks-Getränk Pumpkin-Spice-Latte, bekomme, war ein Rezept für eine keto-freundliche Variante ein Muss! Nach diesem Getränk ist man viele Stunden lang satt und zufrieden. Achten Sie darauf, Kürbismus ohne Zuckerzusatz zu besorgen (anders ausgedrückt, kaufen Sie keine Kürbiskuchenmischung), weil das den Zweck vereiteln würde.

- ohne Milchprodukte
- ohne Nüsse
- paleo oder paleo-freundlich
- bis 30 Minuten

ZUTATEN:

- 120 ml Kokosmilch mit hohem Fettgehalt
- 1 EL Butter alternativ Ghee
- 2 TL MCT-Öl alternatib Brain Octane Oil
- 1–2 EL Kürbismus
- ½ TL Kürbiskuchengewürz (siehe Tipp auf Seite 60)
- ⅛ TL Vanillepulver (wahlweise ¼ TL reiner Vanilleextrakt)
- Erythrit (Süßungsmittel, optional)
- 360 ml heißer, frisch aufgebrühter Kaffee

1. In einem kleinen Topf Kokosmilch, Butter, MCT-Öl, Kürbismus, Kürbiskuchengewürz, Vanille und Erythrit (optional) bei mittlerer Hitze unter häufigem Rühren 5–7 Minuten köcheln lassen.
2. Topfinhalt und heißen Kaffee in einen Standmixer geben.
3. Auf hoher Stufe 15–30 Sekunden schaumig mixen.

MAKRONÄHRSTOFFE:

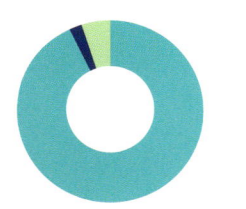

93 % F
2 % EW
5 % KH

kcal: 409; F: 45 g; EW: 3 g;
Gesamt-KH: 6 g; BS: 1 g; N-KH: 5 g

VARIANTE:

Kurkuma schmeckt in einem Kürbis-Latte ebenfalls sehr gut und hat zudem eine entzündungshemmende und verdauungsfördernde Wirkung. Einfach ¼ TL gemahlene Kurkuma zu den Zutaten im Topf geben.

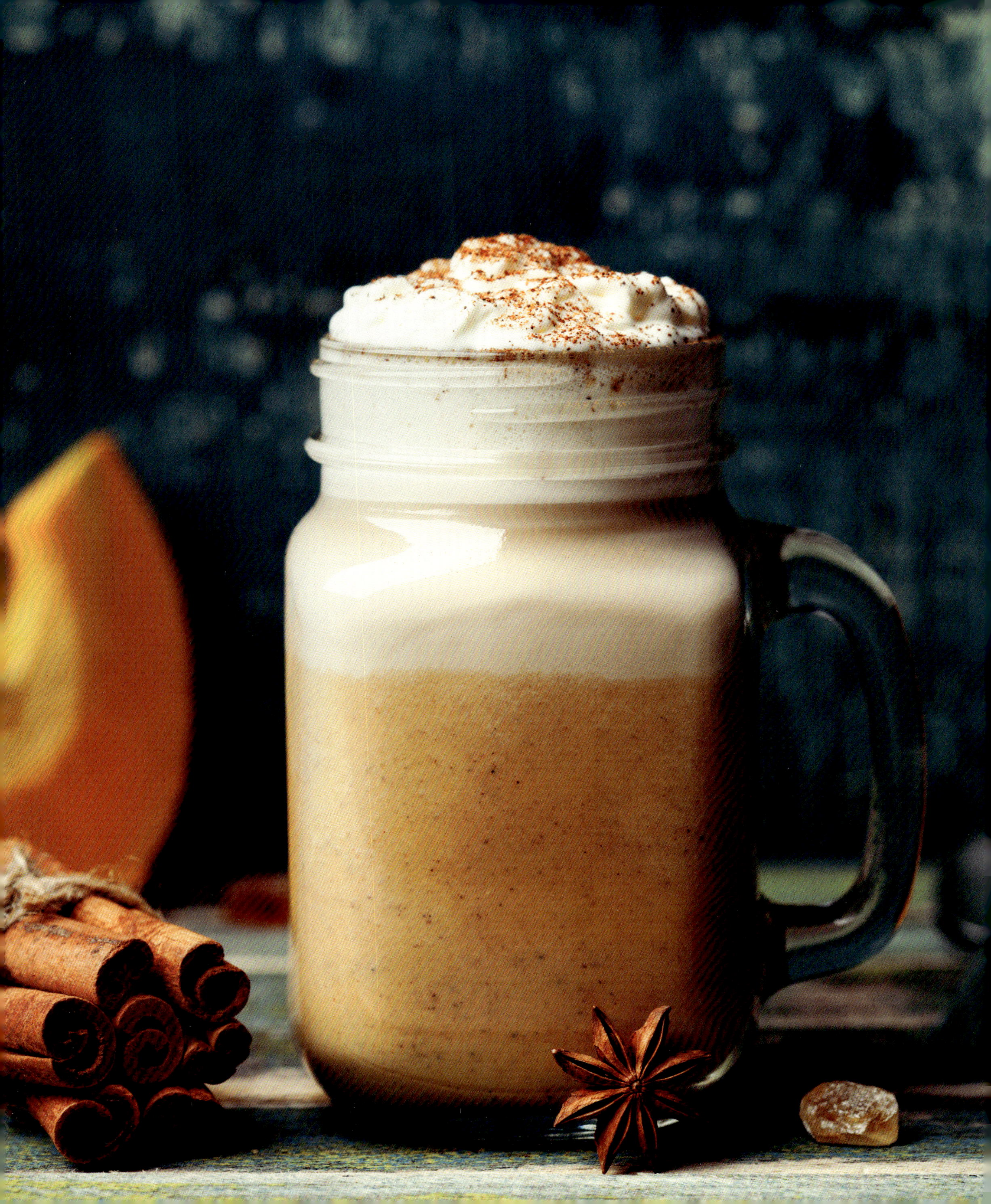

1 PORTION | ZUBEREITUNG: 5 MINUTEN

KALT GEBRÜHTER KETO-NUSS-LATTE

Cold Brew Coffee ist zu einem echten Trendgetränk geworden, ob man nun seinen eigenen zubereitet oder ihn irgendwo kauft, mit diesem Rezept wird er zu etwas ganz Besonderem. Dieses Getränk zählt hier zwar zu den Keto-Lattes, aber für mich ist es eigentlich eher ein gehaltvolles, cremiges Dessert, das man aber zu jeder Tageszeit genießen kann.

- ohne Milchprodukte
- paleo oder paleo-freundlich
- bis 30 Minuten

ZUTATEN:

240 ml kalt gebrühter Kaffee
120 ml Kokosmilch mit hohem Fettgehalt
1 EL Nussmus
2 TL MCT-Öl alternativ Brain Octane Oil
¼ TL gemahlener Zimt
1 Prise Salz
Erythrit (Süßungsmittel, optional)
1 EL Kakao-Nibs oder -pulver

1. In einen Standmixer Kaffee, Kokosmilch, Nussmus, MCT-Öl, Zimt, Salz und Erythrit (falls verwendet) geben. Kakaopulver, falls verwendet, jetzt zugeben, Kakao-Nibs allerdings erst nach dem Mixen. 30 Sekunden glatt und schaumig mixen.

2. In ein Glas gießen und mit den Kakao-Nibs bestreuen.

MAKRONÄHRSTOFFE:

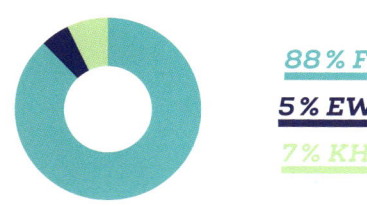

88 % F
5 % EW
7 % KH

kcal: 468; F: 49 g; EW: 7 g;
Gesamt-KH: 12 g; BS: 5 g; N-KH: 7 g

VARIANTE:
In allen Rezepten für Keto-Kaffee sind 2 TL MCT-Öl oder Brain Octane Oil aufgeführt. Dies ist für den Anfang eine gute Menge, um sich an diese Zutat zu gewöhnen, die Magenbeschwerden verursachen kann, wenn man zu viel zu schnell zu sich nimmt. Sie können mit der Zeit, wenn Ihr Körper sich angepasst hat, bis zu 1–2 EL zugeben und auf diese Weise mehr gesunde Fette (aber auch Kalorien) zuführen.

1 PORTION | ZUBEREITUNG: 5 MINUTEN | KOCHZEIT: 5 MINUTEN

HEISSE KETO-SCHOKOLADE

Eine schöne heiße Schokolade ist für mich der Balsam für die Seele schlechthin. Diese Version ist milchfrei und sehr einfach zuzubereiten.

- ☐ allergenfrei
- ☐ Comfort Food
- ■ ohne Milchprodukte
- ■ ohne Nüsse
- ■ paleo oder paleo-freundlich
- ☐ bis 30 Minuten

ZUTATEN:

240 ml Kokosmilch mit hohem Fettgehalt

1½ EL Kakaopulver

¼ TL gemahlener Zimt

1 EL Erythrit (Süßungsmittel)

⅛ TL Vanillepulver (alternativ ¼ TL reiner Vanilleextrakt) oder ¼ TL Pfefferminzextrakt

1 Prise Salz

Milchfreier geschlagener Kokos-Rahm (Seite 301)

1. In einem kleinen Topf die Kokosmilch auf niedriger Stufe erhitzen, bis sie leicht blubbert.

2. Während die Kokosmilch heiß wird, in einen Standmixer Kakaopulver, Zimt, Erythrit, Vanille und 1 Prise Salz geben. Die warme Kokosmilch in den Standmixer gießen und alles 30–60 Sekunden mixen.

3. Mit einem Klecks milchfreiem geschlagenem Kokos-Rahm garnieren und servieren.

MAKRONÄHRSTOFFE:

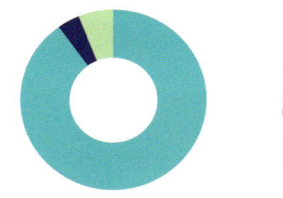

90 % F
4 % EW
6 % KH

kcal: 465; F: 49 g; EW: 6 g; Gesamt-KH: 14 g; BS: 3 g; N-KH: 11 g; Erythrit: 12 g

VARIANTE:

Sie können auch gesundheitsfördernde Zutaten wie Kurkuma oder Zimt -in Ihre Schokolade geben.

GETRÄNKE UND SMOOTHIES

1 PORTION | ZUBEREITUNG: 5 MINUTEN

NUSSMUS-SMOOTHIE

Ich bin in den letzten Jahren zu einem großen Fan von Nussmus geworden und experimentiere schrecklich gern mit Kombinationen aus unterschiedlichen Nüssen und deren einzigartigen Aromen.

- ☐ Comfort Food
- ■ ohne Milchprodukte
- ■ paleo oder paleo-freundlich
- ☐ bis 30 Minuten

ZUTATEN:

1 EL Nussmus nach Wahl

120 ml Kokosmilch mit hohem Fettgehalt

⅛ TL Vanillepulver (alternativ ½ TL reiner Vanilleextrakt)

7 Eiswürfel

In einem Standmixer Nussmus, Kokosmilch, Vanille und die Eiswürfel 30–60 Sekunden gut durchmixen.

MAKRONÄHRSTOFFE:

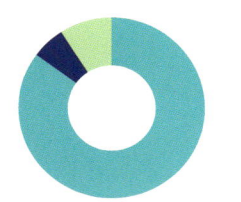

85 % F
6 % EW
9 % KH

kcal: 330; F: 34 g; EW: 5 g;
Gesamt-KH: 7 g; BS: 1 g; N-KH: 6 g

VARIANTE:

Je nachdem, welches Nussmus Sie wählen, kann nach Belieben noch mit etwas Erythrit gesüßt werden.

1 PORTION | ZUBEREITUNG: 5 MINUTEN | KOCHZEIT: 5 MINUTEN

AVOCADO-KURKUMA-SMOOTHIE

Dieser grüne Smoothie ist eine wahre Vitaminbombe. Avocados spielen in Smoothies eine ähnliche Rolle wie Bananen, weil sie zu einer dickflüssigen, homogenen Konsistenz beitragen. Da ich mit Autoimmunkrankheiten zu kämpfen habe, gebe ich, wann immer möglich, gern Kurkuma aufgrund ihrer entzündungshemmenden Eigenschaften hinzu.

- ohne Milchprodukte
- paleo oder paleo-freundlich
- bis 30 Minuten

ZUTATEN:

½ Avocado, entkernt und geschält
60 ml ungesüßter Mandeldrink
60 ml Kokosmilch mit hohem Fettgehalt
½ TL gemahlene Kurkuma
1 TL frisch gepresster Limettensaft
Erythrit (Süßungsmittel, optional)
3–4 Eiswürfel

In einem Standmixer Avocado, Mandeldrink, Kokosmilch, Kurkuma, Limettensaft und Erythrit (falls verwendet) auf hoher Stufe 30–60 Sekunden mixen. Das Eis zugeben und alles zu einem glatten Smoothie pürieren.

MAKRONÄHRSTOFFE:

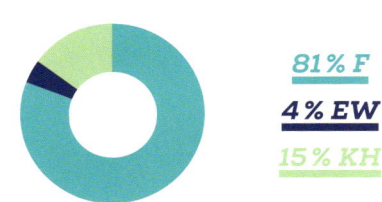

81 % F
4 % EW
15 % KH

kcal: 239; F: 23 g; EW: 3 g;
Gesamt-KH: 9 g; BS: 5 g; N-KH: 4 g

VARIANTE:

Geben Sie nach dem Mixen 1 TL Chia-Samen hinzu. Für noch mehr Vitamine können Sie auch 1 Handvoll frischen Spinat in den Standmixer geben.

GETRÄNKE UND SMOOTHIES

1 PORTION | ZUBEREITUNG: 5 MINUTEN | KOCHZEIT: 10 MINUTEN

MINZE-SMOOTHIE MIT SCHOKODROPS

Smoothies, die an ein Dessert erinnern, mag ich besonders gern, weil ich vor allem nach dem Essen Lust darauf habe. Dieser Minze-Smoothie mit Schokodrops kommt dann gerade recht. Er könnte wirklich ein Dessert oder eine Mahlzeit ersetzen, weil er ziemlich gesund ist, aber trotzdem sündhaft lecker schmeckt. Der geschlagene Kokos-Rahm ist die Krönung.

- ohne Milchprodukte
- paleo oder paleo-freundlich
- bis 30 Minuten

ZUTATEN:

120 ml ungesüßter Mandeldrink

120 ml Kokosmilch mit hohem Fettgehalt

1 EL Kakaopulver

½ reife Avocado, geschält und entkernt

¼ TL Minzeextrakt alternativ frische Minzeblätter

1 TL MCT-Öl alternativ Brain Octane Oil

Erythrit (Süßungsmittel, optional)

7 Eiswürfel

½ EL Kakao-Nibs

Milchfreier geschlagener Kokos-Rahm (Seite 301), als Topping

1. In einem Standmixer Mandeldrink, Kokosmilch, Kakaopulver, Avocado, Minzeextrakt, MCT-Öl, Erythrit (falls verwendet) und Eiswürfel 30–60 Sekunden mixen, bis sich alles gut verbunden hat.
2. Die Kakao-Nibs einrühren.
3. Mit dem geschlagenen Kokos-Rahm garnieren und servieren.

MAKRONÄHRSTOFFE:

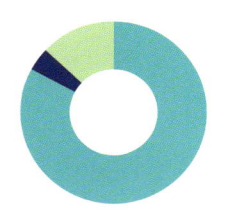

83 % F
4 % EW
13 % KH

kcal: 415; F: 41 g; EW: 5 g;
Gesamt-KH: 16 g; BS: 7 g; N-KH: 9 g

VARIANTE:

Wie bei allen anderen Rezepten können Sie auch hier die Kokosmilch nach Belieben durch eine andere »Milch« (z. B. Schlagsahne, Mandel- oder Macadamiadrink) ersetzen.

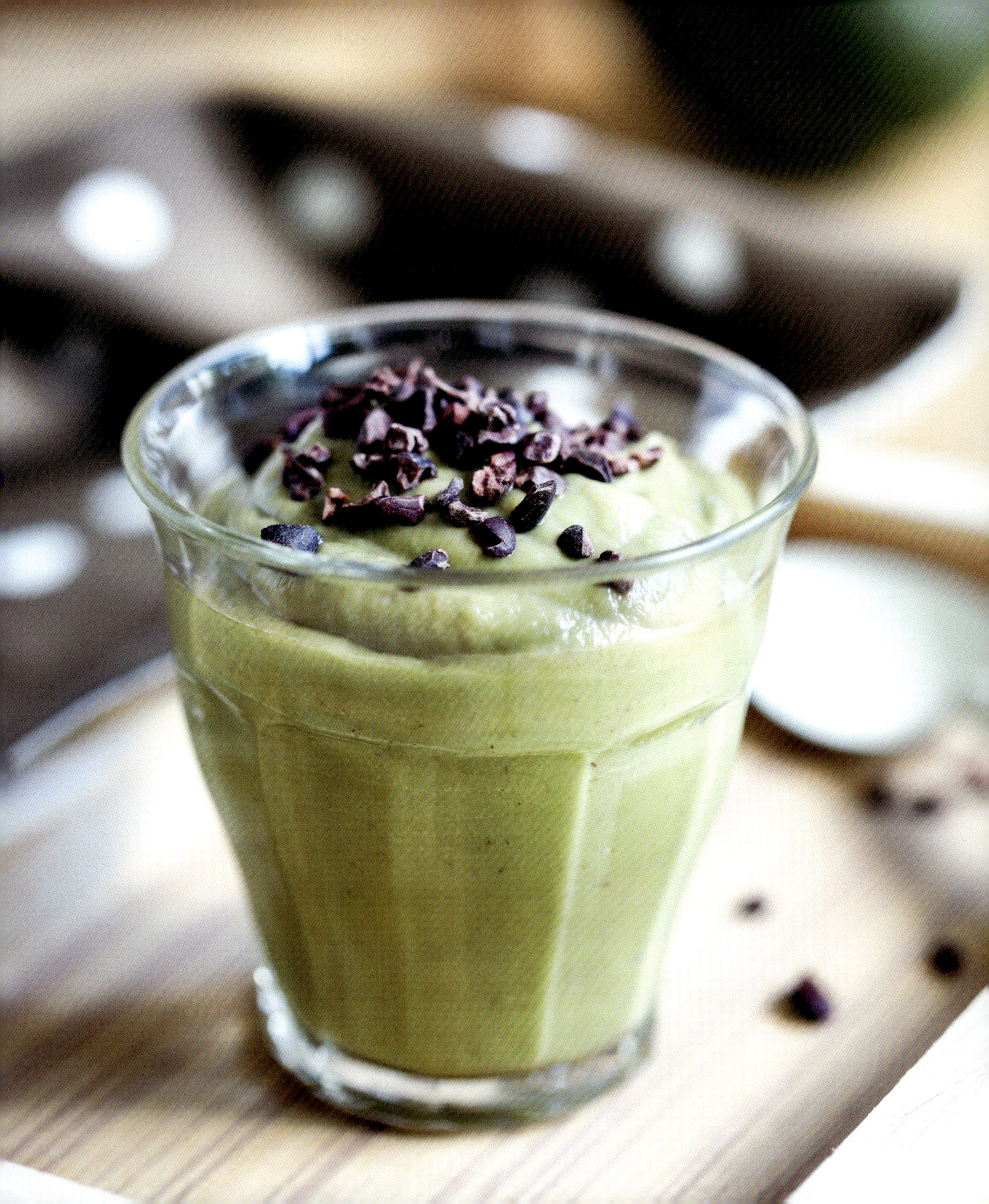

HEIDELBEER-KOKOS-SMOOTHIE

Ich mag alles, was mit Heidelbeeren daherkommt, gern – kein Wunder also, dass ich auch diesen Smoothie mag. Er unterscheidet sich ein wenig von den meisten Smoothies, weil er ohne Eiswürfel zubereitet wird und deshalb besonders cremig ist. Der Gehalt an Netto-Kohlenhydraten ist ein wenig hoch, dafür ist er aber so sättigend wie eine vollständige Mahlzeit. Ich trinke diesen Smoothie meist dann, wenn später am Tag eine proteinreiche Mahlzeit auf meinem Speiseplan steht.

- ☐ allergenfrei
- ◼ ohne Milchprodukte
- ◼ ohne Nüsse
- ◼ paleo oder paleo-freundlich
- ☐ bis 30 Minuten

ZUTATEN:

4 EL Heidelbeeren

240 ml Kokosmilch mit hohem Fettgehalt

⅛ TL Vanillepulver (alternativ ½ TL reiner Vanilleextrakt)

1 TL MCT-Öl alternativ Brain Octane Oil

Erythrit (Süßungsmittel, optional)

In einem Standmixer Heidelbeeren, Kokosmilch, Vanille, MCT-Öl und Erythrit (falls verwendet) 30 Sekunden mixen.

MAKRONÄHRSTOFFE:

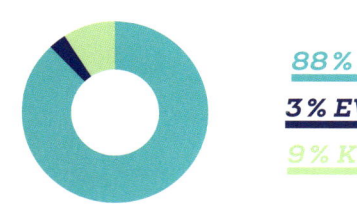

88 % F
3 % EW
9 % KH

kcal: 506; F: 53 g; EW: 5 g;
Gesamt-KH: 12 g; BS: 1 g; N-KH: 11 g

VARIANTE:

Sie können die Heidelbeeren durch Erdbeeren oder Brombeeren ersetzen. Geben Sie für zusätzlichen gesundheitlichen Nutzen 1 Messlöffel Kollagenpulver hinzu.

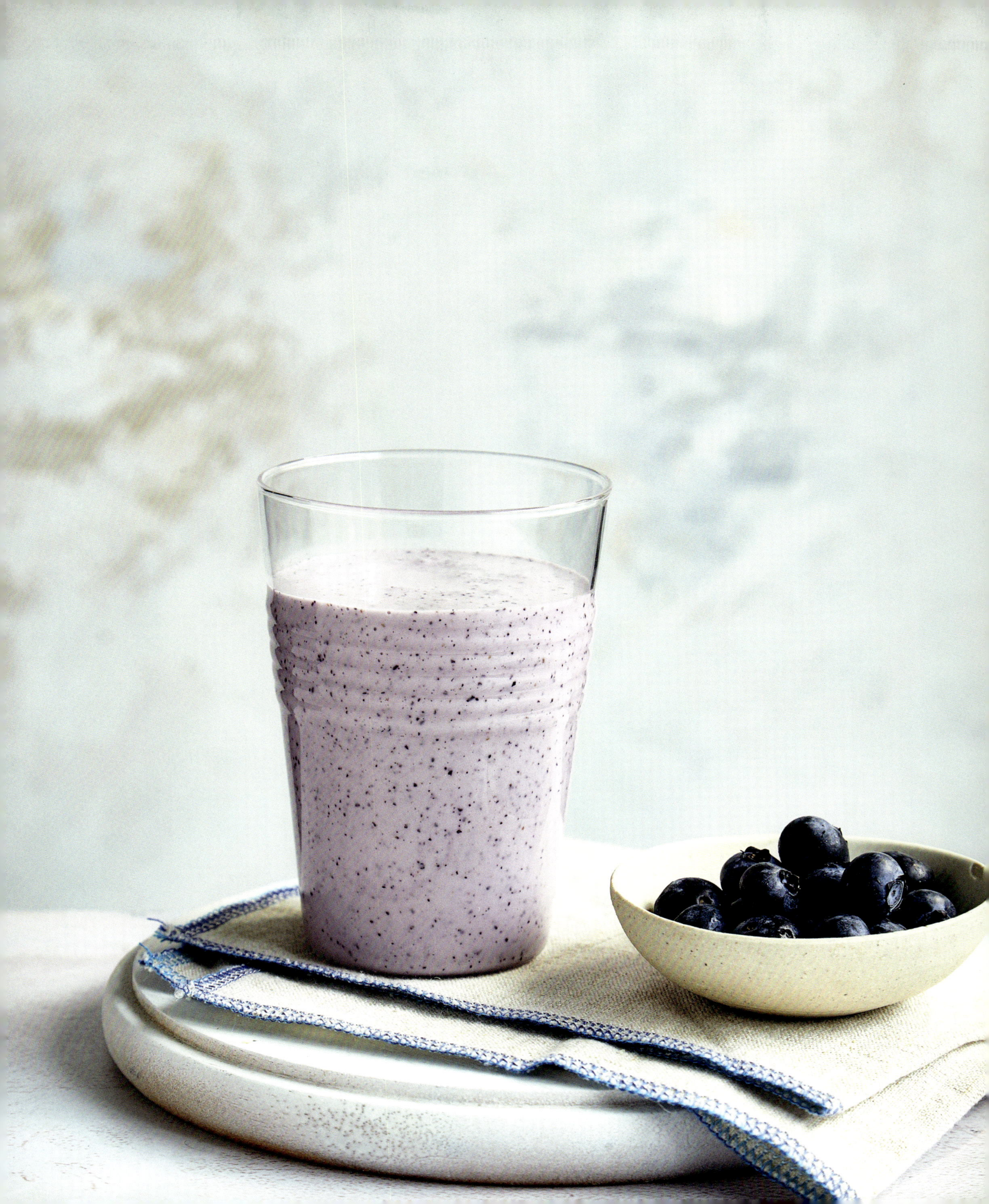

KETO-JITO

Ich liebe einen guten Mojito, und diese Keto-Version schmeckt schlichtweg köstlich. Natürlich haben Cocktails keinerlei Nährwert, aber ich habe trotzdem gern einige Low-Carb-Optionen parat, wenn ich Lust auf einen Drink (oder zwei) habe.

- ☐ allergenfrei
- ☐ Comfort Food
- ◼ ohne Milchprodukte
- ◼ ohne Nüsse
- ◼ paleo oder paleo-freundlich
- ☐ bis 30 Minuten

ZUTATEN:

4 EL frische Minzeblätter
30 ml frisch gepresster Limettensaft
1 TL Erythrit-Puderzucker (Puderxucker)
7 Eiswürfel
60 ml weißer Rum
120 ml Sodawasser

1. In einem hohen Glas die Minzeblätter mit dem Stiel eines Holzlöffels zu Mus zerdrücken.
2. Den Limettensaft und das Erythrit zugeben und vermischen.
3. Das Eis zugeben und den Rum sowie das Sodawasser dazugießen. Erneut umrühren.

MAKRONÄHRSTOFFE:

0 % F
0 % EW
100 % KH

kcal: 130; F: 0 g; EW: 0 g; Gesamt-KH: 1 g; Ballaststoffe: 0 g; N-KH: 1 g

VARIANTE:

Für einen ganz besonderen Keto-Jito gebe ich gern noch einige zerdrückte Brombeeren hinzu.

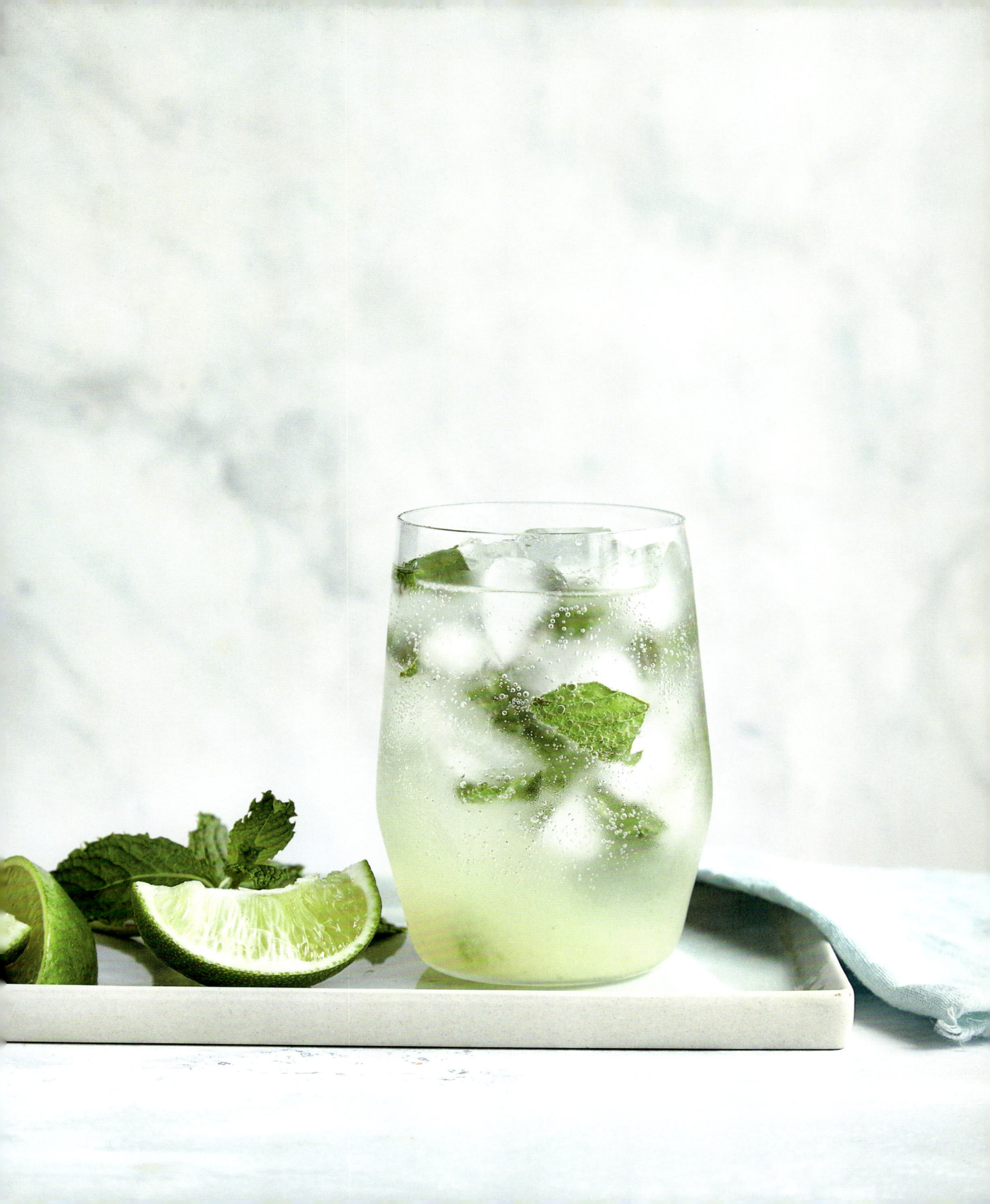

1 PORTION | ZUBEREITUNG: 5 MINUTEN

EISTEE PINK PASSION

Dieses Getränk wird nicht nur Ihre Lust auf ein Glas kalten, erfrischenden Eistee stillen, sondern Sie auch zusätzlich mit gesundem Fett versorgen. Die Vanille und gegebenenfalls das Erythrit können nach Belieben durch einen zuckerfreien Kaffeesirup ersetzt werden.

- ☐ allergenfrei
- ■ ohne Milchprodukte
- ■ ohne Nüsse
- ■ paleo oder paleo-freundlich
- ☐ bis 30 Minuten

ZUTATEN:

360 ml heißer aufgebrühter Tazo® Passion Herbal Tea alternativ eine exotische Früchteteemischung, gekühlt

60 ml Kokosmilch mit hohem Fettgehalt

Erythrit (Süßungsmittel, optional)

⅛ TL Vanillepulver (alternativ ¼ TL reiner Vanilleextrakt)

7 Eiswürfel

In einem hohen Glas den Tee, die Kokosmilch, das Erythrit (falls verwendet) und die Vanille verrühren. Die Eiswürfel zugeben.

MAKRONÄHRSTOFFE:

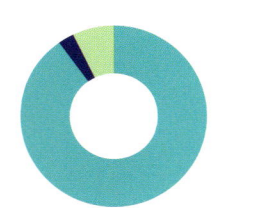

90 % F
3 % EW
7 % KH

kcal: 114; F: 12 g; EW: 1 g;
Gesamt-KH: 2 g; BS: 0 g; N-KH: 2 g

VARIANTE:

Sie können diesen Tee mit einer Vielzahl anderer Früchte- und Kräutertees ausprobieren. Ich bevorzuge die fruchtigen Sorten, aber Sie können gern experimentieren.

1 PORTION | ZUBEREITUNG: 5 MINUTEN

KETO-CHATA

Die traditionelle Horchata, ein spanisches Erfrischungsgetränk, ist eine köstliche cremige Kombination mit Zimt und Vanille. Dieses Rezept ist vielleicht nicht zu 100 Prozent authentisch, aber es ist auf jeden Fall eine leckere Keto-Version der zuckerreichen Horchata. Probieren Sie auch die feuchtfröhliche Version weiter unten. Wodka hat null Kohlenhydrate und ist eine besondere Zugabe, wenn Ihnen danach zumute ist!

- ohne Milchprodukte
- paleo oder paleo-freundlich
- bis 30 Minuten

ZUTATEN:

60 ml ungesüßter Mandeldrink
60 ml Kokosmilch mit hohem Fettgehalt
½ TL gemahlener Zimt
⅛ TL Vanillepulver (alternativ ¼ TL reiner Vanilleextrakt)
Erythrit (Süßungsmittel, optional)
3–4 Eiswürfel

1. In einem Standmixer Mandeldrink, Kokosmilch, Zimt, Vanille und Erythrit (falls verwendet) auf hoher Stufe 30 Sekunden mixen.

2. Die Eiswürfel zugeben und weitere 30 Sekunden mixen, bis sich alles gut verbunden hat.

VARIANTE:
Für eine köstliche Keto-Version eines White Russian einfach etwas Wodka in diese Kombination mixen.

MAKRONÄHRSTOFFE:

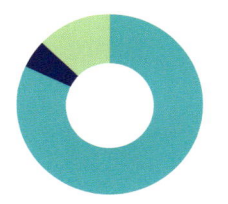

82 % F
5 % EW
13 % KH

kcal: 131; F: 13 g; EW: 1 g;
Gesamt-KH: 5 g; BS: 1 g; N-KH: 4 g

GETRÄNKE UND SMOOTHIES

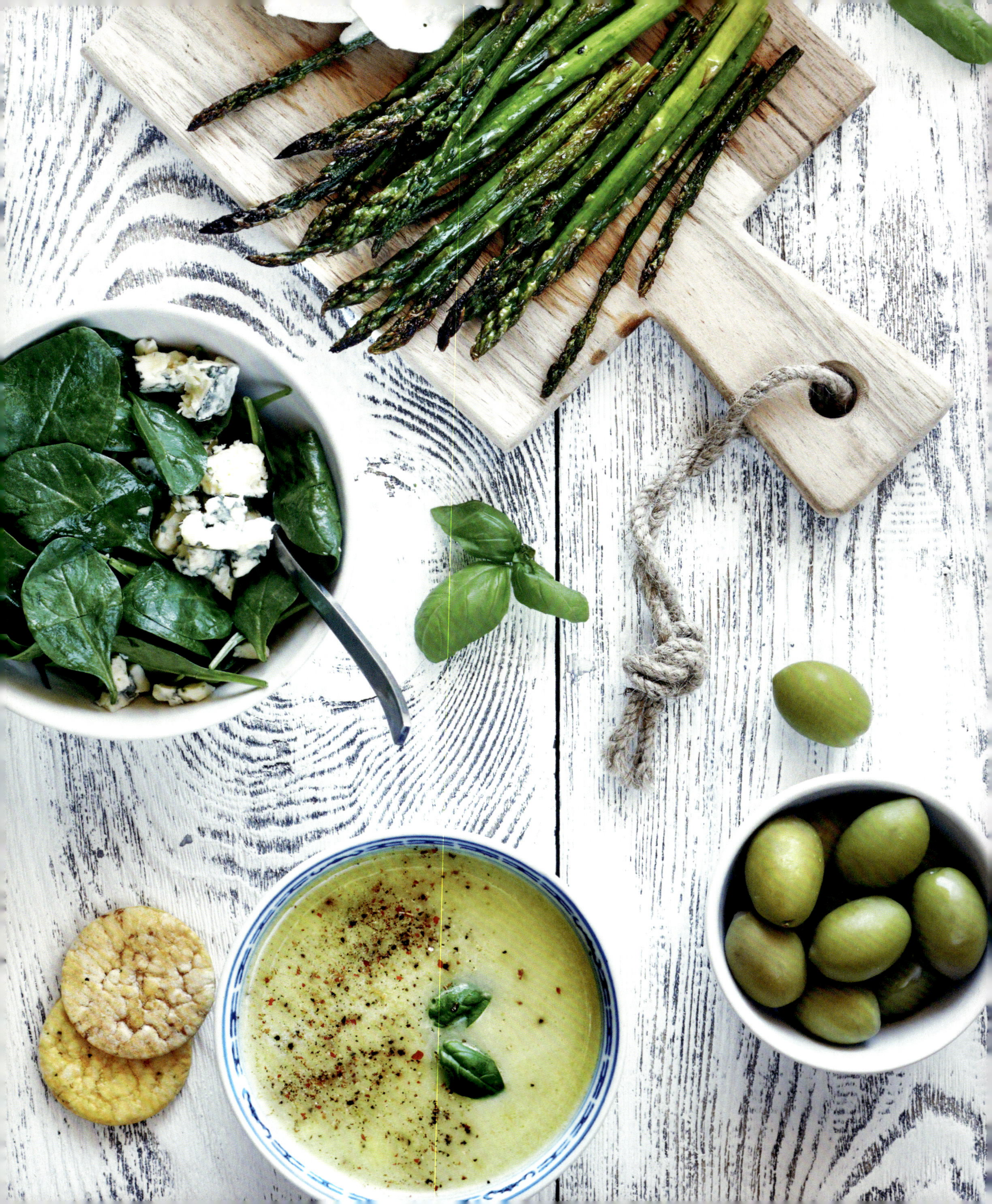

SUPPEN UND SALATE

* KAPITEL 7 *

Spinat-Artischocken-Suppe 134

Hühnerrahmsuppe mit grünen Chilis 135

Kokos-Curry-Hühnersuppe 136

Cobb Salad mit Chili-Limetten-Garnelen 137

Bacon-Cheeseburger-Suppe 138

Mediterraner Wedge-Salat 139

Hühner-Tortilla-Suppe 140

Avocado-Cotija-Salat 142

Thailändischer Garnelen-Zoodles-Salat 143

Sahniger Gurkensalat 144

Antipasto-Salat 146

Hähnchen-Salat nach Chickenwing-Art 147

Erdbeer-Spinat-Salat mit Speck 148

Knackiger Thai-Hähnchensalat 150

Eier-Speck-Salat mit Avocado 152

4 PORTIONEN | ZUBEREITUNG: 5 MINUTEN | GARZEIT: 30 MINUTEN

SPINAT-ARTISCHOCKEN-SUPPE

Ein Dip aus Spinat und Artischocke gehört zu meinen bevorzugten Comfort Foods, also habe ich mir gedacht, die intensiven Aromen des Dips würden sich auch in einer Suppe gut machen! Ich bereite diese Hühnerknochenbrühe mit einer Zusatzportion Kollagen zu, aber gewöhnliche Hühnerbrühe kann auch verwendet werden.

☐ Comfort Food
■ ohne Nüsse

ZUTATEN:

2 EL Butter alternativ Ghee

½ gewürfelte Zwiebel

2 fein gehackte Knoblauchzehen

120 g TK-Spinat

120 g Artischockenherzen, abgetropft und klein geschnitten

500 ml Hühnerbrühe alternativ Hühner-Knochenbrühe

120 g Schlagsahne

120 g Doppelrahmfrischkäse

60 g geriebener Parmesan plus 1 EL extra

Salz

frisch gemahlener schwarzer Pfeffer

1. In einem großen Topf die Butter bei mittlerer bis hoher Hitze zerlassen und die Zwiebel darin etwa 3 Minuten weich garen. Dann den Knoblauch zugeben und 1 Minute mitgaren.

2. Den Spinat zugeben und 5 Minuten garen, während des Erhitzens größere Stücke zerkleinern. Die Artischockenherzen zugeben und alles sorgfältig verrühren.

3. Die Hühnerbrühe angießen und 10 Minuten kochen.

4. Die Temperatur auf eine niedrige Stufe reduzieren und die Schlagsahne zugeben. Dann den Doppelrahmfrischkäse zugeben und etwa 10 Minuten langsam schmelzen lassen. Dabei gelegentlich umrühren, die Temperatur aber nicht erhöhen, damit der Käse nicht gerinnt.

5. Den Parmesan einrühren und mit Salz und Pfeffer abschmecken.

6. Zum Servieren die Suppe in den Schalen mit dem restlichen EL Parmesan garnieren.

MAKRONÄHRSTOFFE:

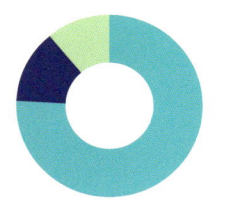

76 % F
13 % EW
11 % KH

kcal: 395; F: 34 g; EW: 12 g;
Gesamt-KH: 14 g; BS: 2 g; N-KH: 12 g

GUT VORZUBEREITEN:

Da man diese Suppe gut aufwärmen kann, koche ich immer gleich 4 Portionen, obwohl wir nur zu zweit sind.

4 PORTIONEN | ZUBEREITUNG: 5 MINUTEN | GARZEIT: 8 STUNDEN

HÜHNERRAHMSUPPE MIT GRÜNEN CHILIS

Ich habe früher in Santa Fe gelebt, wo grüne Chilischoten nahezu verehrt werden und in so ziemlich alles gegeben werden, was man sich nur vorstellen kann. Diese Suppe mit ihrem leckeren Chili-Kick wird Ihr Haus mit wunderbarem Duft erfüllen. Wenn Sie mit scharfen Gewürzen lieber vorsichtig sind, können Sie die Menge der gewürfelten grünen Chilischoten halbieren und als Topping kühlen Doppelrahmfrischkäse und Avocado verwenden.

☐ Comfort Food
■ ohne Nüsse

ZUTATEN:

500 ml Hühnerbrühe
180 ml Salsa verde alternativ Enchilada-Sauce aus grünen Chilischoten
70 g grüne Chilischoten (Dose oder Glas), gewürfelt
1 EL gemahlener Kreuzkümmel
je 1 TL Knoblauch- und Zwiebelpulver
2–3 Hähnchenbrustfilets
Salz | gemahlener schwarzer Pfeffer
120 g Doppelrahmfrischkäse alternativ Milchfreier Rahmkäse (Seite 305)
½ Avocado, geschält und entkernt, in Scheiben geschnitten, zum Servieren
2 EL Sauerrahm alternativ Milchfreier Sauerrahm (Seite 306), zum Servieren
4 EL geriebener Käse (beispielsweise eine Mischung aus kräftigen Sorten wie Cheddar, mittelalter Gouda und Monterey Jack), zum Servieren

MAKRONÄHRSTOFFE:

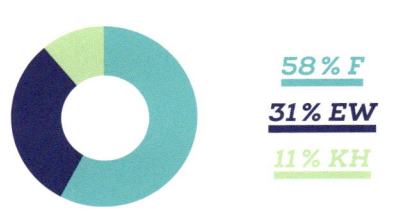

58 % F
31 % EW
11 % KH

kcal: 96; F: 6 g; EW: 10 g; Gesamt-KH: 1 g; BS: 1 g; N-KH: 0 g

1. Den Schongarer auf niedriger Stufe erhitzen.
2. 120 ml Wasser, Hühnerbrühe, Salsa verde, grüne Chilischoten, Kreuzkümmel, Knoblauchpulver und Zwiebelpulver in den Schongarer geben und alles verrühren.
3. Die Hähnchenbrustfilets zugeben und bei geschlossenem Deckel 7 Stunden garen.
4. Nach der Garzeit die Filets herausnehmen und sie mit zwei Gabeln zerzupfen, salzen, pfeffern und danach zurück in den Schongarer geben.
5. Doppelrahmfrischkäse zugeben und bei geschlossenem Deckel 1 weitere Stunde garen, gelegentlich umrühren, damit der Käse schmilzt und sich alles gut verbindet.
6. Zum Servieren mit den Avocadoscheiben, dem Sauerrahm und dem geriebenen Käse garnieren.

DIE PALEO-VARIANTE:

Probieren Sie meine Rezepte für Milchfreien Rahmkäse (Seite 305) und Milchfreien Sauerrahm (Seite 306) aus.

4 PORTIONEN | ZUBEREITUNG: 10 MINUTEN | GARZEIT: 7 STUNDEN

KOKOS-CURRY-HÜHNERSUPPE

Ich schwärme geradezu für Suppen aus dem Schongarer. Es ist ein so wunderbares Gefühl, wenn man nach Hause kommt und von dem köstlichen Duft einer leise vor sich hin köchelnden Mahlzeit erwartet wird. Dieses Gericht schmeckt einfach so gut, ist aber auch auf Blumenkohlreis angerichtet ausgesprochen lecker. (Dann kann auf die Blumenkohlröschen in der Suppe verzichtet werden.)

- ☐ Comfort Food
- ☐ ohne Milchprodukte
- ☐ ohne Nüsse
- ☐ paleo oder paleo-freundlich

ZUTATEN:

2 EL Butter alternativ Ghee
½ gewürfelte Zwiebel
1 fein gehackte Knoblauchzehe
1 TL frisch geriebener geschälter Ingwer
1 TL Currypulver
1 TL gemahlener Kreuzkümmel
¼ TL Garam Masala | Salz
frisch gemahlener schwarzer Pfeffer
1 Dose (400 ml) Kokosmilch (mit hohem Fettgehalt, ungesüßt)
240 ml Gemüsebrühe
½ Kopf Blumenkohl, in Röschen zerteilt
2–3 Hähnchenbrustfilets
70 g Champignons, in Scheiben geschnitten
2 EL gehacktes Koriandergrün
Limettenspalten

1. In einer Pfanne die Butter bei mittlerer Hitze zerlassen und die Zwiebel darin unter gelegentlichem Rühren etwa 3 Minuten weich garen.
2. Knoblauch, Ingwer, Currypulver, Kreuzkümmel und Garam Masala zugeben, salzen, pfeffern und alles etwa 30 Sekunden verrühren.
3. Die Pfanne von der Herdplatte nehmen, die Kokosmilch und die Gemüsebrühe zugeben und alles gründlich verrühren.
4. Die Blumenkohlröschen und die Hähnchenbrustfilets in den Schongarer geben. Die Mischung aus der Pfanne über das Fleisch und den Blumenkohl gießen.
5. Mit geschlossenem Deckel bei schwacher Hitze langsam 6½ Stunden vor sich hin garen lassen.
6. Die Hähnchenbrustfilets herausnehmen, mit zwei Gabeln zerzupfen und mit Salz und Pfeffer würzen. Das zerkleinerte Fleisch zurück in den Schongarer geben und die Champignonscheiben zugeben.
7. Zudecken und weitere 30 Minuten garen.
8. Die Suppe in den Schalen mit Koriandergrün garnieren und dazu Limettenspalten reichen.

TIPP:

Das Hähnchenfleisch kann problemlos durch Garnelen ersetzt werden. Die Garnelen einfach in den letzten 15 Minuten der Garzeit mit in den Schongarer geben.

MAKRONÄHRSTOFFE:

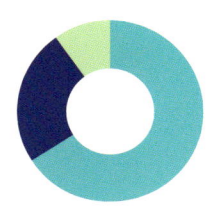

66 % F
24 % EW
10 % KH

kcal: 395; F: 34 g; EW: 12 g;
Gesamt-KH: 14 g; BS: 2 g; N-KH: 12 g

COBB SALAD MIT CHILI-LIMETTEN-GARNELEN

Für mich ist ein Keto-Kochbuch ohne Rezept für einen Cobb Salad nahezu undenkbar, weil er sozusagen das perfekte Keto-Gericht ist. Aber aus irgendeinem Grund kann ich mich mit Cobb Salads mit Putenfleisch nicht so wirklich anfreunden – ich finde diese Kombination so langweilig. In meinem letzten Buch hatte ich einen Cobb Salad mit Skirt Steak und einen mit Lachs vorgestellt. In diesem hier gibt es jetzt eine Version mit Garnelen, die durch die köstliche Chili-Limetten-Würzmischung (Seite 290) den besonderen Kick bekommen. Guten Appetit!

☐ Comfort Food
☐ bis 30 Minuten

ZUTATEN:

230 g Garnelen, küchenfertig
2 EL natives Olivenöl extra
1 EL Chili-Limetten-Würzmischung (Seite 290)
Salz
frisch gemahlener schwarzer Pfeffer
2 Eier (Größe L)
4 Scheiben Frühstücksspeck
150 g klein geschnittener Romanasalat
1 TL frisch gepresster Zitronensaft
1 Avocado, geschält und entkernt, gewürfelt
4 EL grob gehackte Pekannusskerne
4 EL geriebener Käse (beispielsweise eine Mischung aus kräftigen Sorten wie Cheddar, mittelalter Gouda und Monterey Jack etc.) (optional)

MAKRONÄHRSTOFFE:

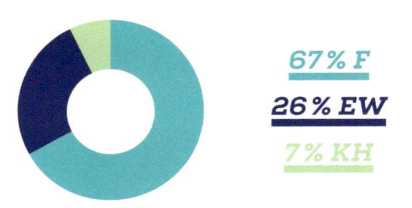

67 % F
26 % EW
7 % KH

kcal: 741; F: 53 g; EW: 52 g;
Gesamt-KH: 14 g; BS: 8 g; N-KH: 6 g

1. Backofen auf 200 °C (Ober-/Unterhitze) vorheizen. Ein Backblech mit Backpapier oder einer Silikon-Backmatte auslegen.

2. In einer mittelgroßen Schüssel die Garnelen mit 1 EL Olivenöl und der Chili-Limetten-Würzmischung sowie mit Salz und Pfeffer vermengen. Die Garnelen in einer Lage auf dem Backblech verteilen und 5 Minuten backen.

3. In einem kleinen Topf die Eier mit Wasser bedecken und bei starker Hitze aufkochen lassen. Sobald das Wasser kocht, die Herdplatte ausschalten und den Topf 10–12 Minuten auf der Platte stehen lassen.

4. Während die Eier kochen, in einer großen Pfanne den Frühstücksspeck bei mittlerer bis starker Hitze von beiden Seiten insgesamt etwa 8 Minuten knusprig braten. Zum Entfetten auf einen mit Küchenpapier ausgelegten Teller geben und abkühlen lassen, anschließend zerbröseln.

5. Den Romanasalat auf zwei Teller verteilen, mit dem restlichen Olivenöl und dem Zitronensaft beträufeln, salzen und pfeffern.

6. Die hart gekochten Eier schälen und klein schneiden.

7. Die Toppings aus Garnelen, Eiern, Avocado, Pekannüssen, Speck und Käse getrennt voneinander auf den Romanasalat geben. Die Anordnung der Zutaten kann nach Belieben entweder in Form von Streifen oder Kuchenstücken erfolgen.

DIE PALEO-VARIANTE:

Für eine paleo-freundliche Version können Sie einfach den geriebenen Käse weglassen.

BACON-CHEESEBURGER-SUPPE

In meinem letzten Kochbuch habe ich Ihnen meinen Cheeseburger-Auflauf mit Speck vorgestellt, und hier ist es jetzt die Suppenvariante! Sie ist sehr sättigend und jeder, der gern Cheeseburger isst, wird diese Suppe einfach lieben – Kinder einschließlich!

- ☐ Comfort Food
- ☐ ohne Nüsse
- ■ paleo oder paleo-freundlich

ZUTATEN:

- 3 Scheiben Frühstücksspeck
- 170 g Rinderhackfleisch
- Salz
- frisch gemahlener schwarzer Pfeffer
- 2 EL Butter alternativ Ghee
- 1 TL Chilipulver
- ½ TL Knoblauchpulver
- ½ TL Zwiebelpulver
- 500 ml Rinderbrühe oder Rinder-Knochenbrühe
- 1 TL Senf
- 50 g geriebener Cheddar
- 2 Scheiben eingelegte Gurke, gewürfelt
- 2 EL Tomatensauce oder -mark
- 60 g Doppelrahmfrischkäse oder Milchfreier Rahmkäse (Seite 305), gewürfelt
- 60 g Schlagsahne oder Kokosmilch (mit hohem Fettgehalt, ungesüßt)

MAKRONÄHRSTOFFE:

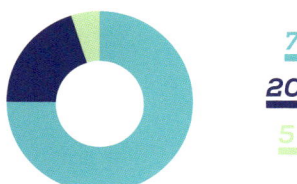

- 75 % F
- 20 % EW
- 5 % KH

kcal: 410; F: 34 g; EW: 21 g; Gesamt-KH: 5 g; BS: 1 g; N-KH: 4 g

1. In einer Pfanne den Frühstücksspeck bei mittlerer bis starker Hitze von beiden Seiten etwa 8 Minuten knusprig braten. Zum Entfetten auf einen mit Küchenpapier ausgelegten Teller geben und abkühlen lassen, anschließend zerbröseln.

2. Das Rinderhackfleisch in das ausgelassene Fett in der Pfanne geben und salzen und pfeffern. Unter gelegentlichem Rühren das Fleisch zerkleinern und etwa 8 Minuten knusprig braun braten.

3. In der Zwischenzeit einen Topf oder großen Stieltopf auf mittlerer Stufe erhitzen. Die Butter darin zerlassen und Chilipulver, Knoblauchpulver und Zwiebelpulver zugeben. Dann die Rinderbrühe, den Senf, den Käse, die Gurken und die Tomatensauce zugeben und alles 5–10 Minuten garen.

4. Die Temperatur auf eine niedrige Stufe reduzieren und Hackfleisch sowie Doppelrahmfrischkäse in den Topf geben. Zudecken und bei schwacher Hitze 20 Minuten köcheln lassen.

5. Die Herdplatte ausschalten und die Schlagsahne einrühren.

6. Jede Portion mit dem zerbröselten Speck garnieren und anschließend servieren.

DIE PALEO-VARIANTE:

Für eine paleo-freundliche Version können die Milchprodukte durch milchfreie Optionen ersetzt werden. Nutzen Sie das Rezept für Milchfreien Rahmkäse (Seite 305).

MEDITERRANER WEDGE-SALAT

Die Idee für eine mediterrane Note eines klassischen Wedge-Salats hatte ich eines Tages, als ich alle Zutaten für einen griechischen Salat, aber nur Eisbergsalat im Haus hatte. Warum also nicht einen Wedge-Salat mit griechischer Füllung zaubern. Ich bin so froh, dass ich es ausprobiert habe.

- ☐ allergenfrei
- ☐ Comfort Food
- ■ ohne Milchprodukte
- ■ ohne Nüsse
- ■ paleo oder paleo-freundlich
- ■ bis 30 Minuten

ZUTATEN:

90 g halbierte Kirschtomaten

1 gewürfelte Gurke

70 g schwarze Oliven, entsteint und halbiert

1 TL Italienische Kräutermischung (Seite 295)

2 EL natives Olivenöl extra

Salz

frisch gemahlener schwarzer Pfeffer

½ Kopf Eisbergsalat

1. In einer mittelgroßen Schüssel die Tomaten mit Gurke, Oliven, italienischer Kräutermischung, 1 EL Olivenöl, Salz und Pfeffer gründlich vermengen.

2. Ein paar Salatblätter auf jeden Teller legen.

3. Die Tomaten-Gurken-Oliven-Mischung darauf verteilen, mit dem restlichen EL Olivenöl beträufeln und eine weitere Prise Salz zugeben.

MAKRONÄHRSTOFFE:

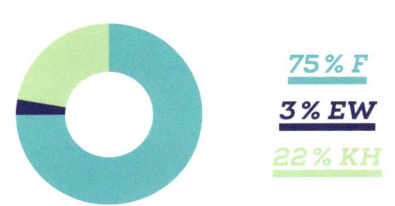

75 % F
3 % EW
22 % KH

kcal: 196; F: 17 g; EW: 2 g;
Gesamt-KH: 12 g; BS: 3 g; N-KH: 9 g

VARIANTE:

Feta schmeckt ausgezeichnet hierzu, einfach zerkrümeln und darüberstreuen. Außerdem können Sie nach Belieben auch Zwiebeln in die Tomatenmischung geben.

HÜHNER-TORTILLA-SUPPE

Der einzige Unterschied zwischen meiner Hühner-Tortilla-Suppe und der sonst üblichen, kohlenhydratreicheren Version ist, dass ich kohlenhydratarme Tortillas verwende, die Tortillastreifen dann nach meinem Geschmack gewürzt backe und den Mais weglasse.

- ☐ Comfort Food
- ohne Milchprodukte
- ohne Nüsse
- paleo oder paleo-freundlich

ZUTATEN:

720 ml Hühnerbrühe oder Hühner-Knochenbrühe

2–3 Hähnchenbrustfilets

½ Dose (425 g) gewürfelte Tomaten mit italienischen Kräutern

½ gewürfelte Zwiebel

1 grüne Paprikaschote, gewürfelt

2 Jalapeño-Chilischoten, Samen entfernt, fein zerkleinert

½ TL Chilipulver

Salz

frisch gemahlener schwarzer Pfeffer

1 kohlenhydratarme Tortilla, in 1,5 cm breite Streifen geschnitten

1 EL natives Olivenöl extra

1 TL Tajín-Sauce

4 EL geriebener Käse (beispielsweise eine Mischung aus kräftigen Sorten wie Cheddar, mittelalter Gouda und Monterey Jack etc.) (optional)

1 Avocado, geschält und entkernt, gewürfelt (optional)

2 EL Sauerrahm (optional)

MAKRONÄHRSTOFFE:

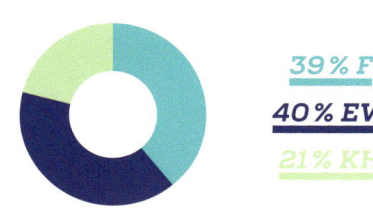

39 % F
40 % EW
21 % KH

kcal: 251; F: 11 g; EW: 25 g;
Gesamt-KH: 13 g; BS: 3 g; N-KH: 10 g

1. Hühnerbrühe, Hähnchenbrustfilets, Tomaten, Zwiebel, Paprikaschoten, Jalapeños und Chilipulver zusammen in den Schongarer geben.

2. Zudecken und auf niedriger Stufe 7 Stunden garen.

3. Die Hähnchenbrustfilets herausnehmen, mit zwei Gabeln zerzupfen und mit Salz und Pfeffer würzen. Das zerkleinerte Fleisch zurück in den Schongarer geben.

4. Zudecken und 1 Stunde weiter garen.

5. In den letzten 15 Minuten der Garzeit den Backofen auf 180 °C (Ober-/Unterhitze) vorheizen.

6. Die Tortillastreifen in einer Lage auf einem Backblech verteilen. Mit Olivenöl beträufeln und mit Salz und Tajín-Sauce würzen. 8–7 Minuten backen, bis sie knusprig sind.

7. Die Suppe auf Schalen verteilen und mit geriebenem Käse, Avocado, Sauerrahm (falls verwendet) und Tortillastreifen garniert servieren.

GUT VORZUBEREITEN:

Ich bereite normalerweise gleich eine doppelte Portion zu und esse sie dann über mehrere Tage verteilt!

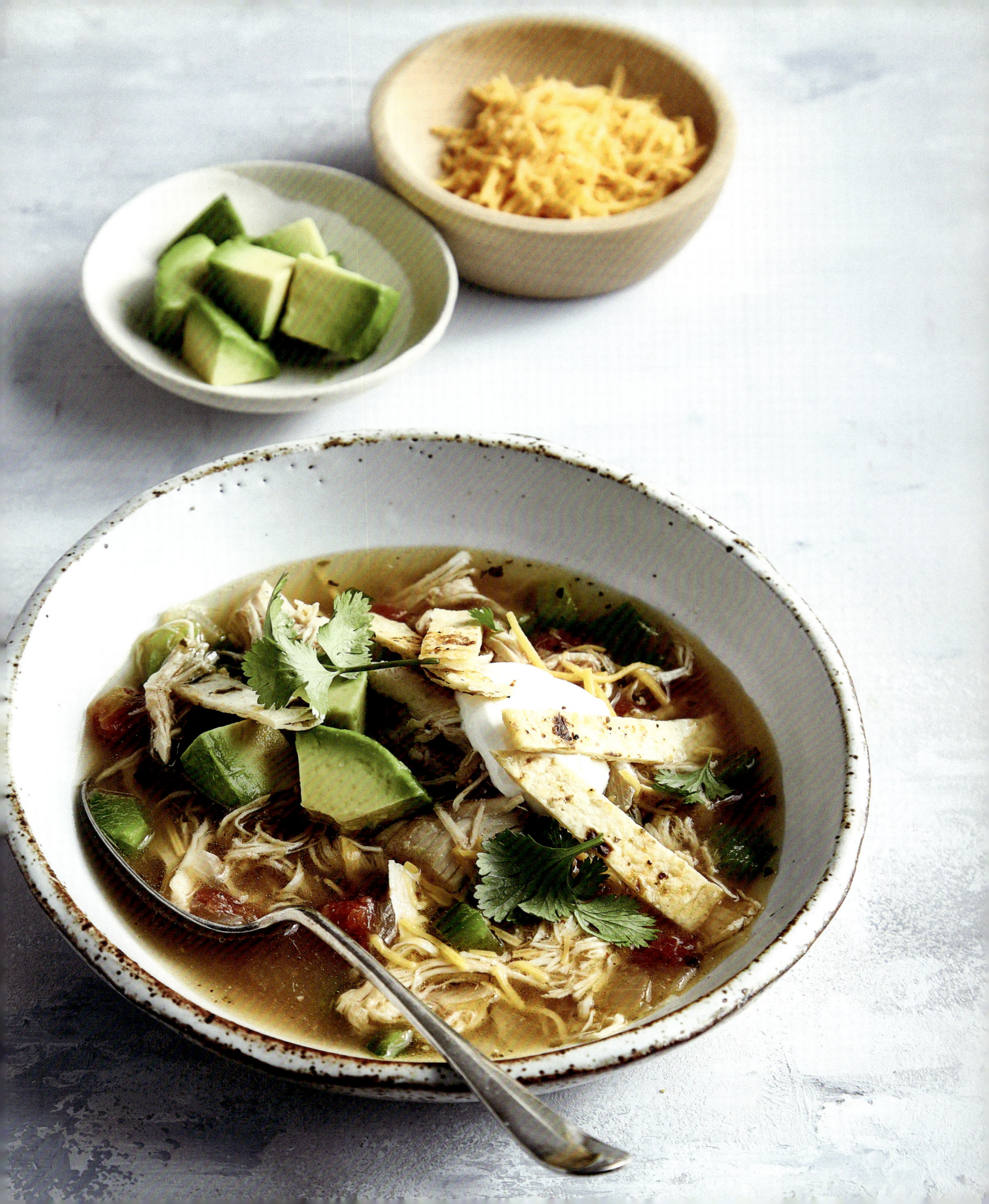

AVOCADO-COTIJA-SALAT

Diesen Salat bringe ich besonders gern auf den Tisch, wenn ich Gäste habe. Er ist sehr einfach zu machen und jeder (ob keto oder nicht) wird ihn mögen! Wenn Sie noch nie Cotija-Käse probiert haben, ist es jetzt an der Zeit! Er ist krümelig, salzig und einfach köstlich.

- ohne Nüsse
- bis 30 Minuten

ZUTATEN:

2 EL natives Olivenöl extra

1 EL frisch gepresster Limettensaft

2 gewürfelte Gurken

2 Avocados, geschält und entkernt, gewürfelt

90 g halbierte Kirschtomaten

Salz

frisch gemahlener schwarzer Pfeffer

4 EL zerkrümelter Cotija oder Feta

4 EL grob gehackte, frische Minze

1. In einer kleinen Schüssel das Olivenöl mit dem Limettensaft verquirlen.

2. In einer großen Schüssel die Gurken, die Avocados und die Tomaten vermengen und mit Salz und Pfeffer würzen. Das Dressing über die Gurkenmischung gießen und alles vermengen.

3. Den Cotija-Käse und die frische Minze unterheben.

MAKRONÄHRSTOFFE:

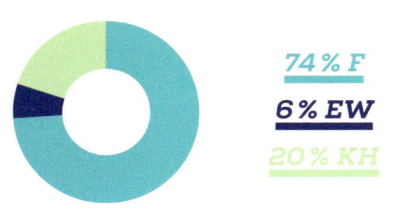

74 % F
6 % EW
20 % KH

kcal: 454; F: 39 g; EW: 8 g;
Gesamt-KH: 27 g; BS: 12 g; N-KH: 15 g

VARIANTE:

Für einen leichten Schärfekick 1 gewürfelte Jalapeño-Chilischote ohne Samen und Scheidewände zugeben.

2 PORTIONEN | ZUBEREITUNG: 15 MINUTEN | GARZEIT: 10 MINUTEN

THAILÄNDISCHER GARNELEN-ZOODLES-SALAT

Verwenden Sie für diesen Salat statt des üblichen Blattgemüses einmal Zoodles (Zucchininudeln) für eine frisch-knackige Note. Holen Sie Ihren Spiralschneider aus dem Schrank oder machen Sie es wie ich und kaufen Sie einfach fertige Zucchininudeln.

- ☐ Comfort Food
- ■ ohne Milchprodukte
- ■ ohne Nüsse
- ■ paleo oder paleo-freundlich
- ☐ bis 30 Minuten

ZUTATEN:

2 Zucchini, zu Spiralen geschnitten (Zoodles)

Salz

230 g geschälte Garnelen

¼ TL Paprikapulver

2 EL natives Olivenöl extra alternativ Ghee

2 fein gehackte Knoblauchzehen

½ Dose (425 g) gewürfelte Tomaten mit italienischen Kräutern

¼ TL Chiliflocken

70 g schwarze Oliven, in Scheiben geschnitten

frisch gemahlener schwarzer Pfeffer

4 EL gehacktes frisches Basilikum

1. Die Zoodles auf einen mit Küchenpapier ausgelegten Teller legen und salzen.

2. In einer kleinen Schüssel die Garnelen mit Salz und dem Paprikapulver würzen.

3. In einer Pfanne 1 EL Olivenöl bei mittlerer bis hoher Temperatur erhitzen und die Garnelen darin von jeder Seite etwa 2 Minuten anbraten. Auf einem Teller beiseitestellen.

4. Die Temperatur auf eine mittlere Stufe reduzieren, den restlichen EL Olivenöl zugeben und den Knoblauch darin weich garen.

5. Die Tomaten, die Chiliflocken und die Oliven zugeben. Salzen, pfeffern und erhitzen, bis alles köchelt.

6. Die Zoodles in die Sauce geben und 2 Minuten köcheln lassen.

7. Die Garnelen zugeben und alles gründlich vermengen.

8. Auf zwei Schalen verteilen und mit Basilikum garnieren.

MAKRONÄHRSTOFFE:

51 % F
33 % EW
16 % KH

kcal: 335; F: 19 g; EW: 28 g; Gesamt-KH: 13 g; BS: 4 g; N-KH: 9 g

VARIANTE:

Wenn Sie nicht auf Milchprodukte verzichten, können Sie für zusätzliches Fett 120 ml Alfredo-Sauce zu der Tomatenmischung geben.

2 PORTIONEN | ZUBEREITUNG: 5 MINUTEN

SAHNIGER GURKENSALAT

Ich liebe Gurken, weil sie so erfrischend sind. Dieser Salat bringt den Geschmack und die Textur der Gurken voll zur Geltung und könnte nicht einfacher zuzubereiten sein. Man braucht nur fünf Minuten und er schmeckt an einem heißen Tag einfach toll.

- ohne Nüsse
- bis 30 Minuten

ZUTATEN:

4 EL Sauerrahm

1 fein gehackte Knoblauchzehe

Saft von 1 Zitronenspalte

2 Gurken, gewürfelt

4 Radieschen, in feine Scheiben geschnitten

Salz

frisch gemahlener schwarzer Pfeffer

2 EL gehackter frischer Dill

1. In einer kleinen Schüssel Sauerrahm, Knoblauch und Zitronensaft verrühren.

2. In einer großen Schüssel die Gurken mit den Radieschen vermengen und mit Salz und Pfeffer würzen. Das Sauerrahm-Dressing über das Gemüse gießen und alles vermengen.

3. Mit Dill garniert servieren.

MAKRONÄHRSTOFFE:

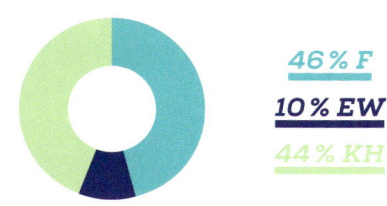

46 % F
10 % EW
44 % KH

kcal: 118; F: 6 g; EW: 3 g; Gesamt-KH: 13 g; BS: 2 g; N-KH: 11 g

VARIANTE:

Ich bin kein großer Fan von Zwiebeln, aber man kann gut ½ in feine Scheiben geschnittene rote Zwiebel zugeben.

SUPPEN UND SALATE

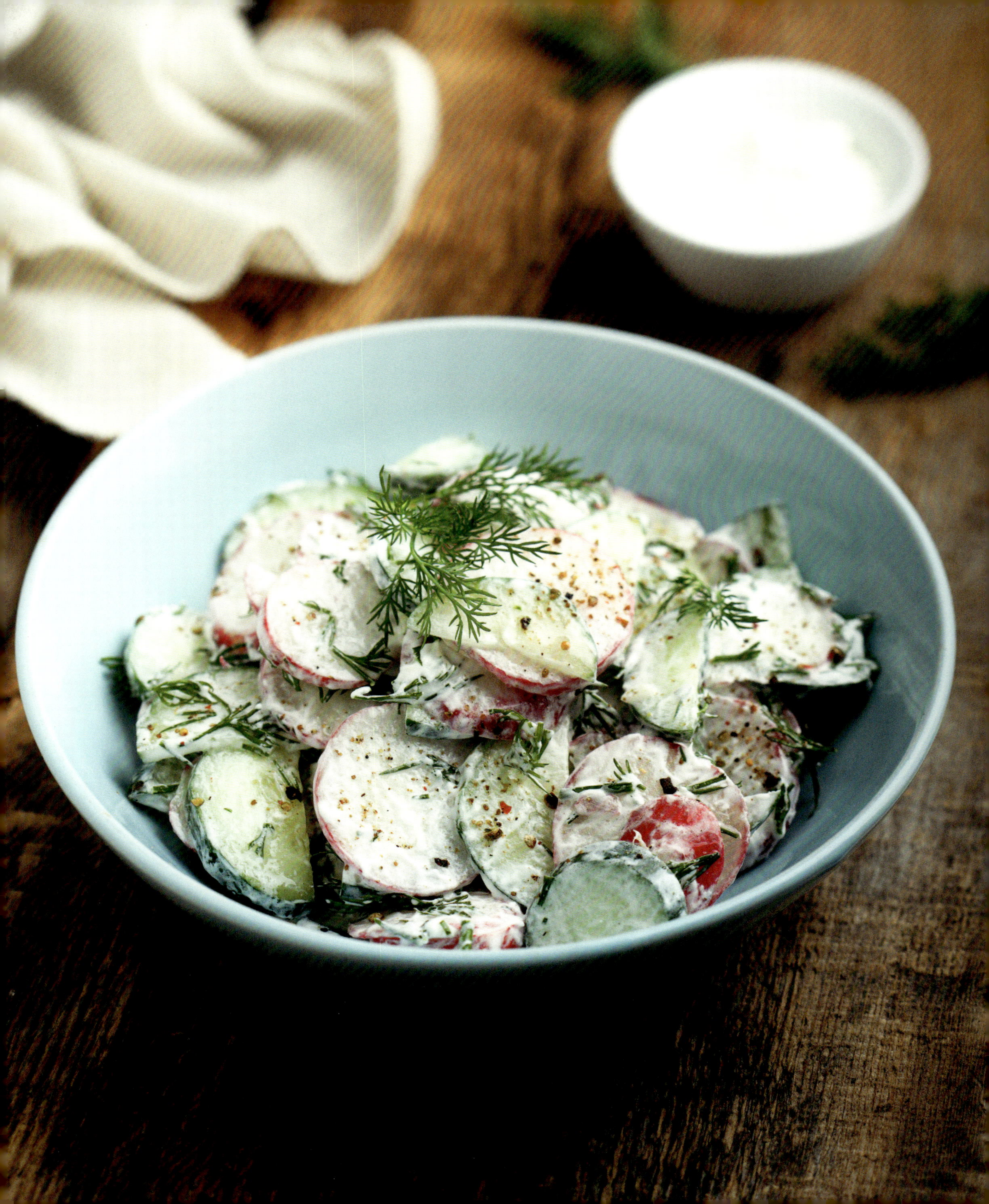

2 PORTIONEN | ZUBEREITUNG: 5 MINUTEN

ANTIPASTO-SALAT

Jedes Mal, wenn ich in einem italienischen Restaurant bin, bestelle ich mir schließlich doch den Antipasto-Salat. Zu Hause bereite ich aber auch gern meine eigenen Version zu. Bei diesem Salat, der reich an Aromen ist, kann man in Bezug auf die Zutaten kreativ werden. Dieser einfache Salat ist auch für eine große Gruppe schnell gemacht oder man teilt ihn in kleinere Portionen als Vorrat für mehrere Mittagessen auf.

- ☐ Comfort Food
- ■ ohne Milchprodukte
- ■ ohne Nüsse
- ■ paleo oder paleo-freundlich
- ☐ bis 30 Minuten

ZUTATEN:

1 Kopf Romanasalat, fein zerkleinert

6 eingelegte Perperoni, in Scheiben geschnitten

4 EL in Streifen geschnittene ungeräucherte Peperonisalami

4 EL in Streifen geschnittene ungeräucherte Salami

80 g Artischockenherzen, abgetropft und halbiert

4 EL schwarze Oliven, in Scheiben geschnitten

4 EL grüne Oliven, in Scheiben geschnitten

2 EL frisch geriebener Parmesan (optional)

1 EL paleo-freundliche Vinaigrette oder Italienisches Dressing

Romanasalat, Peperoni, Peperonisalami, Salami, Artischockenherzen, schwarze Oliven, grüne Oliven, Parmesan (falls verwendet) und Vinaigrette in eine große Schüssel geben und vermengen.

MAKRONÄHRSTOFFE:

67 % F
14 % EW
19 % KH

kcal: 240; F: 18 g; EW: 9 g;
Gesamt-KH: 14 g; BS: 8 g; N-KH: 6 g

VARIANTE:

Sehr gut schmecken in diesem Salat auch geröstete Pinienkerne. Allerdings dild der Salat dann nicht mehr als nussfrei. Eine trockene Pfanne bei mittlerer bis hoher Temperatur erhitzen und die Pinienkerne darin unter häufigem Umrühren 2 ½–3 Minuten gleichmäßig bräunen. Wichtig ist, dass sie nicht verbrennen.

2 PORTIONEN | ZUBEREITUNG: 10 MINUTEN

HÄHNCHEN-SALAT NACH CHICKENWING-ART

Dieses Rezept vereint sämtliche Aromen von Chickenwings in einem Salat. Ich bereite diesen einfachen Salat vor allem dann gern zu, wenn ich Reste von Hähnchenbrust zu Hause habe.

- ohne Nüsse
- bis 30 Minuten

ZUTATEN:

- 1 gebratenes Hähnchenbrustfilet, gewürfelt
- 2 EL Chilisauce
- 1 Kopf Romanasalat, fein zerkleinert
- 1 in Stücke geschnittene Gurke
- 1 Avocado, geschält und entkernt, gewürfelt
- 50 g gehackter Staudensellerie
- 4 EL zerkrümelter Blauschimmelkäse (optional)
- 2 EL paleo-freundliches Ranch-Dressing

1. In einer kleinen Schüssel das Hähnchenfleisch mit 1 EL Chilisauce vermengen.
2. In einer großen Schüssel den Romanasalat, die Gurke, die Avocado und den Sellerie vermengen.
3. Das Hähnchenfleisch und den zerkrümelten Blauschimmelkäse (falls verwendet) zum Gemüse geben und alles erneut vermengen.
4. In einer kleinen Schüssel das Ranch-Dressing mit dem restlichen EL Chilisauce verrühren und über den Salat träufeln.

MAKRONÄHRSTOFFE:

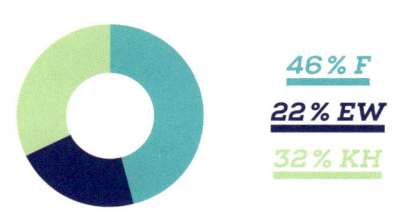

- 46 % F
- 22 % EW
- 32 % KH

kcal: 336; F: 18 g; EW: 27 g; Gesamt-KH: 21 g; BS: 11 g; N-KH: 10 g

DIE PALEO-VARIANTE:

Den zerkrümelten Blauschimmelkäse weglassen. Das Ranch-Dressing, das ich verwende, wird mit Avocadoöl gemacht und ist paleo-geeignet.

2 PORTIONEN | ZUBEREITUNG: 5 MINUTEN | GARZEIT: 8 MINUTEN

ERDBEER-SPINAT-SALAT MIT SPECK

Da Beeren als Früchte in der ketogenen Ernährung zugelassen sind, stehen sie bei mir mehrmals in der Woche auf dem Speiseplan. Für ein wenig erfrischende Süße sind keine großen Mengen erforderlich – nur zwei Erdbeeren runden das Fett in dem Frühstücksspeck und der Avocado bereits gut ab.

- ☐ allergenfrei
- ☐ Comfort Food
- ☐ ohne Milchprodukte
- ☐ ohne Nüsse
- ☐ paleo oder paleo-freundlich
- ☐ bis 30 Minuten

ZUTATEN:

6 Scheiben Frühstücksspeck
2 EL natives Olivenöl extra
1 EL frisch gepresster Zitronensaft
120 g Blattspinat
2 Erdbeeren, in Scheiben geschnitten
1 Avocado, geschält und entkernt, gewürfelt
Salz
frisch gemahlener schwarzer Pfeffer

1. In einer großen Pfanne den Frühstücksspeck bei mittlerer bis starker Hitze von beiden Seiten insgesamt etwa 8 Minuten knusprig braten. Zum Entfetten auf einen mit Küchenpapier ausgelegten Teller geben und abkühlen lassen, anschließend zerbröseln.

2. In einer kleinen Schüssel das Olivenöl mit dem Zitronensaft verquirlen.

3. In einer großen Schüssel Spinat, Frühstücksspeck, Erdbeeren und Avocado vermengen und mit Salz und Pfeffer abschmecken.

4. Das Dressing darüberträufeln, alles gründlich verrühren und servieren.

MAKRONÄHRSTOFFE:

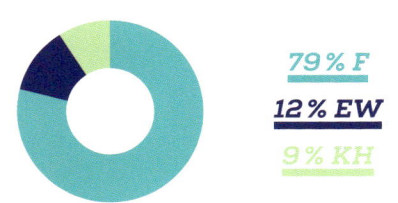

79 % F
12 % EW
9 % KH

kcal: 380; F: 34 g; EW: 12 g;
Gesamt-KH: 10 g; BS: 6 g; N-KH: 4 g

VARIANTE:
Ich bin kein großer Fan von Zwiebeln, aber man kann gut ½ in feine Scheiben geschnittene rote Zwiebel zugeben.

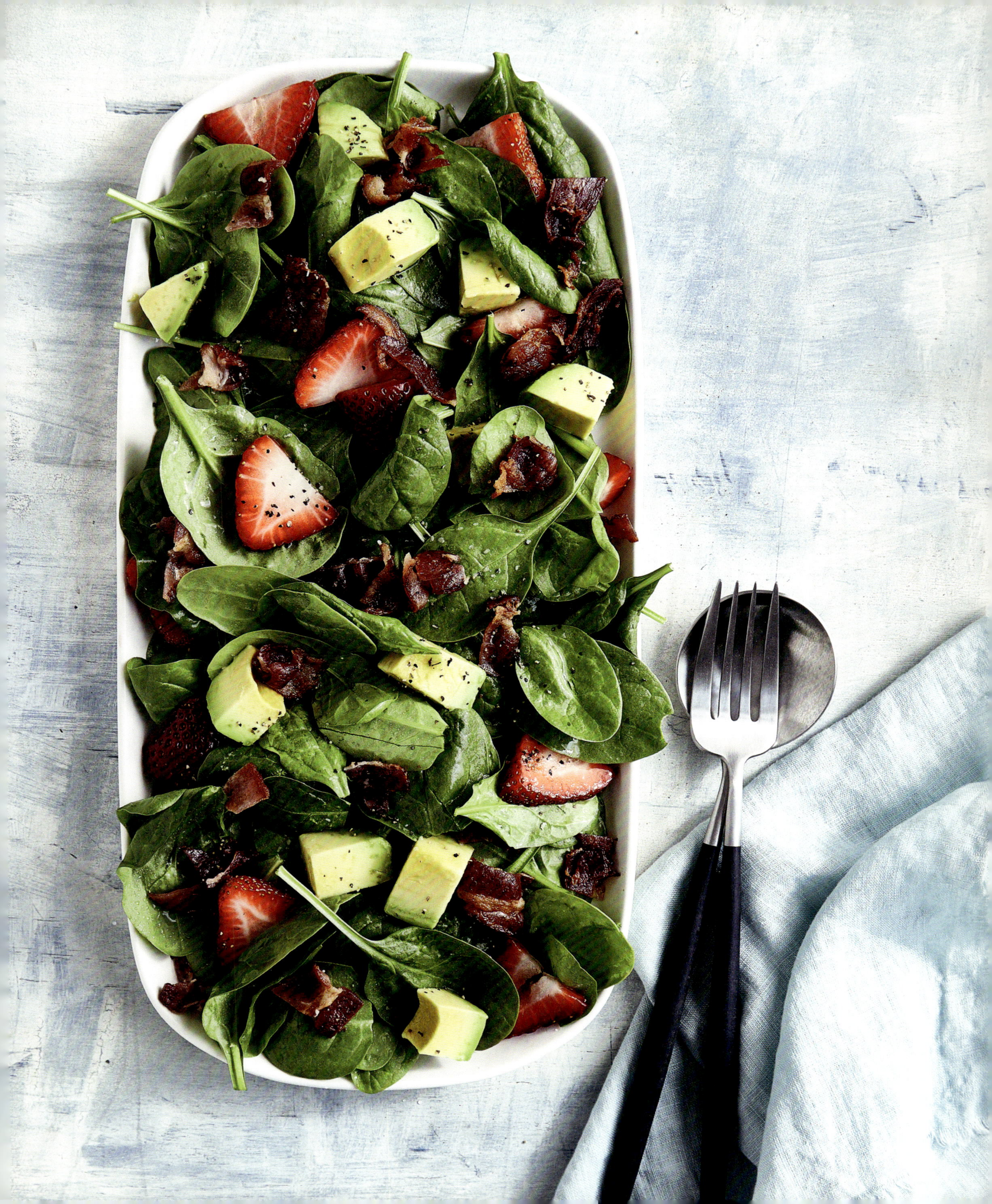

2 PORTIONEN | ZUBEREITUNG: 20 MINUTEN

KNACKIGER THAI-HÄHNCHENSALAT

Diese Kombination aus knackigem Kohl und Erdnüssen mit cremiger Erdnusssauce ist einfach göttlich. Die meisten Versionen dieses Salats, die man in Restaurants bekommt, enthalten jede Menge Zucker, nicht so dieser hier. Verwenden Sie Erdnussmus oder ein Nussmus ohne Zucker. (Ich persönlich liebe Erdnussbutter und esse auch kleine Mengen davon, aber einige Keto-Anhänger verzichten ganz auf Erdnüsse, da sie zu den Hülsenfrüchten zählen).

- ohne Milchprodukte
- bis 30 Minuten

ZUTATEN:

Für das Erdnuss-Dressing:

- 2 EL Erdnussmus oder Nussmus (zuckerfrei)
- 1 EL Kokos-Aminos-Würzsauce alternativ Sojasauce
- 1 TL Sesamöl
- ¼ TL Sriracha-Sauce

Für den Salat:

- 1 gebratenes Hähnchenbrustfilet, zerzupft
- 2 EL gehackte Erdnusskerne
- 80 g bunter Kohl, gehobelt
- 4 EL klein geschnittene Brokkoliröschen
- 2 EL in Ringe geschnittene Frühlingszwiebel, nur der grüne Teil
- 2 EL gehacktes Koriandergrün
- 1 gewürfelte Gurke
- 1 EL frisch gepresster Limettensaft

MAKRONÄHRSTOFFE:

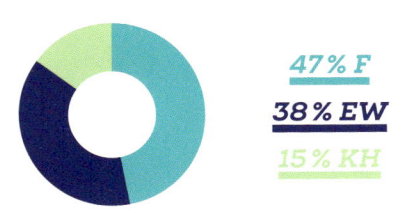

47 % F
38 % EW
15 % KH

kcal: 354; F: 18 g; EW: 38 g;
Gesamt-KH: 12 g; BS: 4 g; N-KH: 8 g

Zubereitung des Erdnuss-Dressings

In einem Standmixer oder einer Küchenmaschine Erdnussmus, Kokos-Aminos-Würzsauce, Sesamöl und Sriracha-Sauce zu einem glatten Dressing mixen.

Zubereitung des Salats

In einer großen Schüssel Hähnchenfleisch, Erdnusskerne, Kohl, Brokkoli, Frühlingszwiebel, Koriandergrün und Gurke vermengen. Das Erdnuss-Dressing und den Limettensaft darübergeben und servieren.

GUT VORZUBEREITEN:

Diesen Salat kann man wunderbar vorbereiten, allerdings sollte das Dressing erst kurz vor dem Verzehr zugegeben werden. Wer hier die Möhren und den Reis aus dem klassischen Thai-Salat schmerzlich vermisst kann alternativ z. B. fein gehobelte Streifen einer gelben Paprikaschote und Blumenkohlreis zugeben (siehe auf dem Bild rechts).

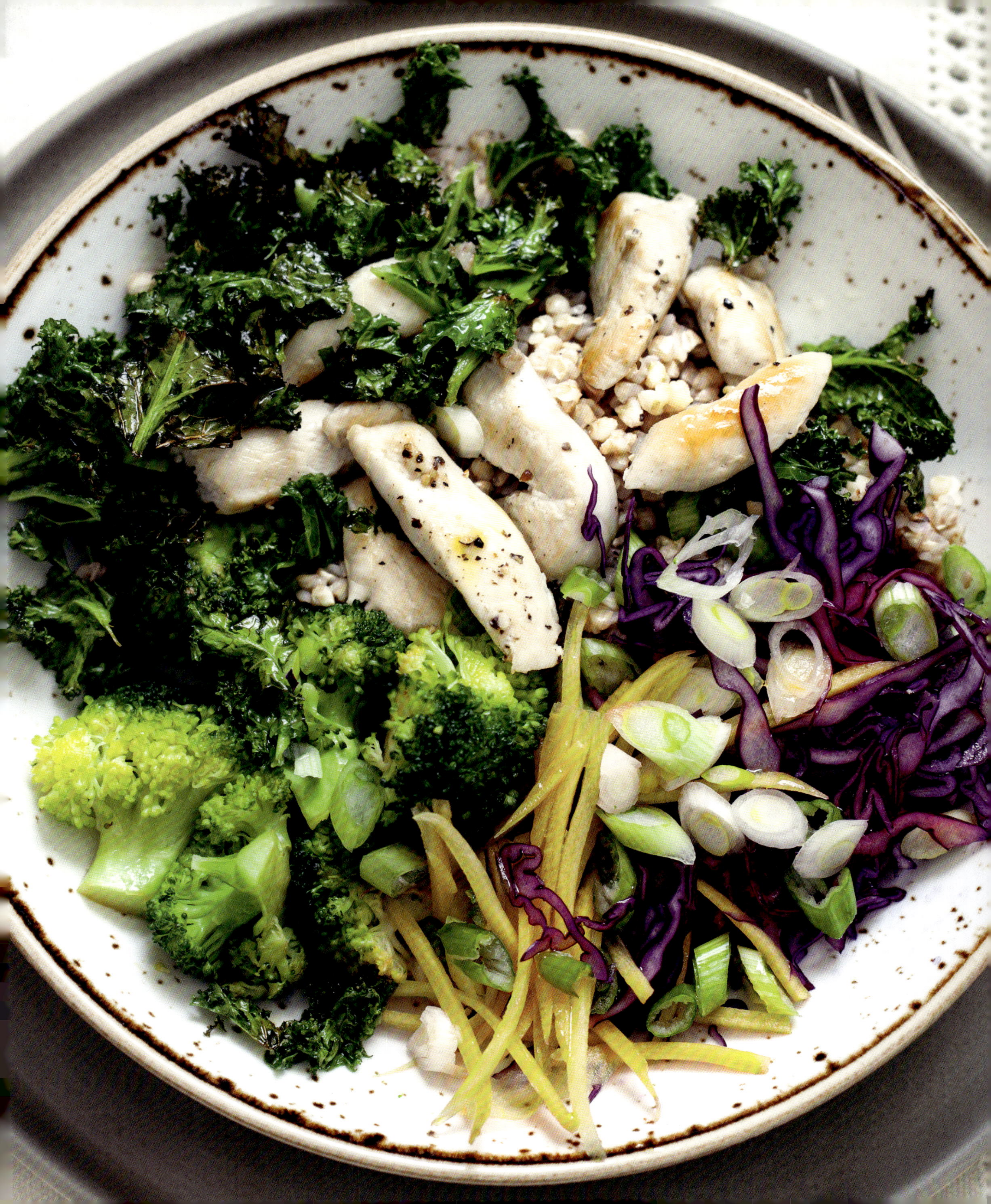

2 PORTIONEN | ZUBEREITUNG: 15 MINUTEN | GARZEIT: 20 MINUTEN

EIER-SPECK-SALAT MIT AVOCADO

In einem Restaurant in der Nähe meines Büros kann man diesen Salat mit Eiern und Bacon bestellen, der mir immer sehr gut schmeckt. An einem Wochenende zu Hause hatte ich einmal einen solchen Heißhunger darauf, dass ich ihn einfach selbst zusammengerührt habe.

- ☐ Comfort Food
- ☐ ohne Milchprodukte
- ☐ ohne Nüsse
- ☐ paleo oder paleo-freundlich

ZUTATEN:

2 Eier (Größe L)
4 Scheiben Frühstücksspeck
1 kleiner Kopfsalat
½ EL natives Olivenöl extra
Salz
frisch gemahlener schwarzer Pfeffer
1 Avocado, geschält und entkernt, gewürfelt
½ TL frisch gepresster Zitronen- alternativ Limettensaft

1. In einem kleinen Topf die Eier mit Wasser bedecken und bei starker Hitze aufkochen lassen. Sobald das Wasser kocht, die Herdplatte ausschalten und den Topf 10–12 Minuten auf der Platte stehen lassen.

2. Während die Eier kochen, eine große Pfanne auf mittlerer bis hoher Stufe erhitzen. Den Frühstücksspeck von beiden Seiten etwa 8 Minuten knusprig braten. Zum Entfetten auf einen mit Küchenpapier ausgelegten Teller geben und abkühlen lassen, anschließend zerbröseln.

3. Die Blätter des Kopfsalats ablösen, waschen und trocken tupfen. Die Blätter auf 2 Teller verteilen und mit Olivenöl beträufeln. Mit 1 Prise Salz und Pfeffer würzen.

4. Die hart gekochten Eier pellen, klein schneiden und in eine Schüssel geben. Die Avocado zu den Eiern geben und alles mit einer Gabel zerdrücken. Salzen, pfeffern, den Zitronensaft zugeben und alles gründlich verrühren.

5. Die Ei-Avocado-Mischung gleichmäßig auf die Salatblätter verteilen und den Frühstücksspeck darüberstreuen.

MAKRONÄHRSTOFFE:

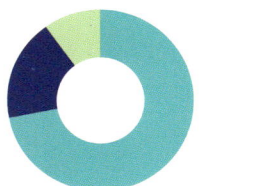

72 % F
18 % EW
10 % KH

kcal: 313; F: 26 g; EW: 15 g; Gesamt-KH: 9 g; BS: 6 g; N-KH: 3 g

ALLERGEN-TIPP:

Sie können die Eier in diesem Salat weglassen und stattdessen 4 EL gewürfelten Tofu mit der Avocado vermischen.

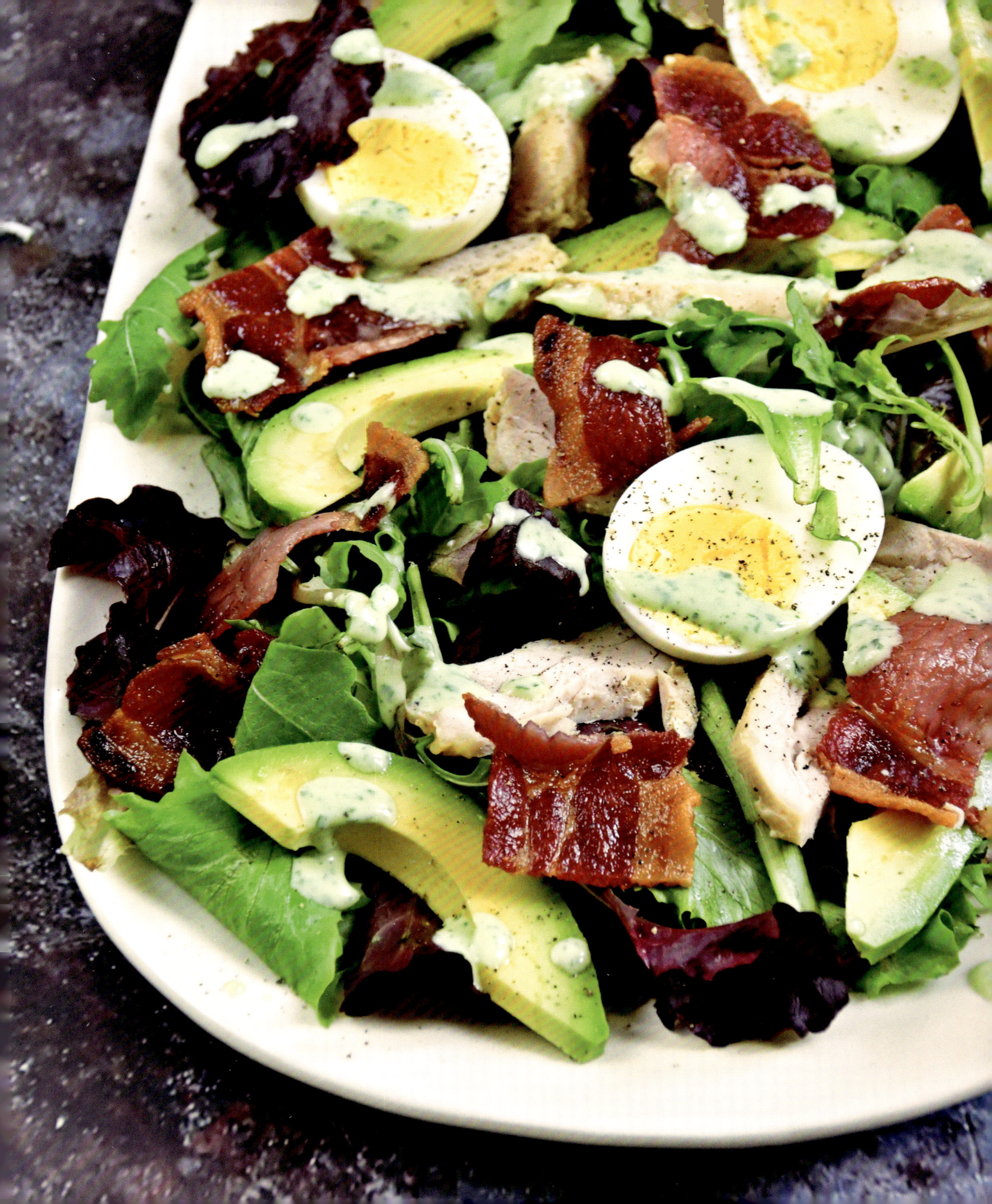

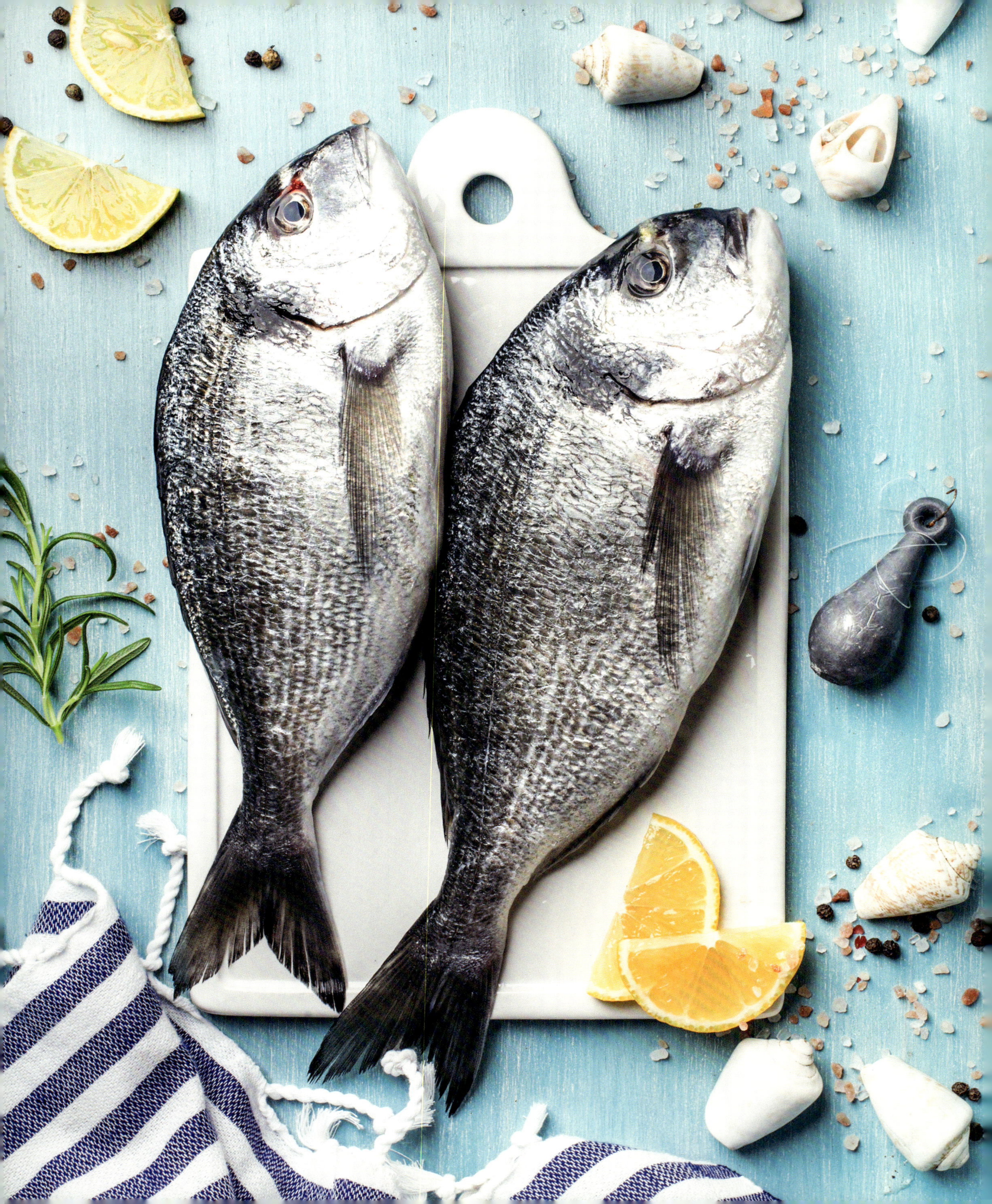

FISCH UND MEERESFRÜCHTE

* KAPITEL 8 *

Lachs-Burger mit Aioli und Blattgemüse 156
Pochierter Lachs mit Gurken-Rahm-Sauce 158
Scharfe Garnelen mit Shirataki-Nudeln 159
Kaisergranat mit Zoodles 160
Thunfisch-Poke-Bowl 162
Jalapeño-Garnelen im Speckmantel 163
Kokos-Goldmakrelen-Nuggets 164
Krosse Fischstäbchen 166
Kabeljau-Prosciutto-Rolle 167
Lachs in Knoblauch-Butter-Rahmsauce 168
Gegrillte Langustenschwänze 169
Knoblauch-Königskrabbenbeine 170
Marinierte Gelbflossen-Thunfischsteaks 171
Blackened Fish auf Sriracha-Rotkohl 172
Würzige Miesmuscheln aus dem Ofen 173

2 PORTIONEN | ZUBEREITUNG: 10 MINUTEN | GARZEIT: 10 MINUTEN

LACHS-BURGER MIT AIOLI UND BLATTGEMÜSE

Egal ob roh oder gekocht, Lachs gehört zu meinen absoluten Lieblingsspeisen. Und besonders reizvoll sind dabei Lachsburger, da sie sich so interessant würzen lassen. Die sämige Aioli-Sauce rundet das Ganze köstlich ab.

- ☐ Comfort Food
- ☐ ohne Milchprodukte
- ☐ ohne Nüsse
- ☐ bis 30 Minuten

ZUTATEN:

20 g Schweinekrusten

350 g Lachs in Sashimi-Qualität+, gehackt*

1 Bund Frühlingszwiebeln, die grünen Teile in Ringe geschnitten

1 EL Kapern

1 EL Meerrettich (Fertigprodukt)

1 EL Dijonsenf

Salz

frisch gemahlener schwarzer Pfeffer

1 EL Öl alternativ Ghee

170 g gemischtes Blattgemüse

1 EL MCT-Öl alternativ Brain Octane Oil

2 EL Avocadoöl-Mayonnaise

frische Schnittlauchröllchen, zum Garnieren

1. Die Schweinekrusten in der Küchenmaschine auf die Größe von Semmelbröseln zerkleinern.

2. In einer großen Rührschüssel den Lachs mit Frühlingszwiebel, Kapern, Meerrettich, Dijonsenf und den zerbröselten Schweinekrusten mischen und mit Salz und Pfeffer würzen. Aus der Masse mit den Händen zwei 2,5 cm dicke Burger-Patty formen und diese auf einem Teller 10 Minuten in den Kühlschrank stellen.

3. Eine Pfanne oder eine Grillpfanne auf mittlerer Stufe erhitzen, das Öl darin heiß werden lassen und dann die Patties dazugeben.

4. Von beiden Seiten 4–5 Minuten anbraten.

5. Das Blattgemüse auf zwei Teller aufteilen und mit MCT-Öl, Salz und Pfeffer anmachen.

6. Die gegarten Lachsfrikadellen auf den Salat geben und mit der Mayonnaise sowie Schnittlauchröllchen garnieren.

MAKRONÄHRSTOFFE:

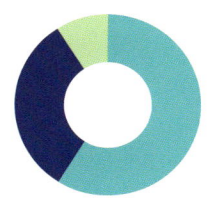

59 % F
32 % EW
9 % KH

kcal: 471; F: 31 g; EW: 38 g; Gesamt-KH: 10 g; BS: 2 g; N-KH: 8 g

*ANMERKUNG:

Ich verwende hier am liebsten rohen Lachs. Man bekommt ihn normalerweise in der Fischabteilung, ersatzweise können Sie aber auch vorgegarten Lachs aus der Dose nehmen.

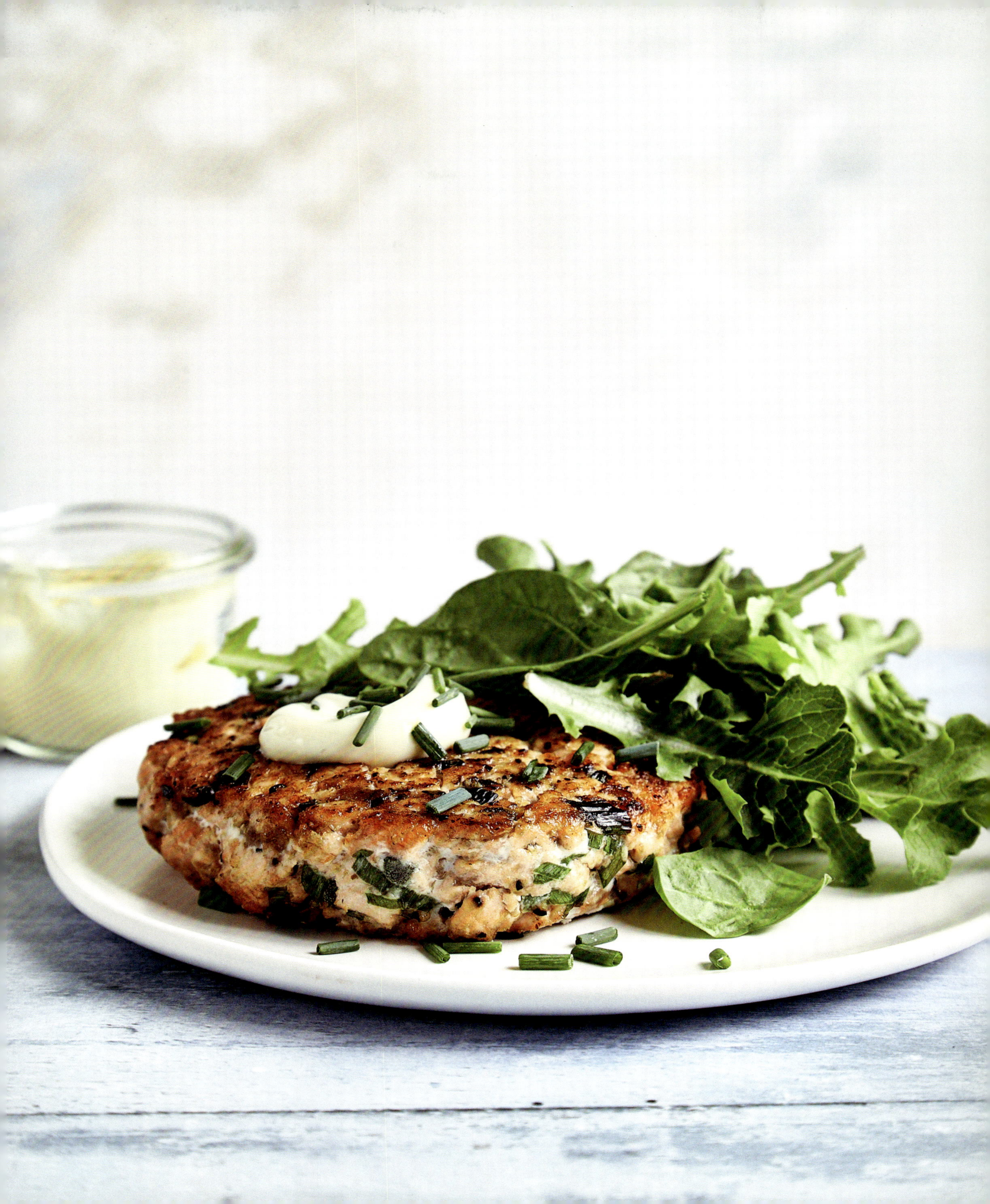

2 PORTIONEN | ZUBEREITUNG: 10 MINUTEN | GARZEIT: 7 MINUTEN

POCHIERTER LACHS MIT GURKEN-RAHM-SAUCE

Es würde mir sicher überhaupt nicht schwerfallen, jeden Tag Lachs zu essen. Hier eine gedünstete Version meiner Leibspeise mit einer leckeren Sauce aus Sauerrahm, Gurke und frischem Dill, die mit ihrem fein säuerlichen Geschmack einfach eine tolle Ergänzung ist.

- ohne Nüsse
- bis 30 Minuten

ZUTATEN:

1 kleine gewürfelte Gurke
120 g Sauerrahm
¼ TL Weißweinessig, plus 3 EL extra
1 TL Salz, plus etwas mehr zum Abschmecken
2 Lachsfilets (à 120 g), mit Haut
2 EL frischer Dill

1. In einer kleinen Schüssel die Gurkenwürfel mit Sauerrahm, Essig sowie Salz gründlich mischen und in den Kühlschrank stellen.

2. Für den Lachs einen Topf gut 7 cm hoch mit Wasser füllen, die übrigen 3 EL Essig sowie 1 TL Salz zugeben und alles zum Kochen bringen.

3. Den Lachs mit der Hautseite nach unten in den Topf legen und 5–7 Minuten garen. (Da ich den Lachs gern leicht roh mag, reichen für mich 5 Minuten.) Außen sollte er rundum gut rosa sein.

4. Den Lachs mit einem Schaumlöffel herausheben und zum Abtropfen auf einen mit Küchenpapier ausgelegten Teller legen.

5. Die Gurkensauce aus dem Kühlschrank holen und den Dill einrühren.

6. Die Lachsfilets auf Tellern mit der Gurkensauce anrichten.

MAKRONÄHRSTOFFE:

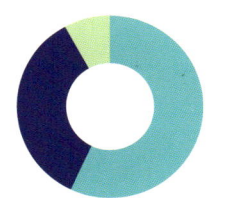

57 % F
35 % EW
8 % KH

kcal: 291; F: 19 g; EW: 24 g;
Gesamt-KH: 6 g; BS: 1 g; N-KH: 5 g

DIE PALEO-VARIANTE:

Anstelle von Sauerrahm die milchfreie Variante von Seite 259 verwenden.

SCHARFE GARNELEN MIT SHIRATAKI-NUDELN

Shirataki-Nudeln sind nicht nur unkompliziert, sondern ideal, um eigentlich kohlenhydratreiche Pasta-Rezepte keto-freundlich abzuwandeln. Die würzige Pastasauce nach Marinara-Art ist so lecker, dass ich sie auch einfach so weglöffeln könnte.

- ☐ Comfort Food
- ◼ ohne Milchprodukte
- ◼ ohne Nüsse
- ◼ paleo oder paleo-freundlich
- ☐ bis 30 Minuten

ZUTATEN:

170 g Garnelen, küchenfertig

Salz

¼ TL Paprikapulver

2 EL natives Olivenöl extra, Avocadoöl alternativ Ghee

2 fein gehackte Knoblauchzehen

170 stückige Tomaten

¼ TL Chiliflocken

frisch gemahlener schwarzer Pfeffer

4 EL gehacktes frisches Basilikum

1 Rezeptmenge Shirataki-Nudeln (Seite 58)

1. In einer kleinen Schüssel die Garnelen mit Salz und Paprikapulver würzen.

2. Von dem Öl 1 EL in einer Pfanne auf mittlerer Stufe erhitzen und die Garnelen darin von jeder Seite 2 Minute braten. Dann aus der Pfanne nehmen und auf einem Teller beiseitestellen.

3. Das übrige Öl in der Pfanne erhitzen und den Knoblauch darin etwa 1 Minute weich dünsten.

4. Dann die Tomaten, die Chiliflocken sowie Salz und Pfeffer zugeben, gut verrühren und erhitzen, bis die Tomaten leicht aufkochen.

5. Die Temperatur auf eine niedrige Stufe reduzieren und das Basilikum sowie die Garnelen darin 2 Minuten erhitzen.

6. Die Garnelen-Sauce über die Shirataki-Nudeln geben.

MAKRONÄHRSTOFFE:

56 % F
32 % EW
12 % KH

kcal: 240; F: 15 g; EW: 19 g;
Gesamt-KH: 8 g; BS: 2 g; N-KH: 6 g

VARIANTE:

Anstelle der Shirataki-Nudeln können Sie hier auch Zucchininudeln nehmen. In diesem Fall können Sie entweder fertige Zoodles kaufen oder zwei Zucchini selbst zu Spiralen schneiden und dann wie auf Seite 54 angegeben garen.

FISCH UND MEERESFRÜCHTE

2 PORTIONEN | ZUBEREITUNG: 10 MINUTEN | GARZEIT: 15 MINUTEN

KAISERGRANAT MIT ZOODLES

Wenn der Duft von Butter und Knoblauch durch das Haus zieht, könnte ich regelrecht hinwegschmelzen. Kaisergranat gehört für mich nicht nur in die Kategorie Comfort Food, sondern ist zudem auch noch sehr einfach zuzubereiten, macht aber optisch immer etwas her. Hier wird Kaisergranat für ein keto-freundliches Gericht mit Zoodles (Zucchini-Nudeln) kombiniert.

- ☐ Comfort Food
- ■ ohne Nüsse
- ☐ bis 30 Minuten

ZUTATEN:

3 EL Butter alternativ Ghee
2 fein gehackte Knoblauchzehen
1 Schalotte, in feine Ringe geschnitten
350 g Kaisergranat, küchenfertig
¼ TL Chiliflocken
Saft von ½ Zitrone
1 EL gehackte frische Petersilie
2 Zucchini, zu Spiralen geschnitten (Zoodles)
Salz
frisch gemahlener schwarzer Pfeffer
4 EL geriebener Parmesan

1. In einem großen Topf die Butter bei mäßiger Hitze zerlassen und Knoblauch sowie Schalotte darin weich andünsten.

2. Die Garnelen in einer kleinen Schüssel mit den Chiliflocken verrühren. In die Pfanne geben und etwa 1 Minuten anbraten. Dann wenden.

3. Nach etwa 1 weiteren Minute, wenn die zweite Seite fast fertig gebraten ist, den Zitronensaft zugeben. Die Temperatur etwas reduzieren und die Pfanne vom Herd nehmen. Die Petersilie und die Zoodles zugeben und alles gut vermengen.

4. Die Garnelen mit Salz und Pfeffer abschmecken, auf zwei Teller aufteilen und mit dem geriebenen Parmesan bestreuen.

MAKRONÄHRSTOFFE:

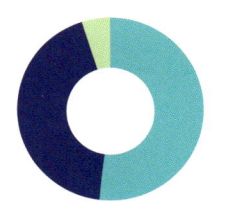

52 % F
43 % EW
5 % KH

kcal: 397; F: 24 g; EW: 40 g;
Gesamt-KH: 5 g; BS: 0 g; N-KH: 5 g

VARIANTE:

Gut schmecken zu den Garnelen auch Kirschtomaten, Spargel oder frischer Spinat. Gleichzeitig mit dem Zitronensaft können Sie auch etwas Weißwein zugeben.

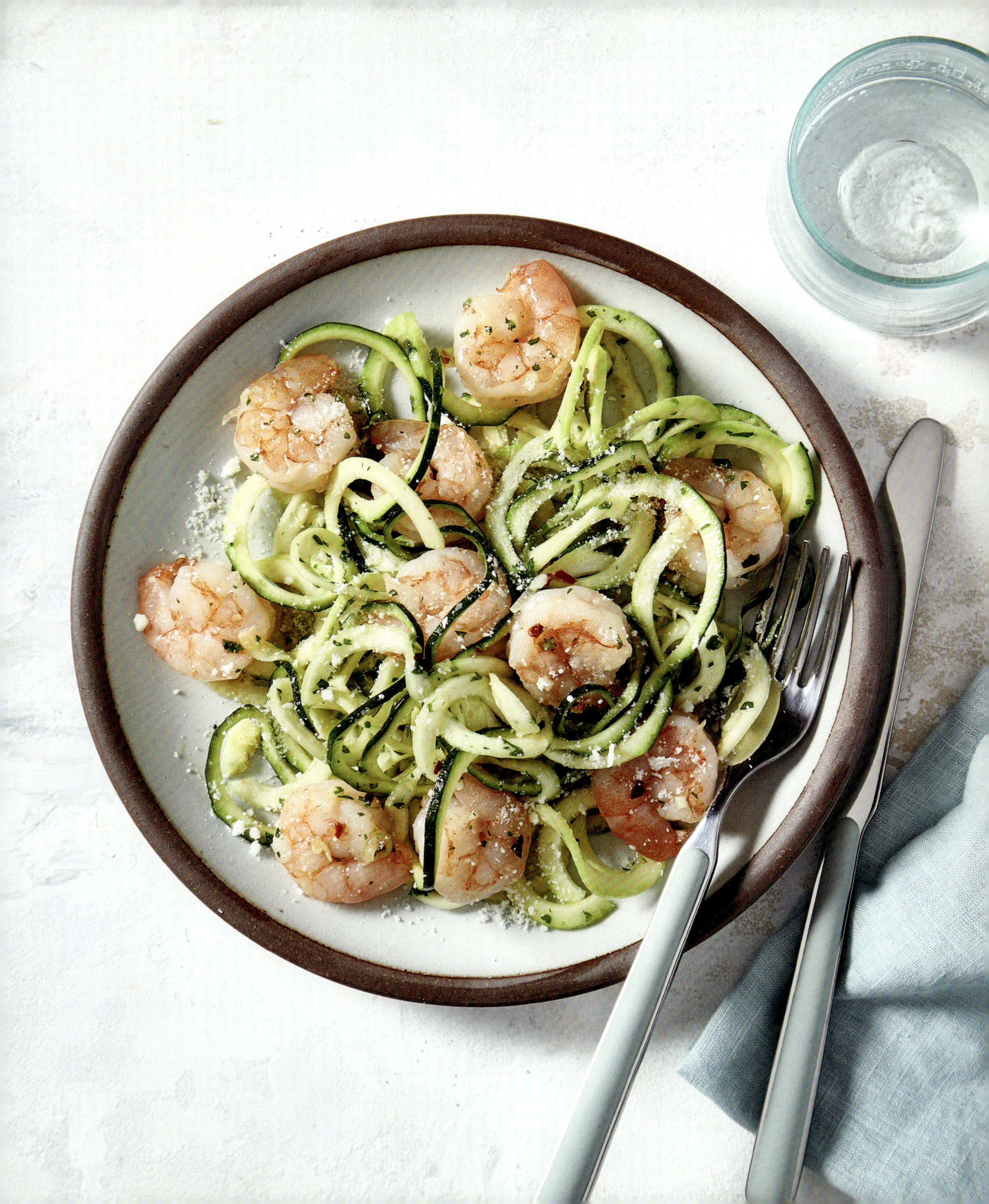

2 PORTIONEN | ZUBEREITUNG: **5 MINUTEN** | MARINIERZEIT: **20 MINUTEN**

THUNFISCH-POKE-BOWL

Diese direkt in Avocadohälften angerichtete unkomplizierte Mahlzeit ist angelehnt an Poke Bowls, einen aus Hawaii stammenden Streetfood-Klassiker. Und weil hier der Fisch roh zum Einsatz kommt, steht sie tatsächlich in wenigen Minuten auf dem Tisch.

- ☐ Comfort Food
- ◼ ohne Milchprodukte
- ◼ ohne Nüsse
- ◼ paleo oder paleo-freundlich
- ☐ bis 30 Minuten

ZUTATEN:

290 g gewürfelten Gelbflossen-Thunfisch in Sushi-Qualität

1 EL Sesamöl

1 EL Kokos-Aminos-Würzsauce alternativ Sojasauce

1 EL frisch gepresster Limettensaft

½ EL abgeriebene Limettenschale

1 TL frisch geriebener Ingwer

frisch gemahlener schwarzer Pfeffer

1 EL Avocadoöl-Mayonnaise

1 EL Sriracha-Sauce

2 Avocados, halbiert und entkernt

1 EL Sesamsamen alternativ Furikake (japanische Würzmischung aus getrocknetem Fisch, Sesam, Sojasauce u. a.)

1 EL Schnittlauchröllchen

1. Den Thunfisch unter kaltem Wasser abspülen und trocken tupfen. Dann in Würfel schneiden und in eine mittelgroße Schüssel geben.

2. Sesamöl, Kokos-Aminos-Würzsauce, Limettensaft, abgeriebene Limettenschale sowie Ingwer dazugeben und mit Pfeffer würzen. Alles gut vermengen und 10–20 Minuten im Kühlschrank durchziehen lassen.

3. In einer kleinen Schüssel die Mayonnaise mit der Sriracha-Sauce nach Geschmack verfeinern.

4. Den Thunfisch aus dem Kühlschrank nehmen und in die Avocadohälften füllen.

5. Die Sriracha-Mayo daraufgeben und mit Sesamsamen sowie Schnittlauchröllchen garnieren.

MAKRONÄHRSTOFFE:

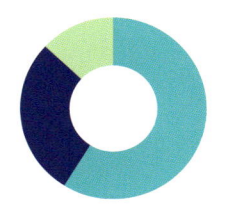

59 % F
28 % EW
13 % KH

kcal: 518; F: 34 g; EW: 37 g;
Gesamt-KH: 16 g; BS: 10 g; N-KH: 6 g

VARIANTE:

Poke wird üblicherweise in einer Schüssel mit Reis serviert. Wer mag, kann die Avocado würfeln und alle Zutaten auf eine keto-gerechte Unterlage geben, beispielsweise gemischtes Blattgemüse, Shirataki-Reis oder Blumenkohlreis.

2 PORTIONEN | ZUBEREITUNG: 10 MINUTEN | GARZEIT: 20 MINUTEN

JALAPEÑO-GARNELEN IM SPECKMANTEL

Der ein oder andere mag die Kombi aus Käse und Garnelen seltsam finden, aber glauben Sie mir, es schmeckt. Hier werden die Garnelen mit Speck und Jalapeño-Chili kombiniert und ergeben zusammen mit dem Käse einen tollen Partysnack.

- ohne Nüsse
- bis 30 Minuten

ZUTATEN:

4 Jalapeño-Chilischoten, die Samen entfernt, jeweils in 3–4 lange Streifen geschnitten

12 große Garnelen, mit Schwanz, küchenfertig, im Schmetterlingsschnitt aufgeschnitten

Salz

Paprikapulver

6 dünne Scheiben Frühstücksspeck

30 g geraspelten Chili-Käse

1. Den Backofen auf 180 °C (Ober-/Unterhitze vorheizen.
2. Die Jalapeño-Streifen nebeneinander auf ein Backblech legen und 10 Minuten rösten.
3. Inzwischen in einer kleinen Schüssel die Garnelen mit Salz und Paprikapulver würzen und die Speckscheiben der Länge nach halbieren.
4. Die Chilistreifen aus dem Ofen nehmen und jeweils einen davon in je eine geöffnete Garnele legen. Die Garnele wieder zusammenlegen, mit Speck umwickeln und diesen mit einem Zahnstocher fixieren. Alle Röllchen nebeneinander auf das Backblech legen.
5. Im Ofen 8 Minuten backen, bis der Speck knusprig ist.
6. Den Backofen auf Grillstufe stellen.
7. Das Blech kurz herausnehmen, den Käse auf den Garnelen-Röllchen verteilen und etwa 1 Minute überbacken.

MAKRONÄHRSTOFFE:

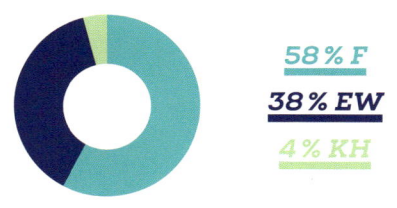

58 % F
38 % EW
4 % KH

kcal: 240; F: 16 g; EW: 21 g; Gesamt-KH: 3 g; BS: 1 g; N-KH: 2 g

DIE PALEO-VARIANTE:

Den Käse weglassen und für einen rahmigen Kick die Garnelen in Sriracha-Mayonnaise (siehe Rezept links) dippen.

FISCH UND MEERESFRÜCHTE

163

2 PORTIONEN | ZUBEREITUNG: 10 MINUTEN | GARZEIT: 10 MINUTEN

KOKOS-GOLDMAKRELEN-NUGGETS

Fisch mit exotischer Note! Die Kombination aus Goldmakrele, Kokosnuss, Macadamianüssen und Limette ist einfach überragend. Macadamianüsse sind für mich Hochgenuss pur und finden daher in diesem Buch mehrfach Verwendung.

- ☐ Comfort Food
- ☐ ohne Milchprodukte
- ☐ paleo oder paleo-freundlich
- ☐ bis 30 Minuten

ZUTATEN:

250 ml Avocadoöl alternativ ein anderes Öl, plus gegebenenfalls mehr

450 g TK-Goldmakrele, aufgetaut

2 Eier (Größe L)

2 EL Avocadoöl-Mayonnaise

110 g gemahlene Mandeln

40 g Kokosraspel

4 EL zerstoßene Macadamianusskerne

Salz

frisch gemahlener schwarzer Pfeffer

½ Limette, in Spalten geschnitten

4 EL Milchfreie Sauce Tartare (Seite 299)

1. In einer Pfanne das Avocadoöl auf hoher Stufe erhitzen. Die Pfanne sollte gut 1 cm hoch mit Öl gefüllt sein, daher je nach Größe der Pfanne die Ölmenge anpassen.

2. Den Fisch mit Küchenpapier gut trocken tupfen.

3. In einer kleinen Schüssel die Eier mit der Mayonnaise verquirlen.

4. In einer mittelgroßen Schüssel die gemahlenen Mandeln mit den Kokosraspeln und den Macadamiabröseln mischen und mit Salz und Pfeffer würzen. Die Goldmakrele in Nuggets schneiden (etwa 4 x 4 cm große Würfel).

5. Die Fischwürfel durch die Eimasse ziehen und dann in der trockenen Mischung wenden. Dabei etwas Druck ausüben, damit die »Panade« rundum gut haftet.

6. Die Fischstücke in das heiße Öl geben, das dabei zischen sollte. Von beiden Seiten je 2 Minuten goldbraun und knusprig braten. Je nach Größe Ihrer Pfanne können Sie die Nuggets in zwei oder drei Portionen braten.

7. Die gebratenen Nuggets zum Entfetten auf einen mit Küchenpapier ausgelegten Teller legen und die Zitronenspalten darüber auspressen.

8. Mit der Sauce Tartare servieren.

ALLERGEN-TIPP:

Bei einer bestehenden Ei-Allergie können Sie einen flüssigen Ei-Ersatz verwenden. Die Mayonnaise, die ich verwende, ist ohne Ei und wird mit Avocadoöl gemacht.

MAKRONÄHRSTOFFE:

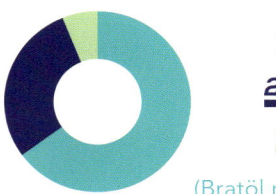

65 % F
29 % EW
6 % KH

(Bratöl nicht enthalten)

kcal: 733; F: 53 g; EW: 54 g; Gesamt-KH: 10 g; BS: 6 g; N-KH: 4 g

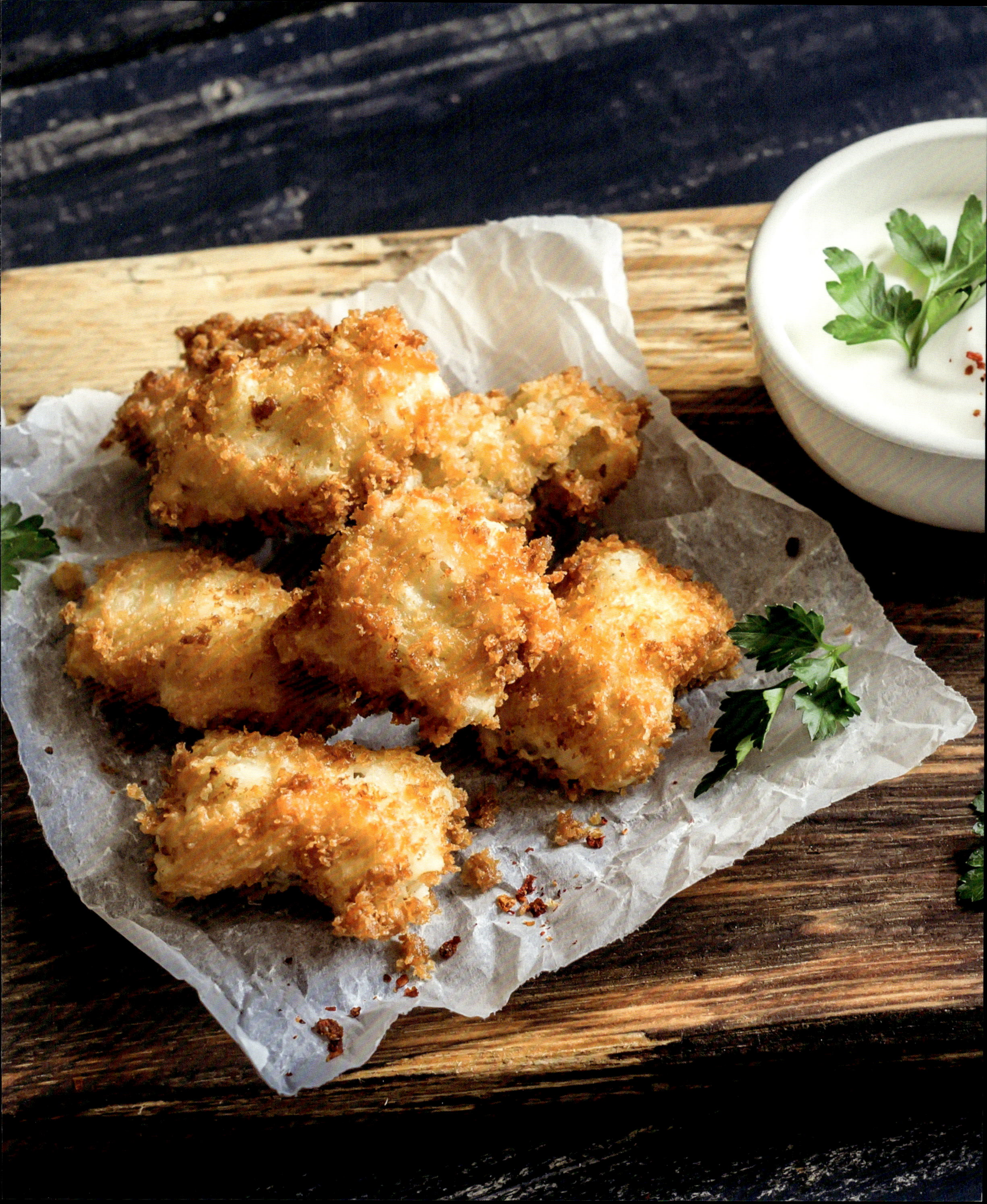

KROSSE FISCHSTÄBCHEN

4 PORTIONEN | ZUBEREITUNG: 10 MINUTEN | GARZEIT: 10 MINUTEN

Mir lag viel daran, eine keto-gerechte Variante von Fischstäbchen zu entwickeln, die sowohl Kindern als auch Erwachsenen schmeckt. Bei Fischstäbchen denken mit Sicherheit viele Leute an ihre Kindheit – so wie ich. Ich glaube, meine Mutter hat Fisch damals nur in dieser Form zubereitet. Heute esse ich mindestens viermal in der Woche Fisch, aber von Fischstäbchen kann ich immer noch nicht genug bekommen.

- ☐ Comfort Food
- ☐ bis 30 Minuten

ZUTATEN:

- 250 ml Avocadoöl alternativ ein anderes Öl, plus gegebenenfalls mehr
- 450 g TK-Kabeljaufilets, aufgetaut
- 2 Eier (Größe L)
- 2 EL Avocadoöl-Mayonnaise
- 110 g gemahlene Mandeln
- 60 g geriebenen Parmesan
- 40 g gemahlene Schweinekrusten
- ½ TL Chilipulver
- ½ TL gehackte frische Petersilie
- Salz
- frisch gemahlener schwarzer Pfeffer
- 4 EL Milchfreie Sauce Tartare (Seite 299)

1. In einer Pfanne das Avocadoöl auf hoher Stufe erhitzen. Die Pfanne sollte gut 1 cm hoch mit Öl gefüllt sein, daher je nach Größe der Pfanne die Ölmenge anpassen.
2. Den Fisch mit Küchenpapier gut trocken tupfen.
3. In einer kleinen Schüssel die Eier mit der Mayonnaise verquirlen.
4. In einer zweiten flachen Schale die gemahlenen Mandeln mit Parmesan, Schweinekrustenbröseln, Chilipulver und Petersilie sowie Salz und Pfeffer verrühren.
5. Den Kabeljau in Streifen schneiden.
6. Die Fischstreifen durch die Eimasse ziehen und dann in der trockenen Mischung wenden. Dabei etwas Druck ausüben, damit die »Panade« rundum gut haftet.
7. Portionsweise jeweils 3 oder 4 Fischstäbchen in das heiße Öl geben. Das Öl sollte dabei zischen. Von beiden Seiten jeweils etwa 2 Minuten goldgelb und kross braten.
8. Die gebratenen Fischstäbchen zum Entfetten auf einen mit Küchenpapier ausgelegten Teller legen und die übrigen Fischstäbchen ebenso zubereiten.
9. Die Sauce Tartare extra dazu reichen.

VARIANTE:

Falls Sie gerade keine Schweinekrusten griffbereit haben, nehmen Sie stattdessen einfach die doppelte Menge Parmesan.

MAKRONÄHRSTOFFE:

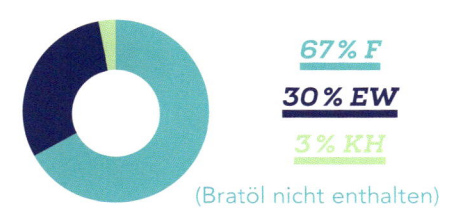

- 67 % F
- 30 % EW
- 3 % KH

(Bratöl nicht enthalten)

kcal: 402; F: 30 g; EW: 30 g;
Gesamt-KH: 3 g; BS: 1 g; N-KH: 2 g

FISCH UND MEERESFRÜCHTE

2 PORTIONEN | ZUBEREITUNG: 5 MINUTEN | GARZEIT: 10 MINUTEN

KABELJAU-PROSCIUTTO-ROLLE

Mit Parmaschinken lassen sich meiner Ansicht nach viele Dinge lecker einwickeln, ganz besonders aber liebe ich dieses Gericht, denn der Schinken wird hier herrlich kross und liefert einen wunderbaren Kontrast zum zarten, blättrigen Fisch. Den Fisch salze ich in diesem Rezept nicht extra, weil der Parmaschinken schon von sich aus viel Salz mitbringt.

- ☐ Comfort Food
- ◾ ohne Milchprodukte
- ◾ ohne Nüsse
- ◾ paleo oder paleo-freundlich
- ☐ bis 30 Minuten

ZUTATEN:

2 Kabeljaufilets (à ca. 170 g)

frisch gemahlener schwarzer Pfeffer

4 Scheiben Parmaschinken (prosciutto crudo)

2 EL Butter alternativ Ghee

1. Den Fisch mit Küchenpapier gut trocken tupfen.
2. Die Fischfilets mit Pfeffer würzen und in jeweils 2 Schinkenscheiben einwickeln.
3. Eine Pfanne auf mittlerer Stufe erhitzen und die Butter darin erhitzen.
4. Die Fischfilets in der heißen Butter von beiden Seiten jeweils 5 Minuten braten, bis sie außen knusprig und innen blättrig sind.
5. Den gebratenen Fisch zum Entfetten auf einen mit Küchenpapier ausgelegten Teller legen.

MAKRONÄHRSTOFFE:

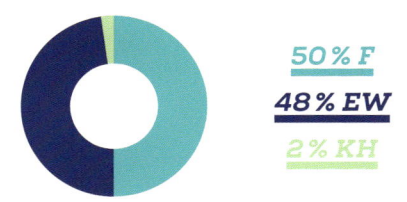

50 % F
48 % EW
2 % KH

kcal: 317; F: 18 g; EW: 38 g; Gesamt-KH: 0 g; BS: 0 g; N-KH: 0 g

VARIANTE:
Anstelle des Kabeljaus können Sie jede andere Sorte Fisch mit festem weißem Fleisch nehmen. (Möglichst Fisch aus Wildfang wählen.) Dieses Gericht passt wunderbar zum Zitronigen Spinat (Seite 252).

2 PORTIONEN | ZUBEREITUNG: 5 MINUTEN | GARZEIT: 20 MINUTEN

LACHS IN KNOBLAUCH-BUTTER-RAHMSAUCE

Dieses Rezept, bei dem mein Lieblingsfisch in aromatischer Rahmsauce angerichtet wird, ist ein echter Hit. Besonders gern mag ich dazu Shirataki-Nudeln, Shirataki-Reis oder Blumenkohlreis.

- ☐ Comfort Food
- ☐ ohne Nüsse
- ☐ bis 30 Minuten

ZUTATEN:

- 2 EL natives Olivenöl extra, alternativ Avocadoöl oder Ghee
- 2 Lachsfilets
- Salz
- frisch gemahlener schwarzer Pfeffer
- 2 EL Butter alternativ Ghee
- 3 fein gehackte Knoblauchzehen
- ½ kleine gewürfelte Zwiebel
- 120 g Schlagsahne
- 180 g frischer Spinat
- 4 EL geriebener Parmesan
- 1 EL gehackte frische Petersilie

1. In einer Pfanne auf mittlerer bis hoher Stufe das Olivenöl erhitzen.
2. Die Lachsfilets mit Küchenpapier trocken tupfen und von beiden Seiten mit Salz und Pfeffer würzen.
3. Die Fischfilets im heißen Öl von beiden Seiten jeweils etwa 4 Minuten anbraten und anschließend auf einen Teller legen.
4. In derselben Pfanne die Butter bei mäßiger Hitze zerlassen und Knoblauch sowie Zwiebeln darin weich andünsten.
5. Die Temperatur auf eine niedrige Stufe reduzieren, die Schlagsahne dazugeben und unter gelegentlichem Rühren zum Köcheln bringen.
6. Die ganzen Spinatblätter in die Rahmsauce geben und mit Salz und Pfeffer abschmecken. Den Parmesan unterrühren und leise weiterköcheln lassen, bis der Spinat zusammengefallen und der Käse geschmolzen ist.
7. Die Lachsstücke in die Pfanne geben, auf jeder Seite ca. 2 Minuten anbraten und mit einem Löffel die Sauce darüber verteilen. Mit Petersilie garniert servieren.

MAKRONÄHRSTOFFE:

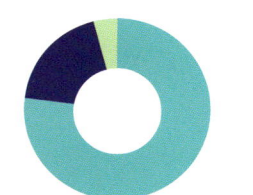

77 % F
19 % EW
4 % KH

kcal: 652; F: 57 g; EW: 29 g; Gesamt-KH: 7 g; BS: 1 g; N-KH: 6 g

VARIANTE:

Ob Sie den Lachs mit oder ohne Haut garen, ist Geschmackssache, allerdings weist die Haut vom Lachs, insbesondere von pazifischem Wildlachs, eine besonders hohe Konzentration an Omega-3-Fettsäuren auf.

2 PORTIONEN | **ZUBEREITUNG:** 10 MINUTEN | **GARZEIT:** 10 MINUTEN

GEGRILLTE LANGUSTENSCHWÄNZE

Langusten sind eine wirklich edle Delikatesse – wunderbar üppig und gehaltvoll. Und dazu sind sie absolut keto-freundlich, wenn man sie in Butter dippt! Ich hatte mich früher nie daran gewagt, zu Hause Langusten zuzubereiten, bis ich vor einigen Jahren festgestellt habe, wie einfach es eigentlich ist, Langustenschwänze zu grillen. Und so kommt es, dass ich sie heute gern zubereite.

- ☐ Comfort Food
- ohne Milchprodukte
- ohne Nüsse
- paleo oder paleo-freundlich
- ☐ bis 30 Minuten

ZUTATEN:

2 Langustenschwänze
½ Zitrone, in Spalten geschnitten
Salz
1 TL Paprikapulver
1 TL Knoblauchpulver
4 EL Butter alternativ Ghee
1 TL gehackte frische Petersilie

1. Den Backofen auf Grillstufe vorheizen.

2. Mit einer Küchenschere vorsichtig die Langustenschale an der Bauchseite von oben bis zum Schwanz einschneiden. Achten Sie darauf, dabei nicht das Fleisch einzuschneiden. Eventuell vorhandene Unreinheiten entfernen.

3. Die Schale öffnen und das Fleisch mit dem Saft von 1 Zitronenspalte beträufeln. Die übrigen Spalten unter das Fleisch schieben.

4. Das Langustenfleisch mit Salz, Paprikapulver und Knoblauchpulver bestreuen und jeweils 1 EL Butter daraufgeben.

5. Die Langustenschwänze in eine kleine Auflaufform oder auf ein Backblech legen und 10 Minuten unter dem Grill garen.

6. In der Zwischenzeit die übrigen 2 EL Butter in der Mikrowelle oder auf dem Herd zerlassen.

7. Die Langustenschwänze aus dem Ofen nehmen, die Petersilie darübergeben und mit der zerlassenen Butter zum Dippen servieren.

MAKRONÄHRSTOFFE:

73 % F
25 % EW
2 % KH

kcal: 285; F: 24 g; EW: 17 g;
Gesamt-KH: 2 g; BS: 1 g; N-KH: 1 g

VARIANTE:

Sie können auch tiefgekühlte Langustenschwänze nehmen, sollten dann aber daran denken, sie schon am Tag zuvor zum Auftauen in den Kühlschrank zu stellen.

FISCH UND MEERESFRÜCHTE

2 PORTIONEN | ZUBEREITUNG: 10 MINUTEN | GARZEIT: 20 MINUTEN

KNOBLAUCH-KÖNIGSKRABBENBEINE

Ich habe gelernt, dass der Weg in das Herz meiner Tochter über Krabbenbeine geht. Die hier vorgestellten mag sie besonders gern, denn sie sind sehr knofelig und aromatisch. Und ich finde sie prima, weil es so unglaublich einfach ist, sie zuzubereiten. Ich bin allerdings selbst auch ein großer Fan von Krabbenbeinen, und das Problem dabei ist, dass ich viele davon essen kann, ohne satt zu werden, und das kann wirklich teuer werden!

- ☐ Comfort Food
- ■ ohne Nüsse
- ■ paleo oder paleo-freundlich
- ☐ bis 30 Minuten

ZUTATEN:

4 EL Butter alternativ Ghee

2 EL natives Olivenöl extra

Saft und abgeriebene Schale von ½ Bio-Zitrone

4 zerdrückte und fein gehackt Knoblauchzehen

2 TL Old Bay Seasoning (Fertige Würzmischung für Fisch und Meeresfrüchte)

1 EL Chiliflocken

900 g Königskrabbenbeine

2 EL gehackte frische Petersilie

1. Den Backofen auf 190 °C (Ober-/Unterhitze vorheizen.

2. Eine große ofenfeste Pfanne auf mittlerer bis hoher Stufe erhitzen und dann Butter, Olivenöl, Zitronensaft, abgeriebene Zitronenschale, Knoblauch, Old-Bay-Gewürzmischung und Chiliflocken in die Pfanne geben und alles 2 Minuten anbraten.

3. Die Krabbenbeine und die Petersilie in die Pfanne legen, 3 Minuten lang die Beine immer wieder mit der Buttermischung beträufeln.

4. Die Pfanne für 15 Minuten in den vorgeheizten Backofen stellen. Zwischendurch die Krabbenbeine alle 5 Minuten beträufeln.

5. Die Krabbenbeine auf eine Platte legen und die Buttermischung in eine kleine Dipschale füllen.

MAKRONÄHRSTOFFE:

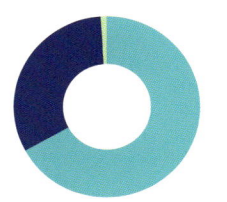

67 % F
32 % EW
1 % KH

kcal: 514; F: 38 g; EW: 41 g; Gesamt-KH: 2 g; BS: 0 g; N-KH: 2 g

VARIANTE:

Für einen außergewöhnlichen Geschmackskick sorgt hier etwas geriebener Ingwer.

FISCH UND MEERESFRÜCHTE

2 PORTIONEN | ZUBEREITUNG: 15 MINUTEN | GARZEIT: 5 MINUTEN

MARINIERTE GELBFLOSSEN-THUNFISCHSTEAKS

Was gäbe es schon an einem Gericht auszusetzen, das mit einer sehr kurzen Garzeit aufwartet? Und genau aus diesem Grund gehört scharf angebratener Gelbflossen-Thunfisch mit Sriracha-Mayonnaise zu meinen Lieblingsgerichten. Ich mariniere die Thunfischsteaks gern über Nacht, damit die Aromen wirklich gut durchziehen, die Marinierzeit kann aber auch ganz indivduell angepasst werden.

- ☐ Comfort Food
- ◼ ohne Milchprodukte
- ◼ ohne Nüsse
- ◼ paleo oder paleo-freundlich

ZUTATEN:

2 frische Gelbflossen-Thunfischsteaks (à 230 g)
2 EL Kokos-Aminos-Würzsauce alternativ Sojasauce
1 EL frisch gepresster Zitronensaft
1 TL Knoblauchpulver
1 EL geröstete Sesamsamen
Salz
frisch gemahlener schwarzer Pfeffer
2 EL Öl oder Ghee
2 EL Avocadoöl-Mayonnaise
1 EL Sriracha-Sauce
1 EL in Ringe geschnittene Frühlingszwiebel, nur das Grüne

1. Die Thunfischsteaks mit Küchenpapier trocken tupfen und in eine Auflaufform legen.

2. In einer kleinen Schüssel die Kokos-Aminos-Würzsauce mit Zitronensaft, Knoblauchpulver und Sesamsamen sowie Salz und Pfeffer verrühren.

3. Die Marinade über den Thunfisch gießen, sodass er rundum davon bedeckt ist. Dann die Form mit Frischhaltefolie abgedeckt in den Kühlschrank stellen. Ich lasse den Fisch über Nacht in der Marinade und wende ihn nur zwischendurch einmal, damit sie gleichmäßig durchzieht.

4. In einer großen Pfanne auf mittlerer bis hoher Stufe das Öl erhitzen. Im heißen Öl die Thunfischsteaks von beiden Seiten jeweils 1–1 ½ Minuten scharf anbraten.

5. Anschließend die Thunfischsteaks mit einem Pfannenwender aus der Pfanne nehmen und auf einem Schneidebrett 10 Minuten ruhen lassen.

6. In einer kleinen Schüssel die Mayonnaise mit der Sriracha-Sauce verrühren.

7. Die Thunfischsteaks quer zur Faser in Scheiben schneiden, mit der Sriracha-Mayo beträufeln und mit den Frühlingszwiebeln garniert servieren.

MAKRONÄHRSTOFFE:

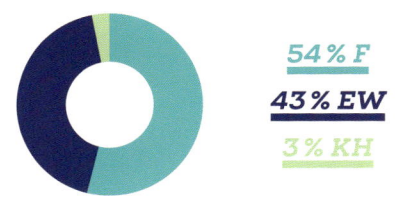

54 % F
43 % EW
3 % KH

kcal: 485; F: 29 g; EW: 52 g;
Gesamt-KH: 4 g; BS: 1 g; N-KH: 3 g

FISCH UND MEERESFRÜCHTE

BLACKENED FISH AUF SRIRACHA-ROTKOHL

Sriracha-Mayonnaise ist eine jener Saucen, die aus nahezu allem eine Delikatesse machen können, und dieser Schwertfisch macht dabei keine Ausnahme. Die Kombination aus knackigem Kohl, sämiger Sriracha-Mayo und blackened fish – durch Gewürze und Hitze geschwärzter Fisch, eine Spezialität der Cajun-Küche – wird Ihre Geschmacksknospen zum Tanzen bringen!

- ☐ Comfort Food
- ◾ ohne Milchprodukte
- ◾ ohne Nüsse
- ◾ paleo oder paleo-freundlich
- ☐ bis 30 Minuten

ZUTATEN:

2 Schwertfischsteaks (à 120–170 g)
1 TL Paprikapulver
1 TL Knoblauchpulver
¼ TL Cayennepfeffer
Salz
frisch gemahlener schwarzer Pfeffer
1 EL Öl alternativ Ghee
2 EL Avocadoöl-Mayonnaise
1 EL Sriracha-Sauce
80 g geraspelter Rotkohl

1. Den Fisch mit Küchenpapier trocken tupfen.
2. In einer kleinen Schüssel aus Paprika- und Knoblauchpulver sowie Cayennepfeffer, Salz und Pfeffer eine Würzmischung zubereiten.
3. Die Fischfilets von beiden Seiten mit der Würzmischung einreiben.
4. In einer mittelgroßen Pfanne das Öl auf mittlerer bis hoher Stufe erhitzen. Im heißen Öl die Schwertfischsteaks von beiden Seiten jeweils 3 Minuten braten, bis die Scheiben außen leicht geschwärzt sind und das Fleisch beim Einstechen mit einer Gabel auseinanderfällt.
5. In der Zwischenzeit in einer kleinen Schüssel die Mayonnaise mit der Sriracha-Sauce verrühren.
6. In einer mittelgroßen Schüssel den geraspelten Rotkohl mit der Hälfte der Mayonnaise vermengen.
7. Den Kohl auf zwei Teller verteilen und die geschwärzten Schwertfischsteaks darauflegen. Mit der restlichen Sriracha-Mayonnaise garniert servieren.

MAKRONÄHRSTOFFE:

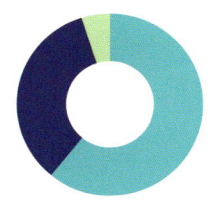

61 % F
34 % EW
5 % KH

kcal: 425; F: 29 g; EW: 36 g;
Gesamt-KH: 5 g; BS: 2 g; N-KH: 3 g

VARIANTE:
Sie können dieses Rezept auch mit Seebarsch oder einem anderen festen Fisch zubereiten. Gut schmeckt dieser Fisch auch als Füllung für eine Low-Carb-Tortilla.

WÜRZIGE MIESMUSCHELN AUS DEM OFEN

Falls Sie noch nie Miesmuscheln gegessen haben, könnte dieses Rezept für den Einstieg genau richtig sein! Die Vorbereitung kostet zwar etwas Zeit, aber sie sind unter dem Grill schnell gegart und lassen sich gut in größeren Mengen zubereiten, sodass sie sich auch als Party-Appetizer eignen.

- ☐ Comfort Food
- ▪ ohne Milchprodukte
- ▪ ohne Nüsse
- ▪ paleo oder paleo-freundlich
- ☐ bis 30 Minuten

ZUTATEN:

12 TK-Grünschalmuscheln, aufgetaut

4 EL Avocadoöl-Mayonnaise

2 EL Sriracha-Sauce

1 EL Kokos-Aminos-Würzsauce alternativ Sojasauce

4 EL gemahlene Schweinekrusten

2 EL in Ringe geschnittene Frühlingszwiebel, nur das Grüne

1 EL Sesamsamen

2 EL Masago (Capelinrogen, als Kaviarersatz)

1. Den Backofen auf Grillstufe vorheizen. Ein Backblech mit einer Silikon-Backmatte oder mit Backpapier auslegen.

2. Das Muschelfleisch aus den Schalen herausnehmen und in mundgerechte Stücke schneiden.

3. Die Muschelfleischstücke in einer Schüssel mit Mayonnaise, Sriracha-Sauce und Kokos-Aminos-Würzsauce gut verrühren.

4. Die leeren Muschelschalen nebeneinander mit der Öffnung nach oben auf ein Backblech legen.

5. Die Muschelfleischmischung löffelweise auf die Schalen aufteilen.

6. Die gemahlenen Schweinekrusten darüberstreuen und 8–10 Minuten unter dem Grill goldgelb überbacken.

7. Die Muscheln mit Frühlingszwiebeln, Sesamsamen und Masago garniert servieren.

MAKRONÄHRSTOFFE:

69 % F
18 % EW
13 % KH

kcal: 338; F: 26 g; EW: 15 g; Gesamt-KH: 11 g; BS: 1 g; N-KH: 10 g

VARIANTE:

Sie können zusätzlich 5 gegarte Garnelen klein schneiden und unter die Muschelmischung rühren.

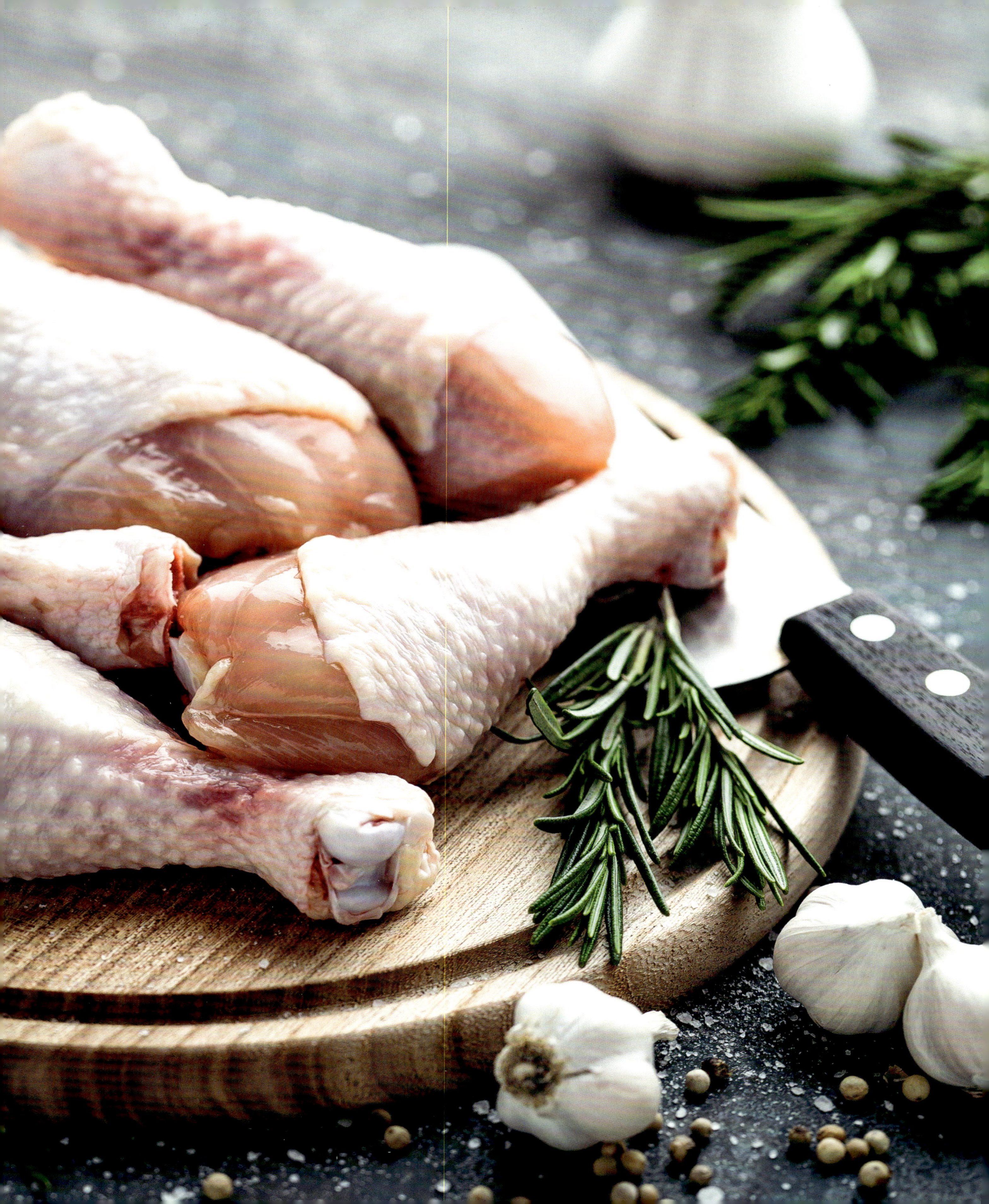

GEFLÜGEL

* KAPITEL 9 *

Avocado-Geflügel-Salat 176

Scharfes Alfredo-Hähnchen mit Zoodles 177

Jalapeño-Hähnchen 178

Erdnuss-Hähnchen-Curry mit Blumenkohlreis 180

Hähnchen-Curry mit Shirataki-Nudeln 181

Chickenwings aus dem Schongarer 182

Hähnchenschnitzel in Schweinekruste paniert 183

Brokkoli-Hähnchen-Auflauf 184

Blumenkohlreis-Hähnchen-Auflauf 186

Dijon-Hähnchenunterschenkel aus dem Ofen 187

Pollo alla Caprese 188

Hähnchenschenkel mit Zitronen-Rahmsauce 190

Pulled Chicken mit Knoblauch und Limette 192

Hähnchen mit Pilzsauce »Alfredo-Art« 193

Hähnchen-Enchilada-Bowl, schonend gegart 194

Hähnchen-Käse-Nachos 195

Blumenkohlreis mit Pulled Chicken aus Mexiko 196

Hähnchen-Käse-Roulade im Speckmantel 197

AVOCADO-GEFLÜGEL-SALAT

Für diesen Salat können Sie sowohl frisch gegartes Hähnchenfleisch als auch Reste verwenden. Ich selbst mache es am allerliebsten mit Resten vom Pulled Chicken mit Knoblauch und Limette (Seite 192), weil dies so aromatisch ist. Und so ergibt es sich, dass ich diesen Salat immer dann mache, wenn es am Tag zuvor Pulled Chicken gab.

- ☐ allergenfrei
- ☐ Comfort Food
- ◼ ohne Milchprodukte
- ◼ ohne Nüsse
- ◼ paleo oder paleo-freundlich
- ☐ bis 30 Minuten

ZUTATEN:

2 Scheiben Frühstücksspeck

2 EL Avocadoöl-Mayonnaise (optional)

1 Avocado, geschält und halbiert, entkernt

1 EL frisch gepresster Limettensaft

Salz

frisch gemahlener schwarzer Pfeffer

1 Rezeptmenge Pulled Chicken mit Knoblauch und Limette (Seite 192)

½ Stange gewürfelter Staudensellerie

2 EL in Ringe geschnittene Frühlingszwiebel, nur das Grüne

1. Den Speck in einer großen Pfanne auf mittlerer bis hoher Stufe etwa 8 Minuten kross braten, zwischendurch einmal wenden. Dann zum Entfetten auf Küchenpapier legen und abkühlen lassen. Anschließend zerbröseln.

2. Die Mayonnaise (wenn verwendet), die Hälfte der Avocado und den Limettensaft mit Salz und Pfeffer in eine Küchenmaschine geben und zu einer glatten Paste pürieren.

3. Die zweite Avocadohälfte würfeln und mit dem Fleisch, dem Staudensellerie und dem zerbröselten Speck in eine Schüssel geben.

4. Die Paste aus der Küchenmaschine dazugeben und alles gründlich vermengen.

5. Mit den Frühlingszwiebeln garniert servieren.

MAKRONÄHRSTOFFE:

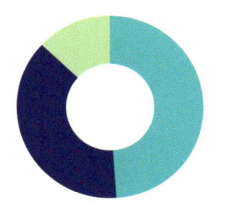

49 % F
38 % EW
13 % KH

kcal: 308; F: 17 g; EW: 29 g;
Gesamt-KH: 10 g; BS: 5 g; N-KH: 5 g

VARIANTE:

Lust auf noch mehr Avocado? Dann füllen Sie den Geflügelsalat in halbierte Avocados als »Schale«. Ich esse diesen Salat auch gern aus einem knackig frischen Blatt Kopfsalat oder Romanasalat als Schale.

2 PORTIONEN | ZUBEREITUNG: 10 MINUTEN | GARZEIT: 15 MINUTEN

SCHARFES ALFREDO-HÄHNCHEN MIT ZOODLES

Wer sehnt sich nicht manchmal nach der rechten Würze im Leben? Hier sorgt ein Hauch würziger Schärfe dafür, dass aus der Alfredo-Sauce weit mehr als nur die übliche Käse-Rahmsauce wird. Bei diesem Gericht wird das Hähnchenfleisch in einer Pfanne gegart und gleichzeitig köchelt die Sauce in einem Stieltopf vor sich hin, sodass das Abendessen im Handumdrehen auf dem Tisch steht.

- ☐ Comfort Food
- ■ ohne Nüsse
- ☐ bis 30 Minuten

ZUTATEN:

1 Hähnchenbrustfilet

Salz

frisch gemahlener schwarzer Pfeffer

1 EL Italienische Kräutermischung (Seite 295), plus 1 TL extra

1 EL natives Olivenöl extra alternativ Ghee

4 EL Butter

60 g Doppelrahmfrischkäse

120 g Schlagsahne

60 g geriebener Parmesan

1 sehr fein gehackte Knoblauchzehe

1 TL Sriracha-Sauce

½ TL Cayennepfeffer

2 Zucchini, zu Spiralen geschnitten (Zoodles)

MAKRONÄHRSTOFFE:

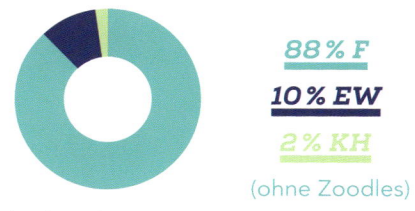

88 % F
10 % EW
2 % KH
(ohne Zoodles)

kcal: 852; F: 84 g; EW: 21 g;
Gesamt-KH: 5 g; BS: 0 g; N-KH: 5 g

1. Das Fleisch mit Küchenpapier trocken tupfen und von beiden Seiten mit Salz, Pfeffer und 1 EL der italienischen Kräutermischung würzen.

2. In einer Pfanne das Olivenöl auf mittlerer Stufe erhitzen und das Fleisch im heißen Öl von jeder Seite 6 Minuten braten, bis es eine Kerntemperatur von 75 °C erreicht hat und der austretende Bratensaft klar ist.

3. Während das Hähnchen gart, in einem mittelgroßen Stieltopf die Butter mit dem Doppelrahmfrischkäse und der Sahne bei mittlerer Temperatur unter langsamem und konstantem Rühren erhitzen, bis Butter und Käse schmelzen.

4. Den Parmesan, den Knoblauch, den übrigen TL der italienischen Kräutermischung, die Sriracha-Sauce und den Cayennepfeffer unterquirlen, bis alles gut vermischt ist. Den Herd auf eine mittlere bis niedrige Stufe stellen und unter gelegentlichem Rühren 5–8 Minuten leise köchelnd eindicken lassen.

5. Das gegarte Fleisch aus der Pfanne nehmen und stattdessen die Zucchini-Spiralen hineingeben und im Bratensaft 2–3 Minuten anbraten.

6. Das Hähnchenfleisch in feine Scheiben schneiden.

7. Die Zoodles auf zwei Teller verteilen und die würzige Alfredo-Sauce sowie das Fleisch darüber verteilen.

VARIANTE:

Ich esse dieses Gericht auch gern abends als vegetarische Variante ohne Hähnchen, wenn ich schon mittags viel Eiweiß zu mir genommen habe. Dazu einfach bei Schritt 3 im Rezept einsteigen und die Schritte 5 und 6 entsprechend anpassen.

GEFLÜGEL

2 PORTIONEN | ZUBEREITUNG: 5 MINUTEN | GARZEIT: 50 MINUTEN

JALAPEÑO-HÄHNCHEN

Eine meiner Lieblingsbeilagen im Keto-Repertoire sind Jalapeño-Poppers, mit Doppelrahmfrischkäse gefüllte und dann mit Frühstücksspeck umwickelte Jalapeño-Schoten. Es lag also nahe, diese tolle Kombination abgewandelt irgendwie auch in anderen Rezepten unterzubringen. Die Samen werden aus der Chilischote entfernt, sodass dieses Rezept auch kinderfreundlich ist.

☐ Comfort Food
■ ohne Nüsse

ZUTATEN:

2 Scheiben Frühstücksspeck
2 Hähnchenbrustfilets, ohne Haut
Salz
frisch gemahlener schwarzer Pfeffer
120 g zimmerwarmen Doppelrahmfrischkäse,
3 Jalapeño-Chilischoten, Samen entfernt, in Streifen geschnitten
60 g geraspelter Käse (beispielsweise eine Mischung aus kräftigen Sorten wie Cheddar, mittelalter Gouda und Monterey Jack etc.)
Rucola (optional)

1. Den Backofen auf 190 °C (Ober-/Unterhitze vorheizen.
2. Den Speck in einer großen Pfanne auf mittlerer bis hoher Stufe etwa 8 Minuten kross braten, zwischendurch einmal wenden. Dann zum Entfetten auf Küchenpapier legen, abkühlen lassen und anschließend zerbröseln.
3. Das Fleisch mit Küchenpapier trocken tupfen und von beiden Seiten mit Salz und Pfeffer würzen.
4. Die Hähnchenbrustfilets in eine Bratenform legen und oben mit dem Doppelrahmfrischkäse bestreichen. Die Jalapeño-Streifen darüber verteilen und alles mit dem geriebenen Käse bestreuen.
5. Im Ofen 30–40 Minuten garen, bis das Fleisch eine Kerntemperatur von 75 °C erreicht hat und der austretende Bratensaft klar ist.
6. Vor dem Servieren den zerbröselten Speck darübergeben und optional Rucola dazu reichen.

MAKRONÄHRSTOFFE:

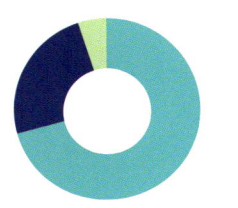

71 % F
24 % EW
5 % KH

kcal: 478; F: 33 g; EW: 39 g;
Gesamt-KH: 4 g; BS: 1 g; N-KH: 3 g

GUT VORZUBEREITEN:

Dieses Gericht lässt sich sehr gut aufwärmen und kann gekühlt bis zu 5 Tage und tiefgekühlt einige Monate aufbewahrt werden.

GEFLÜGEL

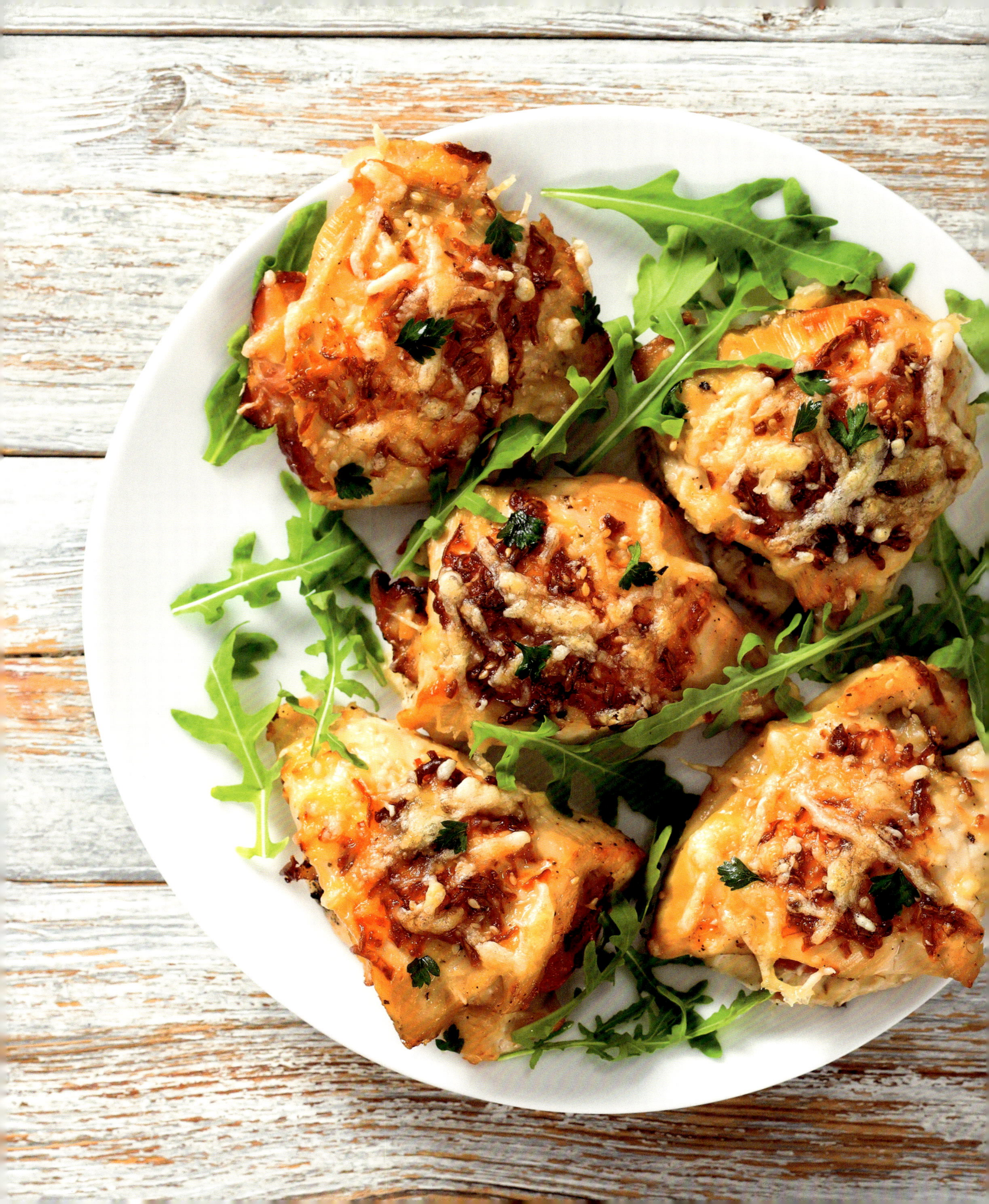

2 PORTIONEN | ZUBEREITUNG: 5 MINUTEN | GARZEIT: 4 STUNDEN

ERDNUSS-HÄHNCHEN-CURRY MIT BLUMENKOHLREIS

Bei mir gibt es eigentlich eher selten Curry-Gerichte, aber das hat sich dann geändert, als ich entdeckt habe, wie einfach das im Schongarer geht. Zu einem Gericht wie diesem gäbe es wohl meist Kartoffeln als Beilage, aber ich finde, als Low-Carb-Begleiter ist Blumenkohlreis hier unschlagbar.

- ☐ Comfort Food
- ☐ ohne Milchprodukte
- ☐ paleo oder paleo-freundlich

ZUTATEN:

1 Hähnchenbrustfilet, in Würfel geschnitten
Salz
frisch gemahlener schwarzer Pfeffer
1 EL Currypulver
2 TL gemahlene Kurkuma
½ TL Cayennepfeffer
60 g Spinat
2 fein gehackte Knoblauchzehen
½ gewürfelte Zwiebel
240 ml Hühnerbrühe oder Hühner-Knochenbrühe
120 ml Kokosmilch (mit hohem Fettgehalt, ungesüßt)
4 EL Erdnussmus oder Mandelmus
1 Rezeptmenge Blumenkohlreis (Seite 52)

1. Den Schongarer auf hoher Stufe vorheizen.
2. Die Fleischstücke mit Küchenpapier trocken tupfen und mit Salz und Pfeffer würzen.
3. In einer kleinen Schüssel Curry, Kurkuma, Cayennepfeffer und 1 Prise Salz mischen.
4. Die Fleischstücke mit dem Spinat, dem Knoblauch und der Zwiebel in den Schongarer geben und die Würzmischung darüberstreuen. Anschließend die Brühe, die Kokosmilch und das Erdnussmus dazugeben.
5. Bei geschlossenem Deckel 4 Stunden garen.
6. Den Blumenkohlreis auf zwei Teller aufteilen und das Curry daraufgeben.

MAKRONÄHRSTOFFE:

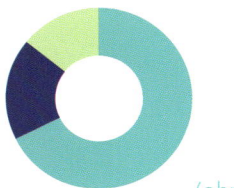

68 % F
18 % EW
14 % KH
(ohne Blumenkohlreis)

kcal: 551; F: 44 g; EW: 24 g;
Gesamt-KH: 23 g; BS: 7 g; N-KH: 16 g

VARIANTE:
Üblich sind in diesem Gericht eigentlich Karotten, aber ich habe sie durch den kohlenhydratärmeren Spinat ersetzt. Nach Belieben kann man gut einige Stücke Karotte mitgaren und auch Krauskohl passt wunderbar zu diesem Curry.

HÄHNCHEN-CURRY MIT SHIRATAKI-NUDELN

Dieses rote Curry aus dem Schongarer liefert eine unglaubliche geschmackliche Vielfalt und passt in meinen Augen besonders gut zu Shirataki-Nudeln (Seite 58) oder Zoodles (Seite 54). Praktisch ist, dass man hieraus auch eine leckere Suppe machen kann, indem man einfach mehr Brühe und Kokosmilch zugibt.

☐ Comfort Food
■ ohne Nüsse

ZUTATEN:

1 Hähnchenbrustfilet, in Würfel geschnitten

Salz

frisch gemahlener schwarzer Pfeffer

2 fein gehackte Knoblauchzehen

1 EL rote Currypaste

1 TL Ingwerpulver

240 ml Hühnerbrühe oder Hühner-Knochenbrühe

120 ml Kokosmilch (mit hohem Fettgehalt, ungesüßt)

1 Rezeptmenge Shirataki-Nudeln (Seite 58) oder Zoodles (Seite 54)

2 EL gehacktes Koriandergrün

2 Limettenspalten

1. Den Schongarer auf hoher Stufe vorheizen.

2. Die Fleischstücke mit Küchenpapier trocken tupfen und mit Salz und Pfeffer würzen.

3. Das Fleisch sowie Knoblauch, Currypaste, Ingwerpulver, Hühnerbrühe und Kokosmilch in den Schongarer geben und umrühren.

4. Bei geschlossenem Deckel 4 Stunden garen.

5. Die Nudeln auf zwei Teller aufteilen, das Curry darüber verteilen und mit Koriandergrün garnieren. Die Limettenspalten extra dazu reichen.

MAKRONÄHRSTOFFE:

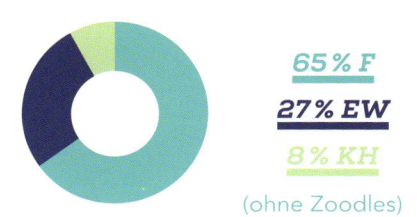

65 % F
27 % EW
8 % KH
(ohne Zoodles)

kcal: 246; F: 19 g; EW: 16 g;
Gesamt-KH: 7 g; BS: 1 g; N-KH: 6 g

VARIANTE:

Wie schon in der Rezepteinleitung erwähnt, lässt sich das Curry gut in eine Suppe abwandeln: Einfach die doppelte Menge an Hühnerbrühe und Kokosmilch verwenden. Wenn es proteinreicher werden soll, können Sie mehr Hähnchenfleisch zugeben.

2 PORTIONEN | ZUBEREITUNG: 10 MINUTEN | GARZEIT: 3 STUNDEN

CHICKENWINGS AUS DEM SCHONGARER

Wenn ich meine Tochter frage, was sie gern essen möchte, sagt sie in den meisten Fällen entweder Sushi oder Chickenwings. Wie man sich vorstellen kann, sind Hähnchenflügel zu Hause sehr viel unkomplizierter als Sushi. Ich finde für die Zubereitung den Schongarer ideal, denn sie werden darin superzart und lecker. Für den krossen Kick schiebe ich sie dann zum Schluss kurz unter den Grill.

- ☐ Comfort Food
- ■ ohne Milchprodukte
- ■ ohne Nüsse
- ■ paleo oder paleo-freundlich

ZUTATEN:

2 EL Butter alternativ Ghee
170 g Buffalo-Wing-Sauce
1 EL Italienische Kräutermischung (Seite 295)
450 g Chickenwings (Hähnchenflügel)
Salz
frisch gemahlener schwarzer Pfeffer

1. Den Schongarer auf hoher Stufe vorheizen.

2. Die Butter mit 110 g der Buffalo-Sauce sowie der Würzmischung in den Schongarer geben und wenn die Butter geschmolzen ist, alles gut verrühren.

3. Die Hähnchenflügel mit Küchenpapier trocken tupfen und mit Salz und Pfeffer würzen. Dann die Stücke in den Schongarer geben und sorgfältig mit der Buttersauce vermengen, sodass sie sich überall gut verteilt.

4. Den Deckel auflegen und das Ganze 2 Stunden und 45 Minuten garen lassen.

5. Den Backofen auf Grillstufe vorheizen.

6. Ein Backblech mit Alufolie auslegen und – wenn vorhanden – einen Rost darauf stellen. Andernfalls die Hähnchenflügel direkt auf die Folie legen.

7. Das Fleisch auf der Oberseite mit der Hälfte der restlichen 60 g Buffalo-Sauce einpinseln.

8. Die Chickenwings für 2–5 Minuten unter den Grill schieben, bis sie schön kross sind.

9. Die Flügel umdrehen, wieder mit Buffalo-Sauce einpinseln und erneut für 2–5 Minuten unter den Grill schieben, bis sie so knusprig sind, wie man es gern hat.

VARIANTE:

Ich mag Chickenwings gern kross und eher trocken, wer es lieber sauciger hat, kann 2 zusätzliche EL Butter und 120 g Buffalo-Wing-Sauce in einem kleinen Topf erwärmen, bis die Butter geschmolzen ist. Gut verrühren und die Sauce über die Flügel geben, wenn sie aus dem Ofen kommen.

MAKRONÄHRSTOFFE:

71 % F
29 % EW
0 % KH

kcal: 603; F: 48 g; EW: 42 g;
Gesamt-KH: 0 g; BS: 0 g; N-KH: 0 g

2 PORTIONEN | ZUBEREITUNG: 15 MINUTEN | GARZEIT: 10 MINUTEN

HÄHNCHENSCHNITZEL IN SCHWEINEKRUSTE PANIERT

Auf panierte Hähnchenschnitzel muss auch bei Keto nicht verzichtet werden – und diese schmecken sogar noch besser! Diese herrlich krossen Hähnchenfiletstreifen sind einfach zu machen und im Handumdrehen fertig.

- ☐ Comfort Food
- ■ ohne Milchprodukte
- ■ paleo oder paleo-freundlich
- ☐ bis 30 Minuten

ZUTATEN:

1 Ei (Größe L)

60 g Kokosmehl

1 TL Cayennepfeffer

Salz

frisch gemahlener schwarzer Pfeffer

1 Rezeptmenge Schweinekrusten-»Semmelbrösel« (Seite 307)

2 EL natives Olivenöl extra alternativ Ghee

450 g Hähnchenbrustfilet, ohne Haut, in etwa 8 Streifen geschnitten

1. Das Ei in einer flachen Schale leicht verquirlen. Auf einem großen Teller das Kokosmehl mit dem Cayennepfeffer sowie Salz und Pfeffer würzen. Die zerbröselten Schweinekrusten auf einen dritten Teller geben.

2. In einer großen Pfanne auf mittlerer bis hoher Stufe das Olivenöl erhitzen.

3. Die Filetstreifen in der Kokosmehl-Mischung wenden, dann von beiden Seiten durch das verquirlte Ei ziehen und zum Schluss in den zerbröselten Schweinekrusten wenden. Diese leicht andrücken, damit sie gut haften. Den panierten Fleischstreifen in die heiße Pfanne legen. Mit den übrigen Filetstreifen ebenso verfahren.

4. Das Fleisch von jeder Seite 3 Minuten braten, bis es goldgelb, kross und durchgegart ist.

MAKRONÄHRSTOFFE:

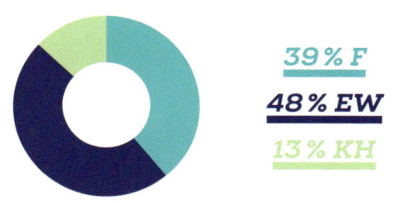

39 % F
48 % EW
13 % KH

kcal: 550; F: 24 g; EW: 63 g; Gesamt-KH: 17 g; BS: 11 g; N-KH: 6 g

VARIANTE:

Dieses Rezept bietet eine hervorragende Basis für die verschiedensten Geschmacksrichtungen. Sie können das Kokosmehl beliebig würzen, unter anderem mit den Würzmischungen aus Kapitel 14.

GEFLÜGEL

2 PORTIONEN | ZUBEREITUNG: 10 MINUTEN | GARZEIT: 40 MINUTEN

BROKKOLI-HÄHNCHEN-AUFLAUF

Das Geniale an diesem Gericht ist, dass es in einem einzigen Gefäß zubereitet werden kann. Hähnchenfleisch in Kombination mit knackigem Gemüse, geschmolzenem Käse und salzigem Speck sorgt für eine rundum leckere Mahlzeit.

- ☐ Comfort Food
- ☐ ohne Nüsse

ZUTATEN:

4 Streifen Frühstücksspeck
2 Hähnchenbrustfilets, ohne Haut
Salz
frisch gemahlener schwarzer Pfeffer
70 g Brokkoliröschen akternativ TK-Brokkoli
60 g geraspelten Emmentaler alternativ zerzupften Mozzarella

1. Den Backofen auf 190 °C (Ober-/Unterhitze vorheizen.
2. Den Speck in einer großen Pfanne auf mittlerer bis hoher Stufe etwa 8 Minuten kross anbraten, zwischendurch einmal wenden. Dann zum Entfetten auf Küchenpapier legen, abkühlen lassen und anschließend zerbröseln.
3. Das Fleisch mit Salz und Pfeffer bestreuen und in eine Bratenform legen.
4. Auf dem Fleisch zunächst die Brokkoliröschen, dann den Speck und zum Schluss den Käse verteilen.
5. Die Form in den Ofen schieben und offen 30–40 Minuten backen, bis das Fleisch eine Kerntemperatur von 75 °C erreicht hat und der Käse goldbraun überbacken ist.

MAKRONÄHRSTOFFE:

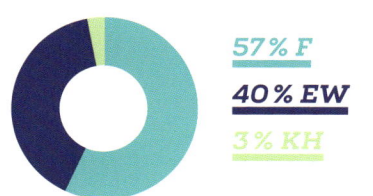

57 % F
40 % EW
3 % KH

kcal: 406; F: 26 g; EW: 39 g; Gesamt-KH: 3 g; BS: 1 g; N-KH: 2 g

VARIANTE:

Anstelle von Brokkoli kann man hier auch sehr gut Paprikaschoten verwenden.

GEFLÜGEL

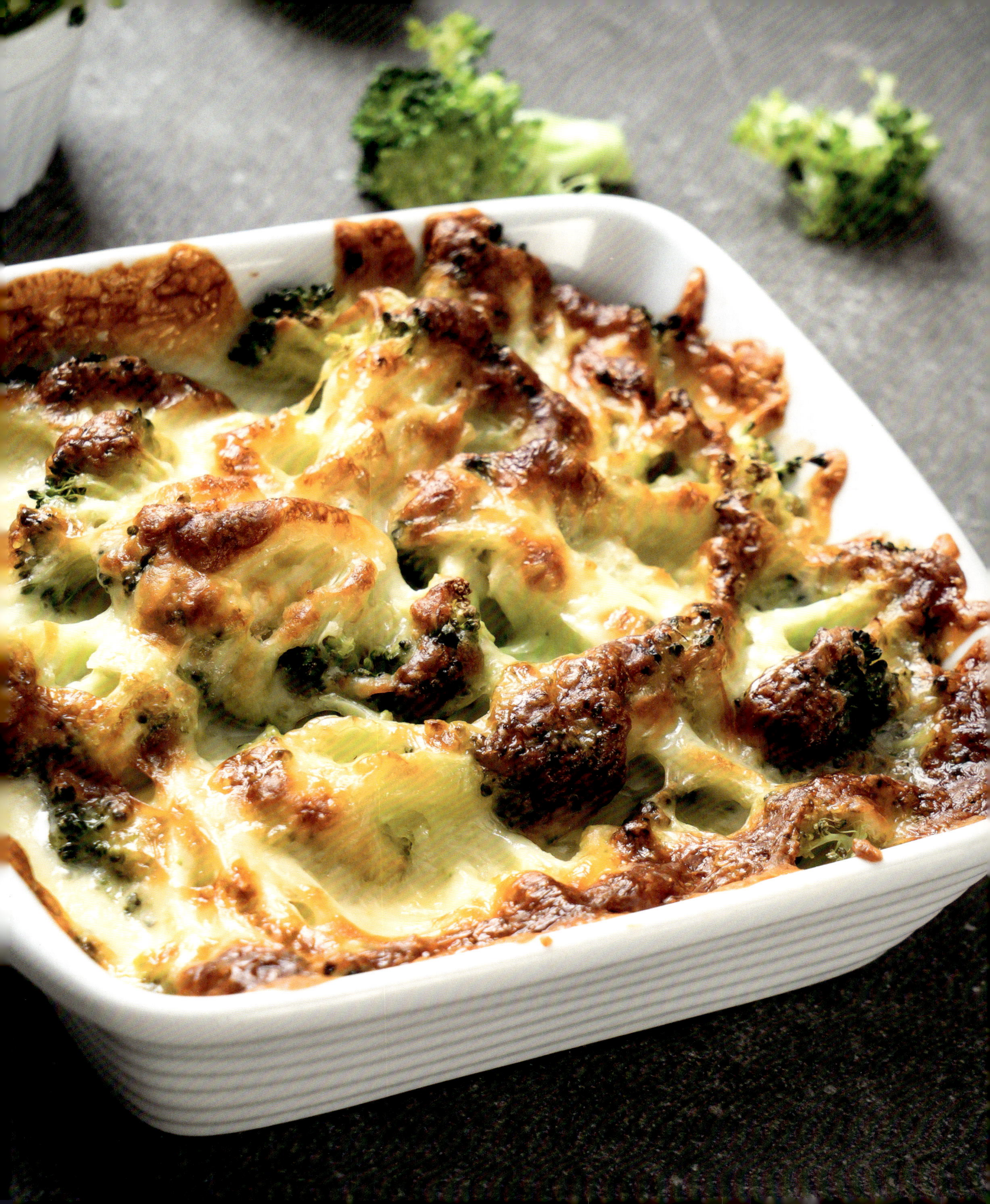

2 PORTIONEN | ZUBEREITUNG: 10 MINUTEN | GARZEIT: 30 MINUTEN

BLUMENKOHLREIS-HÄHNCHEN-AUFLAUF

Fehlt Ihnen bei der Keto-Ernährung ab und an gebratener Reis? Hier ist die Lösung! Diese Version wird in einer Auflaufform zubereitet, was ich besonders schätze, weil man diese einfach in den Ofen schiebt und sich dann um andere Dinge kümmern kann, während das Essen gart – und Multitasking ist für mich als alleinerziehende Mutter IMMER Thema!

- ☐ Comfort Food
- ▨ ohne Milchprodukte
- ▨ ohne Nüsse
- ▪ paleo oder paleo-freundlich

ZUTATEN:

1 Hähnchenbrustfilet, in Würfel geschnitten
Salz
frisch gemahlener schwarzer Pfeffer
1 EL Sesamöl
½ gewürfelte Paprikaschote
½ Kopf Blumenkohl, auf Reiskorngröße zerkleinert
1 Knoblauchzehe, durch die Presse gedrückt
1 TL Ingwerpulver
1 TL Zwiebelpulver
1 TL Fischsauce
2 EL Sojasauce alternativ Kokos-Aminos-Würzsauce
2 Eier (Größe L), leicht verquirlt
2 EL in Ringe geschnittene Frühlingszwiebel

1. Den Backofen auf 190 °C (Ober-/Unterhitze vorheizen.
2. Die Fleischstücke mit Küchenpapier trocken tupfen und mit Salz und Pfeffer würzen.
3. In einer Pfanne auf mittlerer bis hoher Stufe das Sesamöl erhitzen und das Fleisch darin etwa 8 Minuten anbraten, bis es gar ist. Zwischendurch einmal wenden.
4. Paprika, Blumenkohlreis, Knoblauch, Ingwer- und Zwiebelpulver, Fisch- und Sojasauce zum Fleisch geben und alles zusammen etwa 5 Minuten braten.
5. Die ganze Mischung aus der Pfanne in eine Auflaufform füllen und die verquirlten Eier darübergießen.
6. In den Ofen schieben und 15 Minuten garen.
7. Mit der Frühlingszwiebel garniert servieren.

MAKRONÄHRSTOFFE:

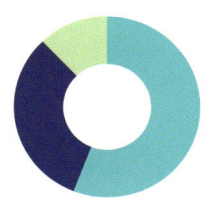

56 % F
32 % EW
12 % KH

kcal: 276; F: 17 g; EW: 22 g; Gesamt-KH: 9 g; BS: 3 g; N-KH: 6 g

GUT VORZUBEREITEN:
Von diesem Gericht lässt sich wunderbar gleich die doppelte Menge zubereiten und dann bei Bedarf aufwärmen.

2 PORTIONEN | ZUBEREITUNG: 10 MINUTEN | GARZEIT: 50 MINUTEN

DIJON-HÄHNCHENUNTER-SCHENKEL AUS DEM OFEN

Auf panierte Hähnchenschnitzel muss auch bei Keto nicht verzichtet werden – und diese schmecken sogar noch besser! Diese herrlich krossen Hähnchenfiletstreifen sind einfach zu machen und im Handumdrehen fertig.

- ☐ allergenfrei
- ☐ Comfort Food
- ■ ohne Milchprodukte
- ■ ohne Nüsse
- ■ paleo oder paleo-freundlich

ZUTATEN:

450 g Hähnchenunterschenkel

Salz

frisch gemahlener schwarzer Pfeffer

2 EL natives Olivenöl extra

1 fein gehackte Knoblauchzehe

½ TL Paprikapulver

1 TL Italienische Kräutermischung (Seite 295)

1 EL getrocknete Petersilie

2 EL Dijonsenf

1 EL frisch gepresster Zitronensaft

1. Den Backofen auf 220 °C (Ober-/Unterhitze vorheizen. Ein Backblech mit Alufolie oder einer Silikon-Backmatte auslegen.

2. Die Fleischstücke mit Küchenpapier trocken tupfen, mit Salz und Pfeffer würzen und in eine große Schüssel geben.

3. In einer kleinen Schüssel das Olivenöl mit Knoblauch, Paprikapulver, Kräutermischung, Petersilie, Dijonsenf und Zitronensaft verquirlen und über die Hähnchenunterschenkel gießen.

4. Das Fleisch in der Marinade durchziehen lassen, während der Backofen aufheizt. Wenn er heiß genug ist, die Fleischstücke auf das vorbereitete Backblech legen.

5. Das Fleisch im Ofen 50 Minuten garen. Dabei nach der Hälfte der Garzeit einmal wenden. Soll die Haut besonders kross werden, empfiehlt es sich, in den letzten Minuten den Grill dazuzuschalten.

6. Die gegarten Hähnchenschenkel mit der Sauce vom Backblech einpinseln und servieren.

MAKRONÄHRSTOFFE:

67 % F
30 % EW
3 % KH

kcal: 316; F: 24 g; EW: 23 g; Gesamt-KH: 2 g; BS: 1 g; N-KH: 1 g

GUT VORZUBEREITEN:

Meine Tochter liebt Hähnchenschenkel als After-School-Snack. Und wenn es bei Ihnen zu Hause so zugeht wie bei mir, dann kann ich nur raten, gleich mehr davon zu machen. Sie werden ganz bestimmt gegessen! Geschmacklich besonders intensiv wird das Fleisch, wenn es über Nacht in der Marinade ziehen kann.

GEFLÜGEL

POLLO ALLA CAPRESE

Ein Caprese-Hähnchen ist der beste Beweis dafür, dass auch wahre Delikatessen überhaupt nicht kompliziert sein müssen. In diesem Gericht wird feines Hähnchenfleisch mit Roma-Tomaten, Mozzarella und frischem Basilikum getoppt.

☐ Comfort Food
■ ohne Nüsse

ZUTATEN:
2 Hähnchenbrustfilets
1 EL Italienische Kräutermischung (Seite 295)
Salz
frisch gemahlener schwarzer Pfeffer
4 Scheiben (gut 1 cm dick) Roma-Tomaten
4 Scheiben (à 30 g) Mozzarella
2 EL gehacktes frisches Basilikum

1. Den Backofen auf 190 °C (Ober-/Unterhitze vorheizen.

2. Das Fleisch mit Küchenpapier trocken tupfen und von beiden Seiten mit der Kräutermischung sowie Salz und Pfeffer würzen.

3. Die Hähnchenbrustfilets in eine Bratenform geben und mit jeweils 2 Tomatenscheiben gefolgt von 2 Mozzarellascheiben belegen.

4. Im Ofen 30–40 Minuten garen, bis das Fleisch eine Kerntemperatur von 75 °C erreicht hat und austretender Bratensaft klar ist.

5. Mit Basilikum garniert servieren.

MAKRONÄHRSTOFFE:

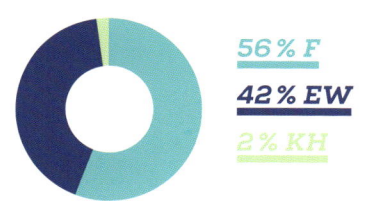

56 % F
42 % EW
2 % KH

kcal: 367; F: 23 g; EW: 36 g;
Gesamt-KH: 3 g; BS: 0 g; N-KH: 3 g

VARIANTE:
Noch intensiver schmeckt das Ganze mit Pesto aufgepeppt. Dazu 2 EL fertiges Pesto auf die Fleischstücke streichen, bevor sie mit Tomaten, Käse und Basilikum belegt werden. Ich kombiniere dieses gehaltvolle Gericht besonders gern mit knackig-frischem Rucola.

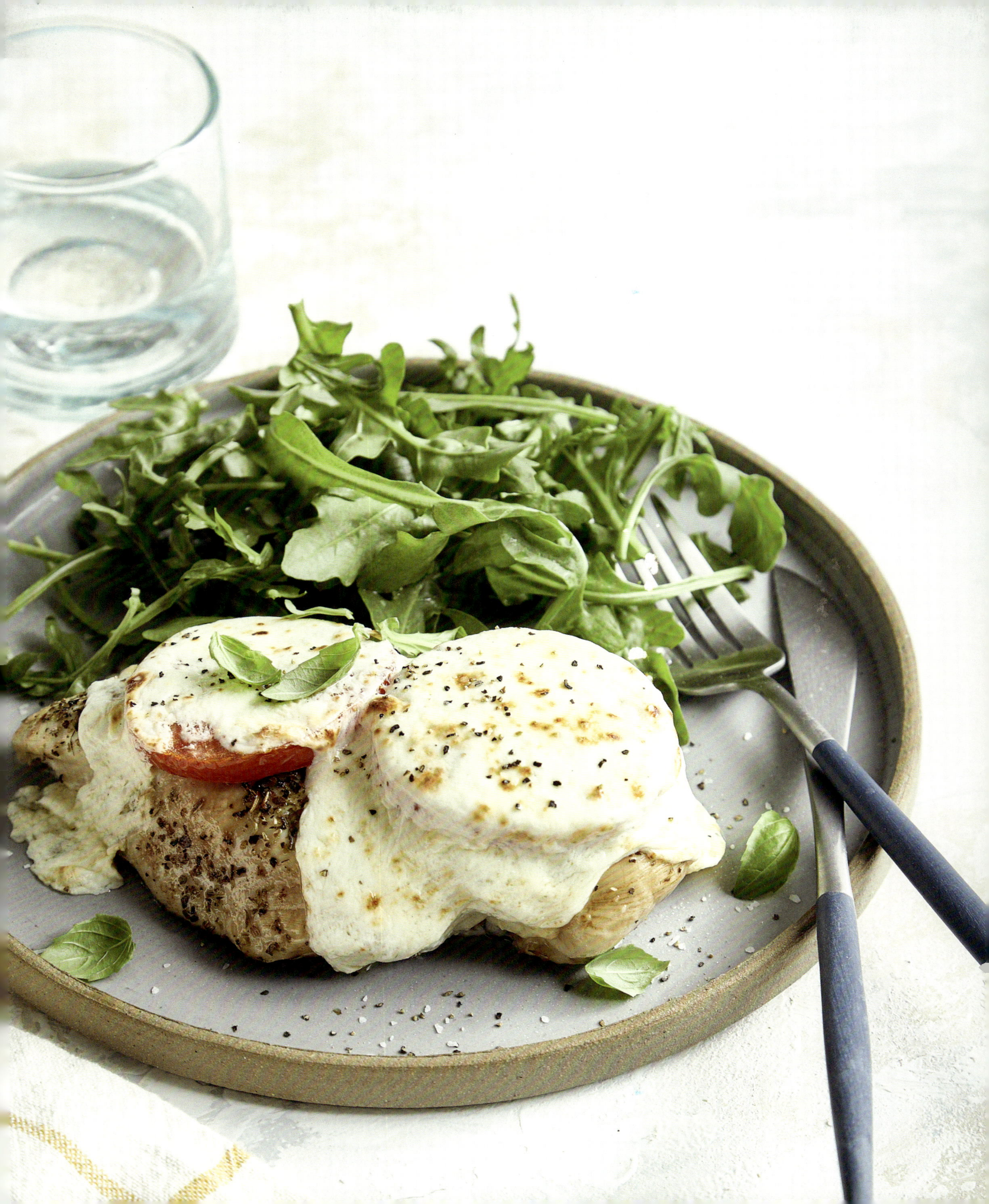

2 PORTIONEN | ZUBEREITUNG: 10 MINUTEN | GARZEIT: 40 MINUTEN

HÄHNCHENSCHENKEL MIT ZITRONEN-RAHMSAUCE

Ich bin in einer Familie aufgewachsen, wo nur Hähnchenbrust ohne Haut und ohne Knochen auf den Tisch kam. Ich kann mich nicht erinnern, dass meine Mutter jemals andere Teile vom Hähnchen zubereitet hätte, und so hatte auch ich lange Zeit Schwierigkeiten damit. Bis vor wenigen Jahren habe ich nie Hähnchenschenkel mit Knochen gekauft. Das hat sich zum Glück mittlerweile geändert, denn das dunklere Fleisch und die krosse Haut sind einfach spitze! Ich verwende hier eine ofenfeste Pfanne, ersatzweise kann man aber das Fleisch und die Sauce auch auf ein Backblech geben, bevor es in den Ofen kommt.

- ☐ Comfort Food
- ■ ohne Nüsse

ZUTATEN:

3 EL natives Olivenöl extra alternativ Ghee
2 Hähnchenoberschenkel, mit Knochen und Haut
Salz
frisch gemahlener schwarzer Pfeffer
1 TL Italienische Kräutermischung (Seite 295)
1 EL Cayennepfeffer
2 fein gehackte Knoblauchzehen
120 g Schlagsahne
4 EL Hühnerbrühe oder Hühner-Knochenbrühe
60 g Parmesan, gerieben
Saft von ½ Zitrone
1 TL getrocknete Petersilie

MAKRONÄHRSTOFFE:

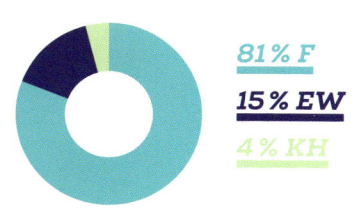

81 % F
15 % EW
4 % KH

kcal: 640; F: 59 g; EW: 22 g;
Gesamt-KH: 8 g; BS: 1 g; N-KH: 7 g

1. Den Backofen auf 190 °C (Ober-/Unterhitze vorheizen.
2. In einer ofenfesten Pfanne 2 EL von dem Olivenöl bei mittlerer bis hoher Temperatur erhitzen.
3. Die Hähnchenstücke mit Küchenpapier trocken tupfen und von beiden Seiten mit Salz, Pfeffer, der Kräutermischung und Cayennepfeffer würzen. Von beiden Seiten jeweils 3 Minuten anbraten, bis die Haut goldgelb und kross ist.
4. Die Hähnchenschenkel aus der Pfanne nehmen und auf einem Teller beiseitestellen. Falls erforderlich, überschüssiges Fett aus der Pfanne abgießen.
5. Den restlichen EL Olivenöl in der Pfanne erhitzen und den Knoblauch darin 1 Minute andünsten.
6. Die Sahne, die Hühnerbrühe, den Parmesan, den Zitronensaft und die getrocknete Petersilie dazugeben und gut verrühren. Die Sauce gerade eben aufkochen lassen und anschließend auf niedriger Stufe 3 Minuten köcheln lassen.
7. Die Hähnchenteile in die Sauce geben und die Pfanne für 30 Minuten in den Ofen schieben, bis das Fleisch eine Kerntemperatur von 75 °C erreicht hat und der austretende Bratensaft klar ist.

VARIANTE:

Dieses Gericht passt gut zu Geröstetem Brokkoli mit Knoblauch und Mandeln (Seite 256), die Sauce macht sich aber auch wunderbar als Pastasauce zu Zoodles (Seite 54) oder Shirataki-Nudeln (Seite 58).

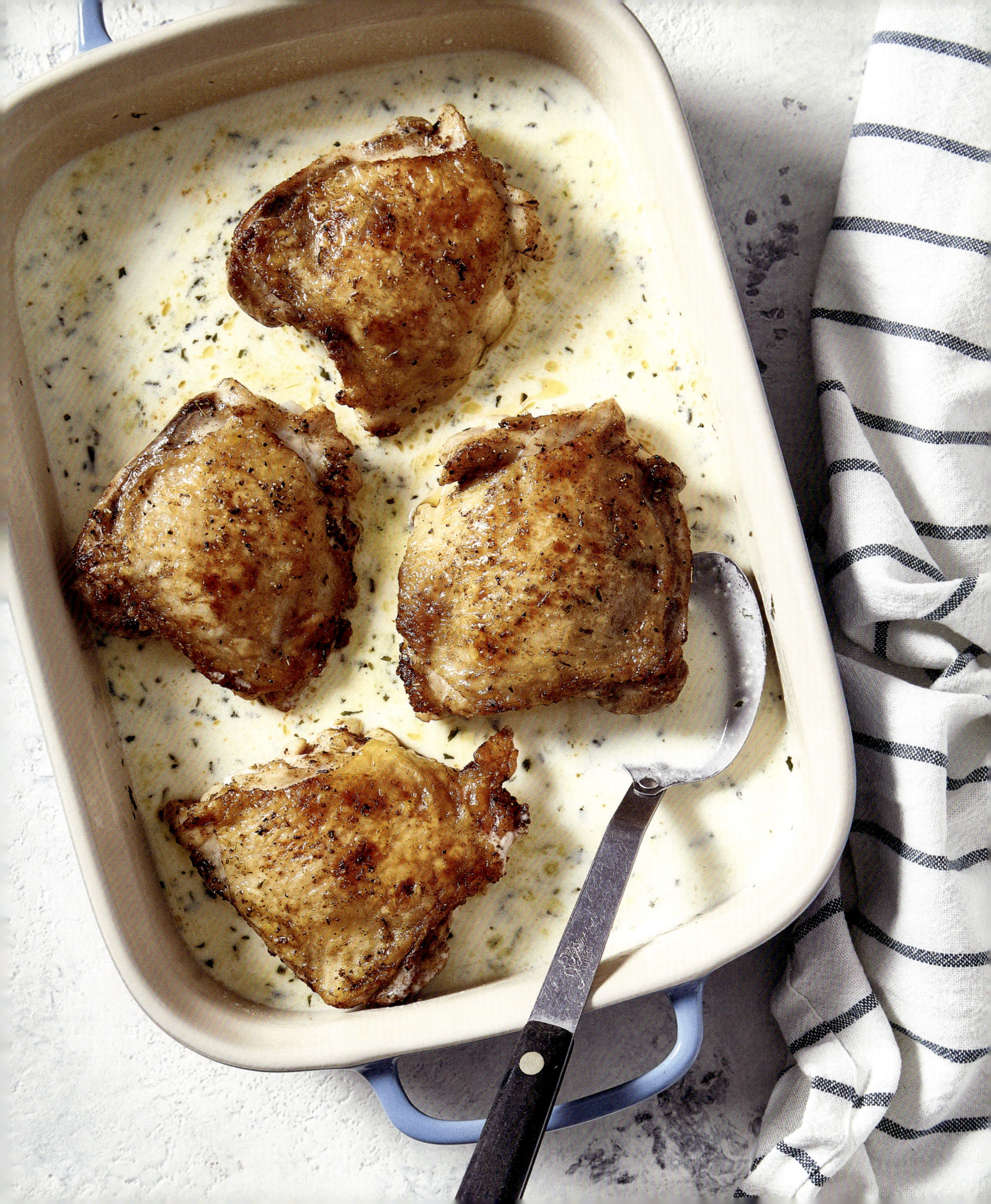

PULLED CHICKEN MIT KNOBLAUCH UND LIMETTE

Hähnchenfleisch ganz langsam bei niedriger Temperatur zu garen ist meine bevorzugte Zubereitungsmethode. Fein zerkleinert lässt sich das Fleisch dann in allen möglichen Rezepten verwenden wie etwa dem Avocado-Geflügel-Salat (Seite 138), Low-Carb-Quesadillas und Schweinekrusten-Nachos. Die Möglichkeiten sind wirklich vielfältig! Früher habe ich der Einfachheit halber meist ein fertiges Brathähnchen gekauft, aber das hier vorgestellte hat geschmacklich weitaus mehr zu bieten. Bedenken muss man nur, dass Hähnchenfleisch selbst nicht viel Fett liefert, was aber durch alle anderen verwendeten Zutaten gut ausgeglichen werden kann.

- ☐ allergenfrei
- ☐ Comfort Food
- ◼ ohne Milchprodukte
- ◼ ohne Nüsse
- ◼ paleo oder paleo-freundlich

ZUTATEN:

2 Hähnchenbrustfilets

½ gewürfelte Zwiebel

2 fein gehackte Knoblauchzehen

½ Limette, die Schale abgerieben, der Saft ausgepresst

1 TL Chili-Limetten-Würzmischung (Seite 244)

240 ml Hühnerbrühe oder Hühner-Knochenbrühe

1 gewürfelte Jalapeño-Chilischoten

Salz

frisch gemahlener schwarzer Pfeffer

1. Den Schongarer auf niedriger Stufe vorheizen.
2. Das Fleisch mit Zwiebel, Knoblauch, Limettensaft und abgeriebener Schale, Chili-Limetten-Mischung, Hühnerbrühe und Jalapeño-Chili in den Schongarer geben und mit Salz und Pfeffer würzen.
3. Bei geschlossenem Deckel 8 Stunden garen.
4. Nach der Garzeit die Fleischstücke herausnehmen, mit zwei Gabeln zerzupfen und zurück in die Sauce geben.

MAKRONÄHRSTOFFE:

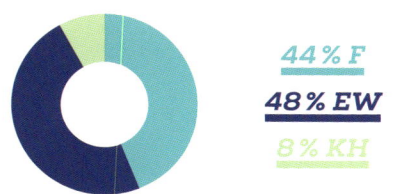

44 % F
48 % EW
8 % KH

kcal: 229; F: 11 g; EW: 26 g; Gesamt-KH: 5 g; BS: 1 g; N-KH: 4 g

VARIANTE:
Dieses Hähnchengericht ist für sich genommen geschmacklich eine Wucht, vor allem aber ist es bestens geeignet, in anderen Gerichten eingesetzt zu werden, wo fettreiche Zutaten wie Avocado ins Spiel kommen, die dann für Sättigung sorgen.

2 PORTIONEN | ZUBEREITUNG: 5 MINUTEN | GARZEIT: 15 MINUTEN

HÄHNCHEN MIT PILZSAUCE »ALFREDO-ART«

Ich esse gern Milchprodukte, probiere aber manchmal auch einiges aus, um ohne auszukommen, und dieses an Chicken Alfredo angelehnte Rezept war eines der ersten in dieser Richtung. Meine Überlegung war, wenn es mir gelänge, eine gute Alfredo-Sauce ohne Milchprodukte hinzubekommen, dann wäre alles andere ein Kinderspiel. Und siehe da, es war ganz einfach!

- ☐ Comfort Food
- ■ ohne Milchprodukte
- ■ ohne Nüsse
- ■ paleo oder paleo-freundlich
- ☐ bis 30 Minuten

ZUTATEN:

1 Hähnchenbrustfilet
1 EL Italienische Kräutermischung (Seite 295)
Salz
frisch gemahlener schwarzer Pfeffer
1 EL natives Olivenöl extra
2 EL Ghee
½ gewürfelte Zwiebel
2 fein gehackte Knoblauchzehen
250 g Pilze, in Scheiben geschnitten
1 EL Kokosmehl
200 ml Kokosmilch (mit hohem Fettgehalt, ungesüßt)
2 Zucchini, zu Spiralen geschnitten (Zoodles)

MAKRONÄHRSTOFFE:

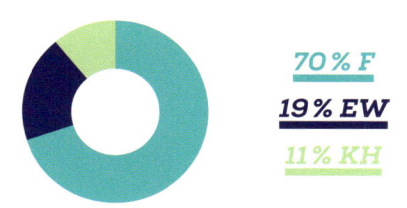

70 % F
19 % EW
11 % KH

kcal: 464; F: 36 g; EW: 22 g;
Gesamt-KH: 13 g; BS: 3 g; N-KH: 10 g

1. Das Fleisch mit Küchenpapier trocken tupfen und von beiden Seiten mit der italienischen Kräutermischung sowie Salz und Pfeffer würzen.

2. In einer kleinen Pfanne das Olivenöl auf mittlerer Stufe erhitzen und das Fleisch darin von beiden Seiten jeweils 6 Minuten braten, bis es eine Kerntemperatur von 75 °C erreicht hat und der austretende Bratensaft klar ist.

3. Während das Hähnchen gart, in einem mittelgroßen Stieltopf das Ghee auf mittlerer Stufe erhitzen. Zwiebel, Knoblauch und Pilze darin unter gelegentlichem Rühren etwa 5 Minuten anbraten, bis das Gemüse weich wird.

4. Das Kokosmehl unterrühren und anschließend die Kokosmilch zugeben und verrühren, bis eine glatte Sauce entsteht.

5. Die Sauce zum Sieden bringen und unter gelegentlichem Rühren etwa 5 Minuten leise köchelnd eindicken lassen. Zum Schluss mit Salz abschmecken.

6. Das gegarte Fleisch aus der Pfanne nehmen Die Zucchininudeln in die Pfanne geben und 2–3 Minuten im Bratensaft schmoren.

7. Das Hähnchenfleisch in feine Scheiben schneiden.

8. Die Zoodles auf zwei flache Schalen verteilen und die Alfredo-Sauce sowie die Fleischscheiben daraufgeben.

VARIANTE:

Anstelle der Pilze können Sie auch anderes Gemüse wie Spargel, Brokkoli und Blumenkohl verarbeiten.

2 PORTIONEN | ZUBEREITUNG: 5 MINUTEN | GARZEIT: 8 STUNDEN

HÄHNCHEN-ENCHILADA-- BOWL, SCHONEND GEGART

Chicken Enchiladas waren in der Zeit vor Keto beim Mexikaner meine Standardbestellung, aber nachdem ich auf dieses leckere Bowl-Gericht gekommen bin, vermisse ich sie nicht einmal mehr. Das Hähnchen gart den ganzen Tag über in der hausgemachten Enchilada-Sauce und schmeckt einfach nur unglaublich. Warum hausgemachte Sauce? Ganz einfach. Die handelsüblichen Saucen sind nicht glutenfrei, falls Sie aber auf eine stoßen, greifen Sie ruhig zu. Man kann gut Blumenkohl-reis (Seite 52) als Beilage reichen, da das Gericht aber auch so ganz gut sättigt, lasse ich ihn in der Regel weg.

☐ Comfort Food
■ ohne Nüsse

ZUTATEN:

2 Hähnchenbrustfilets
4 EL Enchilada-Sauce (Seite 298)
½ gewürfelte Zwiebel
60 g gewürfelte grüne Chilis (Dose)
30 g geraspelter Käse (beispielsweise eine Mischung aus kräftigen Sorten wie Cheddar, mittelalter Gouda und Monterey Jack etc.)
1 Avocado, geschält und entkernt, in Würfeln
1 Jalapeño-Schote, in Streifen geschnitten (optional)
2 EL Sauerrahm
1 TL Chili-Limetten-Würzmischung (Seite 290) (optional)

1. Den Schongarer auf niedriger Stufe vorheizen.
2. Das Fleisch, die Enchilada-Sauce, die Zwiebel und die Chilistücke in den Schongarer geben.
3. Bei geschlossenem Deckel 8 Stunden garen.
4. Nach der Garzeit das Hähnchenfleisch herausnehmen, mit zwei Gabeln zerzupfen und dann wieder zurück in die Sauce geben.
5. Das Fleisch mit der Sauce auf zwei Teller aufteilen.
6. Den geriebenen Käse sowie Avocadowürfel, Jalapeño-Streifen (wenn verwendet) und Sauerrahm darauf verteilen und (wenn verwendet) zum Schluss mit etwas Chili-Limetten-Würzmischung bestreut servieren.

MAKRONÄHRSTOFFE:

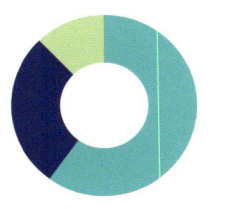

60 % F
28 % EW
12 % KH

kcal: 427; F: 28 g; EW: 30 g;
Gesamt-KH: 13 g; BS: 7 g; N-KH: 6 g

DIE PALEO-VARIANTE:
Wer ohne Milchprodukte auskommen möchte, lässt den geriebenen Käse weg und verwendet Milchfreien Sauerrahm (Seite 306).

GEFLÜGEL

HÄHNCHEN-KÄSE-NACHOS

Es gibt viele leckere Ansätze für keto-freundliche Nachos. Ich mache oft Nachos aus Schweinekrusten und auch die Gerösteten Blumenkohl-Nachos ohne Käse (Seite 286) sind einfach spitze. Das Tolle bei dieser Version aber ist, dass diese Nacho-Chips mit allen Toppings kombinierbar sind. Rundum lecker!

- ☐ Comfort Food
- ■ ohne Nüsse
- ☐ bis 30 Minuten

ZUTATEN:

120 g geriebener Käse (beispielsweise eine Mischung aus kräftigen Sorten wie Cheddar, mittelalter Gouda und Monterey Jack etc.)

1 EL Taco-Würzmischung (Seite 292)

1 EL Sauerrahm

1 Avocado, geschält und entkernt

1 EL frisch gepresster Limettensaft

Koriandergrün, einige Blätter zum Garnieren beiseitelegen

Salz

frisch gemahlener schwarzer Pfeffer

120 g Pulled Chicken mit Knoblauch und Limette (Seite 192)

1. Backofen auf 180 °C (Ober-/Unterhitze vorheizen. Ein Backblech mit Backpapier oder einer Silikon-Backmatte auslegen.

2. Aus jeweils 4 EL geriebenem Käse mit viel Platz dazwischen kleine Häufchen auf das Blech setzen und mit der Taco-Würzmischung bestreuen.

3. Die Käse-Chips etwa 7 Minuten backen, bis sie am Rand braun und in der Mitte geschmolzen sind.

4. Das Blech auf ein Kuchengitter stellen und die Chips 5 Minuten abkühlen lassen. Direkt nach dem Backen sind die Chips noch weich, werden aber beim Abkühlen knusprig, daher sollten sie 5 Minuten nicht bewegt werden.

5. Während die Käse-Chips abkühlen, Sauerrahm, Avocado, Limettensaft, Koriandergrün sowie Salz und Pfeffer in der Küchenmaschine zu einer glatten Paste pürieren.

6. Das Pulled Chicken und die Avocado-Crema auf die Chips geben und mit etwas Koriandergrün servieren.

MAKRONÄHRSTOFFE:

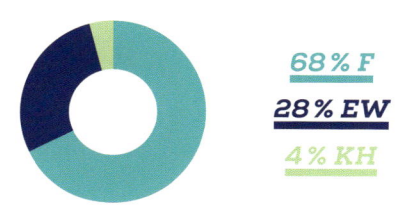

68 % F
28 % EW
4 % KH

kcal: 354; F: 27 g; EW: 26 g;
Gesamt-KH: 5 g; BS: 1 g; N-KH: 4 g

VARIANTE:

In meinem ersten Kochbuch gibt es ein Rezept für Avocado-Limetten-Crema. Diese Variante hier ist etwas schlichter und ohne Knoblauch, denn das Knoblauch-Limetten-Hähnchen ist für sich genommen schon sehr aromatisch. Aber natürlich schmeckt auch die kräftigere Limetten-Variante gut hierzu.

2 PORTIONEN | ZUBEREITUNG: 10 MINUTEN | GARZEIT: CA. 8 STUNDEN

BLUMENKOHLREIS MIT PULLED CHICKEN AUS MEXIKO

Dieses Gericht ist wie eine mexikanische Variante von gebratenem Reis. Eine wirklich leckere Angelegenheit! Dazu nehme ich Blumenkohlreis, den ich mit Paprikaschoten, Jalapeños und Taco-Würzmischung aufpeppe. Und darüber gibt es dann das leckere Hähnchenfleisch von den Enchilada-Bowl aus dem Schongarer (Seite 194). Das zusammen schmeckt einfach umwerfend, und wenn Sie bereits gegartes Fleisch haben, dauert das Ganze weniger als 15 Minuten. Ich verwende in diesem Rezept pro Portion nur gut 60 g von dem zerkleinerten Hähnchenfleisch (hier also gut 120 g), daher habe ich von den beiden Hähnchenbrustfilets immer etwas übrig für andere Dinge.

- ☐ allergenfrei
- ☐ Comfort Food
- ■ ohne Milchprodukte
- ■ ohne Nüsse
- ■ paleo oder paleo-freundlich

ZUTATEN:
Für das Enchilada Pulled Chicken
2 Hähnchenbrustfilets
4 EL Enchilada-Sauce (Seite 252)
½ Zwiebel | 60 g grüne Chilis (Dose)

Für mexikanischen Blumenkohlreis
1 EL natives Olivenöl extra
½ Zwiebel | 1 Knoblauchzehe
1 Jalapeño-Chilischote | ½ Tomate
gut 4 EL gewürfelte Paprikaschote
2 TL Taco-Würzmischung (Seite 292)
½ Kopf Blumenkohl, in Reiskorngröße
Salz | gemahlener schwarzer Pfeffer
½ Avocado, geschält, gewürfelt

MAKRONÄHRSTOFFE:

53 % F
29 % EW
18 % KH

kcal: 388; F: 23 g; EW: 28 g;
Gesamt-KH: 18 g; BS: 7 g; N-KH: 11 g

Zubereitung des Enchilada Chickens

1. Den Schongarer auf niedriger Stufe vorheizen. Dann Zwiebel und Chilis in Würfel schneiden.
2. Das Fleisch, die Enchilada-Sauce, die Zwiebel und die Chilistücke in den Schongarer geben.
3. Bei geschlossenem Deckel 8 Stunden garen.
4. Nach der Garzeit die Fleischstücke herausnehmen, mit zwei Gabeln zerzupfen und zurück in die Sauce geben.

Zubereitung des mexikanischen Blumenkohlreises

1. In einer großen Pfanne auf mittlerer bis hoher Stufe das Olivenöl erhitzen. Zwiebel würfeln und Knoblauch fein hacken.
2. Die Zwiebel, den Knoblauch und die gewürfelte Jalapeño-Schote dazugeben, dann etwa 5 Minuten weich dünsten.
3. Dann gewürfelte Tomate, Paprika und Taco-Würzmischung dazugeben und alle Zutaten gut miteinander verrühren.
4. Den Blumenkohlreis in die Pfanne geben und mit Salz und Pfeffer würzen. Unter häufigem Rühren 5 Minuten mitbraten oder auch 10 Minuten, wenn Sie es ähnlich wie ich gern etwas knuspriger haben.
5. Den bunten Blumenkohlreis auf zwei Teller aufteilen, das Enchilada-Chicken sowie die gewürfelte Avocado darübergeben und servieren.

VARIANTE:
Gut als Topping geeignet sind hier auch der Milchfreie Sauerrahm (Seite 306) oder die Milchfreie Avocado-Crema (Seite 304).

2 PORTIONEN | ZUBEREITUNG: 10 MINUTEN | GARZEIT: 50 MINUTEN

HÄHNCHEN-KÄSE-ROULADE IM SPECKMANTEL

Ich kann mich kulinarisch so ziemlich für alles begeistern, was in Speckstreifen eingerollt ist. Für dieses Gericht verwende ich meinen Milchfreien Rahmkäse (Seite 305), es geht aber genauso gut mit normalem Doppelrahmfrischkäse. Und wer mag, würzt den Käse ganz nach eigenem Gusto.

- ☐ Comfort Food
- ☐ ohne Milchprodukte
- ■ paleo oder paleo-freundlich

ZUTATEN:

6 Scheiben Frühstücksspeck
2 Hähnchenbrustfilets
Salz
frisch gemahlener schwarzer Pfeffer
120 g Milchfreier Rahmkäse (Seite 305) alternativ Doppelrahmfrischkäse, zimmerwarm

1. Den Backofen auf 190 °C vorheizen und eine Bratenform leicht einfetten.

2. Den Speck in einer mäßig bis stark erhitzten großen Pfanne etwa 4 Minuten anbraten. Er sollte nicht kross sein, sondern noch weich und biegsam. Anschließend auf einen Teller legen.

3. Inzwischen die Hähnchenbrustfilets mit einem Fleischhammer flach klopfen (ersatzweise mit einem schweren Teller, einer Teigrolle oder einer Weinflasche). Die Fleischscheiben sollten gut 1 cm dick sein, sodass sie sich gut rollen lassen.

4. Das Fleisch mit Küchenpapier trocken tupfen und von beiden Seiten mit Salz und Pfeffer würzen.

5. Den Doppelrahmfrischkäse mittig auf der Innenseite der flach geklopften Fleischscheiben verstreichen. Dann das Fleisch von der schmalen Seite aus aufrollen, sodass der Frischkäse innen ist.

6. Jede Fleischrolle mit 3 Scheiben Speck umwickeln und mit der Nahtstelle nach unten in die Bratenform legen. Zum Fixieren der Speckscheiben können Sie Zahnstocher verwenden.

7. Im Ofen 40 Minuten backen, bis der Speck knusprig ist.

MAKRONÄHRSTOFFE:

69 % F
29 % EW
2 % KH

kcal: 514; F: 40 g; EW: 36 g; Gesamt-KH: 3 g; BS: 0 g; N-KH: 3 g

VARIANTE:

Der Frischkäse ist wie eine leere Leinwand für viele Aromen. Ich gebe beispielsweise gern gehackte eingelegte Peperoni dazu. Einfach unter den Käse mischen, bevor Sie ihn auf dem Fleisch verstreichen, oder vor dem Aufrollen über den Käse streuen.

GEFLÜGEL

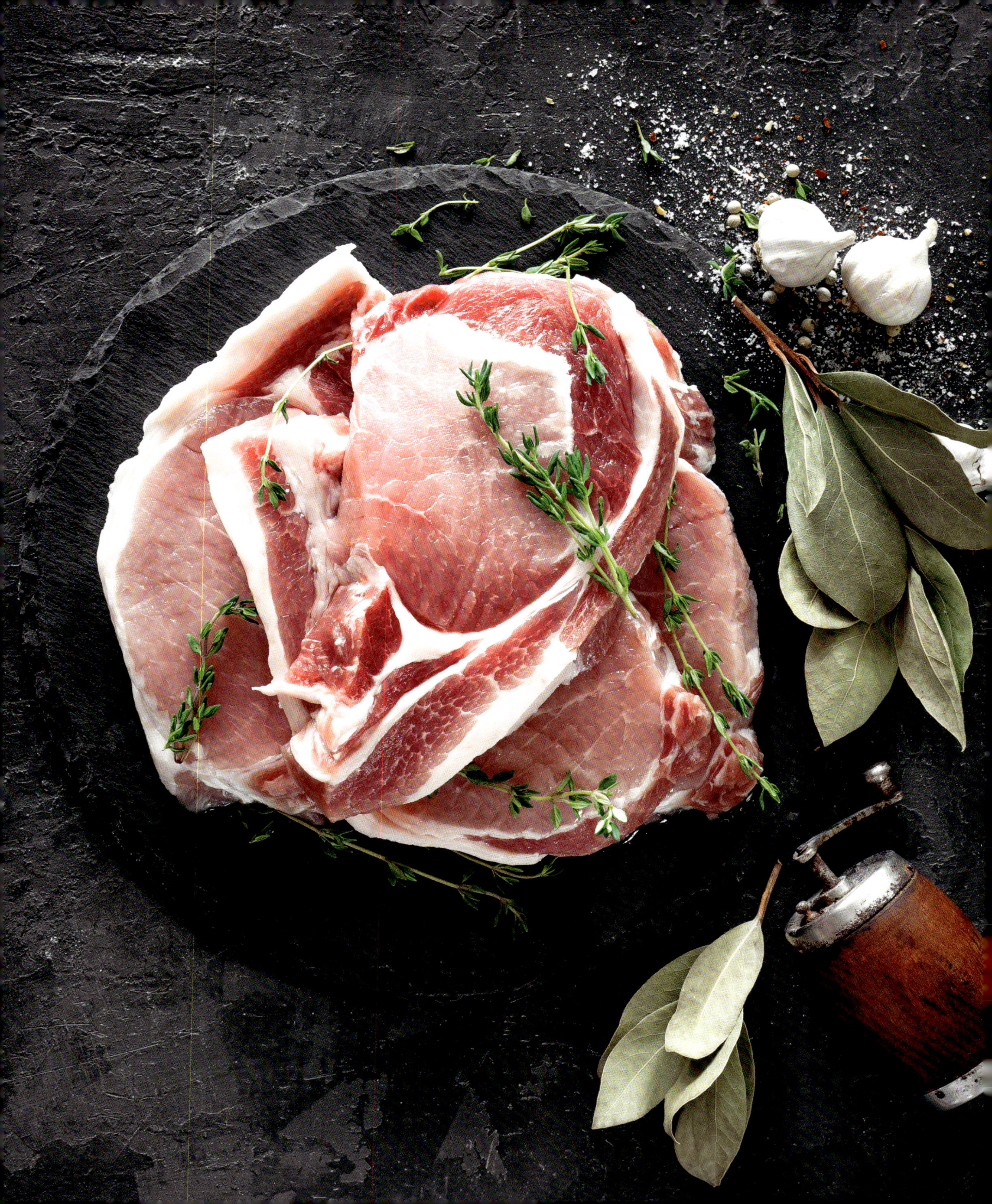

SCHWEINEFLEISCH

* KAPITEL 10 *

Prosciutto-Mozzarella-Bomben 200
Paprika im Prosciuttomantel 201
Blumenkohl-Pizza mit Prosciutto und Rucola 202
Pikantes Pulled Pork aus dem Schongarer 204
Fathead-Pizza mit Salami und Peperoni 206
Schweinefleisch-Nuggets im Speckmantel 207
Blumenkohl-Mac-and-Cheese mit Speck 208
Knuspriger Schweinebauch aus dem Ofen 209
Schweinelende im Speckmantel 210
Burger-Patties mit Kräuterbutter 211
Schweinekoteletts mit Parmesankruste 212
Schweinelende in Butter aus dem Schongarer 213
Frikadellen im Salatblatt 214
Schweinekoteletts mit würziger Rahmsauce 215
Schweinekoteletts mit Kräutern und Dijonsenf 216
Doppelt panierte Schweinekoteletts 218
Schweinefleisch-Pfanne mit Sriracha-Sauce 219

PROSCIUTTO-MOZZARELLA-BOMBEN

Stellen Sie sich Käsebällchen in knusprigen Prosciuttoscheiben mit frischem Basilikum und Tomate vor. Hört sich toll an, oder? Sie geben wunderbare Appetithäppchen oder eine fantasievolle Mahlzeit ab. Ich bereite sie mit Mini-Mozzarella-Kugeln zu, aber größere Stücke Mozzarella funktionieren genauso gut.

- ☐ Comfort Food
- ☐ ohne Nüsse
- ☐ bis 30 Minuten

ZUTATEN:
12 Scheiben Prosciutto
6 Mini-Mozzarella-Kugeln
6 besonders kleine Kirschtomaten
6 frische Basilikumblätter
1 TL Italienische Kräutermischung (Seite 295)
2 EL natives Olivenöl extra

1. 2 Scheiben Prosciutto über Kreuz auf eine Arbeitsfläche legen.
2. Eine Mozzarellakugel mit einem Messer aufschneiden und mit einer Kirschtomate füllen.
3. Je 1 Basilikumblatt und eine gefüllte Mozzarellakugel auf die Mitte der übereinandergelegten Schinkenscheiben setzen und 1 Prise italienische Kräutermischung darüberstreuen.
4. Zuerst die linke, dann die rechte Seite der Prosciuttoscheibe über die Mozzarellakugel legen. Darüber dann zunächst die untere, dann die obere Seite der Scheibe legen. Die restlichen Mozzarellakugeln ebenso verarbeiten.
5. In einer Pfanne bei mittlerer bis hoher Temperatur das Olivenöl erhitzen. Die Mozzarella-Prosciutto-Bomben in das heiße Öl geben und die Ober- sowie die Unterseite knusprig braten. Zum Schluss zügig die Seiten kurz anbraten.
6. Auf einem mit Küchenpapier ausgelegten Teller abkühlen lassen und servieren.

MAKRONÄHRSTOFFE:

70 % F
28 % EW
2 % KH

kcal: 450; F: 35 g; EW: 31 g;
Gesamt-KH: 2 g; BS: 1 g; N-KH: 1 g

GUT VORZUBEREITEN:
Da man diese Bomben gut aufwärmen kann, bietet es sich an, möglicherweise gleich eine größere Portion zuzubereiten.

PAPRIKA IM PROSCIUTTOMANTEL

Eine perfekte leichte Mahlzeit für den kleinen Hunger, die mich an Tapas-Restaurants erinnert, in denen man viele unterschiedliche Häppchen bestellt. Sie sind eine größere Version der sonst üblichen kleineren Chili-Poppers.

- ☐ Comfort Food
- ■ ohne Nüsse
- ☐ bis 30 Minuten

ZUTATEN:

- ½ gewürfelte Jalapeño-Chilischote
- 60 g Doppelrahmfrischkäse alternativ Milchfreier Rahmkäse (Seite 305)
- 40 g Artischockenherzen, abgetropft und klein geschnitten
- 1 TL Knoblauchpulver
- 2 gevirtelte Paprikaschoten
- 4 Scheiben Prosciutto, längs halbiert, plus mehr, falls erforderlich

1. Den Backofen auf 230 °C vorheizen. Ein Backblech mit Backpapier oder Silikon-Backmatte auslegen.

2. In einer kleinen Schüssel Jalapeño, Frischkäse, Artischockenherzen und Knoblauchpulver vermischen.

3. Die Paprikaviertel mit der Mischung füllen und mit den Prosciuttoscheiben umwickeln. Für jedes Paprikaviertel eine längs halbierte Scheibe verwenden. Sind die Paprikaschoten größer, wird vermutlich mehr Prosciutto benötigt.

4. Für 12 Minuten in den Backofen schieben, dann den Grill zuschalten und 1 weitere Minute knusprig werden lassen.

MAKRONÄHRSTOFFE:

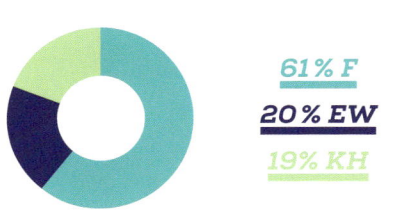

61 % F
20 % EW
19 % KH

kcal: 236; F: 16 g; EW: 12 g; Gesamt-KH: 11 g; BS: 2 g; N-KH: 9 g

VARIANTE:

Sie können nach Belieben gewürfeltes Gemüse oder Kräuter in die Mischung geben. Auch Parmesan macht sich gut darin.

BLUMENKOHL-PIZZA MIT PROSCIUTTO UND RUCOLA

Die Fathead-Pizza mit Salami und Peperoni (Seite 206) ist eine tolle Option für eine Keto-Pizza, aber auch dieser Blumenkohlboden macht aus einem der weltweit beliebtesten Comfort Food-Gerichte eine köstliche Keto-Pizza. Zuerst wird der Boden gebacken und dann nach Belieben belegt. Ich mag die herzhafte Variante mit salzigem Prosciutto und frischem Rucola besonders gern.

- Comfort Food
- ohne Milchprodukte
- ohne Nüsse
- paleo oder paleo-freundlich

ZUTATEN:

½ Kopf Blumenkohl, in Röschen zerteilt

1 Ei (Größe L), verquirlt

120 g zerzupften Mozzarella

2 EL frisch geriebener Parmesan

1 TL Italienische Kräutermischung (Seite 295)

1 EL natives Olivenöl extra

2 EL zuckerarme Marinara-Sauce

40 g Rucola

Salz

frisch gemahlener schwarzer Pfeffer

4 Scheiben Prosciutto, in kleinere Stücke zerzupft

1 EL gehobelter Parmesan

1. Den Backofen auf 220 °C vorheizen. Ein Backblech mit Backpapier oder einer Silikon-Backmatte auslegen.
2. Den Blumenkohl in einer Küchenmaschine fein zerkleinern.
3. In einer geeigneten Schüssel den Blumenkohl in der Mikrowelle 4–5 Minuten weich garen. Auf ein sauberes Geschirrtuch geben und abkühlen lassen. Nach dem Abkühlen den Blumenkohl in dem Handtuch auswringen und so viel Feuchtigkeit wie möglich herausdrücken.
4. In einer Schüssel Blumenkohl, Ei, 60 g Mozzarella, geriebenen Parmesan und die italienische Kräutermischung sorgfältig vermengen und den Teig auf das Backblech geben. Einen runden (oder in der gewünschten Form), etwa 1,3 cm dicken Boden formen und 15 Minuten goldgelb backen.
5. Den Boden mit ½ EL Olivenöl einpinseln. Die Marinara-Sauce und die restlichen 60 g Mozzarella daraufgeben. 5 Minuten backen, bis der Käse geschmolzen ist und blubbert.
6. In einer kleinen Schüssel den Rucola mit dem restlichen ½ EL Olivenöl vermengen und mit Salz und Pfeffer abschmecken.
7. Die Pizza aus dem Ofen nehmen, mit dem Rucola und dem Prosciutto belegen und mit dem gehobelten Parmesan bestreuen.

MAKRONÄHRSTOFFE:

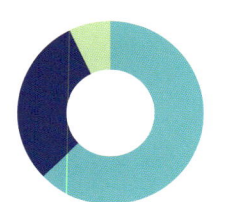

63 % F
30 % EW
7 % KH

kcal: 344; F: 24 g; EW: 26 g; Gesamt-KH: 6 g; BS: 2 g; N-KH: 4 g

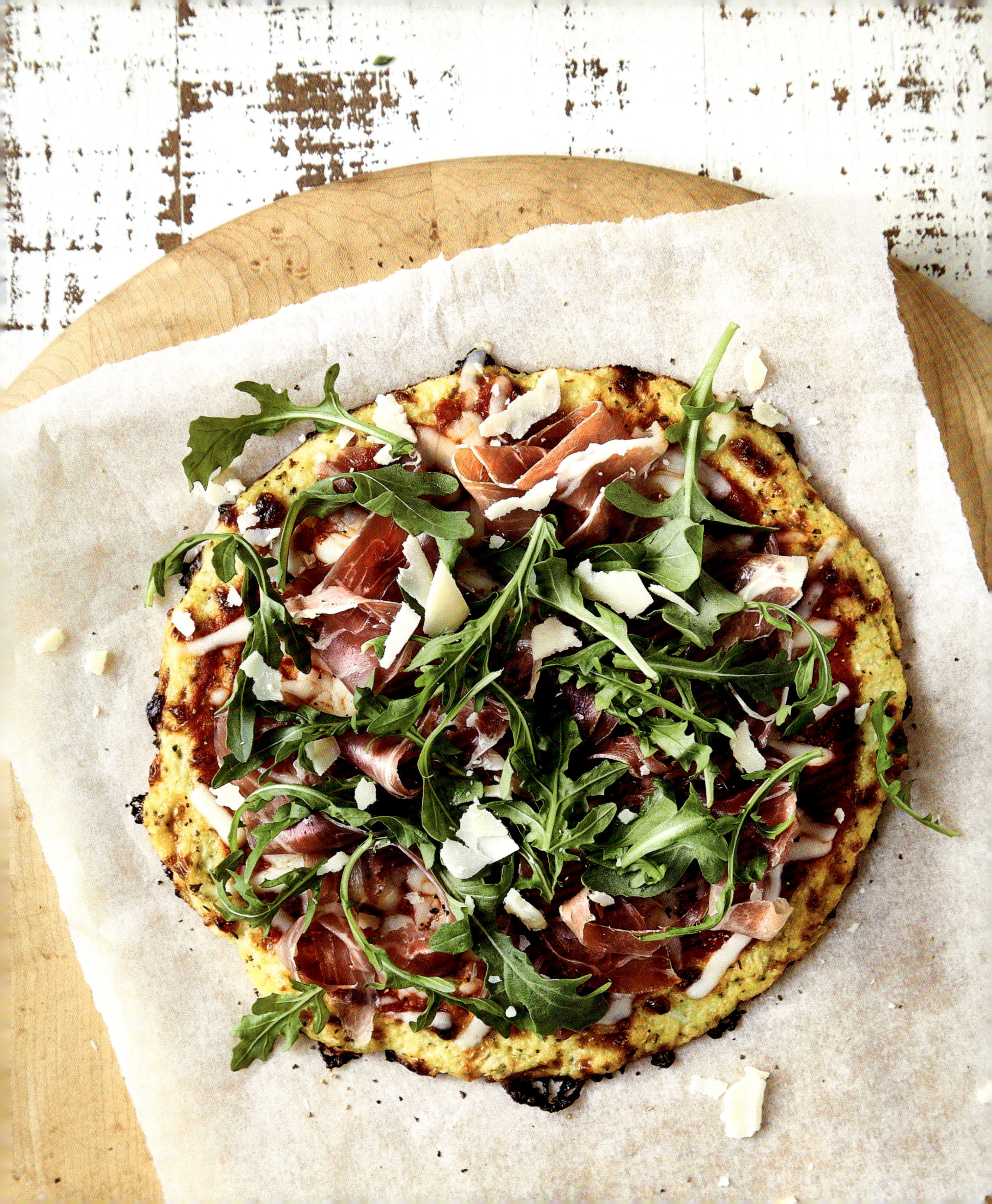

PIKANTES PULLED PORK AUS DEM SCHONGARER

Pulled Pork ist aus meiner Küche nicht wegzudenken. Es schmeckt für sich genommen köstlich, aber auch in Verbindung mit anderen Gerichten wie Schweinekrusten-Nachos oder kohlenhydratarmen Quesadillas ist es sehr lecker. Sie können die Menge der Gewürze erhöhen, wenn Sie gern scharf essen.

- ☐ allergenfrei
- ☐ Comfort Food
- ☐ ohne Milchprodukte
- ☐ ohne Nüsse
- ■ paleo oder paleo-freundlich

ZUTATEN:
1 Schweineschulterbraten (450 g)
Salz
frisch gemahlener schwarzer Pfeffer
1 EL getrockneter Oregano
1 EL gemahlener Kreuzkümmel
½ kleine gewürfelte Zwiebel
2 fein gehackte Knoblauchzehen
1 gehackte Jalapeño-Chilischote
Saft von ½ Limette

1. Den Braten mit Salz, Pfeffer, Oregano und Kreuzkümmel würzen.
2. Zuerst den Braten, dann die Zwiebel, den Knoblauch, die Jalapeño und den Limettensaft in den Schongarer geben.
3. Zudecken und bei niedriger Hitze 8 Stunden garen.
4. Das Fleisch mit zwei Gabeln zerzupfen und servieren.

MAKRONÄHRSTOFFE:

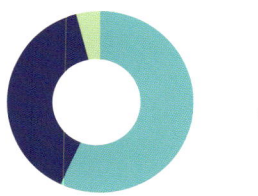

57 % F
39 % EW
4 % KH

kcal: 412; F: 26 g; EW: 40 g;
Gesamt-KH: 6 g; BS: 2 g; N-KH: 4 g

GUT VORZUBEREITEN:
Zum Aufwärmen Fleisch mit etwas Bratensaft in eine heiße Pfanne geben und erhitzen, bis es an den Rändern leicht knusprig ist.

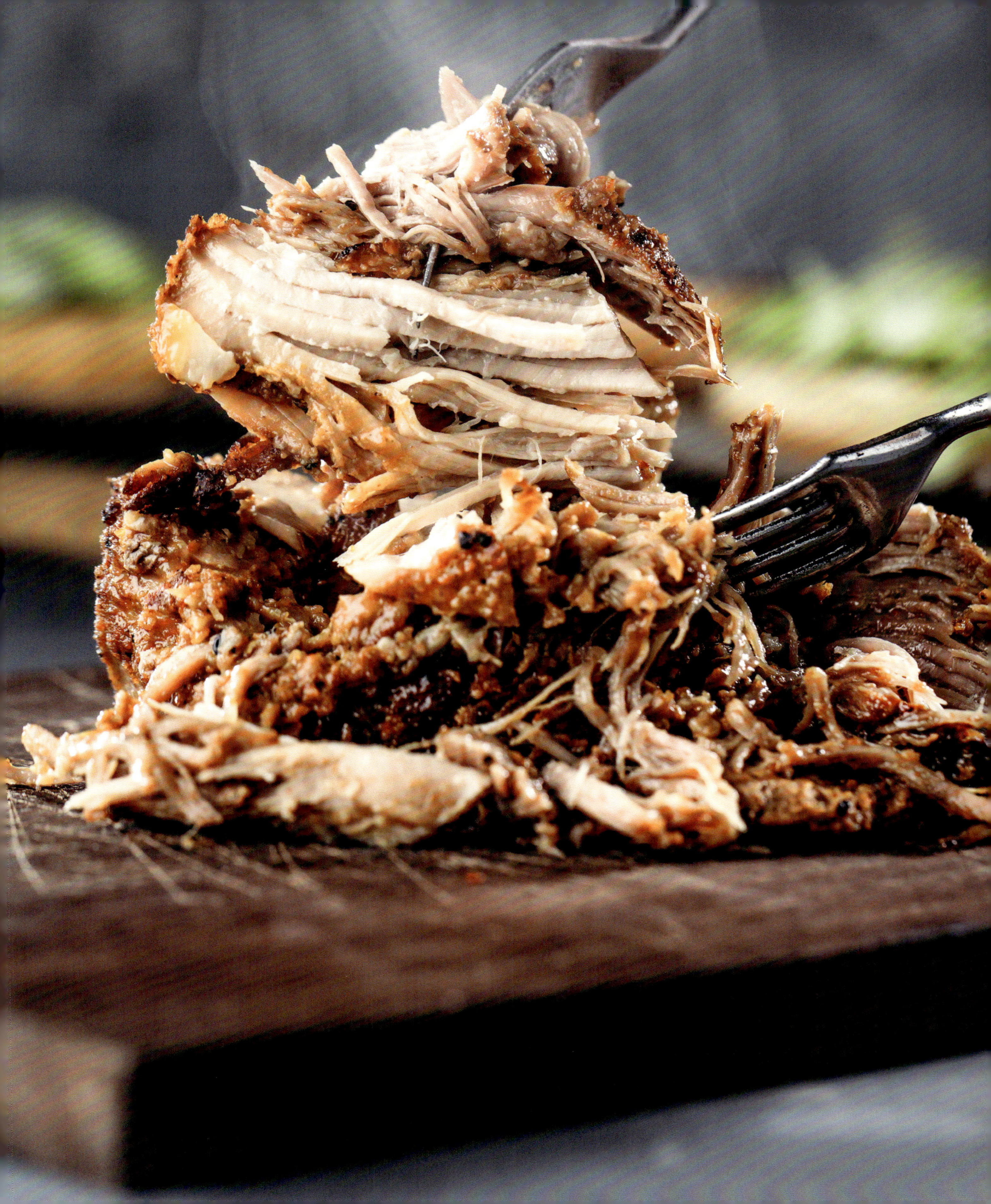

FATHEAD-PIZZA MIT SALAMI UND PEPERONI

Lassen Sie sich von der langen Zutatenliste nicht entmutigen. Eine Fathead-Pizza ist leicht zuzubereiten und schmeckt genauso gut wie die kohlenhydratreiche Version! Bei den Toppings können Sie Ihrer Fantasie freien Lauf lassen, meine Favoriten sind Peperonisalami und eingelegte Peperoni.

☐ Comfort Food

ZUTATEN:

Für den Fathead-Teig:

210 g zerzupfter Mozzarella

2 EL Doppelrahmfrischkäse oder Milchfreier Rahmkäse (Seite 305)

80 g gemahlene Mandeln

1 Ei (Größe L)

1 TL Italienische Kräutermischung (Seite 295)

Salz

Backspray

Für die Pizza:

120 ml zuckerfreie Tomatensauce

60 g zerzupfter Mozzarella

4 EL geriebener Parmesan

90 g Peperonisalami

90 g eingelegte Peperoni oder Oliven, in Ringe oder Scheiben geschnitten

2 EL in feine Streifen geschnittenes frisches Basilikum

MAKRONÄHRSTOFFE:

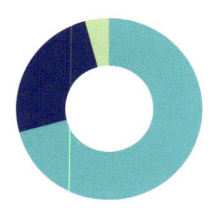

71 % F
25 % EW
4 % KH

kcal: 416; F: 33 g; EW: 25 g;
Gesamt-KH: 5 g; BS: 1 g; N-KH: 4 g

Zubereitung des Fathead-Teigs

1. Den Backofen auf 220 °C vorheizen.

2. In einer geeigneten Schüssel den Mozzarella und den Doppelrahmfrischkäse auf hoher Stufe 1 Minute in der Mikrowelle erhitzen. Gut durchrühren und nochmals 30 Sekunden in der Mikrowelle erhitzen, bis die Masse geschmolzen ist.

3. Gemahlene Mandeln, Ei, italienische Kräutermischung und Salz in die Käsemischung geben und alles behutsam verrühren.

4. Zwei Blätter Backpapier dünn mit Backspray einsprühen und den Teig dazwischenlegen. Den Teig mit einer Teigrolle (oder notfalls einer Weinflasche) zur gewünschten Form ausrollen.

5. Das obere Blatt Backpapier abziehen und den Teig mit dem unteren Blatt Backpapier auf ein Backblech legen.

6. Den Teigrand ringsum nach oben ziehen oder rollen, dann den Boden mit einer Gabel mehrmals einstechen.

7. Im Backofen 12–15 Minuten goldbraun backen.

Zubereitung der Pizza

1. Die Tomatensauce gleichmäßig auf dem Boden verteilen.

2. Mozzarella, Parmesan, Salami und Peperoni darauf verteilen.

3. Im Ofen 5 Minuten backen, bis der Käse zerläuft.

4. Mit Basilikum garniert servieren.

VARIANTE:

Manchmal verwende ich anstelle der Tomatensauce gewürfelte Tomaten.

2 PORTIONEN | ZUBEREITUNG: 10 MINUTEN | GARZEIT: 15 MINUTEN

SCHWEINEFLEISCH-NUGGETS IM SPECKMANTEL

Schweinefleisch mit einer Hülle aus noch mehr Schweinefleisch? Lecker, her damit! Wer braucht schon Chicken Nuggets, wenn man diese hier selber machen kann? Ich liebe es, so gut wie alles in Frühstücksspeck einzurollen, und da Schweinekoteletts ohne Knochen häufig sehr günstig zu haben sind, kann man hier schnell ein sättigendes, budgetfreundliches Gericht zaubern. Außerdem lieben Kinder diese Nuggets.

- ☐ allergenfrei
- ☐ Comfort Food
- ☐ ohne Milchprodukte
- ☐ ohne Nüsse
- ☐ paleo oder paleo-freundlich
- ☐ bis 30 Minuten

ZUTATEN:

2 Schweinekoteletts ohne Knochen, jeweils in 4 Streifen geschnitten
8 Scheiben Frühstücksspeck
2 EL natives Olivenöl extra

1. Einen Schweinefleischstreifen mit einer Scheibe Frühstücksspeck umwickeln und mit einem Zahnstocher fixieren. Mit den übrigen Speckscheiben und Fleischstreifen ebenso verfahren.

2. In einer Pfanne auf mittlerer bis hoher Stufe das Olivenöl erhitzen.

3. Die mit Speck umwickelten Nuggets in die Pfanne geben und von jeder Seite 5 Minuten braten, bis der Speck knusprig ist. Die Nuggets mit einer Küchenzange drehen, bis auch die Seiten knusprig gebräunt sind.

4. Die fertigen Nuggets auf einem mit Küchenpapier ausgelegten Teller abkühlen lassen und servieren.

MAKRONÄHRSTOFFE:

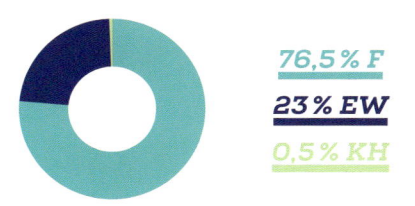

76,5 % F
23 % EW
0,5 % KH

kcal: 353; F: 30 g; EW: 20 g;
Gesamt-KH: 1 g; BS: 0 g; N-KH: 1 g

VARIANTE:

Mir schmecken diese Nuggets besonders gut mit einem Ranch- oder Blauschimmelkäse-Dressing, aber auch eine zuckerfreie Barbecue-Sauce oder die Milchfreie Avocado-Crema (Seite 304) sind eine gute Wahl.

BLUMENKOHL-MAC-AND-CHEESE MIT SPECK

Niemand, der sich ketogen ernährt, muss auf den Genuss von Mac-and-Cheese verzichten – diese leckere Version ist ein wunderbarer Ersatz. Ob Keto-Anhänger oder nicht, alle werden dieses Gericht lieben. An kalten Abenden sehne ich mich geradezu nach Gerichten wie diesem, egal ob als Hauptgericht oder als herzhafte Beilage.

- ☐ Comfort Food
- ■ ohne Nüsse
- ☐ bis 30 Minuten

ZUTATEN:

4 Scheiben Frühstücksspeck
½ Kopf Blumenkohl, in Röschen zerteilt
Salz
frisch gemahlener schwarzer Pfeffer
4 EL Schlagsahne
2 EL zerkrümelter Ziegenkäse
1 TL Dijonsenf
90 g Cheddar, geraspelt
Backspray
4 EL geraspelter Gruyère

MAKRONÄHRSTOFFE:

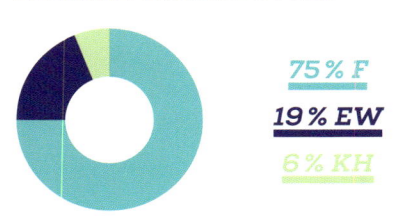

75 % F
19 % EW
6 % KH

kcal: 416; F: 33 g; EW: 25 g;
Gesamt-KH: 5 g; BS: 1 g; N-KH: 4 g

1. Den Backofen auf 190 °C vorheizen.

2. Den Speck in einer großen Pfanne auf mittlerer bis hoher Stufe etwa 8 Minuten kross braten, zwischendurch einmal wenden. Zum Entfetten auf einen mit Küchenpapier ausgelegten Teller geben und abkühlen lassen, anschließend zerbröseln.

3. Während der Speck in der Pfanne brutzelt, einen mittelgroßen Topf halbvoll mit Wasser füllen und auf hoher Stufe zum Kochen bringen. Den Blumenkohl zugeben und 4 Minuten kochen. Abgießen und auf einen mit Küchenpapier ausgelegten Teller geben. Die Blumenkohlröschen mit Küchenpapier oder einem trockenen, sauberen Geschirrtuch so trocken wie möglich tupfen. Mit Salz und Pfeffer würzen.

4. Den Topf zurück auf den Herd stellen und die Schlagsahne, den Ziegenkäse und den Dijonsenf darin bei mittlerer Hitze zu einer glatten Sauce verquirlen. Den Cheddar zugeben und unter Rühren mit dem Schneebesen schmelzen lassen.

5. Eine kleine Auflaufform mit Backspray einsprühen. Den Blumenkohl in die Form geben, mit der Käsesauce beträufeln, darüber dann eine Lage zerbröselten Speck geben und zum Schluss den Gruyère darüberstreuen.

6. Im Ofen 15 Minuten goldgelb überbacken.

VARIANTE:

Cheddar, Doppelrahmfrischkäse und Parmesan sind ebenfalls eine leckere Kombination. Den Ziegenkäse durch Doppelrahmfrischkäse und den Gruyère durch zusätzlichen Cheddar ersetzen und alles mit Parmesan bestreuen.

2 PORTIONEN | ZUBEREITUNG: 5 MINUTEN | GARZEIT: 40 MINUTEN

KNUSPRIGER SCHWEINE-BAUCH AUS DEM OFEN

Schweinebauch ist ein perfektes Keto-Gericht und wirklich einfach zuzubereiten. Damit die Schwarte schön knusprig wird, kommt hier viel Salz zum Einsatz. Den Schweinebauch in Scheiben schneiden und zu anderen Gerichten reichen oder einfach so genießen.

- ☐ allergenfrei
- ☐ Comfort Food
- ■ ohne Milchprodukte
- ■ ohne Nüsse
- ■ paleo oder paleo-freundlich

ZUTATEN:
230 g Schweinebauch
1 EL natives Olivenöl extra
½ TL Salz
frisch gemahlener schwarzer Pfeffer

1. Den Backofen auf 230 °C vorheizen.
2. Den Schweinebauch trocken tupfen und die Haut mit einem scharfen Messer im Abstand von etwa 1,5 cm einritzen.
3. Den Schweinebauch auf einen Bratrost über einer Bratenform legen.
4. Die Haut rundherum mit Olivenöl bestreichen, das Salz auf beiden Seiten in die Haut reiben und Pfeffer darübermahlen.
5. Auf der mittleren Schiene des Backofens 35 Minuten rösten.
6. Die Grillstufe des Backofens einschalten und die Bratenform so nah wie möglich unter den Grill schieben.
7. Das Fleisch 1 Minute grillen und dann prüfen. Sobald die Haut blasig und knusprig goldbraun ist, die Bratenform aus dem Backofen nehmen und den Schweinebauch 10 Minuten ruhen lassen. In Scheiben schneiden und servieren.

MAKRONÄHRSTOFFE:

93 % F
7 % EW
0 % KH

kcal: 647; F: 67 g; EW: 11 g; Gesamt-KH: 0 g; BS: 0 g; N-KH: 0 g

VARIANTE:
Damit die Haut des Schweinbauchs vor dem Rösten gut trocken wird, kann man ihn salzen und pfeffern und dann über Nacht offen im Kühlschrank stehen lassen.

SCHWEINEFLEISCH

6 PORTIONEN | ZUBEREITUNG: 10 MINUTEN | GARZEIT: 1 STUNDE

SCHWEINELENDE IM SPECKMANTEL

Schweinelende ist so einfach zuzubereiten und diese hier macht da keine Ausnahme. Sie können ganz nach Belieben Gemüse mit in die Form geben und gleichzeitig mit der Lende rösten. Dieses Gericht ergibt mehr als 2 Portionen, weil ich nie eine Schweinelende finden kann, die weniger als 900 g wiegt. Wenn Sie eine kleinere Portion zubereiten möchten und eine kleinere Lende finden können, passen Sie einfach die Speckmenge an.

- ☐ allergenfrei
- ☐ Comfort Food
- ■ ohne Milchprodukte
- ■ ohne Nüsse
- ■ paleo oder paleo-freundlich

ZUTATEN:

1 Schweinelende (900 g)
Salz
frisch gemahlener schwarzer Pfeffer
8 Scheiben Frühstücksspeck (dünne Scheiben sind am besten geeignet)

1. Den Backofen auf 190 °C vorheizen.
2. Die Schweinelende trocken tupfen, salzen und pfeffern. Die Lende in eine Auflaufform geben, dann die Oberseite mit einem scharfen Messer einritzen.
3. Die Speckscheiben um die Schweinelende wickeln.
4. Im Ofen 1 Stunde backen, bis der Speck knusprig und das Fleisch gar ist.
5. Das Fleisch vor dem Aufschneiden 15 Minuten ruhen lassen.

MAKRONÄHRSTOFFE:

68 % F
32 % EW
0 % KH

kcal: 447; F: 34 g; EW: 33 g;
Gesamt-KH: 0 g; BS: 0 g; N-KH: 0 g

VARIANTE:
Brokkoli, Blumenkohl, Rosenkohl und Pilze passen ausgezeichnet dazu, wenn Sie Ihr Gemüse mit in die Auflaufform geben wollen.

BURGER-PATTIES MIT KRÄUTERBUTTER

Ein mit Butter gefüllter Burger-Patty?! Wie könnte das nicht köstlich sein? Wenn Sie bisher noch kein Schweinehack für einen Burger-Patty verwendet haben, können Sie auf eine besondere Gaumenfreude gespannt sein! Bereiten Sie die Kräuterbutter im Voraus zu, damit sie zum Befüllen schön fest ist. Ihre Burger-Patties werden saftig und reich an Geschmack sein.

- Comfort Food
- ohne Nüsse
- bis 30 Minuten

ZUTATEN:

230 g Schweinehackfleisch
Salz
frisch gemahlener schwarzer Pfeffer
4 EL Kräuterbutter (Seite 46)
2 Scheiben Gruyère

1. Eine große Pfanne auf mittlerer bis hoher Stufe erhitzen.
2. Das Hackfleisch in einer Schüssel mit Salz und Pfeffer würzen und aus der Masse zwei Patties formen.
3. In die Mitte jedes Patties 1 EL Kräuterbutter drücken, dann die Butter mit Fleisch bedecken. Die Patties fest zusammendrücken, da Patties aus Schweinefleisch während des Bratens leichter auseinanderfallen als die aus Rindfleisch.
4. Die Patties in die heiße Pfanne geben und 1 zusätzlichen EL Kräuterbutter auf jeden Patty geben. Die Patties von beiden Seiten jeweils 7–8 Minuten braten, zwischendurch einmal wenden.
5. Ganz zum Schluss eine Scheibe Käse auf jeden Patty legen und schmelzen lassen.

VARIANTE:
Dieses Rezept funktioniert auch mit Rindfleisch wunderbar.

MAKRONÄHRSTOFFE:

79 % F
21 % EW
0 % KH

kcal: 504; F: 44 g; EW: 27 g;
Gesamt-KH: 0 g; BS: 0 g; N-KH: 0 g

2 PORTIONEN | ZUBEREITUNG: 10 MINUTEN | GARZEIT: 10 MINUTEN

SCHWEINEKOTELETTS MIT PARMESANKRUSTE

Schweinekrusten sind ein wunderbarer Ersatz für Semmelbrösel, und bei diesem Gericht sorgen sie für perfekt knusprige, leckere Koteletts. Ich verwende gern Schweinekoteletts ohne Knochen, weil sie oft günstig zu haben und schnell fertig sind.

- ☐ Comfort Food
- ☑ ohne Nüsse
- ☐ bis 30 Minuten

ZUTATEN:

1 Ei (Größe L)
4 EL geriebener Parmesan
4 EL Schweinekrusten-»Semmelbrösel« (Seite 307)
½ TL Italienische Kräutermischung (Seite 295)
2 Schweinekoteletts ohne Knochen
Salz
frisch gemahlener schwarzer Pfeffer
1 EL natives Olivenöl extra

1. Das Ei in einer flachen Schale verquirlen. Den Parmesan mit den Schweinekrusten und der Kräutermischung auf einem Teller vermischen.

2. Die Schweinekoteletts trocken tupfen, salzen und pfeffern. Dann jedes Kotelett in das Ei tunken und in der Parmesan-Schweinekrusten-Mischung wenden.

3. In einer großen Pfanne das Olivenöl bei mittlerer Temperatur erhitzen Die Schweinekoteletts zugeben und unter einmaligem Wenden von jeder Seite 4–5 Minuten braten.

4. Die Koteletts vor dem Servieren 10 Minuten ruhen lassen.

MAKRONÄHRSTOFFE:

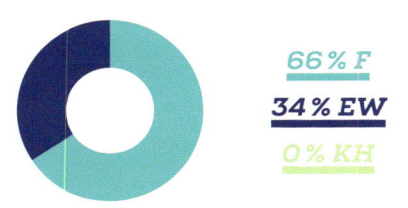

66 % F
34 % EW
0 % KH

kcal: 395; F: 29 g; EW: 31 g; Gesamt-KH: 1 g; BS: 0; N-KH: 1 g

VARIANTE:
Für einen leichten Säurekick ¼ TL abgeriebene Zitronen- oder Limettenschale in die Parmesan-Schweinekrusten-Mischung geben.

2 PORTIONEN | ZUBEREITUNG: 5 MINUTEN | GARZEIT: 8 STUNDEN

SCHWEINELENDE IN BUTTER AUS DEM SCHONGARER

So einfach und so lecker. Eine einfache Mahlzeit aus dem Schongarer könnte bei mir jeden Tag auf dem Tisch stehen. Wenn Sie keine kleine Schweinelende finden können, kaufen Sie einfach eine größere – Reste sind nicht weniger köstlich! Sie werden es lieben, wie Ihr ganzes Haus vom Duft dieses Gerichts erfüllt sein wird.

- ☐ Comfort Food
- ■ ohne Nüsse

ZUTATEN:
1 Schweinelende (450 g)
Salz
frisch gemahlener schwarzer Pfeffer
1 fein gehackte Knoblauchzehe
2 TL Italienische Kräutermischung (Seite 295)
½ TL Chiliflocken
2 EL Butter alternativ Ghee

1. Den Schongarer auf niedriger Stufe vorheizen.
2. Die Schweinelende mit Küchenpapier trocken tupfen, salzen und pfeffern.
3. Zuerst die Schweinelende, dann den Knoblauch, die italienische Kräutermischung, die Chiliflocken und die Butter in den Schongarer geben.
4. Bei geschlossenem Deckel 8 Stunden garen. In Scheiben schneiden und servieren.

MAKRONÄHRSTOFFE:

46 % F
54 % EW
0 % KH

kcal: 372; F: 19 g; EW: 47 g;
Gesamt-KH: 1 g; BS: 0 g; N-KH: 1 g

VARIANTE:
Wenn es schnell gehen muss, können Sie dieses Gericht auch auf hoher Stufe 4 Stunden garen.

SCHWEINEFLEISCH

2 PORTIONEN | ZUBEREITUNG: 10 MINUTEN | GARZEIT: 15 MINUTEN

FRIKADELLEN IM SALATBLATT

Ich liebe leckere kleine Fleischhäppchen wie diese hier. Sie werden in Salatblättern serviert und bekommen durch feine Zwiebelringe und Radieschen den besonderen Frischekick. Die Kombination aus knackig-frischen Zutaten und würzigem Schweinehack ist einfach perfekt.

- ☐ Comfort Food
- ☐ ohne Nüsse
- ☐ bis 30 Minuten

ZUTATEN:

1 EL natives Olivenöl extra
230 g Schweinehackfleisch
Salz
frisch gemahlener schwarzer Pfeffer
2 TL Sriracha-Sauce
1 EL Avocadoöl-Mayonnaise
4 Blätter Kopfsalat
4 EL in feine Ringe geschnittene rote Zwiebel
2 Radieschen, in feine Scheiben geschnitten
2 Limettenspalten

1. In einer großen Pfanne auf mittlerer bis hoher Stufe das Olivenöl erhitzen.
2. Das Hackfleisch in einer Schüssel mit Salz und Pfeffer und 1 TL Sriracha-Sauce würzen. Aus der Mischung vier Frikadellen formen. Die Frikadellen fest zusammendrücken, da die aus Schweinefleisch während des Bratens leichter auseinanderfallen als die aus Rindfleisch.
3. Die Frikadellen in die Pfanne geben und von jeder Seite 7–8 Minuten braten.
4. In einer kleinen Schüssel die Mayonnaise mit dem restlichen 1 TL Sriracha-Sauce gut verrühren.
5. Auf jeden Teller 2 Salatblätter legen. Zwiebel und Radieschen darauf verteilen und auf jedes Salatblatt 1 Frikadelle geben. Einen Klecks Sriracha-Mayonnaise daraufsetzen und mit dem Saft der Limettenspalten beträufeln.

MAKRONÄHRSTOFFE:

75 % F
21 % EW
4 % KH

kcal: 395; F: 33 g; EW: 20 g; Gesamt-KH: 5 g; BS: 1 g; N-KH: 4 g

VARIANTE:
Hierzu schmecken auch in feine Scheiben geschnittene Gurken und Karotten.

SCHWEINEFLEISCH

2 PORTIONEN | ZUBEREITUNG: 5 MINUTEN | GARZEIT: 20 MINUTEN

SCHWEINEKOTELETTS MIT WÜRZIGER RAHMSAUCE

Ich greife oft zur Ranch-Würzmischung, weil sie fast jeder Art von Fleisch oder Fisch einen schönen pikanten Geschmack gibt. In diesem Gericht entsteht aus der Ranch-Würzmischung und einer meiner anderen Lieblingszutaten, dem Doppelrahmfrischkäse, eine köstlich-cremige Sauce für die Koteletts.

☐ Comfort Food
■ ohne Nüsse

ZUTATEN:

2 Schweinekoteletts ohne Knochen
Salz
frisch gemahlener schwarzer Pfeffer
2 EL Butter alternativ Ghee
1 EL Hühnerbrühe oder Hühner-Knochenbrühe
60 g Doppelrahmfrischkäse alternativr Milchfreier Rahmkäse (Seite 305)
1 EL Ranch-Würzmischung (Seite 294)

1. Die Schweinekoteletts trocken tupfen, salzen und pfeffern.

2. In einer großen Pfanne die Butter bei mittlerer bis hoher Hitze zerlassen.

3. Die Schweinekoteletts zugeben und unter einmaligem Wenden von jeder Seite 4–5 Minuten braten. Aus der Pfanne nehmen und auf einen Teller legen.

4. Die Hitze auf eine mittlere Stufe reduzieren, die Hühnerbrühe zugeben und den Bratensatz vom Pfannenboden lösen. Den Doppelrahmfrischkäse und die Ranch-Würzmischung zugeben. Alles mit dem Schneebesen gründlich verrühren.

5. Die Hitze auf eine niedrige Stufe reduzieren, die Koteletts zurück in die Sauce geben und 10 Minuten leise köchelnd garen.

6. Die Koteletts vor dem Servieren 10 Minuten ruhen lassen.

MAKRONÄHRSTOFFE:

75 % F
24 % EW
1 % KH

kcal: 432; F: 37 g; EW: 24 g;
Gesamt-KH: 1 g; BS: 0 g; N-KH: 1 g

DIE PALEO-VARIANTE:

Anstelle des Doppelrahmfrischkäses Milchfreien Rahmkäse (Seite 305) verwenden.

SCHWEINEFLEISCH

2 PORTIONEN | ZUBEREITUNG: 5 MINUTEN | GARZEIT: 20 MINUTEN

SCHWEINEKOTELETTS MIT KRÄUTERN UND DIJONSENF

Dijonsenf und Parmesan verleihen den Koteletts köstlichen Crunch. In Verbindung mit Mayonnaise sorgt die cremige Kombination dafür, dass die Koteletts saftig und reich an Geschmack bleiben.

- ☐ Comfort Food
- ■ ohne Nüsse
- ☐ bis 30 Minuten

ZUTATEN:
1 EL Dijonsenf
1 EL Avocadoöl-Mayonnaise
½ TL Italienische Kräutermischung (Seite 295)
Salz
frisch gemahlener schwarzer Pfeffer
2 Schweinekoteletts ohne Knochen
4 EL geriebener Parmesan
1 TL gehackte frische Petersilie

1. Den Backofen auf 200 °C vorheizen.
2. In einer Schüssel den Dijonsenf, die Mayonnaise und die Kräutermischung verrühren. Mit Salz und Pfeffer würzen.
3. Die Schweinekoteletts trocken tupfen, salzen und pfeffern und in eine Auflaufform geben.
4. Die Senf-Mayonnaise-Mischung auf die Koteletts streichen und den Parmesan darüberstreuen.
5. Im Ofen 15 Minuten backen.
6. Die Grillstufe einschalten und 1–2 Minuten goldgelb grillen.
7. Die Koteletts vor dem Servieren 10 Minuten ruhen lassen, die Petersilie darüberstreuen und servieren.

MAKRONÄHRSTOFFE:

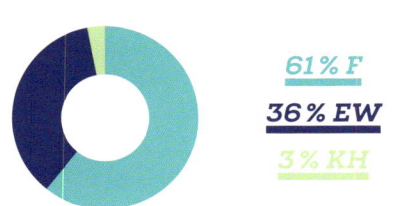

61 % F
36 % EW
3 % KH

kcal: 323; F: 22 g; EW: 27 g;
Gesamt-KH: 3 g; BS: 0 g; N-KH: 3 g

VARIANTE:
Die Senf-Mayonnaise-Mischung kann auch als Marinade für die Koteletts dienen. Einige Stunden oder sogar einen ganzen Tag marinieren lassen. Dann vor dem Backen einfach den Parmesan darüberstreuen.

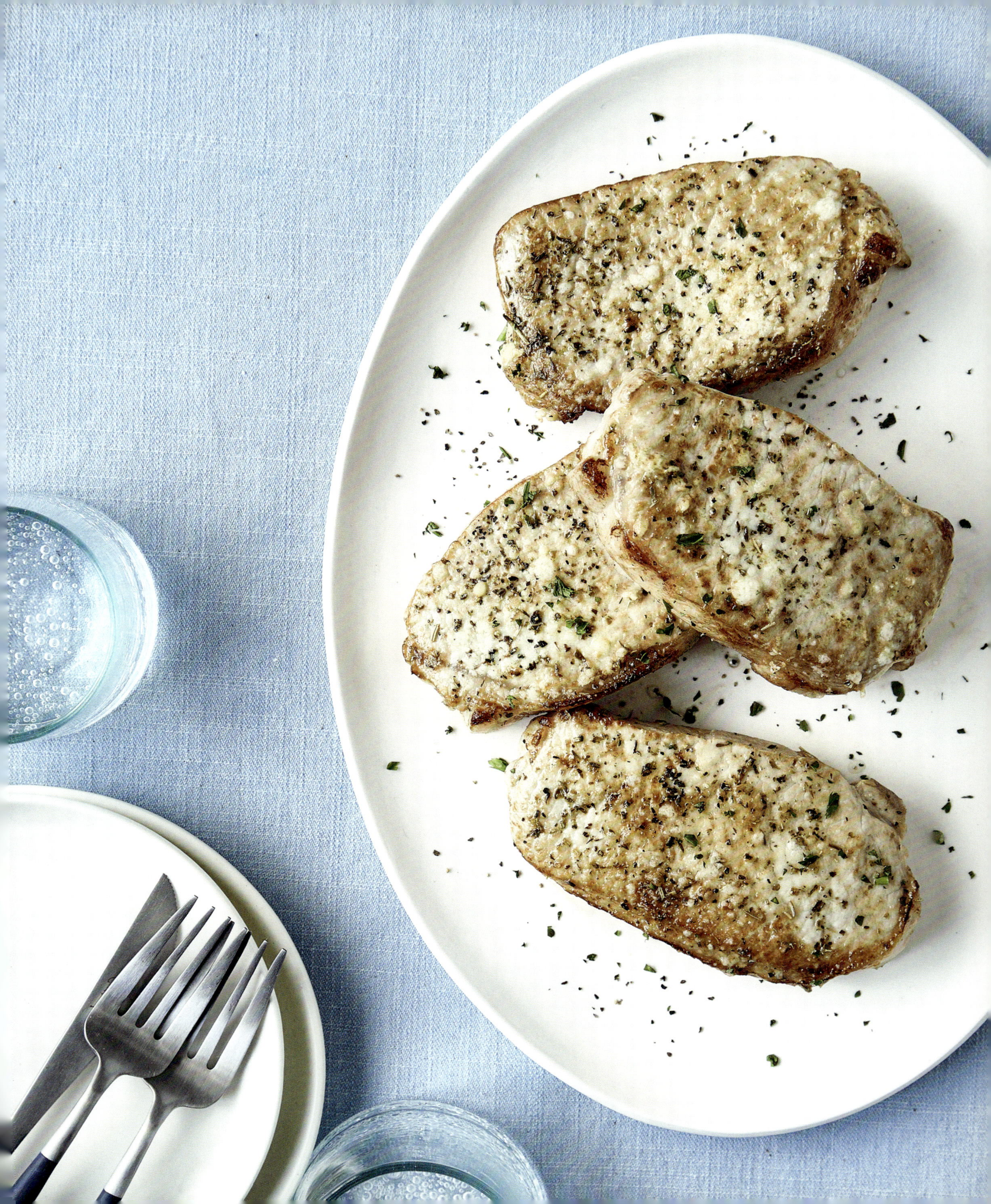

2 PORTIONEN | ZUBEREITUNG: 10 MINUTEN | GARZEIT: 10 MINUTEN

DOPPELT PANIERTE SCHWEINEKOTELETTS

Diese Schweinekoteletts sind außen herrlich knusprig und innen supersaftig – Sie werden begeistert sein! Vermutlich haben Sie bereits bemerkt, dass Schweinekrusten-»Semmelbrösel« zu meinen Lieblingszutaten gehören. Schon viele meiner Gäste, die sich nicht ketogen ernähren, haben sie für echte Semmelbrösel gehalten, aber meiner Meinung nach sind sie sogar besser. In Kombination mit einer frischen Beilage wie dem Avocado-Cotija-Salat (Seite 142) hat man eine tolle Mahlzeit.

- ☐ Comfort Food
- ■ ohne Nüsse
- ☐ bis 30 Minuten

ZUTATEN:

1 Ei (Größe L)
60 g Kokosmehl
1 TL Cayennepfeffer
Salz
frisch gemahlener schwarzer Pfeffer
20 g Schweinekrusten-»Semmelbrösel« (Seite 307)
2 EL natives Olivenöl extra alternativ Ghee
2 Schweinekoteletts ohne Knochen

1. Das Ei in einer flachen Schale leicht verquirlen. Auf einem großen Teller das Kokosmehl mit dem Cayennepfeffer mischen. Mit Salz und Pfeffer würzen. Die zerbröselten Schweinekrusten auf einen zweiten Teller geben.

2. In einer großen Pfanne auf mittlerer bis hoher Stufe das Olivenöl erhitzen.

3. Jedes Kotelett in der Kokosmehl-Mischung wenden. Dann von beiden Seiten durch das verquirlte Ei ziehen und anschließend die Koteletts in den zerbröselten Schweinekrusten wenden, dabei die Krusten fest in das Fleisch drücken, damit sie haften. Die Koteletts in die heiße Pfanne geben.

4. Von jeder Seite 4–5 Minuten braten, bis sie goldbraun, knusprig und durchgegart sind.

MAKRONÄHRSTOFFE:

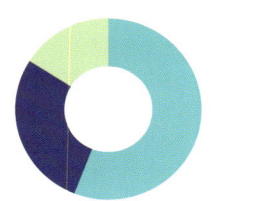

56 % F
28 % EW
16 % KH

kcal: 483; F: 30 g; EW: 31 g;
Gesamt-KH: 19 g; BS: 12 g; N-KH: 7 g

VARIANTE:

Sollen die Schweinekrusten-»Semmelbrösel« mehr Würze beisteuern, können der Mischung weitere Würzmischungen zugefügt werden. Ich gebe gern 1 TL Ranch-Würzmischung (Seite 294) hinzu.

2 PORTIONEN | ZUBEREITUNG: 5 MINUTEN | GARZEIT: 20 MINUTEN

SCHWEINEFLEISCH-PFANNE MIT SRIRACHA-SAUCE

Die Idee für dieses schnelle Pfannengericht hatte ich eines Abends, als mein Kühlschrank ziemlich leer war. Damals habe ich entdeckt, dass Sriracha-Sauce den Geschmack von fast jeder Speise aufwertet! Für Burger-Patties oder ein Pfannengericht wie dieses ist Schweinehackfleisch eine prima Alternative für Rinderhack.

- ☐ Comfort Food
- ☑ ohne Nüsse
- ☐ bis 30 Minuten

ZUTATEN:
2 EL Sesamöl
230 g Schweinehackfleisch
1 fein gehackte Knoblauchzehe
½ gewürfelte Zwiebel
½ Paprikaschote, in feine Streifen geschnitten
110 g Spargel, in 2,5–5 cm große Stücke geschnitten
2 TL Sriracha-Sauce
2 EL Sojasauce alternativ Kokos-Aminos-Würzsauce
4 EL gehacktes Koriandergrün

1. In einer großen Pfanne 1 EL Sesamöl bei mittlerer bis hoher Temperatur erhitzen. Das Fleisch darin 8–10 Minuten braten, dabei größere Stücke mit einem Holzlöffel zerteilen, bis es vollständig gebräunt ist. Aus der Pfanne nehmen und beiseitestellen.

2. Den restlichen TL Sesamöl mit dem Knoblauch und der Zwiebel in die Pfanne geben und etwa 3 Minuten weich garen. Die Paprika und den Spargel zugeben und unter gelegentlichem Rühren 3–4 Minuten mitgaren.

3. Die Sriracha-Sauce, die Sojasauce und das Fleisch zugeben und alles gut vermischen.

4. Auf zwei Schalen verteilen und mit Koriandergrün garnieren.

MAKRONÄHRSTOFFE:
72 % F
20 % EW
8 % KH

kcal: 469; F: 38 g; EW: 24 g;
Gesamt-KH: 11 g; BS: 4 g; N-KH: 7 g

VARIANTE:
Blumenkohlreis oder Shirataki-Reis passen sehr gut dazu und sorgen für eine sehr sättigende Mahlzeit.

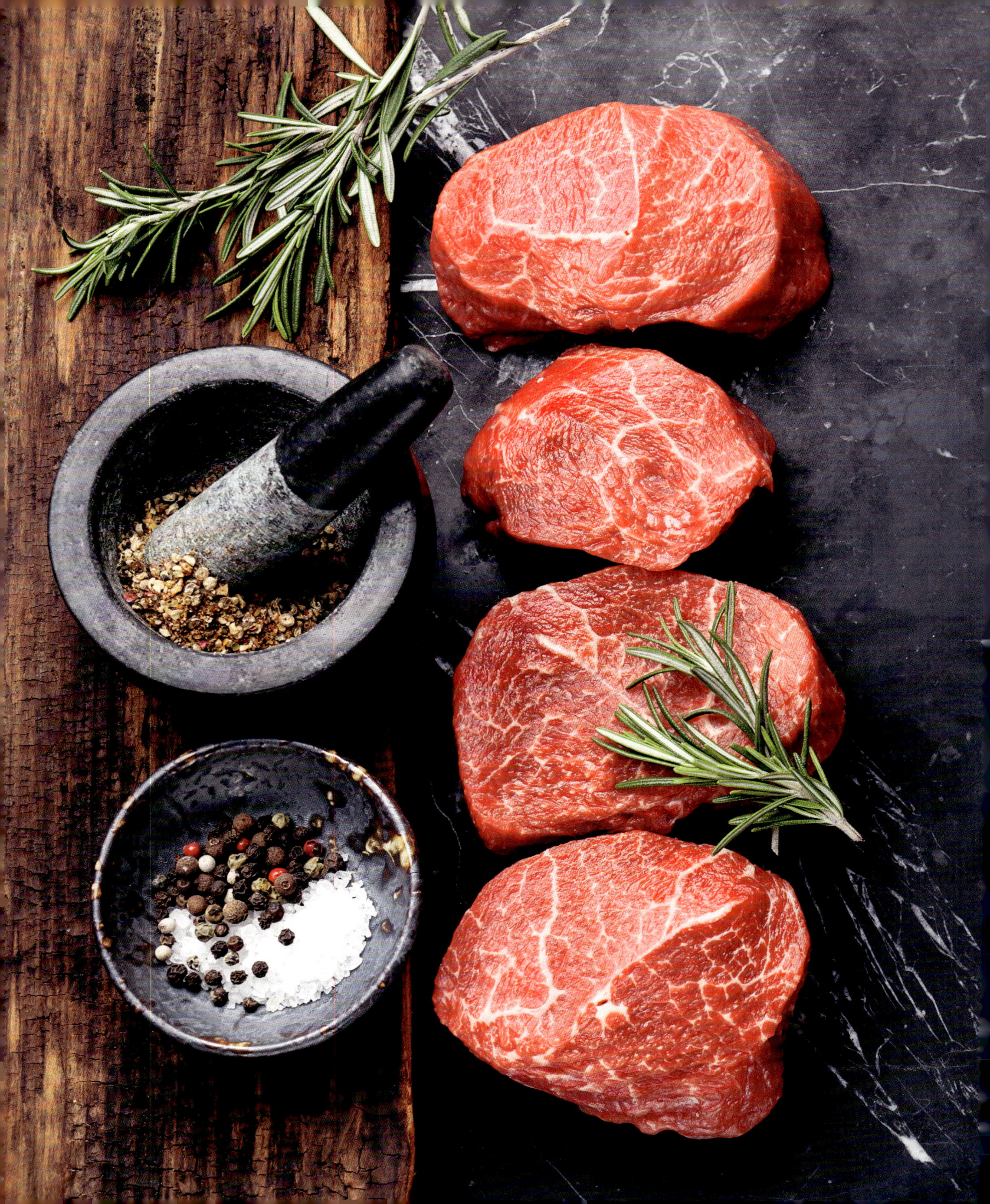

RINDFLEISCH
* KAPITEL 11 *

Weltklasse T-Bone-Steak mit Kräuterbutter 222
Fajita-Skirt-Steak mit Blumenkohlreis 224
Fajitas vom Blech 225
Slow-Cooker-Chili 226
Asiatische Rindfleisch-»Nudel«-Bowl 228
Ofensteak mit Radieschen und Kräuterbutter 230
Vietnamesische Steak-»Reis«-Bowl 231
Steak and Eggs vom Blech 232
Mediterrane Burger-Patties 233
Fleischbällchen mit grünen Chilischoten 234
Hacksteak mit Pilzen und Bacon 236
Santa-Fe-Burger mit grünen Chilischoten 237
Cheeseburger im Speckmantel 238
»Spaghetti« mit Fleischsauce 239
Steakhäppchen im Speckmantel mit Senf-Dipsauce 240
Mini-Hackbraten 241
Paniertes Schnitzel auf Keto-Art 242
Cheeseburger-Tacos 243

2 PORTIONEN | ZUBEREITUNG: **15 MINUTEN** | GARZEIT: **18–20 MINUTEN**

WELTKLASSE T-BONE-STEAK MIT KRÄUTERBUTTER

An manchen Abenden muss es einfach ein großes saftiges Steak sein! Das geht besonders gut auf dem Grill, aber da ich keinen habe, brate ich das Fleisch in der Pfanne, und es wird wunderbar.

- ☐ Comfort Food
- ■ ohne Nüsse

ZUTATEN:

1 T-Bone-Steak (350 g)
2 EL natives Olivenöl extra alternativ Avocadoöl
Salz
frisch gemahlener schwarzer Pfeffer
4 EL Kräuterbutter (Seite 46)

1. Das Steak 30 Minuten vor der Zubereitung aus dem Kühlschrank holen und Zimmertemperatur annehmen lassen.
2. Eine ofenfeste Pfanne 5 Minuten stark erhitzen – sie soll wirklich sehr heiß sein.
3. Den Backofen auf 200 °C vorheizen.
4. Während die Pfanne heiß wird, das Steak mit dem Olivenöl einreiben und von beiden Seiten mit Salz und Pfeffer würzen.
5. Das Fleisch dann in die heiße Pfanne legen und 3 Minuten scharf anbraten. Mit der Küchenzange wenden und von der anderen Seite 2 Minuten braten.
6. Die Kräuterbutter unter das Steak schieben und die Pfanne in den Ofen stellen. Bei einer nicht ofenfesten Pfanne die Butter auf ein Backblech geben und das Steak darauflegen.
7. Ich gare mein Steak 8 Minuten lang, bis es eine Kerntemperatur von etwa 60 °C erreicht hat, weil ich das Fleisch gern zwischen fast blutig und rosa gebraten habe.
8. Das gegarte Steak aus dem Ofen nehmen, auf einen Teller legen und locker mit Alufolie zugedeckt 5–10 Minuten ruhen lassen.
9. Vor dem Servieren mit etwas Kräuterbutter garnieren.

VARIANTE:

Mit einem Fleischthermometer können Sie die Kerntemperatur genau nach Ihrer gewünschten Garstufe anpassen: 50 °C entspricht rare/blutig oder englisch, 57 °C entspricht medium rare/fast blutig oder rosa, 62 °C entspricht medium/halbrosa, 68 °C entspricht medium well/halb durch und 73 °C entspricht gut durch.

MAKRONÄHRSTOFFE:

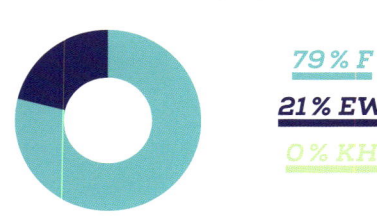

79 % F
21 % EW
0 % KH

kcal: 854; F: 75 g; EW: 45 g;
Gesamt-KH: 0,5 g; BS: 0 g; N-KH: 0,5 g

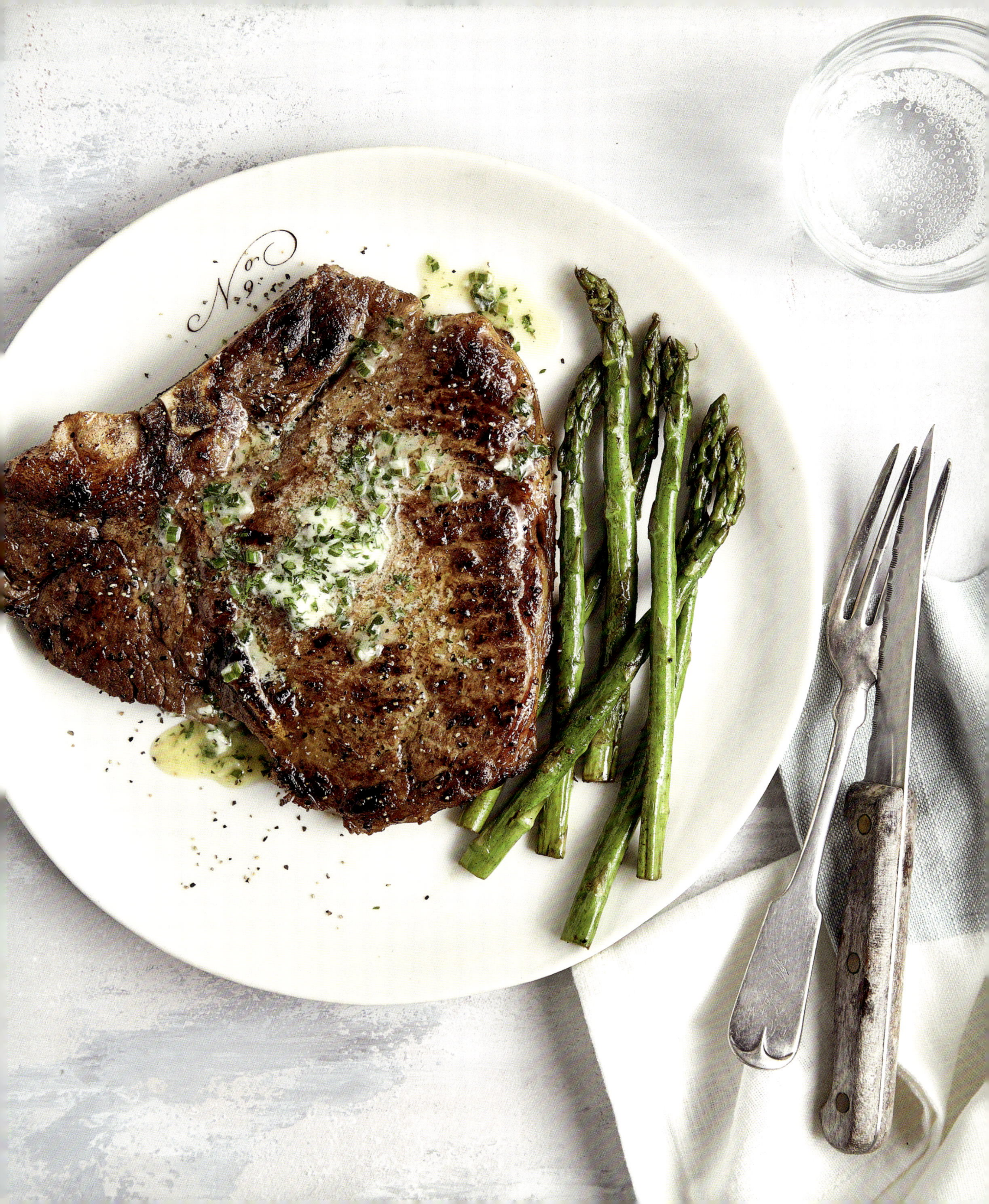

FAJITA-SKIRT-STEAK MIT BLUMENKOHLREIS

Das Skirt-Steak, auch Saum- oder Kronfleisch genannt, steht unter den Fleischzuschnitten geschmacklich bei mir ganz oben auf der Liste. Da ich keinen Grill habe, brate ich es in einer sehr heißen Pfanne scharf an. Quer zur Faser in feine Scheiben geschnitten ist das Fleisch wunderbar auf Salaten, in Tacos oder, wie in diesem Fall, auf Blumenkohlreis.

- ☐ allergenfrei
- ☐ Comfort Food
- ☐ ohne Milchprodukte
- ☐ ohne Nüsse
- ☐ paleo oder paleo-freundlich

ZUTATEN:

Für das Skirt-Steak

1 Knoblauchzehe | ½ Zwiebel
1 EL frisch gepresster Limettensaft
1 EL gehacktes Koriandergrün
½ Paprikaschote | 230 g Skirt-Steak
½ Jalapeño-Chilischote
3 EL natives Olivenöl extra
Salz | gemahlener schwarzer Pfeffer

Für den Blumenkohlreis

1 EL natives Olivenöl extra
½ Jalapeño-Chilischote
1 Knoblauchzehe | 75 g Zwiebel
4 EL Paprikawürfel | 250 g Blumenkohl
1 TL Chili-Limetten-Würzmischung
    (Seite 290) | 2 Limettenspalten
1 EL gehacktes Koriandergrün

MAKRONÄHRSTOFFE:

58 % F
29 % EW
13 % KH

kcal: 355; F: 23 g; EW: 26 g;
Gesamt-KH: 11 g; BS: 4 g; N-KH: 7 g

Zubereitung des Skirt-Steaks

1. In der Küchenmaschine geschälten Knoblauch, gewürfelte Zwiebel, Limettensaft, Koriandergrün, Paprikaschote, Jalapeño-Chilischote ohne Samen, Stiel und Scheidewände sowie Olivenöl glatt pürieren, mit Salz und Pfeffer würzen. Marinade in Gefrierbeutel oder Schüssel mit Deckel umfüllen, Skirt-Steak darin einlegen und 30 Minuten oder bis zu 1 Tag durchziehen lassen.

2. In stark erhitzter Pfanne Steak von jeder Seite 3 Minuten scharf anbraten. Das Fleisch vor dem Schneiden 10 Minuten ruhen lassen. Fleisch quer zur Faser in Scheiben schneiden, sonst schmeckt es zäh. Ich setze dazu das Messer auch gern in einem flachen Winkel an.

Zubereitung des Blumenkohlreises

1. Während das Fleisch ruht, die Pfanne auswischen und das Olivenöl darin auf mittlerer Stufe erhitzen. Die Jalapeño-Chili ohne Samen, Stiel und Scheidewände, den fein gehackten Knoblauch und die gewürfelte Zwiebel darin unter gelegentlichem Rühren weich dünsten.

2. Die Paprikawürfel, den auf Reisgröße zerkleinerten Blumenkohl und die Chili-Limetten-Würzmischung zugeben und alles gut verrühren. Unter häufigem Rühren 5 Minuten köcheln lassen, bis der Blumenkohl weich ist.

3. Die Pfanne vom Herd nehmen, das Koriandergrün untermischen und die Limette über dem Blumenkohl auspressen.

VARIANTE:

Ohne Steak ist der mexikanische Blumenkohlreis eine leckere vegetarische Mahlzeit oder auch einfach eine großartige Beilage.

FAJITA VOM BLECH

Bei diesem Rezept kommt die gleiche Marinade zum Einsatz wie beim letzten Gericht, dem Fajita-Skirt-Steak (siehe links), nur wird das Steak hier im Ofen zubereitet. Außerdem erfüllt die Marinade hier gleich zwei Aufgaben, sie aromatisiert nicht nur das Steak, sondern auch das Gemüse.

- ☐ allergenfrei
- ☐ Comfort Food
- ohne Milchprodukte
- ohne Nüsse
- paleo oder paleo-freundlich

ZUTATEN:

Für das Skirt-Steak

1 geschälte Knoblauchzehe

½ grob gehackte Zwiebel

1 EL frisch gepresster Limettensaft

1 EL gehacktes Koriandergrün

½ Paprikaschote

½ Jalapeño-Chilischote, ohne Samen, Stielansatz und Scheidewände

3 EL natives Olivenöl extra

Salz

frisch gemahlener schwarzer Pfeffer

230 g Skirt-Steak

Für die Fajitas

1½ Paprikaschoten, in Streifen geschnitten

½ in Streifen geschnittene Zwiebel

2 Limettenspalten als Garnierung

MAKRONÄHRSTOFFE:

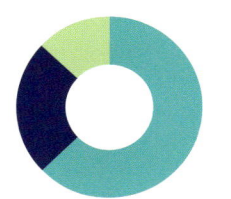

63 % F
24 % EW
13 % KH

kcal: 426; F: 30 g; EW: 26 g;
Gesamt-KH: 13 g; BS: 3 g; N-KH: 10 g

Zubereitung des Skirt-Steaks

In der Küchenmaschine Knoblauch, Zwiebel, Limettensaft, Koriandergrün, Paprikaschote, Jalapeño-Chili und Olivenöl glatt pürieren und mit Salz und Pfeffer würzen. Die Marinade in einen verschließbaren Gefrierbeutel oder eine Schüssel mit Deckel umfüllen, das Skirt-Steak darin einlegen und mindestens 30 Minuten oder bis zu 1 Tag durchziehen lassen.

Zubereitung der Fajitas

1. Den Backofen auf 220 °C vorheizen.

2. Die Paprika- und Zwiebelstreifen auf einem großen Backblech nebeneinander ausbreiten mit etwas Platz in der Mitte für das Steak. Das Steak zwischen das Gemüse legen und alles mit der Marinade übergießen.

3. Im Ofen 20 Minuten garen.

4. Eine Pfanne stark erhitzen und das Skirt-Steak darin von jeder Seite 3 Minuten scharf anbraten.

5. Das Fleisch 10 Minuten ruhen lassen.

6. Das Fleisch quer zur Faser in Scheiben schneiden, sonst schmeckt es zäh. Ich setze dazu das Messer auch gern in einem flachen Winkel an.

VARIANTE:

Das Fleisch mit dem Gemüse kann als vollständige Mahlzeit dienen, schmeckt aber auch gut zu Low-Carb-Tortillas, getoppt mit Avocado und Sauerrahm.

4 PORTIONEN | ZUBEREITUNG: 15 MINUTEN | GARZEIT: 8 STUNDEN

SLOW-COOKER-CHILI

Diese Keto-Chili-Variante liefert den ganzen Geschmack eines guten Chili-Eintopfs und zwar ganz ohne Bohnen. Für eine kräftige Textur sorgt hier das Gemüse. Praktisch ist es, wenn man eine Dose mit stückigen Tomaten findet, die bereits mit gehackten grünen Chilischoten sowie eingelegten Jalapeño-Schoten gewürzt sind (in den USA beispielsweise von der Marke Ro-Tel – ersatzweise können Sie aber auch einfach eine Dose stückige Tomaten nehmen und selbst würzen).

- ohne Milchprodukte
- ohne Nüsse
- paleo oder paleo-freundlich

ZUTATEN:

450 g Rinderhackfleisch

1 fein gehackte Knoblauchzehe

Salz | gemahlener schwarzer Pfeffer

½ Zwiebel | 2 Stangen Staudensellerie

1 Dose (300 g) stückige Tomaten mit grünen Chilis (siehe Anmerkung im Text)

2 EL Tomatenmark

2 EL Taco-Würzmischung (Seite 292)

2 EL Sojasauce alternativ Kokos-Aminos-Würzsauce

1 Jalapeño-Chilischote, in Scheiben geschnitten, alternativ 2 EL eingelegte Jalapeño-Schoten

4 EL geriebener Käse, gut passt hier eine Mischung aus kräftigen Sorten wie Monterey, Cheddar, mittelalter Gouda etc. (optional)

2 EL Sauerrahm (optional)

4 Scheiben Frühstücksspeck, zerbröselt (optional)

4 EL in Ringe geschnittene Frühlingszwiebel, nur das Grüne (optional)

MAKRONÄHRSTOFFE:

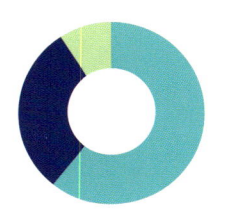

61 % F
30 % EW
9 % KH
(mit Toppings)

kcal: 399; F: 27 g; EW: 30 g;
Gesamt-KH: 9 g; BS: 1 g; N-KH: 8 g

1. Den Schongarer auf niedriger Stufe vorheizen.

2. In einer großen Pfanne das Hackfleisch und den Knoblauch bei mittlerer bis hoher Temperatur anbraten. Mit Salz und Pfeffer würzen und 6–7 Minuten braun anbraten, größere Stücke dabei zerteilen. Überschüssiges Fett abgießen und das Hackfleisch in den Schongarer geben.

3. Zwiebel, Staudensellerie, Tomaten mit Saft, Tomatenmark, Taco-Würzmischung, Sojasauce und Jalapeños zum Hackfleisch im Schongarer geben und alles gründlich vermischen.

4. Bei geschlossenem Deckel 8 Stunden garen.

5. Das Chili auf Suppenteller verteilen und nach Belieben zusätzlich garnieren, beispielsweise mit geraspeltem Käse, Sauerrahm, zerbröseltem Speck und/oder Frühlingszwiebeln.

GUT VORZUBEREITEN:

Chili ist ideal zum Aufwärmen – es schmeckt meist dann sogar besser, weil alle Aromen besser durchziehen können. Beim Aufwärmen zum Verdünnen eventuell etwas Rinderbrühe oder Knochenbrühe zugeben.

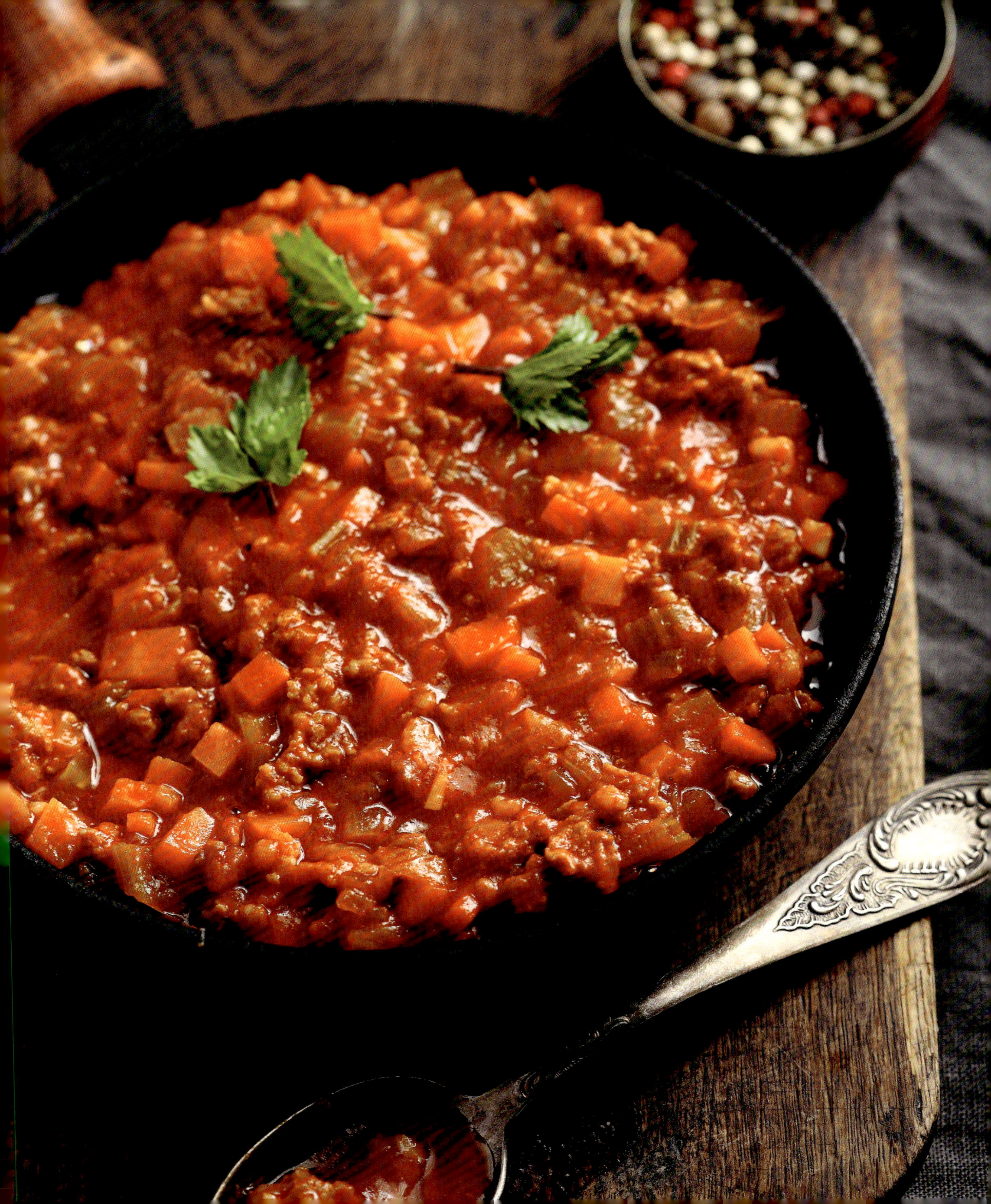

2 PORTIONEN | **ZUBEREITUNG: 10 MINUTEN** | **GARZEIT: 10 MINUTEN**

ASIATISCHE RIND-FLEISCH-»NUDEL«-BOWL

Dieses asiatisch angehauchte pfiffige Gericht bietet eine Art Schnellimbiss im allerbesten Sinne. Es ist im Handumdrehen in nur einer Pfanne zubereitet und steckt voller interessanter Geschmacksnuancen. Welche Art keto-freundlicher »Nudeln« Sie verwenden möchten, bleibt Ihnen überlassen. Bei mir sind es in diesem Fall Shirataki-Fettuccine.

- ☐ Comfort Food
- ◾ ohne Milchprodukte
- ◾ ohne Nüsse
- ◾ paleo oder paleo-freundlich
- ☐ bis 30 Minuten

ZUTATEN:

2 EL Sesamöl
1 Stange gewürfelten Staudensellerie
1 EL geschälter frischgeriebener Ingwer
1 Knoblauchzehe | 230 g Rinderhack
Salz | gemahlener schwarzer Pfeffer
1 EL Sriracha-Sauce | 1 TL Fischsauce
1 EL frisch gepresster Limettensaft
1 EL Sojasauce alternativ Kokos-Aminos-Würzsauce
1 Rezeptmenge Shirataki-Nudeln (Seite 58)
1 persische Gurke, in feine Scheiben geschnitten (alternativ ½ Salatgurke)
2 EL in Ringe geschnittene Frühlingszwiebel, nur das Grüne
1 EL Sesamsamen

1. In einer großen Pfanne 1 EL Sesamöl bei mittlerer bis hoher Temperatur erhitzen und darin Staudensellerie, Ingwer sowie fein gehackten Knoblauch 1 Minute unter häufigem Rühren andünsten.

2. Das Hackfleisch dazugeben, mit Salz und Pfeffer würzen und 6–7 Minuten mitbraten, bis es schön krümelig und braun ist.

3. In der Zwischenzeit in einer kleinen Schüssel den übrigen EL Sesamöl mit der Sriracha-Sauce, der Fischsauce, dem Limettensaft und der Sojasauce verrühren.

4. Die Sauce über das Fleisch gießen, den Herd auf mittlere Stufe stellen und das Fleisch in der Sauce 1 Minute köcheln lassen.

5. Das Fleisch auf eine Seite der Pfanne schieben, die Shirataki-Nudeln dazugeben und 1 Minute mitbraten, damit die Sauce geschmacklich durchziehen kann. Dann alle Zutaten in der Pfanne gut vermengen.

6. Auf zwei Teller aufteilen und mit den Gurkenscheiben, den Frühlingszwiebeln und den Sesamsamen garnieren.

MAKRONÄHRSTOFFE:

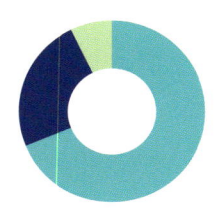

69 % F
24 % EW
7 % KH

kcal: 404; F: 31 g; EW: 25 g;
Gesamt-KH: 9 g; BS: 2 g; N-KH: 7 g

VARIANTE:

Asiatische Marinaden enthalten normalerweise Zucker. Bei dieser ist das nicht der Fall, da sie keto-gerecht zusammengestellt ist. Wer mag, gibt 1 Prise Erythrit dazu.

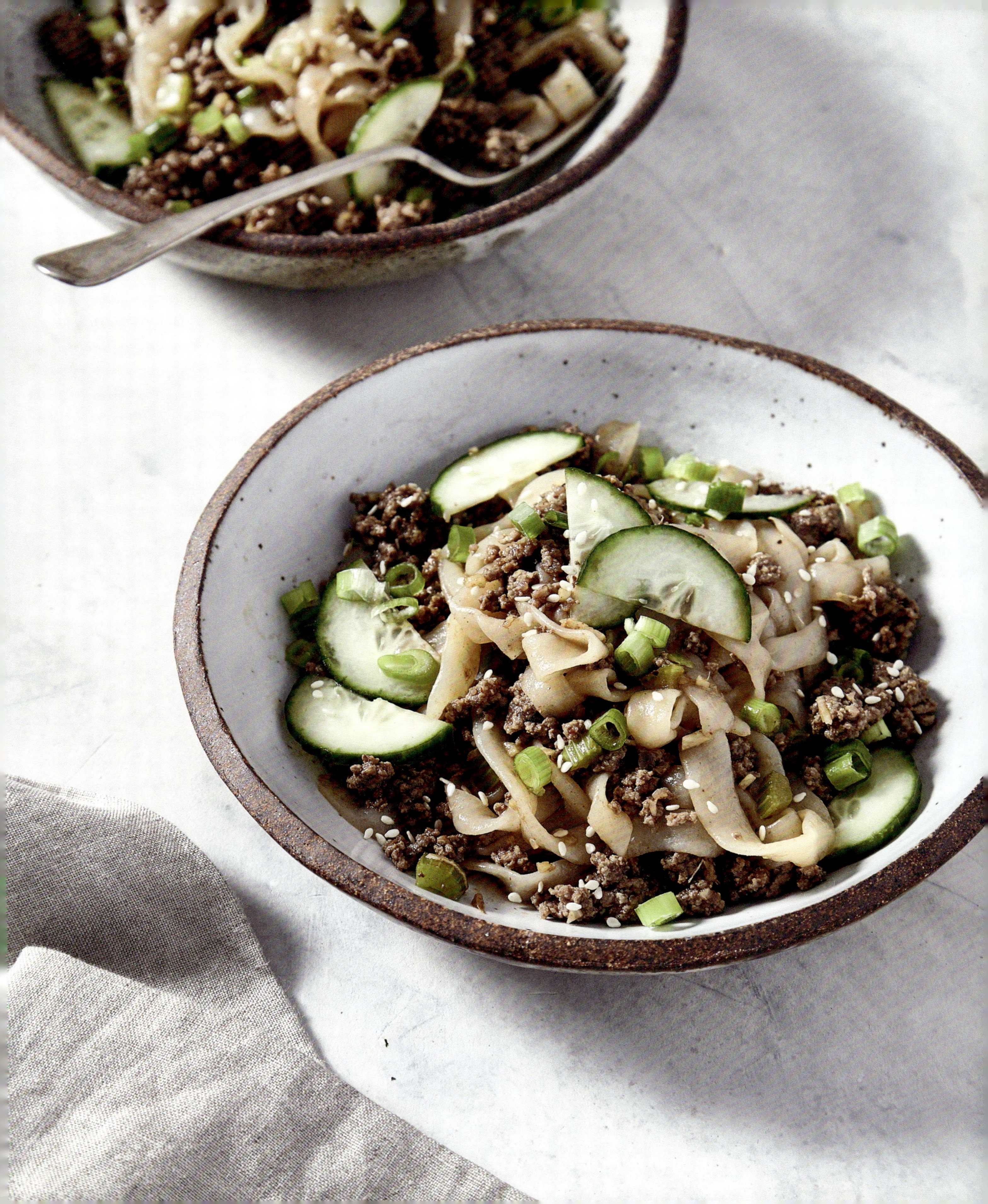

OFENSTEAK MIT RADIESCHEN UND KRÄUTERBUTTER

Steak mit Kräuterbutter ist eigentlich in allen erdenklichen Kombinationen gut, so auch hier in Kombination mit Radieschen und Paprika. Supereinfach und so lecker, dass auch nicht der kleinste Rest auf dem Teller zurückbleiben wird.

☐ Comfort Food
■ ohne Nüsse

ZUTATEN:

8 gewürfelte Radieschen
1 gewürfelte Paprikaschote
4 EL gewürfelte Zwiebel
1 EL natives Olivenöl extra
Salz
frisch gemahlener schwarzer Pfeffer
1 Rinderhüftsteak (350 g), in 5 cm große Würfel geschnitten
1 Rezeptmenge Kräuterbutter (Seite 46)

1. Den Backofen auf 220 °C vorheizen.

2. In einer kleinen Schüssel die Radieschen mit Paprika, Zwiebel und Olivenöl mischen. Salz und Pfeffer dazugeben und alles gut verrühren.

3. Die Fleischwürfel mit Salz und Pfeffer würzen.

4. Zwei 30 x 30 cm große Stücke Alufolie zurechtschneiden. Das Gemüse gleichmäßig mittig auf die beiden Alufolien verteilen und dann die Fleischstücke sowie die Kräuterbutter daraufgeben. Zum Verschließen die Alupäckchen am Rand zusammendrücken und dann auf ein Backblech legen.

5. Im heißen Ofen 17 Minuten garen. Den Ofen auf Grillstufe einstellen. Die Päckchen auf dem Blech kurz herausnehmen, vorsichtig öffnen und dann nochmals für 3 Minuten zurück in den Ofen schieben. Servieren.

MAKRONÄHRSTOFFE:

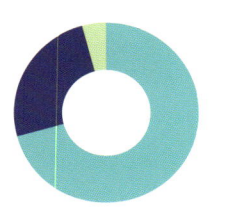

71 % F
25 % EW
4 % KH

kcal: 609; F: 48 g; EW: 36 g;
Gesamt-KH: 6 g; BS: 2 g; N-KH: 4 g

VARIANTE:
Wem eine kräftige Kruste auf dem Fleisch wichtig ist, kann die Stücke vorab in der Pfanne scharf anbraten und dann ohne Grillen im Ofen fertiggaren.

2 PORTIONEN | ZUBEREITUNG: 15 MINUTEN | GARZEIT: 10 MINUTEN

VIETNAMESISCHE STEAK-»REIS«-BOWL

Früher hatte ich gewaltigen Respekt vor Steaks und bestellte sie nur im Restaurant, anstatt mir selbst eines zuzubereiten. Dann habe ich mich nach und nach an Gerichte wie dieses hier herangetastet und festgestellt, dass es eigentlich gar nicht so schwer ist und dazu schnell geht.

- ☐ allergenfrei
- ☐ Comfort Food
- ☐ ohne Milchprodukte
- ☐ ohne Nüsse
- ☐ paleo oder paleo-freundlich

ZUTATEN:

- 1 Jalapeño-Schote, in Streifen geschnitten
- 2 EL natives Olivenöl extra
- 2 EL Sojasauce alternativ Kokos-Aminos-Würzsauce
- Saft von 1 Limette
- 1 fein gehackte Knoblauchzehe
- Salz | gemahlener schwarzer Pfeffer
- 1 Rinderhüftsteak (350 g)
- 1 Packung (200 g) Shirataki-Reis oder 1 Rezeptmenge Blumenkohlreis (Seite 52)
- 1 Gurke, in feine Scheiben geschnitten
- 4 Radieschen, in feine Scheiben geschnitten
- 1 EL frische Minzeblätter, in Streifen geschnitten

MAKRONÄHRSTOFFE:

66 % F
29 % EW
5 % KH

kcal: 466; F: 34 g; EW: 34 g;
Gesamt-KH: 6 g; BS: 1 g; N-KH: 5 g

1. In einer mittelgroßen Schüssel die Jalapeño-Streifen mit 1 EL Olivenöl, Sojasauce, der Hälfte vom Limettensaft, Knoblauch, Salz und Pfeffer verrühren.

2. Das Steak in zwei dünnere Steaks schneiden, damit sie schneller garen und mehr Geschmack aufnehmen. Die Fleischscheiben dann in die Marinade legen.

3. Während das Fleisch mariniert, den Shirataki-Reis nach den Anweisungen auf der Packung garen.

4. In einer kleinen Schüssel die Gurken- und Radieschenscheiben mit dem übrigen Limettensaft verrühren und mit Salz und Pfeffer abschmecken.

5. In einer Pfanne den übrigen EL Olivenöl stark erhitzen und das Fleisch darin von beiden Seiten jeweils 2–2½ Minuten scharf anbraten.

6. Das gegarte Fleisch anschließend einige Minuten ruhen lassen. Den Shirataki-Reis mit der Minze und dem Gurken-Radieschen-Mix verrühren und auf zwei Schalen aufteilen.

7. Das Fleisch quer zur Faser aufschneiden und über dem »Reis«-Gemüse-Bett verteilen.

VARIANTE:

Wer es besonders scharf mag, gibt zum Gurken-Radieschen-Mix ein paar zusätzliche Jalapeño-Streifen hinzu. Und mit einer Prise Erythrit kann man den scharf-säuerlichen Geschmack mit einem Hauch Süße abrunden.

STEAK AND EGGS VOM BLECH

Meiner Meinung nach ist Steak and Eggs, eine in den USA beliebte Frühstücks-Kombination, zu jeder Tageszeit die perfekte Mahlzeit. Hier entsteht aus dem Steak mit Eiern und Spinat im Handumdrehen eine vollständige köstliche Mahlzeit. Das Rezept kann für eine größere Gruppe problemlos verdoppelt oder verdreifacht werden.

- ☐ Comfort Food
- ☐ ohne Milchprodukte
- ☐ ohne Nüsse
- ☐ paleo oder paleo-freundlich
- ☐ bis 30 Minuten

ZUTATEN:

1 Rinderhüftsteak (230 g)
Salz
frisch gemahlener schwarzer Pfeffer
2 EL Butter alternativ Ghee
250 g Blattspinat
2 Eier (Größe L)

1. Den Backofen auf Grillstufe vorheizen.
2. Das Steak mit Salz und Pfeffer würzen.
3. Das Fleisch mittig auf ein großes Backblech legen und 4 Minuten unter dem Grill garen.
4. Das Backblech aus dem Ofen nehmen, das Steak wenden und die Butter daraufgeben.
5. Den Spinat neben dem Steak auf dem Backblech in zwei Häufchen anrichten und jeweils eine Mulde für die Eier hineindrücken.
6. In jede Mulde jeweils 1 Ei aufschlagen und mit Salz und Pfeffer würzen.
7. Nochmals für 4–5 Minuten unter den Grill schieben, bis die Eier gestockt sind.

MAKRONÄHRSTOFFE:

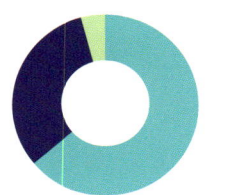

64 % F
32 % EW
4 % KH

kcal: 409; F: 29 g; EW: 33 g;
Gesamt-KH: 4 g; BS: 2 g; N-KH: 2 g

VARIANTE:

Geben Sie in der letzten Minute im Ofen etwas geriebenen Parmesan über Spinat und Eier.

2 PORTIONEN | ZUBEREITUNG: 10 MINUTEN | GARZEIT: 15 MINUTEN

MEDITERRANE BURGER-PATTIES

Eiergerichte mit Feta und Spinat finde ich immer wieder gut, und so entstand die Idee, dies mit einem Burger zu verbinden. Gemischtes Hackfleisch aus Rind- und Schweinefleisch sorgt hier für einen besonders kräftigen Geschmack. Am liebsten habe ich es, bei jedem Bissen Patty auch in Tomate, Spinat und Ei zu schwelgen.

- ☐ Comfort Food
- ■ ohne Nüsse
- ☐ bis 30 Minuten

ZUTATEN:

120 g Schweinehackfleisch
120 g Rinderhackfleisch
2 EL in Ringe geschnittene Frühlingszwiebel, nur das Grüne
Salz
frisch gemahlener schwarzer Pfeffer
4 EL zerkrümelter Feta
2 EL natives Olivenöl extra
2 Eier (Größe L)
250 g Blattspinat
90 g halbierte Kirschtomaten

1. Die beiden Hackfleischsorten in einer Schüssel mit der Frühlingszwiebel verrühren und mit Salz und Pfeffer würzen.

2. Aus der Masse zwei dicke Patties formen mit jeweils einer Vertiefung in der Mitte. Den Feta in die Vertiefung drücken und mit Fleisch umschließen.

3. In einer großen Pfanne 1 EL Olivenöl bei mittlerer Temperatur erhitzen und die Hackfleischpatties darin von beiden Seiten 4–5 Minuten braten, bis sie gar sind. Dann aus der Pfanne nehmen und beiseitestellen.

4. In dieselbe Pfanne die Eier aufschlagen und etwa 3 Minuten braten, bis sie zu Spiegeleiern gestockt sind.

5. In einer kleinen Schüssel den Spinat und die Tomaten mit dem übrigen EL Olivenöl vermengen und mit Salz und Pfeffer abschmecken. Den Spinat-Tomaten-Mix auf zwei Teller aufteilen, jeweils zunächst ein Hacksteak darauflegen, dann ein gebratenes Ei und zum Schluss mit Salz und Pfeffer würzen.

MAKRONÄHRSTOFFE:

71 % F
24 % EW
5 % KH

kcal: 531; F: 42 g; EW: 33 g;
Gesamt-KH: 7 g; BS: 3 g; N-KH: 4 g

VARIANTE:

Besonders gut machen sich im Salat auch in Scheiben geschnittene schwarze Oliven.

FLEISCHBÄLLCHEN MIT GRÜNEN CHILISCHOTEN

Diese pfiffigen Fleischbällchen mit einem Hauch Southwest Kitchen und Taco-Würzmischung werden anstelle von Semmelbröseln durch zerbröselte Schweinekrusten zusammengehalten.

- ☐ Comfort Food
- ■ ohne Milchprodukte
- ■ ohne Nüsse
- ■ paleo oder paleo-freundlich

ZUTATEN:

120 g Rinderhackfleisch
120 g Schweinehackfleisch
4 EL grüne Chilischoten (Dose)
4 El Schweinekrusten-»Semmelbrösel« (Seite 307)
1 Ei (Größe L)
2 TL Taco-Würzmischung (Seite 292)
120 ml Salsa Verde

1. Den Backofen auf 200 °C vorheizen.
2. In einer Schüssel das Rinder- und das Schweinehackfleisch mit den grünen Chilis, den Schweinekrusten, dem Ei und der Taco-Würzmischung verrühren.
3. Aus der Masse 8 Fleischbällchen formen und in eine Auflaufform legen.
4. Die Salsa Verde über den Fleischbällchen verteilen.
5. Die Form mit Alufolie zudecken.
6. Im heißen Ofen 30 Minuten garen, die letzten 5 Minuten davon ohne die Folie.

MAKRONÄHRSTOFFE:

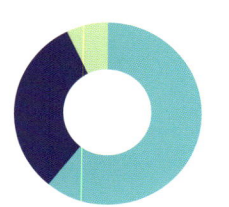

61 % F
32 % EW
7 % KH

kcal: 326; F: 22 g; EW: 26 g;
Gesamt-KH: 6 g; BS: 1 g; N-KH: 5 g

VARIANTE:

Ich nehme für diese Bällchen gern gemischtes Hackfleisch, aber Sie können genauso gut nur Rinderhack oder nur Schweinehack nehmen. Falls Sie frische grüne Chilischoten selbst rösten möchten, finden Sie eine Anleitung hierzu im Rezept für die Santa-Fe-Burger mit grünem Chili (Seite 237).

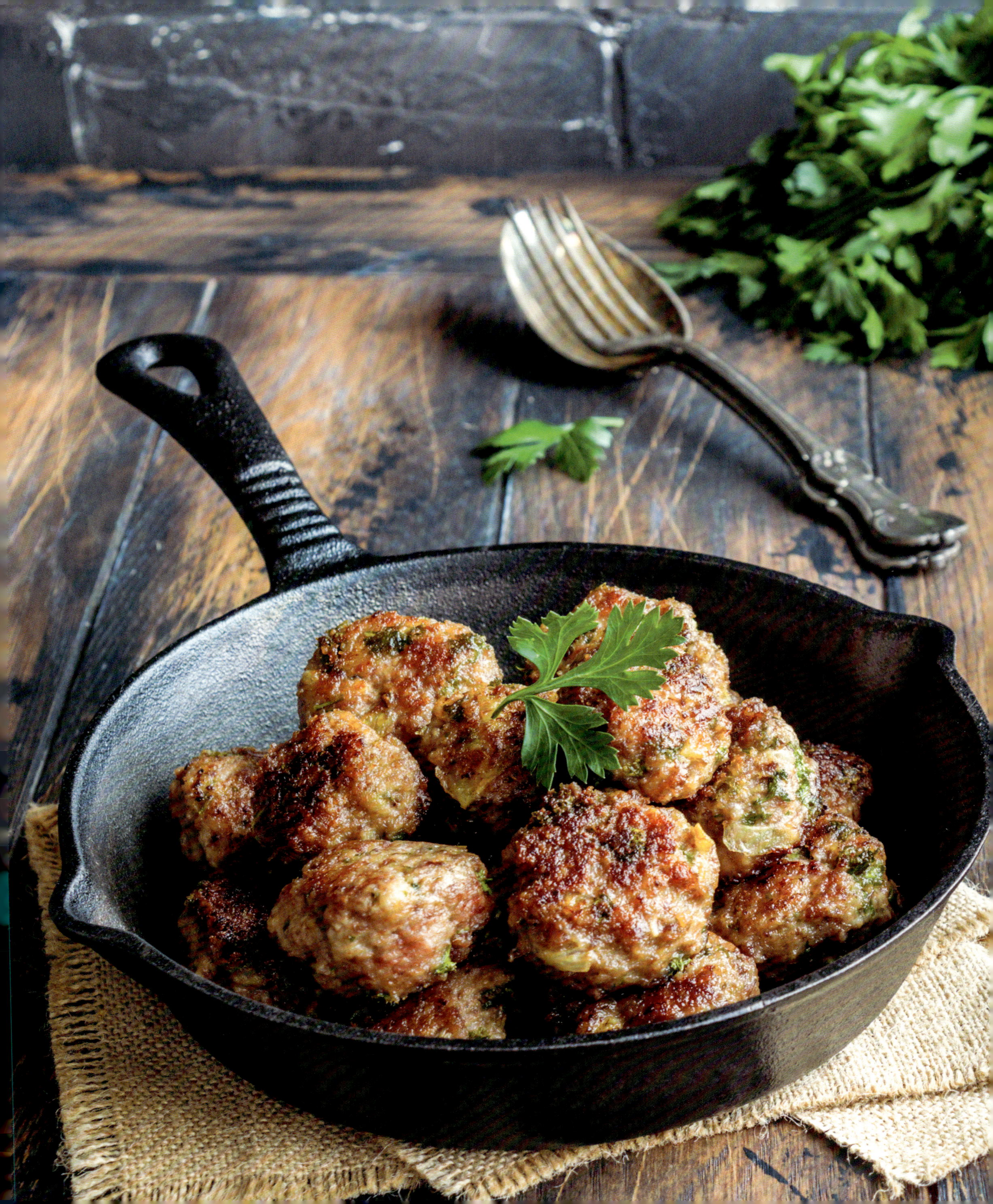

HACKSTEAK MIT PILZEN UND BACON

Ich liebe Pilze – meine Tochter dagegen mag sie leider nicht. Wenn ich aber genug Speck untermenge und sie auf ein dickes, saftiges Burger-Patty schichte, ringt sie sich doch dazu durch, sie zu essen, denn dieses Gericht ist geschmacklich einfach überzeugend.

- ☐ allergenfrei
- ☐ Comfort Food
- ☐ ohne Milchprodukte
- ☐ ohne Nüsse
- ☐ paleo oder paleo-freundlich
- ☐ bis 30 Minuten

ZUTATEN:

4 Scheiben Frühstücksspeck, in 2,5 cm große Stücke geschnitten
140 g Pilze, in Scheiben geschnitten
1 fein gehackte Knoblauchzehe
1 in Scheiben geschnittene Schalotte
Salz
frisch gemahlener schwarzer Pfeffer
230 g Rinderhackfleisch
1 EL natives Olivenöl extra

1. Die Speckstücke in einer großen Pfanne auf mittlerer bis hoher Stufe etwa 6 Minuten anbraten, bis sie durchgebraten, aber noch nicht kross sind. Die Pilze zugeben und 6 Minuten mitbraten. Dann Knoblauch und Schalotte zugeben und 2 Minuten mitbraten. Zum Schluss mit Salz und Pfeffer abschmecken.

2. In der Zwischenzeit das Hackfleisch mit Salz und Pfeffer würzen und zwei Patties daraus formen.

3. In einer zweiten großen Pfanne das Olivenöl bei mittlerer Temperatur erhitzen und die Patties darin von jeder Seite 4–5 Minuten anbraten.

4. Die Patties auf einem Teller mit der Speck-Pilz-Mischung anrichten und servieren.

MAKRONÄHRSTOFFE:

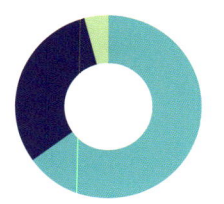

65 % F
31 % EW
4 % KH

kcal: 382; F: 28 g; EW: 30 g; Gesamt-KH: 4 g; BS: 1 g; N-KH: 3 g

VARIANTE:

Lecker ist es auch, Käse auf den Patties schmelzen zu lassen. Gut geeignet sind beispielsweise Gruyère oder Emmentaler.

2 PORTIONEN | ZUBEREITUNG: 10 MINUTEN | GARZEIT: 25 MINUTEN

SANTA-FE-BURGER MIT GRÜNEN CHILISCHOTEN

Während meiner Zeit in Santa Fe habe ich gelernt, wie gut sich in eigentlich fast allen Gerichten geröstete grüne Chilischoten machen. Im Ernst, im US-Bundesstaat New Mexico enthält eigentlich JEDES Gericht grüne Chilis, genauer gesagt New-Mexican-Chilis oder Hatch-Chilis. In diesem Rezept röste ich die grünen Chilischoten unter dem Grill, da ich kein Freund von offenen Flammen bin. Grillen und Schälen der Schoten dauert zwar ein wenig, aber es lohnt sich geschmacklich allemal.

☐ Comfort Food
◼︎ ohne Nüsse
◼︎ paleo oder paleo-freundlich

ZUTATEN:

2 Hatch-Chilis oder eine andere große grüne Sorte Chilischoten
230 g Rinderhackfleisch
2 TL Chilipulver
Salz
frisch gemahlener schwarzer Pfeffer
1 EL natives Olivenöl extra
2 Scheiben Chili-Käse alternativ andere würzige Käsesorte

MAKRONÄHRSTOFFE:

66 % F
29 % EW
5 % KH

kcal: 413; F: 31 g; EW: 30 g;
Gesamt-KH: 6 g; BS: 2 g; N-KH: 4 g

1. Den Backofen auf Grillstufe einstellen und einen Rost direkt darunter einschieben.

2. Ein Backblech mit Alufolie oder einer Silikon-Backmatte auslegen und unter den Rost einschieben, um auslaufende Flüssigkeit aufzufangen.

3. Die Schoten unter mehrmaligem Wenden 10–15 Minuten grillen, bis die Haut rundum schwarze Flecken hat.

4. Die Chilis in eine Papiertüte geben und 15 Minuten abkühlen lassen. Durch den darin entstehenden Dampf löst sich die geschwärzte Haut und kann leicht abgezogen werden.

5. Während die Chilis abkühlen, das Hackfleisch in einer mittelgroßen Schüssel mit Chilipulver, Salz und Pfeffer verrühren und aus der Masse zwei Hacksteaks formen.

6. Die Chilischoten aus der Tüte nehmen und die geschwärzte Haut abziehen. Den Stielansatz und die Samen herausnehmen und das Fruchtfleisch grob hacken.

7. In einer großen Pfanne das Olivenöl bei mittlerer Temperatur erhitzen und die Patties darin von beiden Seiten 4–5 Minuten braten, bis sie durch sind.

8. Auf jedes Hacksteak die Hälfte der Chilis sowie eine Scheibe Käse geben, in der zugedeckten Pfanne schmelzen lassen und servieren.

DIE PALEO-VARIANTE:

Anstelle der Käsescheiben können Sie als rahmiges Element einen Klecks Avocadoöl-Mayonnaise oder Milchfreien Sauerrahm (Seite 306) zugeben. Wer es eilig hat, kann auf grüne Chilischoten aus der Dose zurückgreifen und das Grillen ganz überspringen.

RINDFLEISCH

2 PORTIONEN | ZUBEREITUNG: 15 MINUTEN | GARZEIT: 10 MINUTEN

CHEESEBURGER IM SPECKMANTEL

Wird ein Cheeseburger von knusprigem Speck umhüllt, kann eigentlich gar nichts mehr schiefgehen. Dies ist eine sehr einfache, aber optisch überaus ansprechende Methode, Cheeseburger zuzubereiten. Ich nehme dafür gern den Chili-Käse Pepper Jack Cheese, aber ein anderer Käse mit oder ohne Chili geht natürlich auch.

- ☐ Comfort Food
- ■ ohne Nüsse
- ☐ bis 30 Minuten

ZUTATEN:
230 g Rinderhackfleisch
Salz
frisch gemahlener schwarzer Pfeffer
8 Scheiben Frühstücksspeck
2 Scheiben Chili-Käse
1 EL Olivenöl

1. Das Hackfleisch in einer Schüssel mit Salz und Pfeffer würzen und aus der Masse vier dünne Patties formen. Nun jeweils zwei Patties und eine Scheibe Käse wie ein Sandwich zusammenlegen und am Rand so zusammendrücken, dass der Käse innen eingeschlossen ist.

2. Aus jeweils 4 Speckscheiben eine Art Netz weben und den Burger damit umwickeln. Dazu 2 Speckscheiben längs dicht nebeneinander auf einen Teller legen. Dann 2 Scheiben quer nehmen und diese abwechselnd unterhalb und oberhalb durchführen. Den Burger in dieses Speckkörbchen einwickeln.

3. Den anderen Burger ebenso vorbereiten.

4. In einer Pfanne das Olivenöl auf mittlerer Stufe erhitzen. Die Burger von beiden Seiten 4–5 Minuten braten, bis der Speck knusprig ist. Mithilfe einer Küchenzange die Burger auch seitlich anbraten, damit der Speck dort ebenfalls kross wird.

MAKRONÄHRSTOFFE:

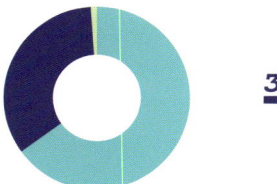

65 % F
34 % EW
1 % KH

kcal: 562; F: 40 g; EW: 46 g;
Gesamt-KH: 2 g; BS: 0 g; N-KH: 2 g

DIE PALEO-VARIANTE:
Statt Käsescheiben können Sie auch eine milchfreie Käsealternative verwenden oder die Burger mit Avocado füllen.

»SPAGHETTI« MIT FLEISCHSAUCE

Der Schongarer ist ideal für Fleischsaucen. Einfach den ganzen Tag lang köcheln lassen, dann steht das Abendessen in Minutenschnelle auf dem Tisch – egal ob Sie zu der üppig-fleischigen Sauce nun Zoodles (Zucchininudeln, Seite 54) oder Shirataki-Nudeln (Seite 58) reichen. Da Tomaten relativ viele Kohlenhydrate liefern, enthält diese Sauce mehr Fleisch und weniger Tomaten als sonst üblich.

- ☐ allergenfrei
- ☐ Comfort Food
- ■ ohne Milchprodukte
- ■ ohne Nüsse
- ■ paleo oder paleo-freundlich

ZUTATEN:

1 EL natives Olivenöl extra

110 g würziges Wurstbrät, ohne Haut

120 g Rinderhackfleisch

1 fein gehackte Schalotte

1 fein gehackt Knoblauchzehe

120 ml zuckerarme Marinara-Sauce

4 EL Rinderbrühe oder Rinder-Knochenbrühe

1 EL Italienische Kräutermischung (Seite 295)

1 Rezeptmenge Zoodles (Seite 54) alternativ 1 Rezeptmenge Shirataki-Nudeln (Seite 58)

1. Den Schongarer auf niedriger Stufe vorheizen.
2. In einer Pfanne auf mittlerer bis hoher Stufe das Olivenöl erhitzen und das Wurstbrät sowie das Rinderhackfleisch darin 6 Minuten braun anbraten.
3. Die Schalotte und den Knoblauch zugeben, gut umrühren und 2 Minuten mitbraten.
4. Die Fleischmischung in den Schongarer geben, die Marinara-Sauce, die Brühe und die Würzmischung dazugeben.
5. Bei geschlossenem Deckel 8 Stunden garen.
6. Die Nudeln mit der Fleischsauce anmachen und servieren.

MAKRONÄHRSTOFFE:

- 71 % F
- 19 % EW
- 10 % KH

kcal: 495; F: 39 g; EW: 24 g; Gesamt-KH: 11 g; BS: 3 g; N-KH: 8 g

VARIANTE:

Wenn Milchprodukte zu Ihrer Ernährung gehören, können Sie in den letzten 10 Minuten einen Schuss Schlagsahne in den Schongarer geben. Die fette Sahne rundet alle Aromen geschmacklich wunderbar ab.

STEAKHÄPPCHEN IM SPECK-MANTEL MIT SENF-DIPSAUCE

Die in Alupäckchen gegarten Fleischstücke vom Ofensteak mit Radieschen und Kräuterbutter (Seite 230) sind eine großartige Methode zum Garen kleinerer Rindfleischstücke (auch Beef Tips genannt), und hier lernen Sie gleich noch eine Methode kennen. Diese Fleischstücke sind in der Regel nicht so teuer und wunderbar geeignet, um sie im Speckmantel zu braten und dann zu dippen.

- ☐ allergenfrei
- ☐ Comfort Food
- ☑ ohne Milchprodukte
- ☑ ohne Nüsse
- ☑ paleo oder paleo-freundlich
- ☐ bis 30 Minuten

ZUTATEN:

230 g Rinderhüftsteak, in 5 cm große Würfel geschnitten
4 Scheiben Frühstücksspeck, quer halbiert
1 EL natives Olivenöl extra
2 EL Avocadoöl-Mayonnaise
1 EL Dijonsenf
1 TL Essig
¼ TL Knoblauchpulver
Salz
frisch gemahlener schwarzer Pfeffer

1. Jeden Fleischwürfel mit einer der Speckhälften umwickeln und mit einem Zahnstocher fixieren.

2. In einer Pfanne auf mittlerer bis hoher Stufe das Olivenöl erhitzen.

3. Die Stücke mit der Fleischseite nach unten in das heiße Öl geben und 1 Minute scharf anbraten, dann wenden und von der anderen Fleischseite ebenfalls 1 Minute anbraten.

4. Die Fleischstücke anschließend auf die Speckseite drehen und 2 Minuten anbraten, dann wenden und die andere Speckseite ebenfalls 2 Minuten braten, bis der Speck so knusprig wie gewünscht ist.

5. Die Rindfleischstücke aus der Pfanne nehmen und auf einem Servierteller anrichten.

6. In einer kleinen Schüssel die Mayonnaise mit Senf, Essig und Knoblauchpulver verrühren und mit Salz und Pfeffer abschmecken.

MAKRONÄHRSTOFFE:

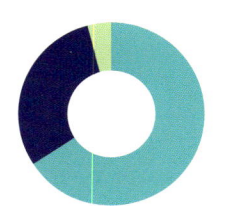

66 % F
30 % EW
4 % KH

kcal: 419; F: 31 g; EW: 30 g; Gesamt-KH: 4 g; BS: 0 g; N-KH: 4 g

VARIANTE:
Sehr lecker schmeckt dieses Gericht auch mit Sahnemeerrettich.

2 PORTIONEN | ZUBEREITUNG: 10 MINUTEN | GARZEIT: 35 MINUTEN

MINI-HACKBRATEN

Ein Hackbraten zählt definitiv zu den beliebten Comfort Food-Gerichten. Ich bereite Hackbraten gern als Einzelportionen in kleinen Kastenformen zu, es geht aber auch mit einem Muffinblech. Besonders praktisch zum Aufwärmen für ein schnelles Mittagessen.

- ☐ allergenfrei
- ☐ Comfort Food
- ☐ ohne Milchprodukte
- ☐ ohne Nüsse
- ☐ paleo oder paleo-freundlich

ZUTATEN:

Butter, Ghee, Öl alternativ Backspray, zum Einfetten

110 g würziges Wurstbrät, ohne Haut

120 g Rinderhackfleisch

35 g gewürfelte Pilze

1 gewürfelte Schalotte

1 fein gehackte Knoblauchzehe

1 EL Italienische Kräutermischung (Seite 295)

Salz

frisch gemahlener schwarzer Pfeffer

4 Scheiben Frühstücksspeck

1. Den Backofen auf 200 °C vorheizen.
2. Eine Mini-Kastenform oder ein Muffinblech mit Butter einfetten.
3. In einer mittelgroßen Schüssel das Wurstbrät und das Rinderhackfleisch mit Pilzen, Schalotte, Knoblauch und Würzmischung vermengen. Salz und Pfeffer zugeben und alles mit den Händen gut verkneten.
4. Für Mini-Kastenformen die Masse halbieren, für Muffinmulden vierteln und dann entsprechend formen.
5. Jeweils 2 Scheiben Speck um jeden Mini-Hackbraten wickeln und mit einem Zahnstocher fixieren.
6. Im Ofen 35 Minuten garen.
7. Herausnehmen, 10 Minuten abkühlen lassen und servieren.

MAKRONÄHRSTOFFE:

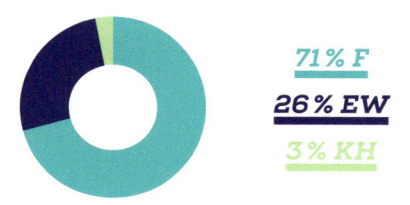

71 % F
26 % EW
3 % KH

kcal: 398; F: 31 g; EW: 26 g; Gesamt-KH: 3 g; BS: 0 g; N-KH: 3 g

GUT VORZUBEREITEN:

Zum schnellen Aufwärmen am nächsten Tag ganz einfach mit Alufolie abdecken und im Backofen erhitzen.

RINDFLEISCH

PANIERTES SCHNITZEL AUF KETO-ART

Statt mit einer Panade aus Mehl und Semmelbröseln wird hier mit gemahlenen Schweinekrusten und Kokosmehl paniert. Wichtig ist, dass das Öl wirklich heiß ist, bevor das Fleisch hineingegeben wird – es sollte ordentlich zischen, damit es schön knusprig wird.

- ☐ Comfort Food
- ohne Milchprodukte
- ohne Nüsse
- paleo oder paleo-freundlich
- bis 30 Minuten

ZUTATEN:

230 g Rindersteak aus der Oberschale
1 Ei (Größe L)
60 g Kokosmehl
1 TL Cayennepfeffer
Salz
frisch gemahlener schwarzer Pfeffer
40 g Schweinekrusten-»Semmelbrösel« (Seite 307)*
4 EL natives Olivenöl extra, beziehungsweise genug, um den Pfannenboden zu bedecken

1. Das Fleisch mit einem Fleischklopfer flach klopfen, damit es mürber wird.

2. Das Ei in einer flachen Schale leicht verquirlen. Auf einem großen Teller das Kokosmehl mit dem Cayennepfeffer mischen und mit Salz und Pfeffer würzen. Die zerbröselten Schweinekrusten auf einen dritten Teller geben.

3. Das Fleisch zuerst in der Kokosmehl-Mischung wenden und dann von beiden Seiten durch das verquirlte Ei ziehen. Zum Schluss in den zerbröselten Schweinekrusten wenden und diese andrücken, damit sie gut haften.

4. In einer Pfanne das Olivenöl auf mittlerer bis hoher Stufe erhitzen, bis es brutzelt. Das panierte Schnitzel darin von jeder Seite 4 Minuten goldbraun und knusprig braten.

MAKRONÄHRSTOFFE:

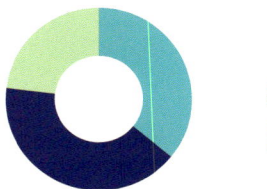

36 % F
41 % EW
23 % KH

kcal: 485; F: 30 g; EW: 34 g;
Gesamt-KH: 19 g; BS: 12 g; N-KH: 7 g

VARIANTE:

Mit aromatisierten Schweinekrusten oder durch die Zugabe der Taco-Würzmischung (Seite 292) kann die Panade zusätzlich gewürzt werden.

ANMERKUNG:

Die Werte der Makros verändern sich, wenn »Panade« und/oder Öl in der Pfanne bleibt. Die folgenden Zahlen umfassen die gesamte hier angegebene Panade und das Öl.

2 PORTIONEN | ZUBEREITUNG: 10 MINUTEN | GARZEIT: 35 MINUTEN

CHEESEBURGER-TACOS

Dieses Rezept packt alles, was einem an einem Cheeseburger geschmacklich vertraut ist, in eine knusprige Taco-Schale aus Käse. Bei Kindern können Sie mit diesem Gericht punkten und der #tacotuesday wird hiermit sogar keto-gerecht. Alles, was man in einem Burger mag, kann auch hier zugegeben werden.

- ☐ Comfort Food
- ■ ohne Nüsse
- ☐ bis 30 Minuten

ZUTATEN:

1 EL natives Olivenöl extra
120 g Rinderhackfleisch
¼ gewürfelte Zwiebel
Salz
frisch gemahlener schwarzer Pfeffer
240 g geriebener Käse
1 Handvoll Kopfsalat, in Streifen geschnitten
1 EL Avocadoöl-Mayonnaise
1 EL mittelscharfer Senf
4 EL in Scheiben geschnittene Gewürzgürkchen

1. Den Backofen auf 180 °C vorheizen. Ein Backblech mit Backpapier oder einer Silikon-Backmatte auslegen.

2. In einer großen Pfanne auf mittlerer bis hoher Stufe das Olivenöl erhitzen. Das Rinderhackfleisch und die Zwiebel in die heiße Pfanne geben, mit Salz und Pfeffer würzen und unter regelmäßigem Rühren 6 Minuten braten, bis das Fleisch gar ist.

3. Den geriebenen Käse in vier Häufchen auf das Backblech geben. Die großen Käse-Chips etwa 7 Minuten im Ofen backen, bis sie am Rand braun und in der Mitte geschmolzen sind.

4. Während die Käse-Chips backen, zwei Trinkgläser umgedreht hinstellen und einen dicken Löffelstiel oder einen Pfannenwender darüberlegen.

5. Das Backblech aus dem Ofen nehmen. Mithilfe eines Pfannenwenders die Käse-Chips über den Löffelstiel hängen, damit er in Form einer Taco-Schale fest wird. Man muss dabei recht rasch arbeiten, um die Käse-Chips zu formen, bevor sie hart werden. Vor dem Befüllen 5 Minuten fest werden lassen.

6. Die Taco-Shells mit dem gebratenen Rindfleisch, den Salatstreifen, der Mayonnaise, dem Senf und den Gurkenscheiben füllen.

MAKRONÄHRSTOFFE:

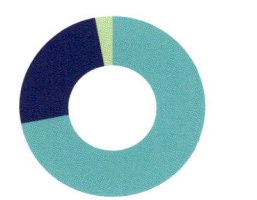

72 % F
25 % EW
3 % KH

kcal: 663; F: 54 g; EW: 40 g;
Gesamt-KH: 5 g; BS: 1 g; N-KH: 4 g

VARIANTE:
Eine gute Ergänzung sind auch zerbröselter Speck und Avocado.

RINDFLEISCH

STEAK-PILZ-HÄPPCHEN AUS DEM SCHONGARER

Einfach, sättigend und geschmacklich überragend – dies ist eines meiner Lieblingsgerichte aus dem Schongarer. Besonders gern mag ich es zu Blumenkohlreis. Nach 5 Minuten Vorbereitung köchelt einfach alles den lieben langen Tag vor sich hin und ergibt am Ende eine tolle Mahlzeit.

- ☐ Comfort Food
- ☐ ohne Milchprodukte
- ☐ ohne Nüsse
- ☐ paleo oder paleo-freundlich

ZUTATEN:

6 EL Butter alternativ Ghee

1 EL Ranch-Würzmischung (Seite 248)

1 Skirt-Steak (340 g), in mundgerechte Stücke geschnitten

250 g Pilze, Steinchampignons oder weiße Zuchtchampignons

1 EL gehackte frische Petersilie

1. Den Schongarer auf niedriger Stufe vorheizen.
2. Die Butter und die Ranch-Würzmischung in den warmen Schongarer geben und wenn die Butter geschmolzen ist, beides gut verrühren.
3. Die Fleischstücke und die Pilze in den Schongarer geben.
4. Bei geschlossenem Deckel 6 Stunden garen.
5. Den Topfinhalt auf zwei Teller aufteilen und mit Petersilie garnieren.

MAKRONÄHRSTOFFE:

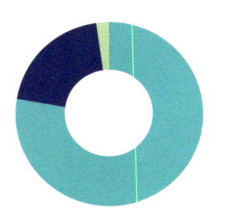

78 % F
20 % EW
2 % KH

kcal: 594; F: 52 g; EW: 29 g;
Gesamt-KH: 5 g; BS: 1 g; N-KH: 4 g

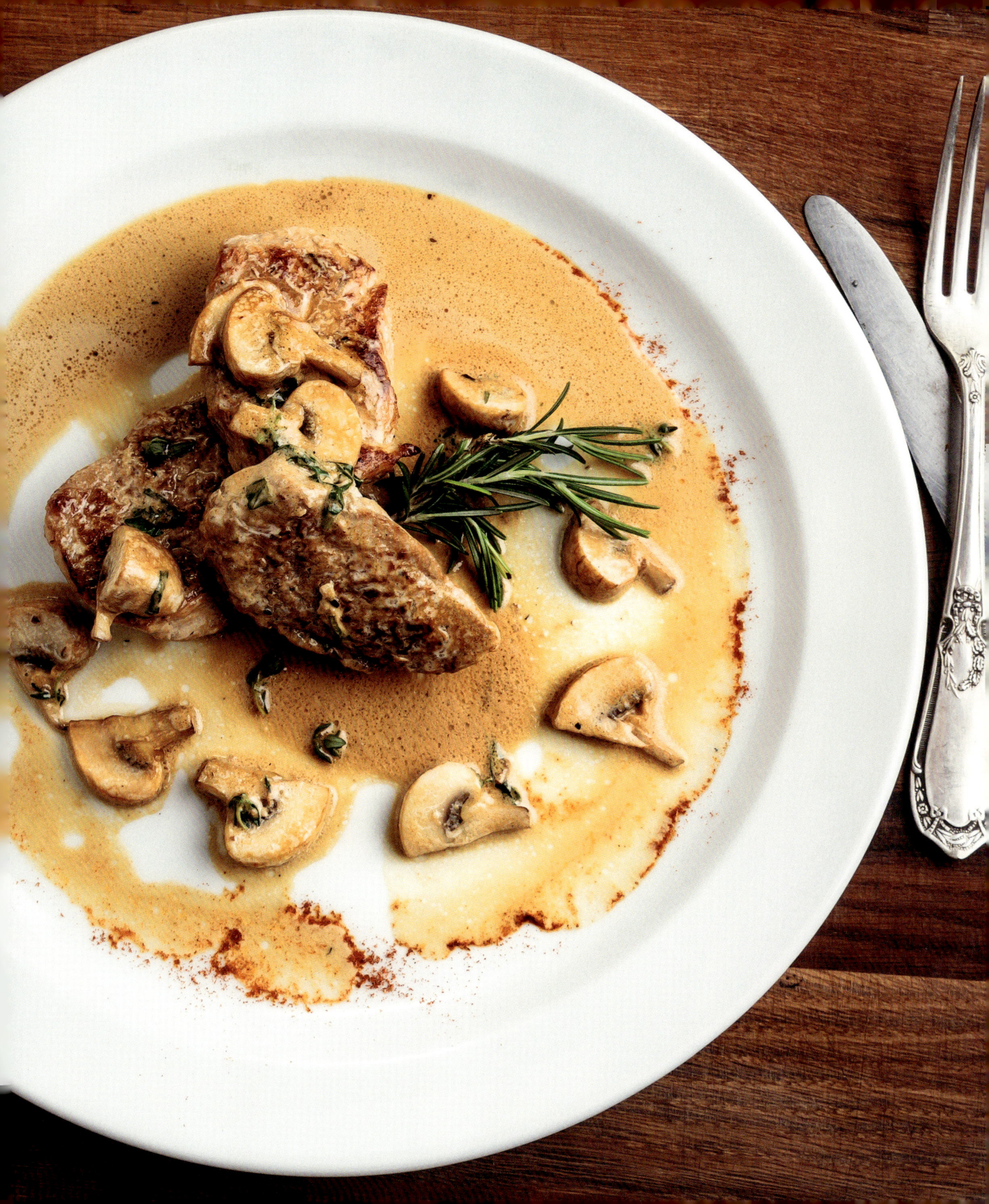

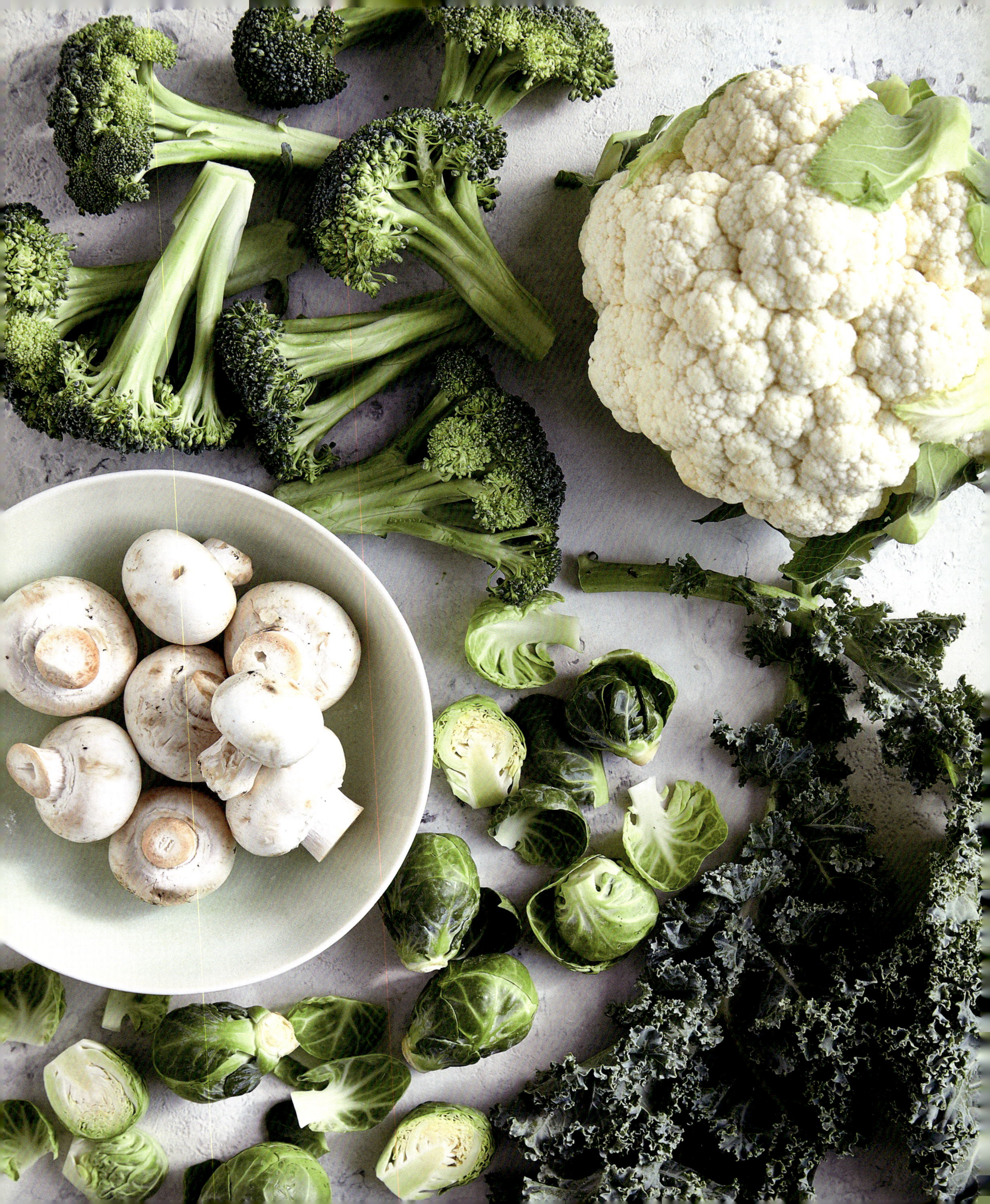

BEILAGEN

* KAPITEL 12 *

Gurken-Happen 248

Knusprig geröstete Rosenkohlblätter 249

Ofentomaten mit Parmesan 250

Zitroniger Spinat 252

Buffalo-Blumenkohl 253

Gerösteter Spargel mit Käse 254

Gerösteter Brokkoli mit Knoblauch und Mandeln 256

Gerösteter Blumenkohl mit Speck 258

Russische Eier mit Buffalo-Sauce 259

Thai-Blumenkohl mit Erdnusssauce 260

Champignons mit Krebsfleischfüllung 262

Herzhafte Cheddar-Schnittlauch-Waffeln 264

Spargel im Speckmantel 266

Avocado-»Fritten« im Speckmantel 267

Grünkohl-Kürbis-Gratin 268

»Gebratener« Blumenkohlreis i Schongarer 269

2 PORTIONEN | ZUBEREITUNG: 10 MINUTEN

GURKEN-HAPPEN

Gurken sind wunderbare Geschmacksträger. Für diese leckeren Happen höhle ich Gurkenstücke in der Art von Shotgläsern aus und fülle sie dann. Hört sich toll an, oder? Und das ist es auch! Sie können sie mit Milchfreiem Rahmkäse (Seite 305) oder anderen Kombinationen füllen, nach denen Ihnen gerade der Sinn steht.

- ☐ Comfort Food
- ■ ohne Milchprodukte
- ■ paleo oder paleo-freundlich
- ☐ bis 30 Minuten

ZUTATEN:

1 Gurke

Salz

2 EL Milchfreier Rahmkäse (Seite 305)

1 Scheibe Frühstücksspeck, kross gebraten und zerbröselt

½ fein gewürfelte Jalapeño-Chilischote

1. Die Gurke in 2,5 cm große Stücke schneiden, dann die Samen aus dem oberen Teil der Stücke herausschaben, sodass ein kleiner Becher entsteht. Ich schäle die Gurke, aber dieser Schritt ist kein Muss. Mit Salz würzen.

2. In einer kleinen Schüssel den Milchfreien Rahmkäse mit dem zerbröselten Speck und der Jalapeño-Chilischote verrühren. Die Mischung in die Gurkenbecher füllen.

MAKRONÄHRSTOFFE:

64 % F
13 % EW
23 % KH

kcal: 95; F: 7 g; EW: 3 g;
Gesamt-KH: 6 g; BS: 1 g; N-KH: 5 g

VARIANTE:

Auch Dill und kleine Stücke Räucherlachs sind eine leckere Kombination. Sie können auch die Milchfreie Avocado-Crema (Seite 304) mit der Chili-Limetten-Würzmischung (Seite 290) verwenden.

2 PORTIONEN | ZUBEREITUNG: 10 MINUTEN | GARZEIT: 12 MINUTEN

KNUSPRIG GERÖSTETE ROSENKOHLBLÄTTER

In einem Restaurant in der Nähe meines Büros stehen knusprige Rosenkohlblätter auf der Speisekarte, an denen ich besonders mag, dass sie im Vergleich zu den ganzen Röschen so leicht schmecken. Es kostet ein wenig Zeit und Mühe, die Blätter vom Strunk zu lösen, aber es lohnt sich. Einfach die einzelnen Blätter vom Strunk abzupfen und diesen dann entsorgen.

- ☐ allergenfrei
- ☐ Comfort Food
- ☐ ohne Milchprodukte
- ☐ ohne Nüsse
- ☐ paleo oder paleo-freundlich
- ☐ bis 30 Minuten

ZUTATEN:

100 g Rosenkohlblätter
½ EL natives Olivenöl extra
2 TL abgeriebene Zitronenschale
Salz
frisch gemahlener schwarzer Pfeffer

1. Den Backofen auf 190 °C vorheizen. Ein Backblech mit Backpapier oder einer Silikon-Backmatte auslegen.

2. In einer Schüssel die Rosenkohlblätter mit dem Olivenöl und der Zitronenschale vermengen. Mit Salz und Pfeffer würzen.

3. Im Ofen 12 Minuten rösten, bis die Blätter knusprig sind.

MAKRONÄHRSTOFFE:

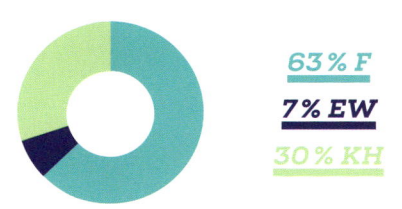

63 % F
7 % EW
30 % KH

kcal: 49; F: 4 g; EW: 1 g;
Gesamt-KH: 4 g; BS: 2 g; N-KH: 2 g

VARIANTE:

Ich peppe die Rosenkohlblätter gern mit gehobeltem Parmesan und gerösteten Haselnusskernen auf.

BEILAGEN

OFENTOMATEN MIT PARMESAN

Stellen Sie sich dieses Gericht als gebackene Version eines Caprese-Salats vor – Tomaten, Parmesan und Basilikum – eine warm-schmelzende Mischung, die Sie einfach lieben werden.

- ☐ Comfort Food
- ■ ohne Nüsse
- ☐ bis 30 Minuten

ZUTATEN:

1 große Tomate, in 4 Scheiben geschnitten

1 TL Italienische Kräutermischung (Seite 295)

60 g gehobelter Parmesan

1 TL klein geschnittenes frisches Basilikum

1. Den Backofen auf 200 °C vorheizen. Ein Backblech mit Backpapier oder einer Silikon-Backmatte auslegen.

2. Die Tomatenscheiben in einer Lage auf dem vorbereiteten Backblech verteilen. Die italienische Kräutermischung darüberstreuen und mit dem Parmesan und dem Basilikum toppen.

3. Etwa 10 Minuten backen, bis der Käse zerlaufen ist.

MAKRONÄHRSTOFFE:

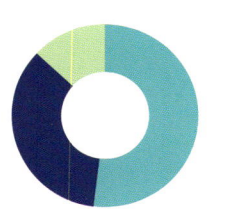

52 % F
35 % EW
13 % KH

kcal: 124; F: 7 g; EW: 10 g;
Gesamt-KH: 5 g; BS: 1 g; N-KH: 4 g

VARIANTE:

Mexikanisch wird das Ganze mit der Chili-Limetten-Würzmischung (Seite 290) oder der Taco-Würzmischung (Seite 292) sowie Oaxaca-Käse und Jalapeñostreifen als Topping.

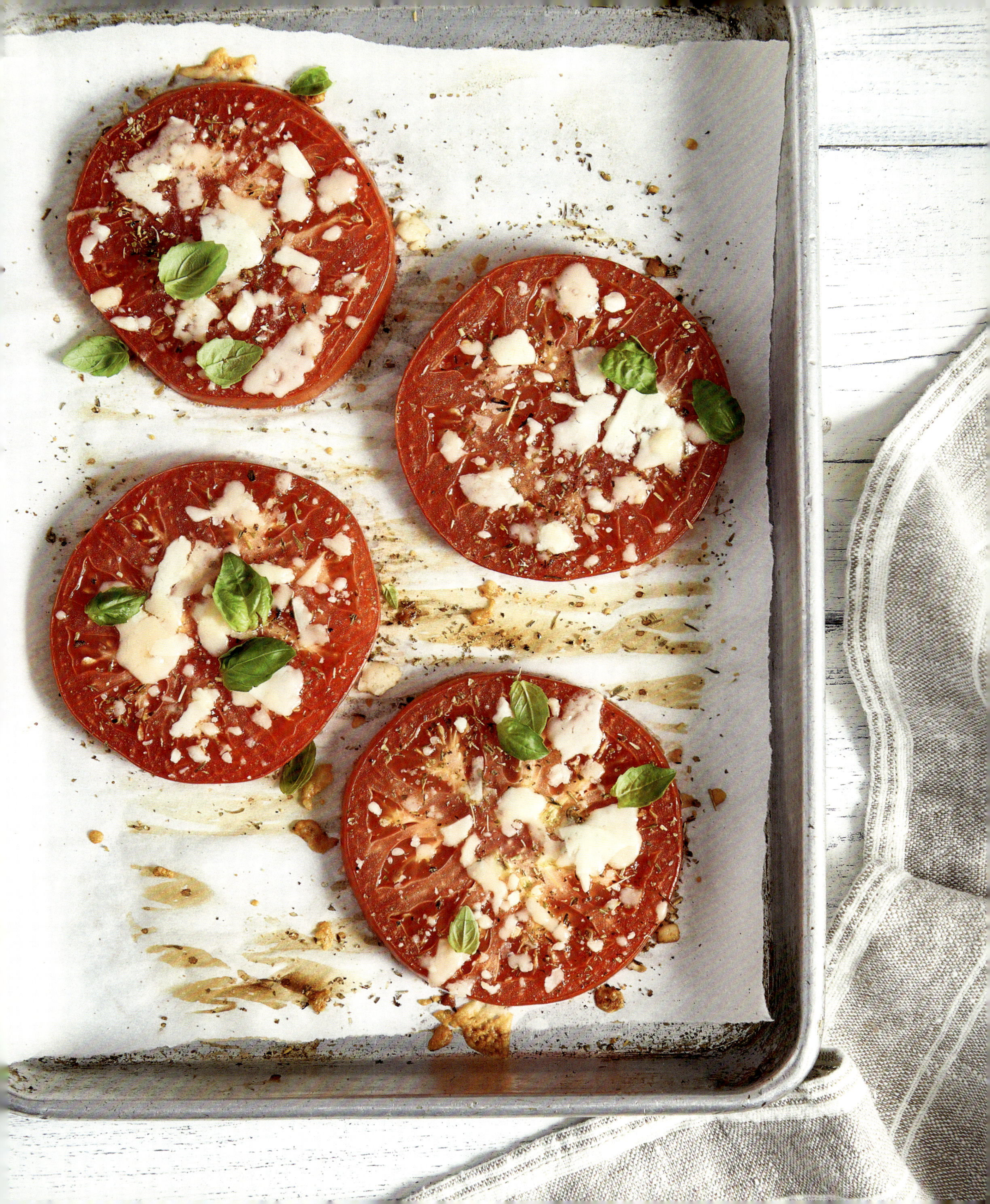

ZITRONIGER SPINAT

Wenn Sie auf der Suche nach einer leichten, frischen Beilage sind, die im Handumdrehen fertig ist, sind Sie hier genau richtig. Zitrone und Spinat stehen hier zwar im Rampenlicht, aber ich finde, die Kapern stehlen ihnen auf jeden Fall die Show.

- ☐ allergenfrei
- ☐ Comfort Food
- ■ ohne Milchprodukte
- ■ ohne Nüsse
- ■ paleo oder paleo-freundlich
- ☐ bis 30 Minuten

ZUTATEN:

1 EL natives Olivenöl extra oder Ghee
1 fein gehackte Knoblauchzehe
1 in feine Ringe geschnittene Schalotte
120 g frischer Blattspinat
Saft und abgeriebene Schale von ¼ Zitrone
1 EL gehackte Kapern
Salz
frisch gemahlener schwarzer Pfeffer

1. In einer Pfanne das Olivenöl auf mittlerer Stufe erhitzen Den Knoblauch und die Schalotte darin unter ständigem Rühren 1 Minute anbraten.

2. Die ganzen Spinatblätter, den Zitronensaft und die Kapern zugeben. 1 Minute mitgaren, bis der Spinat gerade eben zusammenfällt. Mit Salz und Pfeffer würzen.

3. Auf zwei Teller verteilen und mit der abgeriebenen Zitronenschale bestreut servieren.

MAKRONÄHRSTOFFE:

76 % F
6 % EW
18 % KH

kcal: 82; F: 7 g; EW: 2 g;
Gesamt-KH: 4 g; BS: 2 g; N-KH: 2 g

2 PORTIONEN | ZUBEREITUNG: 5 MINUTEN | GARZEIT: 30 MINUTEN

BUFFALO-BLUMENKOHL

Diese vegetarische Version von Buffalo-Chickenwings ist einfach klasse! Ob Vegetarier oder nicht, sie schmeckt einfach allen gut. In cremiges Blauschimmelkäse-Dressing tunken oder einfach so genießen.

- ☐ allergenfrei
- ☐ Comfort Food
- ☐ ohne Milchprodukte
- ☐ ohne Nüsse
- ☐ paleo oder paleo-freundlich

ZUTATEN:

½ Kopf Blumenkohl, in Röschen zerteilt
1 EL natives Olivenöl extra
1 TL Knoblauchpulver
Salz
frisch gemahlener schwarzer Pfeffer
1 EL Butter alternativ Ghee
4 EL Buffalo-Wing-Sauce (Fertigprodukt)

1. Den Backofen auf 200 °C vorheizen. Ein Backblech mit Backpapier oder einer Silikon-Backmatte auslegen.

2. Den Blumenkohl in eine Schüssel geben, das Olivenöl darüberträufeln und das Knoblauchpulver sowie Salz und Pfeffer zugeben und alles gründlich vermengen.

3. Die Blumenkohlröschen in einer Lage auf dem vorbereiteten Backblech verteilen und 15 Minuten rösten. Den Blumenkohl wenden und weitere 10 Minuten garen.

4. In einem kleinen Topf die Butter mit der Buffalo-Wing-Sauce bei mittlerer Hitze schmelzen lassen und verrühren.

5. Den Blumenkohl mit der Sauce beträufeln und weitere 5 Minuten garen. Servieren.

MAKRONÄHRSTOFFE:

80 % F
6 % EW
14 % KH

kcal: 145; F: 13 g; EW: 2 g;
Gesamt-KH: 5 g; BS: 2 g; N-KH: 3 g

VARIANTE:
Als Dipsauce passt zu diesen Blumenkohlhappen sehr gut der Milchfreie Sauerrahm (Seite 306).

GERÖSTETER SPARGEL MIT KÄSE

Seitdem ich erwachsen bin, gehört Spargel zu meinen bevorzugten Gemüsesorten. Ich esse Spargel am liebsten geröstet, vor allem, wenn auch noch Parmesan im Spiel ist!

- ☐ allergenfrei
- ☐ Comfort Food
- ☐ ohne Milchprodukte
- ☐ ohne Nüsse
- ■ paleo oder paleo-freundlich
- ☐ bis 30 Minuten

ZUTATEN:

1 Bund Spargel
2 EL natives Olivenöl extra
4 EL Schweinekrusten-»Semmelbrösel« (Seite 307) (optional)
60 g frisch geriebener Parmesan
½ TL Knoblauchpulver
Salz
frisch gemahlener schwarzer Pfeffer

1. Den Backofen auf 220 °C vorheizen.
2. Die holzigen Enden der Spargelstangen abschneiden.
3. Den Spargel mit dem Olivenöl in einen großen Beutel geben und schütteln. Den Beutel öffnen, die Schweinekrusten (falls verwendet), den Parmesan und das Knoblauchpulver sowie Salz und Pfeffer zugeben und erneut gut schütteln, bis der Spargel rundum überzogen ist.
4. Die Spargelstangen in einer Lage auf einem Backblech verteilen und 8–10 Minuten rösten.

MAKRONÄHRSTOFFE:

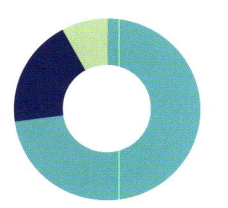

73 % F
19 % EW
8 % KH

kcal: 253; F: 21 g; EW: 12 g;
Gesamt-KH: 6 g; BS: 3 g; N-KH: 3 g

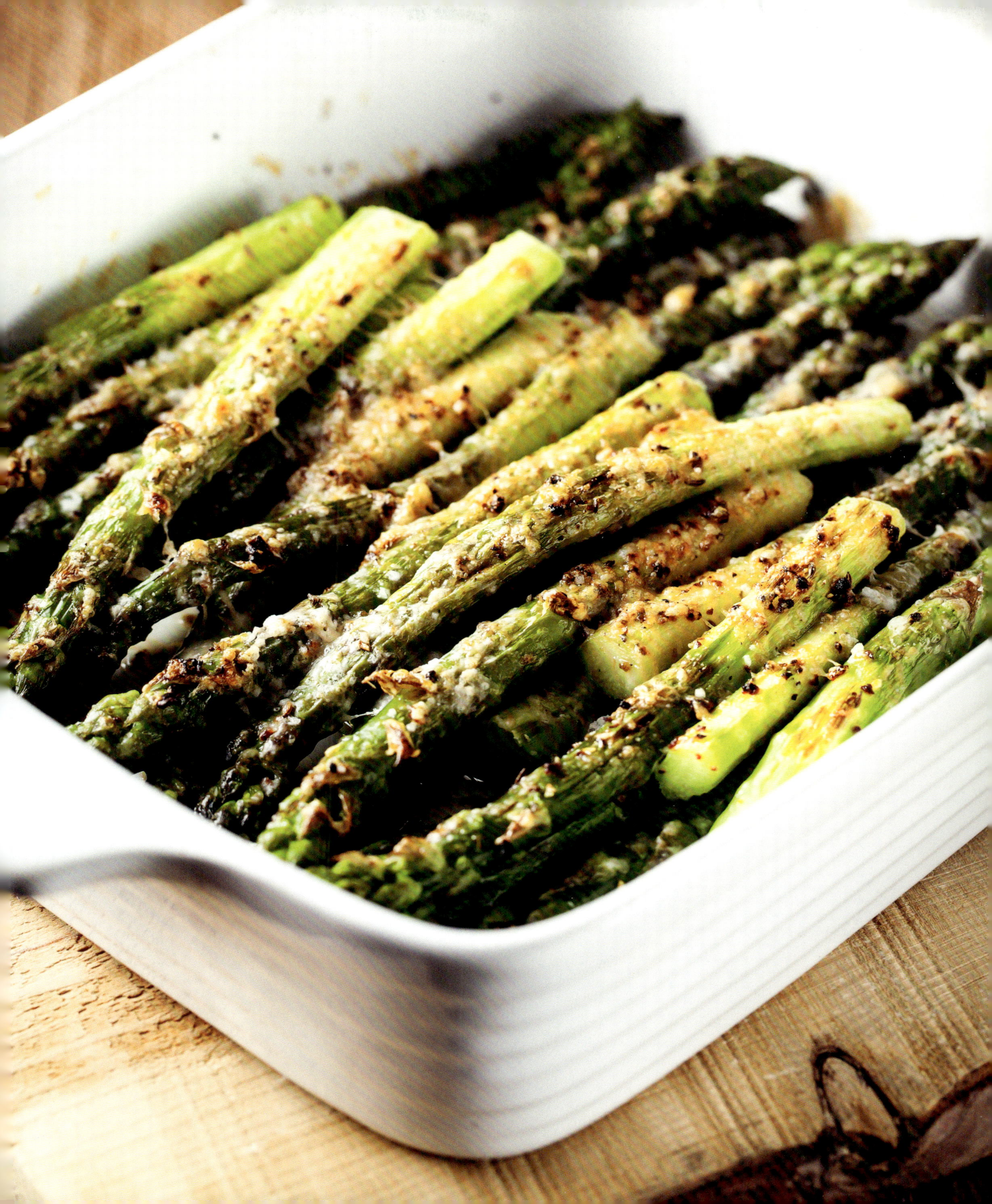

2 PORTIONEN | ZUBEREITUNG: 5 MINUTEN | GARZEIT: 25 MINUTEN

GERÖSTETER BROKKOLI MIT KNOBLAUCH UND MANDELN

Als Kind mochte ich Brokkoli vermutlich deshalb überhaupt nicht, weil meine Mutter ihn nie geröstet hat. Ich bin davon überzeugt, dass das Rösten der Schlüssel ist, mit dem jedes Gemüse lecker wird. Bei diesem Gericht sind viele tolle Aromen im Spiel, aber für mich sind der Knoblauch und die Mandeln unverzichtbar!

- ☐ Comfort Food
- ☐ bis 30 Minuten

ZUTATEN:

½ Kopf Brokkoli, in mundgerechte Röschen zerteilt
2 EL natives Olivenöl extra alternativ Ghee
1 TL Chiliflocken
1 fein gehackte Knoblauchzehe
Salz
2 EL gevirtelte Mandelkerne
2 Zitronenspalten
2 EL geriebener Parmesan

1. Den Backofen auf 200 °C vorheizen. Ein Backblech mit Backpapier oder einer Silikon-Backmatte auslegen.
2. In einer Schüssel die Brokkoliröschen mit dem Olivenöl, den Chiliflocken und dem Knoblauch vermengen und salzen.
3. Den Brokkoli in einer Lage auf dem vorbereiteten Backblech verteilen und 20 Minuten rösten.
4. Den Brokkoli umrühren, die Mandelblätter dazugeben und 5 Minuten weitergaren.
5. Mit Zitronensaft beträufeln und mit Parmesan bestreut servieren.

MAKRONÄHRSTOFFE:

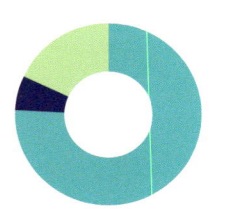

76 % F
6 % EW
18 % KH

kcal: 82; F: 7 g; EW: 2 g;
Gesamt-KH: 4 g; BS: 2 g; N-KH: 2 g

DIE PALEO-VARIANTE:
Der Brokkoli schmeckt auch ohne den Parmesan ausgezeichnet.

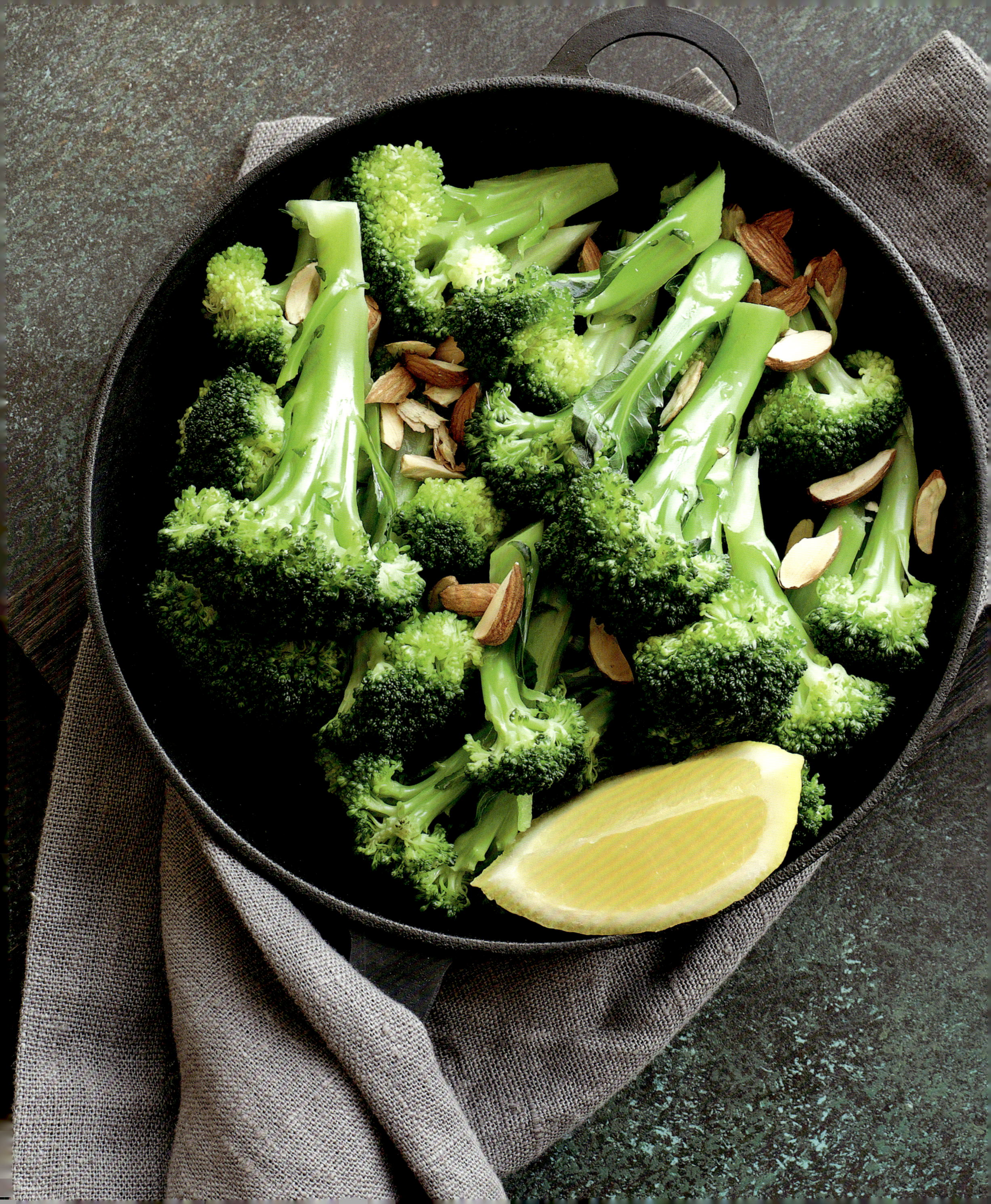

2 PORTIONEN | ZUBEREITUNG: 5 MINUTEN | GARZEIT: 25 MINUTEN

GERÖSTETER BLUMENKOHL MIT SPECK

Da Blumenkohl und Bacon zu meinen bevorzugten Keto-Zutaten gehören, ist es für mich nur natürlich, sie zu kombinieren. Ich könnte dieses Gericht jeden Tag essen und ich gehe davon aus, dass es Ihnen genauso gehen wird. Diese Blumenkohl-Speck-Kombi kann mit vielen weiteren Zutaten zubereitet werden. Ich gebe gern Kapern oder klein geschnittene Chilischoten hinzu.

- ☐ Comfort Food
- ■ ohne Nüsse
- ☐ bis 30 Minuten

ZUTATEN:

½ Kopf Blumenkohl, in mundgerechte Röschen zerteilt

4 Scheiben Frühstücksspeck, in mundgerechte Stücke geschnitten

1 EL natives Olivenöl extra

Salz

frisch gemahlener schwarzer Pfeffer

1. Den Backofen auf 200 °C vorheizen. Ein Backblech mit Backpapier oder einer Silikon-Backmatte auslegen.

2. Die Blumenkohlröschen und den Speck in einer Lage auf dem vorbereiteten Backblech verteilen. Mit Olivenöl beträufeln und mit Salz und Pfeffer würzen. Nicht zu stark salzen, da das Fett aus dem Speck den Blumenkohl während des Röstens überzieht und würzt.

3. Im Ofen ca. 25 Minuten rösten, bis der Speck knusprig und der Blumenkohl gar und gebräunt ist. Nach der Hälfte der Zeit einmal umrühren.

MAKRONÄHRSTOFFE:

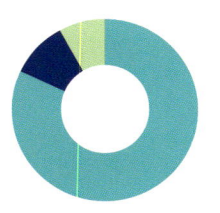

82 % F
10 % EW
8 % KH

kcal: 352; F: 32 g; EW: 9 g;
Gesamt-KH: 8 g; BS: 4 g; N-KH: 4 g

VARIANTE:

Wer gern Knoblauch isst, kann kurz vor dem Rösten 2 fein gehackte Knoblauchzehen auf den Blumenkohl geben.

BEILAGEN

RUSSISCHE EIER MIT BUFFALO-SAUCE

Achten Sie in diesem Rezept auf die Größe der Portionen. Wer isst schon nur ein Russisches Ei? Ich bestimmt nicht! Die Kombination aus Chickenwing-Sauce und Blauschimmelkäse kommt nicht nur bei jedem Fußballabend gut an.

- Comfort Food
- ohne Nüsse
- bis 30 Minuten

ZUTATEN:

6 Eier (Größe L)
4 EL Avocadoöl-Mayonnaise
2 EL Sauerrahm
2 EL Buffalo-Wing-Sauce (Fertigprodukt)
2 TL Senfpulver
Salz
frisch gemahlener schwarzer Pfeffer
4 EL zerkrümelter Blauschimmelkäse
1 EL Schnittlauchröllchen

1. Die Eier in einem Topf mit Wasser bedecken. Bei starker Hitze das Wasser zum Kochen bringen. Sobald es kocht, die Herdplatte ausschalten und den Topf 10–12 Minuten auf der Platte stehen lassen. Die Eier mit eiskaltem Wasser abschrecken und pellen.

2. Die Eier längs halbieren. Mit einem Teelöffel vorsichtig das Eigelb herauslösen und die Eiweißhälften auf einem Teller beiseitestellen. Das Eigelb in einer kleinen Schüssel zerdrücken.

3. Mayonnaise, Sauerrahm, Buffalo-Wing-Sauce und Senfpulver sowie Salz und Pfeffer zugeben. Mit einer Gabel zu einer glatten Paste vermengen.

4. Die Eiweißhälften mit der Schnittfläche nach oben auf dem Teller anrichten. Die Eigelbmischung mit einem Löffel oder einem Spritzbeutel in die Eihälften füllen. Ich verwende als Spritzbeutel einen kleinen Gefrierbeutel, von dem ich eine untere Ecke abschneide. Den Blauschimmelkäse darüber verteilen und mit dem Schnittlauch garnieren.

MAKRONÄHRSTOFFE:

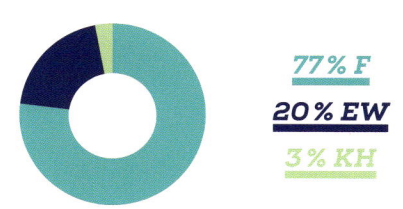

77 % F
20 % EW
3 % KH

kcal: 223; F: 19 g, EW: 11 g; Gesamt-KH: 2 g; BS: 1 g; N-KH: 1 g

GUT VORZUBEREITEN:

Diese Eier kann man zugedeckt einige Tage im Kühlschrank aufbewahren.

2 PORTIONEN | ZUBEREITUNG: 10 MINUTEN | GARZEIT: 20 MINUTEN

THAI-BLUMENKOHL MIT ERDNUSSAUCE

Mir würde es sehr schwerfallen, auf Erdnusssauce zu verzichten! Ich weiß, dass Erdnussmus zu den umstrittenen Keto-Lebensmitteln gehört, da Erdnüsse Hülsenfrüchte sind, aber gelegentlich muss ein zuckerarmes Erdnussmus einfach sein. Dies hier ist eine weitere Beilage, die ich oft als Hauptgericht esse.

- ☐ Comfort Food
- ■ ohne Milchprodukte
- ☐ bis 30 Minuten

ZUTATEN:

½ Kopf Blumenkohl, in mundgerechte Röschen zerteilt

1 EL natives Olivenöl extra

Salz

frisch gemahlener schwarzer Pfeffer

120 ml Kokosmilch (ungesüßt, mit hohem Fettgehalt)

2 EL Erdnussmus

¼ TL rote Currypaste

1 fein gehackte Knoblauchzehe

1 EL gehackte frische oder getrocknete Petersilie

1. Den Backofen auf 200 °C vorheizen.

2. Die Blumenkohlröschen in einer Lage auf einem Backblech verteilen. Mit Olivenöl beträufeln und mit Salz und Pfeffer würzen. Etwa 20 Minuten im Ofen rösten, bis die Ränder gebräunt sind.

3. Während der Blumenkohl im Ofen ist, die Kokosmilch mit dem Erdnussmus, der Currypaste und dem Knoblauch in einem Standmixer zu einer glatten Paste pürieren.

4. Den fertig gegarten Blumenkohl auf zwei Teller verteilen, mit der Erdnusssauce beträufeln und mit der Petersilie garnieren.

MAKRONÄHRSTOFFE:

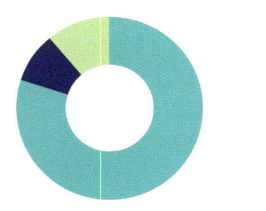

80 % F
9 % EW
11 % KH

kcal: 290; F: 27 g; EW: 8 g;
Gesamt-KH: 9 g; BS: 3 g; N-KH: 6 g

DIE PALEO-VARIANTE:

Das Erdnussmus durch ein paleo-geeignetes Nussmus ersetzen.

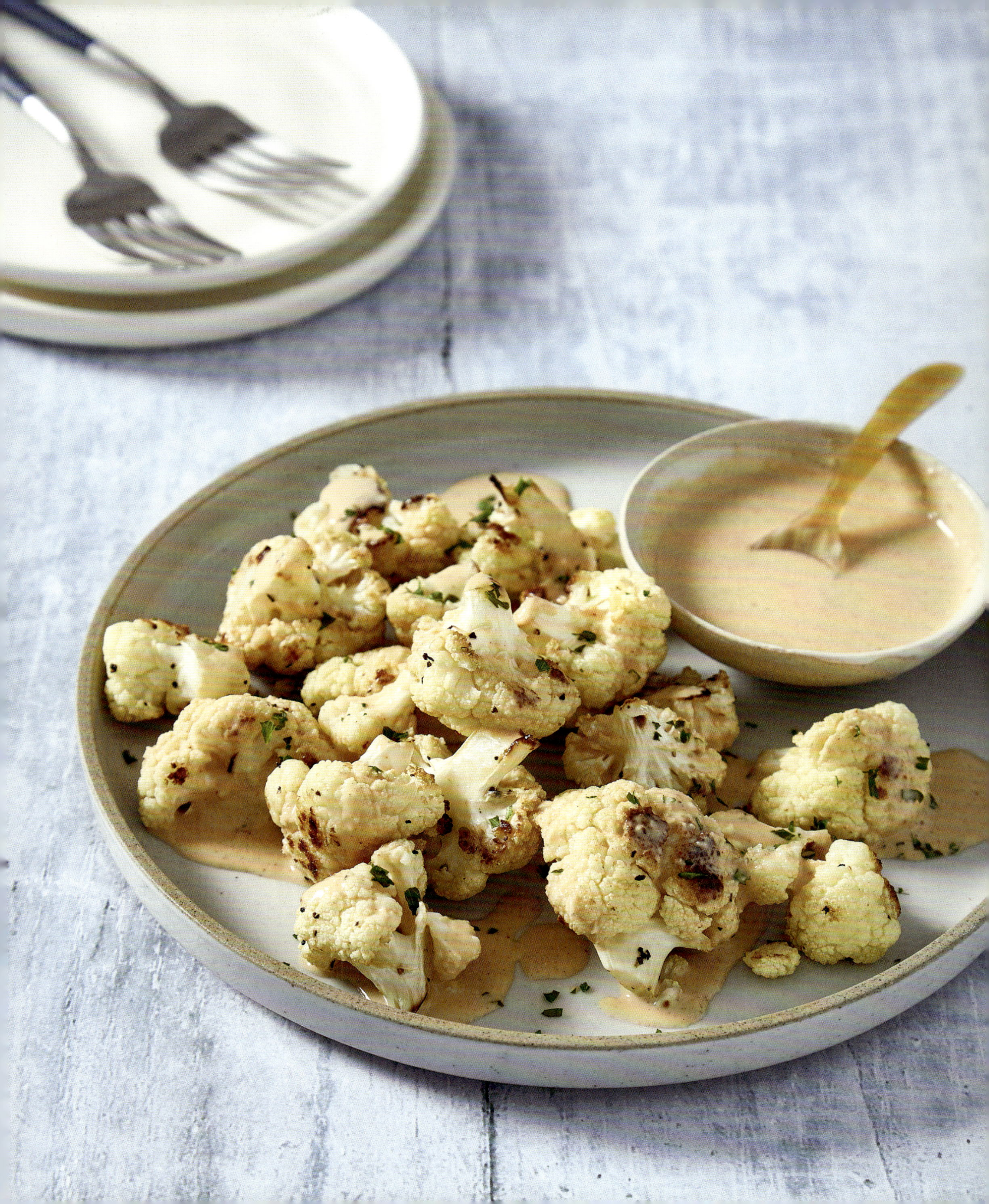

2 PORTIONEN | ZUBEREITUNG: 10 MINUTEN | GARZEIT: 15 MINUTEN

CHAMPIGNONS MIT KREBSFLEISCHFÜLLUNG

Bei der Zubereitung dieser Pilze werden Sie vielleicht das Gefühl bekommen, etwas ganz Besonderes zu machen. Mir geht es jedenfalls so. Sie sind perfekte kleine Appetizer, aber sehr einfach zuzubereiten. Sie eignen sich wunderbar als Beilage, Hauptgericht oder als Häppchen für eine Party.

- ☐ Comfort Food
- ■ ohne Milchprodukte
- ■ ohne Nüsse
- ■ paleo oder paleo-freundlich
- ☐ bis 30 Minuten

ZUTATEN:

60 g Krebsfleischstücke

2 EL Avocadoöl-Mayonnaise

1 EL in Ringe geschnittene Frühlingszwiebel, nur der grüne Teil

¼ TL Paprikapulver

¼ TL Zwiebelpulver

Salz

frisch gemahlener schwarzer Pfeffer

6–8 entstielte Steinchampignons

1 TL gehackte frische alternativ getrocknete Petersilie

1. Den Backofen auf 180 °C vorheizen. Ein Backblech mit Backpapier oder einer Silikon-Backmatte auslegen.

2. In einer mittelgroßen Schüssel das Krebsfleisch, die Mayonnaise, die Frühlingszwiebel, das Paprikapulver und das Zwiebelpulver vermengen, salzen und pfeffern.

3. Die Pilze mit den Lamellen nach oben auf das vorbereitete Backblech setzen und mit einem Löffel mit der Krebsfleischmischung füllen.

4. 15 Minuten backen.

5. Mit Petersilie garniert servieren.

MAKRONÄHRSTOFFE:

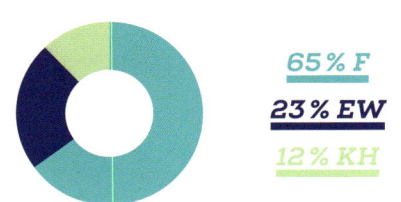

65 % F
23 % EW
12 % KH

kcal: 139; F: 10 g; EW: 8 g;
Gesamt-KH: 3 g; BS: 1 g; N-KH: 2 g

VARIANTE:

Das Krebsfleisch kann durch Lachs ersetzt werden. Wer es gesünder möchte ergänzt die Füllung noch um eine gewürfelte Zucchini.

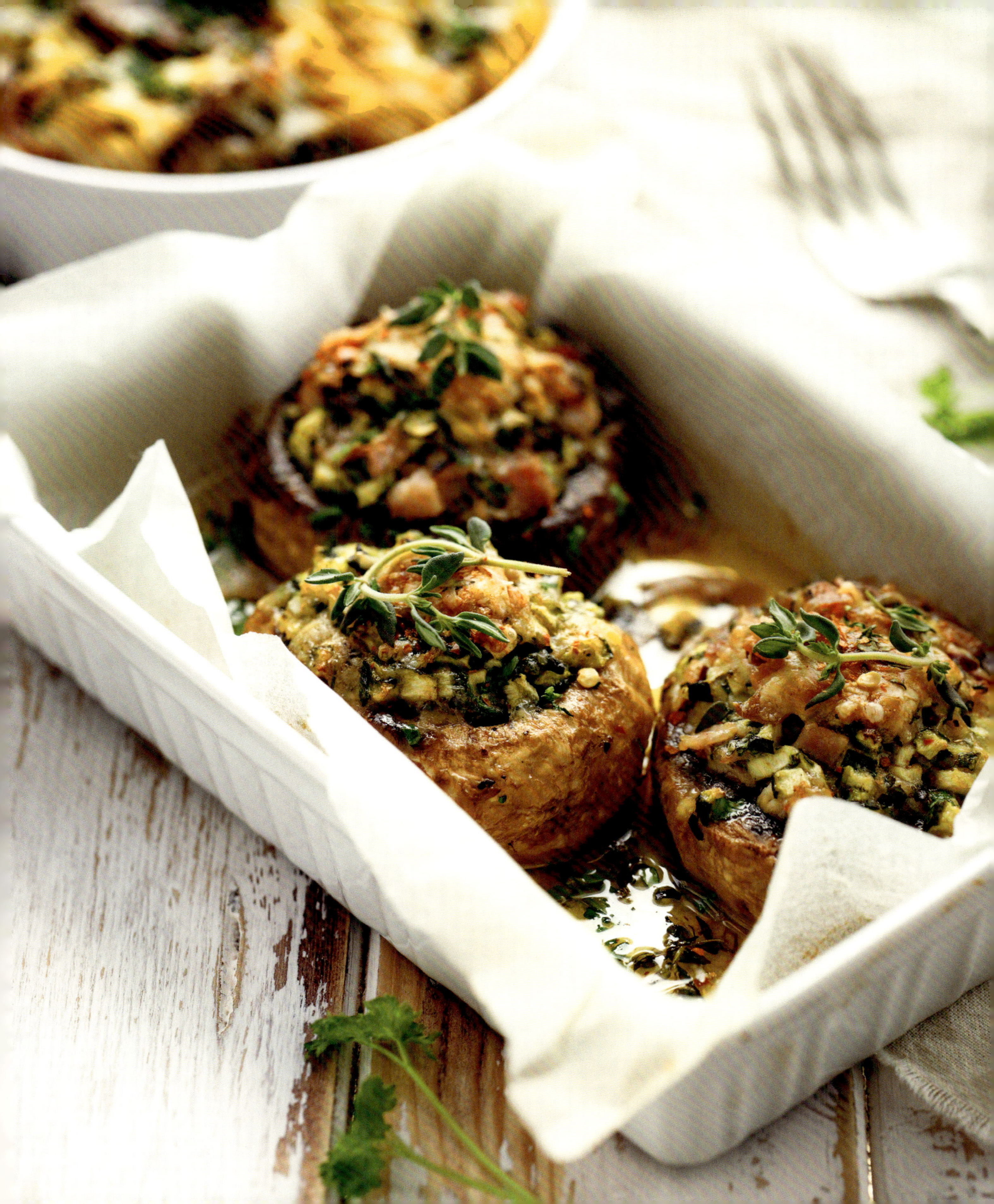

6 PORTIONEN | **ZUBEREITUNG:** 10 MINUTEN | **GARZEIT:** 20 MINUTEN

HERZHAFTE CHEDDAR-SCHNITTLAUCH-WAFFELN

Ich probiere beim Kochen gern etwas Neues aus und habe mich vor Kurzem gefragt, was passieren würde, wenn ich meinen Keto-Brotteig in meinem Waffeleisen anstatt im Ofen backen würde. Es hat wunderbar funktioniert! Ich bin sogar noch einen Schritt weiter gegangen und habe Cheddar und Schnittlauch zu dem Teig hinzugegeben. Das Ergebnis ist eine perfekte Beilage, wenn man einfach nur etwas Butter auf leckerem Brot genießen möchte.

☐ Comfort Food
☐ bis 30 Minuten

ZUTATEN:
5 EL zimmerwarme Butter
6 Eier (Größe L)
150 g gemahlene Mandeln
3 TL Backpulver
Salz
90 g geraspelter Cheddar
4 EL Schnittlauchröllchen

1. Das Waffeleisen vorheizen.
2. Butter, Eier, Mandeln und Backpulver in eine Schüssel geben. Salzen. Alle Zutaten mit einem Handrührgerät oder im Standmixer gründlich verrühren. Zwischendurch den Teig immer wieder von der Schüsselwand nach unten schieben, damit sich alle Zutaten gut verbinden.
3. Den Käse und den Schnittlauch unterheben.
4. Das Waffeleisen einfetten und je nach Größe des Waffeleisens 60–100 ml Teig (nicht zu viel) hineingeben.
5. Die Waffeln nach den Angaben des Herstellers backen (meins piept, wenn die Waffel fertig ist). Sie sollten goldgelb und knusprig sein. Die Waffel aus dem Waffeleisen nehmen und mit dem restlichen Teig ebenso verfahren. Da es Waffeleisen in vielen unterschiedlichen Größen gibt, kann man nicht genau festlegen, wie viele Waffeln dieses Rezept ergibt. Bei meinem sind es 6 Waffeln (10 cm Durchmesser).

MAKRONÄHRSTOFFE:
74 % F
18 % EW
8 % KH

kcal: 364; F: 30 g; EW: 16 g; Gesamt-KH: 7 g; BS: 3 g; N-KH: 4 g

VARIANTE:
Ihrer Kreativität sind hier nahezu keine Grenzen gesetzt. Geben Sie Speck oder gewürfelte Jalapeño in den Teig – lassen Sie Ihrer Fantasie freien Lauf!

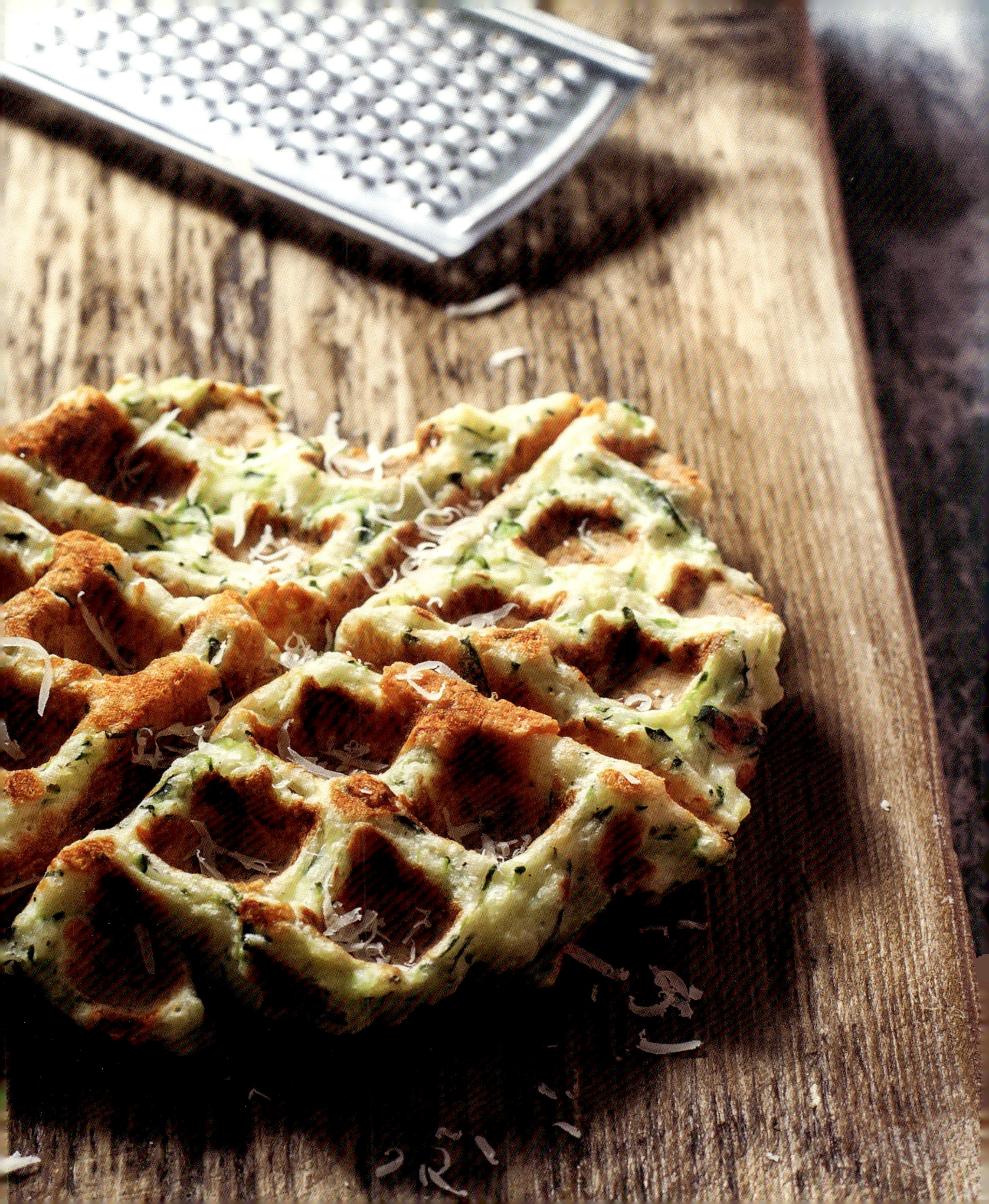

2 PORTIONEN | ZUBEREITUNG: 10 MINUTEN | GARZEIT: 20 MINUTEN

SPARGEL IM SPECKMANTEL

Knusprig, salzig, buttrig und köstlich, besser als mit diesen vier Wörtern kann man diese Beilage nicht beschreiben. Ich kann mir nicht vorstellen, dass irgendjemand diesen Spargel nicht mag.

- ☐ Comfort Food
- ☑ ohne Nüsse
- ☐ bis 30 Minuten

ZUTATEN:

2 EL Butter alternativ Ghee

1 TL Sojasauce alternativ Kokos-Aminos-Würzsauce

1 Prise frisch gemahlener schwarzer Pfeffer

1 Prise Knoblauchpulver

6 dicke Spargelstangen

6 Scheiben Frühstücksspeck

1. Den Backofen auf 200 °C vorheizen. Ein Backblech mit Backpapier oder einer Silikon-Backmatte auslegen.

2. In einem kleinen Topf Butter, Sojasauce, Pfeffer und Knoblauchpulver auf niedriger Stufe erhitzen. Köcheln lassen, bis die Sauce eindickt. In der Zwischenzeit die Spargelstangen vorbereiten, indem man die holzigen Enden abschneidet.

3. Jeweils 1 Scheibe Frühstücksspeck um jede Spargelstange wickeln und die Stangen dann auf das Backblech legen.

4. Den Speck mit der Buttermischung bestreichen und 20 Minuten rösten, bis der Speck knusprig ist.

MAKRONÄHRSTOFFE:

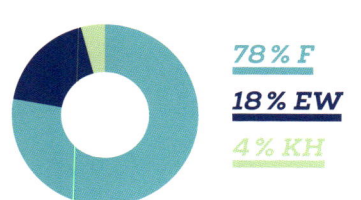

78 % F
18 % EW
4 % KH

kcal: 244; F: 21 g; EW: 11 g;
Gesamt-KH: 3 g; BS: 1 g; N-KH: 2 g

VARIANTE:

Wen Sie nur dünne Spargelstangen finden können, einfach eine Speckscheibe um mehrere Spargelstangen wickeln.

2 PORTIONEN | ZUBEREITUNG: 10 MINUTEN | BACKZEIT: 20 MINUTEN

AVOCADO-»FRITTEN« IM SPECKMANTEL

Was könnte mehr »keto« sein als mit Speck umwickelte Avocado?! Diese außen knusprigen, innen cremigen Snacks werden auch Sie süchtig machen! Die Rezeptmenge ergibt eine sättigende Mahlzeit für eine Person oder zwei Portionen als leckere Beilage.

- ☐ allergenfrei
- ☐ Comfort Food
- ■ ohne Milchprodukte
- ■ ohne Nüsse
- ■ paleo oder paleo-freundlich
- ☐ bis 30 Minuten

ZUTATEN:

1 Avocado, halbiert und entkernt
1 TL Chili-Limetten-Würzmischung (Seite 290)
8 Scheiben Frühstücksspeck

1. Den Backofen auf 200 °C vorheizen.
2. Die Avocado in 8 Spalten schneiden und die Schale abziehen.
3. Die Avocado mit der Chili-Limetten-Würzmischung bestreuen.
4. Jeweils 1 Scheibe Speck um jeden Avocadoschnitz wickeln, mit Zahnstochern fixieren und auf ein Backblech legen.
5. Im Ofen 20 Minuten backen, bis der Speck knusprig ist.

MAKRONÄHRSTOFFE:

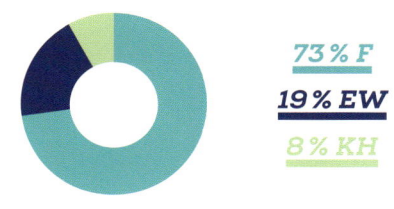

73 % F
19 % EW
8 % KH

kcal: 286; F: 24 g; EW: 13 g;
Gesamt-KH: 6 g; BS: 5 g; N-KH: 1 g

VARIANTE:

Als Dip passt zu diesen »Fritten« wunderbar ein Ranch-Dressing oder jeder andere sämige Dip.

BEILAGEN

2 PORTIONEN | ZUBEREITUNG: 10 MINUTEN | GARZEIT: 25 MINUTEN

GRÜNKOHL-KÜRBIS-GRATIN

Ich liebe diese Beilage – für mich ist sie eine große Portion Behaglichkeit auf einem Teller. Ich habe dieses Gratin zwei Jahre in Folge an Thanksgiving gemacht und alle waren begeistert. Es ist ohne Frage sehr gehaltvoll und man braucht nicht viel davon – ich esse es oft als Hauptmahlzeit.

- ☐ Comfort Food
- ☐ ohne Nüsse

ZUTATEN:

90 g gewürfelter Butternusskürbis
2 EL natives Olivenöl extra
   alternativ Ghee
Salz
frisch gemahlener schwarzer Pfeffer
1 fein gehackte Knoblauchzehe
½ in feine Ringe geschnittene Schalotte
90 g klein geschnittener Grünkohl
2 EL geraspelter Gruyère
1 EL Schlagsahne
4 EL Schweinekrusten-
   »Semmelbrösel« (Seite 307)
1 EL geriebener Parmesan
1 TL getrockneter Oregano

1. Den Backofen auf 220 °C vorheizen. Ein Backblech mit Backpapier oder einer Silikon-Backmatte auslegen.
2. Die Kürbiswürfel in einer Lage auf dem vorbereiteten Backblech verteilen. Mit 1 EL Olivenöl beträufeln und mit Salz und Pfeffer würzen. 10 Minuten im Ofen rösten.
3. Während der Kürbis im Ofen ist, in einer mittelgroßen Pfanne den restlichen EL Olivenöl auf mittlerer Stufe erhitzen.
4. Knoblauch und Schalotten darin etwa 3 Minuten garen. Den Kohl zugeben und 2 Minuten unter Rühren mitgaren, bis er zusammenfällt.
5. Die Pfanne vom Herd nehmen, den Gruyère und die Schlagsahne zugeben und gut verrühren.
6. Den gerösteten Kürbis in die Pfanne geben. Salzen, pfeffern und alles gründlich verrühren.
7. Die Mischung in eine kleine Auflaufform umfüllen.
8. Die zerbröselten Schweinekrusten und den Parmesan darüberstreuen und anschließend mit Oregano würzen.
9. Locker mit Alufolie zudecken und 10–15 Minuten goldbraun backen. 5 Minuten vor Ende der Backzeit die Folie abnehmen.

MAKRONÄHRSTOFFE:

74 % F
12 % EW
14 % KH

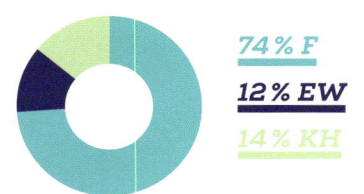

kcal: 266; F: 22 g; EW: 8 g;
Gesamt-KH: 9 g; BS: 2 g; N-KH: 7 g

GUT VORZUBEREITEN:

Dieses Gericht kann man wunderbar aufwärmen. Ich habe es einmal an drei Abenden hintereinander gegessen!

2 PORTIONEN | **ZUBEREITUNG: 10 MINUTEN** | **GARZEIT: 3 STUNDEN**

»GEBRATENER« BLUMEN- KOHLREIS IM SCHONGARER

Blumenkohlreis ist schnell gemacht und einfach zuzubereiten. Ich habe ihn irgendwann einmal versuchsweise in den Schongarer gegeben, bevor ich zum Volleyballtraining meiner Tochter gefahren bin, und war vom Ergebnis restlos überzeugt. Diese Art des Garens hat den Blumenkohlreis sehr aromatisch und weich werden lassen.

- ☐ Comfort Food
- ◼ ohne Milchprodukte
- ◼ ohne Nüsse
- ◼ paleo oder paleo-freundlich

ZUTATEN:

1 EL Sesamöl

½ Kopf Blumenkohl, auf Reiskorngröße zerkleinert

4 EL gewürfelte Zwiebel

1 EL Sojasauce alternativ Kokos-Aminos-Würzsauce

60 ml Hühnerbrühe

1 TL Knoblauchpulver

1 TL Zwiebelpulver

¼ TL Ingwerpulver

2 Eier (Größe L)

4 EL in Ringe geschnittene Frühlingszwiebel, nur der grüne Teil

1. Den Schongarer auf niedriger Stufe vorheizen.

2. Das Sesamöl auf den Boden des Schongarers träufeln und darauf dann den Blumenkohlreis, die Zwiebel, die Sojasauce, die Hühnerbrühe, das Knoblauchpulver, das Zwiebelpulver und das Ingwerpulver geben.

3. Bei geschlossenem Deckel 2 Stunden garen.

4. In einer kleinen Schüssel die Eier verquirlen und in den Schongarer gießen. Den Deckel auflegen und 1 weitere Stunde unter gelegentlichem Umrühren garen lassen.

5. Den Blumenkohlreis auf zwei Schalen verteilen, die Frühlingszwiebel daraufgeben und servieren.

MAKRONÄHRSTOFFE:

59 % F
26 % EW
15 % KH

kcal: 184; F: 12 g; EW: 10 g; Gesamt-KH: 9 g; BS: 3 g; N-KH: 6 g

VARIANTE:

Herkömmlicher gebratener Reis wird mit Erbsen und Möhren zubereitet, die ich aber weglasse, weil sie kohlenhydratreich sind. Sie können jedoch nach Belieben Gemüse zugeben, wenn Sie die verquirlten Eier zugießen.

BEILAGEN

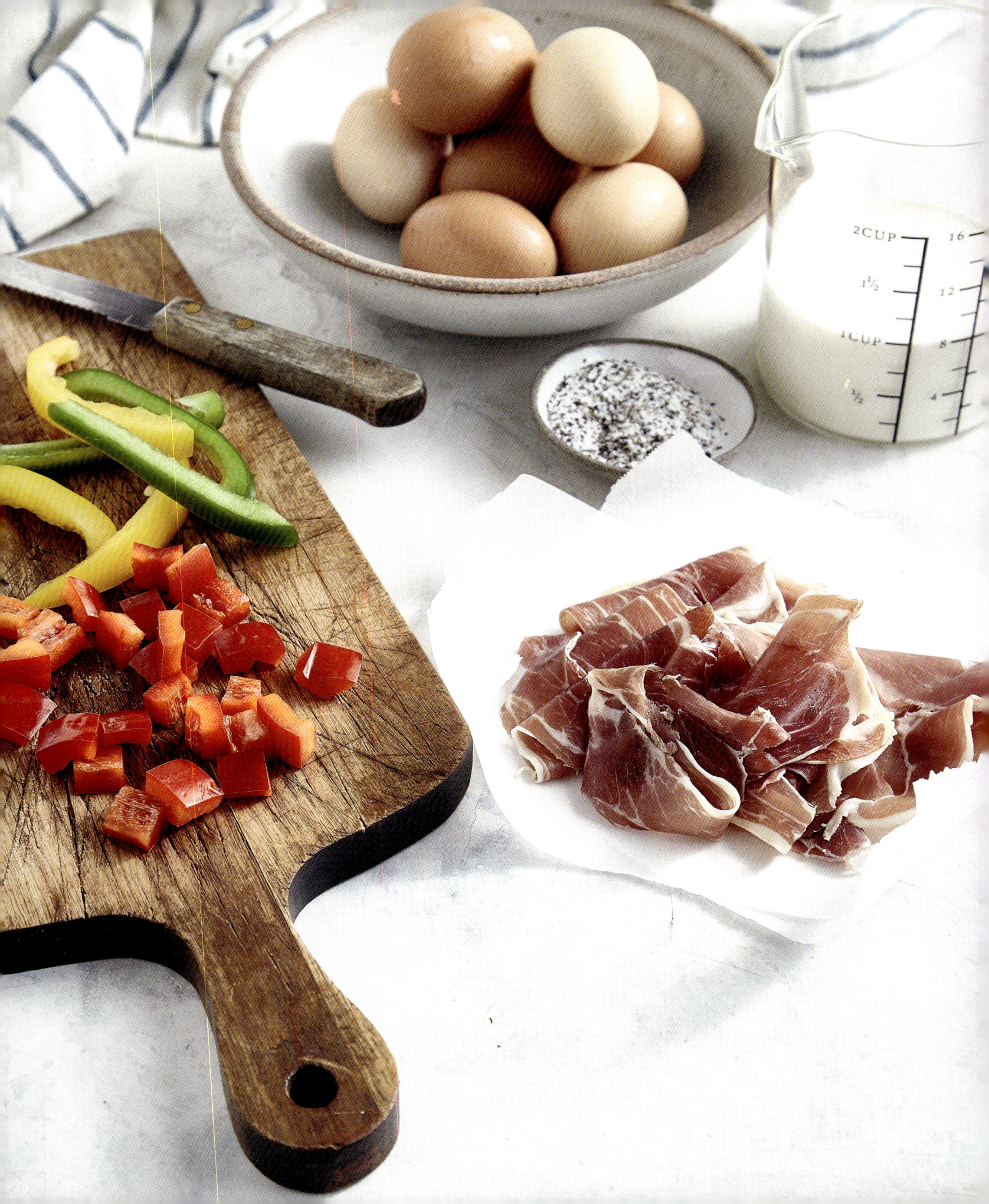
2CUP
1½
1CUP
½
16
12
8
4

SNACKS

* KAPITEL 13 *

Schweinekrusten-Chips 272

Käse-»Fritten« im Speckmantel 273

Gurken-»Fritten« im Speckmantel 274

Käse-Cracker 275

Käse-Chips mit Speck und Jalapeños 276

Lachs-Avocado-Schiffchen 278

Reuben-Wraps 279

Buffalo-Wing-Dip ohne Käse 280

Wraps all'italiana 281

Salami-»Tacos« 282

Käse-Cups mit Frühstücksspeck und Avocado 283

Sushi-Style-Snacks aus Algen 284

Geröstete Blumenkohl-Nachos ohne Käse 286

Pikanter Krebsfleisch-Dip 287

2 PORTIONEN | ZUBEREITUNG: 10 MINUTEN | BACKZEIT: 10 MINUTEN

SCHWEINEKRUSTEN-CHIPS

Knusprig-krosse Chips zum Dippen sind eines der Dinge, die ich bei der Umstellung auf Keto am meisten vermisst habe. Dann habe ich angefangen, mit Schweinekrusten und Käse ein paar Experimente zu machen, und so entstand dieses Rezept! Schweinekrusten gibt es mittlerweile in vielen Geschmacksrichtungen, sodass man beim Kombinieren viele Möglichkeiten hat.

- ☐ Comfort Food
- ■ ohne Nüsse
- ☐ bis 30 Minuten

ZUTATEN:

50 g Schweinekrusten-»Semmelbrösel« (Seite 307)
1 EL getrocknete Petersilie
120 g Cheddar
Backspray

1. Den Backofen auf 200 °C vorheizen.
2. Die Schweinekrusten in einer mittelgroßen Schüssel mit der Petersilie verrühren.
3. Den Käse in der Küchenmaschine in mehreren Schüben fein zerkleinern, zur Krusten-Kräuter-Mischung in der Schüssel geben und alles gut verrühren.
4. Ein Muffinblech mit Backspray einfetten und auf den Boden jeder Mulde eine dünne Schicht der Krusten-Käse-Mischung geben. Die Schicht sollte nicht zu dick werden, da die Chips sonst nicht knusprig werden, und knusprige Chips sind schließlich unser Ziel!
5. Die Form 10 Minuten in den Ofen stellen, bis die Chips am Rand kross sind. Einige Minuten abkühlen lassen und dann auf einen Teller geben. Die Menge wird etwa 24 Chips ergeben.

MAKRONÄHRSTOFFE:

67 % F
32 % EW
1 % KH

Pro Portion (12 Chips): kcal: 315; F: 24 g; EW: 24 g; Gesamt-KH: 1 g; BS: 0 g; N-KH: 1 g

VARIANTE:

Anstatt ein Muffinblech zu verwenden, können Sie auch kleine runde Häufchen auf ein Backblech setzen.

6 PORTIONEN | ZUBEREITUNG: 15 MINUTEN | GARZEIT: 15 MINUTEN

KÄSE-»FRITTEN« IM SPECKMANTEL

Käse im Speckmantel? Lecker, her damit! Dieses einfache Fingerfood verschwindet als Snack oder Appetizer schneller vom Teller, als man nachfüllen kann.

- ☐ Comfort Food
- ■ ohne Nüsse

ZUTATEN:

6 aus einer Kugel ausgeschnittene Mozzarella-Sticks

natives Olivenöl extra alternativ Ghee, zum Braten

12 Scheiben Frühstücksspeck

1. Die Käse-Sticks über Nacht einfrieren.
2. Eine Pfanne gut 1 cm hoch mit Olivenöl füllen und erhitzen.
3. Jeden Käse-Stick mit 2 Scheiben Speck umwickeln. Eine davon längs um beide Enden des Sticks wickeln und mit der zweiten Scheibe alles zusammen quer fest umwickeln. Mit einem Zahnstocher fixieren.
4. Die Käsestäbchen behutsam in das heiße Öl geben.
5. Die Sticks hin und wieder wenden, damit der Speck rundum knusprig wird.
6. Die knusprig gebratenen Speck-Käse-Sticks auf einen mit Küchenpapier ausgelegten Teller legen, um überschüssiges Fett aufzusaugen.

MAKRONÄHRSTOFFE:

70 % F
28 % EW
2 % KH

kcal: 184; F: 14 g; EW: 12 g; Gesamt-KH: 1 g; BS: 0 g; N-KH: 1 g

GUT VORZUBEREITEN:

Die Käsestäbchen sollten mindestens eine Nacht lang im Gefrierschrank liegen. Nicht gefrorene Sticks würden einfach nur Käseklumpen mit Speck darauf ergeben (was sicher auch gut schmeckt, aber hier nicht das gewünschte Ergebnis wäre).

2 PORTIONEN | ZUBEREITUNG: 10 MINUTEN | BACKZEIT: 20 MINUTEN

GURKEN-»FRITTEN« IM SPECKMANTEL

Mögen Sie saure Gurken und Bacon auf einem Burger? Gut, dies hier schmeckt so ähnlich, nur besser! Ich finde es spannend, keto-freundliche Alternativen für Pommes Frites auszuprobieren – unschwer zu erkennen an den Avocado-»Fritten« im Speckmantel (Seite 267). Es auch einmal mit eingelegten Gurken zu versuchen, lag daher nahe.

- ☐ allergenfrei
- ☐ Comfort Food
- ☐ ohne Milchprodukte
- ☐ ohne Nüsse
- ☐ paleo oder paleo-freundlich
- ☐ bis 30 Minuten

ZUTATEN:
8 Spalten Gewürzgurke
8 Scheiben Frühstücksspeck

1. Den Backofen auf 200 °C vorheizen.
2. Je 1 Scheibe Speck um jede Gurkenspalte legen, mit Zahnstochern fixieren und auf ein Backblech legen.
3. Im Ofen 20 Minuten backen, bis der Speck knusprig ist.

VARIANTE:
Ich mag diese Fritten besonders gern mit Blauschimmelkäse-Dressing oder Sriracha-Mayonnaise.

MAKRONÄHRSTOFFE:

64 % F
28 % EW
8 % KH

kcal: 190; F: 14 g; EW: 13 g;
Gesamt-KH: 4 g; BS: 2 g; N-KH: 2 g

KÄSE-CRACKER

Vermissen Sie manchmal leckere Käse-Cracker, wie man sie sich oft vor Keto gegönnt hat? Dann freuen Sie sich auf dieses Rezept! Der Teig ähnelt stark dem der Fathead-Pizza mit Salami und eingelegten Peperoni (Seite 206), wird allerdings hier zubereitet mit würzigem Cheddar und getoppt mit Allround-Bagel-Würzmischung (Seite 293). Diese Snacks sind etwas aufwendiger, dafür aber auch wirklich lecker.

- ☐ Comfort Food
- ☐ bis 30 Minuten

ZUTATEN:

60 g geraspelter Cheddar
60 g zerzupfter Mozzarella
½ EL Doppelrahmfrischkäse
4 EL gemahlene Mandeln
1 Ei (Größe L), verquirlt
Backspray
2 EL Allround-Bagel-Würzmischung (Seite 247)

1. Den Backofen auf 220 °C vorheizen.
2. Cheddar, Mozzarella und Frischkäse in einer geeigneten Schüssel in einem Mikrowellengerät auf hoher Stufe 30 Sekunden erhitzen. Gut durchrühren und nochmals 30 Sekunden in der Mikrowelle erhitzen, bis die Masse geschmolzen ist.
3. In einer Rührschüssel die gemahlenen Mandeln mit dem verquirlten Ei verrühren. Die geschmolzene Käsemasse zugeben und gut unterrühren. Aus dem Teig eine Kugel formen.
4. Zwei Blätter Backpapier mit Backspray einsprühen und den Teig dazwischenlegen.
5. Den Teig mit einer Teigrolle zu einer flachen, gleichmäßig dünnen Schicht ausrollen. Da es hier um Cracker geht, sollte sie nur etwa 6 mm dick sein.
6. Wenn der Teig gleichmäßig ausgerollt ist, das obere Stück Backpapier abnehmen und das untere Stück Backpapier mit dem Teig darauf auf ein Backblech gleiten lassen.
7. Mit einem Pizzaschneider den Teig in gleich große rechteckige Cracker schneiden und alles mit der Allround-Bagel-Würzmischung bestreuen.
8. Die Cracker 7 Minuten backen und dann mithilfe eines Pfannenwenders wenden. Falls einige davon erneut geteilt werden sollten, ist dies ein guter Moment dafür.
9. Die Cracker nochmals für 5 Minuten in den Backofen schieben.
10. Vor dem Servieren 10 Minuten abkühlen lassen.

MAKRONÄHRSTOFFE:

70 % F
28 % EW
2 % KH

kcal: 132; F: 10 g; EW: 9 g;
Gesamt-KH: 1 g; BS: 0 g; N-KH: 1 g

KÄSE-CHIPS MIT SPECK UND JALAPEÑOS

Käse-Chips sind supereinfach zu machen und so lecker. Ich kann mir gar nicht mehr vorstellen, dass ich früher abgepackte Parmesan-Chips gekauft habe, anstatt sie einfach selbst zu machen. Zumal man die hausgemachte Variante auch noch mit Zutaten wie Jalapeño-Schoten und Bacon-Stückchen so einfach lecker aufpeppen kann.

- ☐ Comfort Food
- ■ ohne Nüsse
- ☐ bis 30 Minuten

ZUTATEN:
1 Scheibe Frühstücksspeck
60 g geriebener Parmesan
60 g geraspelter Cheddar
1 Jalapeño-Schote, in sehr feine Streifen geschnitten

1. Den Speck in einer großen Pfanne auf mittlerer bis hoher Stufe etwa 8 Minuten kross braten, zwischendurch einmal wenden. Den Speck zum Entfetten auf Küchenpapier legen und abkühlen lassen, dann zerbröseln.

2. Den Backofen auf 180 °C vorheizen. Ein Backblech mit Backpapier oder einer Silikon-Backmatte auslegen.

3. In einer kleinen Schüssel Parmesan und Cheddar verrühren.

4. Auf das Backblech mit viel Abstand kleine Häufchen aus jeweils 4 EL der Käsemischung setzen.

5. Auf jedes Käsehäufchen einen Streifen Jalapeño und ein paar Speckstückchen geben.

6. Die Käse-Chips etwa 7 Minuten backen, bis sie am Rand braun und in der Mitte geschmolzen sind.

7. Das Blech auf ein Kuchengitter stellen und die Chips 5 Minuten abkühlen lassen. Sie werden anfangs weich und biegsam sein, beim Abkühlen aber knusprig werden.

VARIANTE:
Ich bin kein großer Fan von Zwiebeln, aber man kann gut ½ in feine Scheiben geschnittene rote Zwiebel zugeben.

MAKRONÄHRSTOFFE:
66 % F
31 % EW
3 % KH

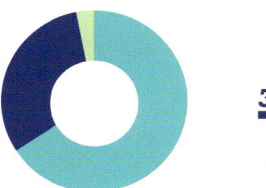

kcal: 221; F: 17 g; EW: 16 g;
Gesamt-KH: 2 g; BS: 0 g; N-KH: 2 g

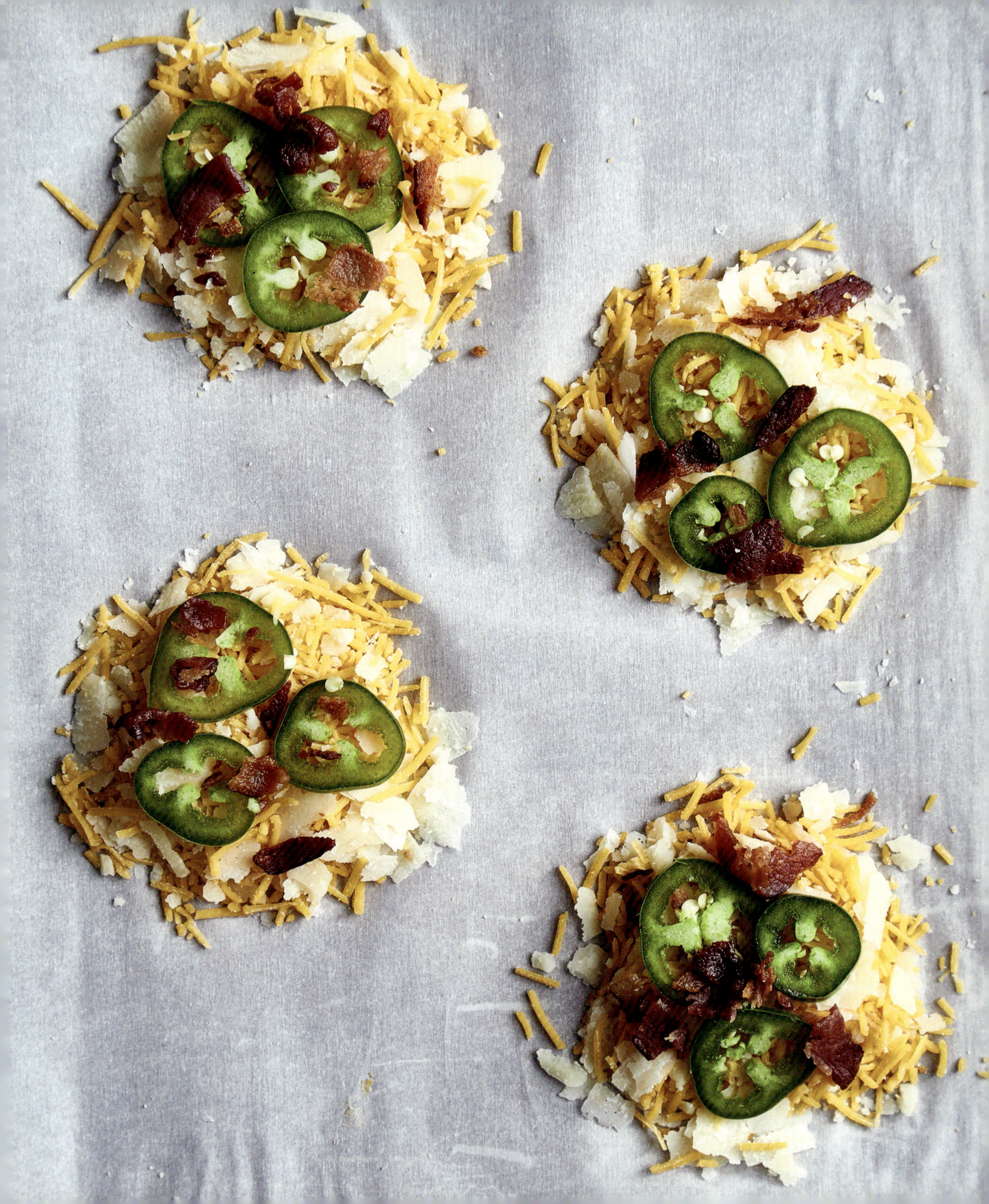

LACHS-AVOCADO-SCHIFFCHEN

Interesse an einem Rezept, bei dem zur Abwechslung einmal gar nichts gegart werden muss … Voilà! Räucherlachs und Avocado sind immer ein gutes Paar und hier wird beides mit ein paar weiteren Zutaten zerkleinert und direkt in den halbierten Avocadoschalen angerichtet.

- ☐ Comfort Food
- ■ ohne Milchprodukte
- ■ ohne Nüsse
- ■ paleo oder paleo-freundlich
- ■ bis 30 Minuten

ZUTATEN:

1 Avocado, halbiert undentkernt
60 g zerkleinerten Räucherlachs
½ gewürfelte Gurke (alternativ 1 Mini-Gurke)
1 EL fein gewürfelte rote Zwiebel
1 EL Avocadoöl-Mayonnaise
1 EL Sriracha-Sauce (optional)
Salz
frisch gemahlener schwarzer Pfeffer
1 TL frischer Dill

1. Mit einem Löffel das Fruchtfleisch aus den Avocadohälften herausschaben und würfeln. Die Schale der Avocado sollte dabei intakt bleiben, da sie später als Behälter dient.

2. In einer Rührschüssel Lachs, Gurke, Zwiebel, Mayonnaise und Sriracha (wenn verwendet) verrühren und mit Salz und Pfeffer abschmecken.

3. Das gewürfelte Avocadofleisch auf die leeren Avocadoschalen verteilen, die Lachsmischung darübergeben und mit Dill garnieren.

MAKRONÄHRSTOFFE:

64 % F
15 % EW
21 % KH

kcal: 188; F: 14 g; EW: 7 g;
Gesamt-KH: 11 g; BS: 5 g; N-KH: 6 g

VARIANTE:

Wer sich mit Milchprodukten ernährt, kann hier gut die Mayonnaise durch Doppelrahmfrischkäse oder Sauerrahm ersetzen.

2 PORTIONEN | ZUBEREITUNG: 15 MINUTEN

REUBEN-WRAPS

Diese Wraps sind die Lösung bei Appetit auf das in den USA sehr beliebte klassische Reuben-Sandwich. Abgesehen vom Thousand-Island-Dressing bleiben die Zutaten die gleichen und werden mit einer eingelegten Gurke in Corned Beef eingerollt.

- ☐ Comfort Food
- ■ ohne Nüsse
- ☐ bis 30 Minuten

ZUTATEN:
2 EL Avocadoöl-Mayonnaise
1 TL Worcestershiresauce
8 dünne Scheiben Corned Beef
4 Scheiben Emmentaler
4 Spalten Gewürzgurke

1. In einer kleinen Schüssel die Mayonnaise mit der Worcestershiresauce verrühren.

2. Auf einer Arbeitsfläche 2 Scheiben Corned Beef überlappend auslegen. Dann ein Viertel der Mayo-Mischung darauf verstreichen, 1 Scheibe Käse in die Mitte legen und eine Gurkenspalte an ein Ende.

3. Von der Seite mit der Gurke ausgehend zusammenrollen, bis die Gurke fest in die Mitte eingerollt ist. Auf dieselbe Weise drei weitere Wraps zubereiten.

MAKRONÄHRSTOFFE:

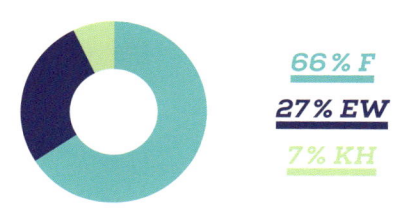

66 % F
27 % EW
7 % KH

kcal: 491; F: 36 g; EW: 31 g;
Gesamt-KH: 9 g; BS: 1 g; N-KH: 8 g

VARIANTE:
Wen das Reuben-Wrap ohne Thousand-Island-Dressing so gar nicht anspricht, kann als Alternative zusätzlich 1 TL zuckerfreien Ketchup zur Mayo-Mischung geben.

SNACKS

2 PORTIONEN | ZUBEREITUNG: 10 MINUTEN | GARZEIT: 3 STUNDEN

BUFFALO-WING-DIP OHNE KÄSE

Auch mein letztes Buch enthielt ein Rezept für Buffalo-Chicken-Dip, den Dip à la »Chickenwings«, allerdings enthält jener jede Menge Milchprodukte, sodass ich hier eine Version einfügen wollte für alle, die sich ohne Milchprodukte ernähren. Hier können Sie gut Reste von Hähnchenfleisch verwerten oder das Ganze mit dem Pulled Chicken mit Knoblauch und Limette (Seite 192) probieren.

- ☐ allergenfrei
- ☐ Comfort Food
- ■ ohne Milchprodukte
- ■ ohne Nüsse
- ■ paleo oder paleo-freundlich

ZUTATEN:

½ TL Zwiebelpulver
½ TL getrocknete Petersilie
½ TL Knoblauchpulver
Salz
frisch gemahlener schwarzer Pfeffer
4 EL Avocadoöl-Mayonnaise
1 TL Dijonsenf
4 EL Buffalo-Wing-Sauce (Fertigprodukt)
270 g gegartes Hähnchenfleisch, zerzupft
2 EL in Ringe geschnittene Frühlingszwiebel, nur das Grüne

1. Den Schongarer auf niedriger Stufe vorheizen.
2. In einer kleinen Schüssel das Zwiebelpulver mit Petersilie, Knoblauchpulver, Salz und Pfeffer mischen.
3. In einer zweiten kleinen Schüssel die Mayonnaise mit dem Senf und der Buffalo-Wing-Sauce verrühren.
4. Das Hähnchenfleisch in den Schongarer legen, mit den trockenen Würzzutaten bestreuen und den Mayo-Mix darauf verteilen.
5. Bei geschlossenem Deckel 3 Stunden garen.
6. Mit den Frühlingszwiebeln garniert servieren.

MAKRONÄHRSTOFFE:

38 % F
54 % EW
8 % KH

kcal: 348; F: 15 g; EW: 44 g; Gesamt-KH: 8 g; BS: 0 g; N-KH: 8 g

VARIANTE:

Ich reiche diesen Dip gern zu Gemüse wie Staudensellerie, Yambohnen oder Gurken. Lecker ist er auch zu meinen Schweinekrusten-Chips (Seite 272).

2 PORTIONEN | ZUBEREITUNG: 15 MINUTEN

WRAPS ALL'ITALIANA

Sandwiches auf italienische Art sind mein Favorit. Früher hatte ich häufig unbändigen Appetit auf ein ellenlanges Italian Sub. Zum Glück finde ich denselben Genuss in diesen einfachen Wraps. Der beste Part daran ist der Geschmackskick durch eingelegte Peperoni und Schinken, meine ganz persönliche Note beim Italian Sub. Es lohnt sich, hochwertige ungeräucherte Schinkensorten auszuwählen.

- ☐ Comfort Food
- ■ ohne Milchprodukte
- ■ ohne Nüsse
- ■ paleo oder paleo-freundlich
- ☐ bis 30 Minuten

ZUTATEN:

4 dünne Scheiben Salami

4 Scheiben Mortadella

4 Scheiben gekochter Schinken

4 Scheiben Parmaschinken (prosciutto crudo)

2 EL Avocadoöl-Mayonnaise

1 Handvoll Romanasalat, in feine Streifen geschnitten

4 ganze eingelegte Peperoni

1. Auf einer Arbeitsfläche je 1 Scheibe Salami, Mortadella, gekochten und rohen Schinken übereinanderschichten, die größte Scheibe unten, die kleinste oben.

2. Diesen Wurststapel oben mit Mayonnaise bestreichen.

3. Ein Viertel der Salatstreifen sowie 1 Peperoni darauflegen.

4. Alle Scheiben dicht um die Peperoni herum wickeln und gegebenenfalls mit einem Zahnstocher fixieren. Aus den übrigen Zutaten drei weitere Wraps zubereiten.

MAKRONÄHRSTOFFE:

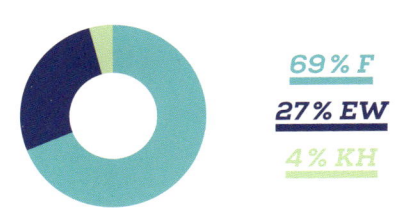

69 % F
27 % EW
4 % KH

kcal: 402; F: 30 g; EW: 27 g; Gesamt-KH: 6 g; BS: 2 g; N-KH: 4 g

GUT VORZUBEREITEN:

Fertige Wraps können in einem kleinen Gefrierbeutel griffbereit zum Mitnehmen aufbewahrt werden.

SALAMI-»TACOS«

Diesen Snack gibt es bei mir häufig auf die Schnelle. Simpler geht es wirklich nicht. Ich bringe einfach alle drei Zutaten zur Couch und stelle sie beim Fernsehschauen zusammen. Im Nu fertig und doch soooo lecker. Meine Lieblingsmandeln sind Marcona-Mandeln, eingelegt in Olivenöl und Rosmarin.

- ☐ Comfort Food
- ☐ bis 30 Minuten

ZUTATEN:

10 Scheiben ungeräucherte, pikante Salami
2 EL Doppelrahmfrischkäse, zimmerwarm
20 Marcona-Mandelkerne

1. Die Salamischeiben gleichmäßig mit Doppelrahmfrischkäse bestreichen.

2. Auf den Frischkäse jeweils 2 Mandeln legen, die Salamischeibe zusammenklappen, sodass sie wie ein Mini-Taco gegessen werden kann. Mit den übrigen Salamischeiben und Mandeln ebenso verfahren.

MAKRONÄHRSTOFFE:

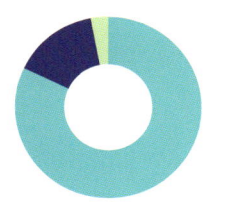

82 % F
15 % EW
3 % KH

kcal: 262; F: 23 g; EW: 10 g;
Gesamt-KH: 3 g; BS: 1 g; N-KH: 2 g

2 PORTIONEN | ZUBEREITUNG: 15 MINUTEN | BACKZEIT: 10 MINUTEN

KÄSE-CUPS MIT BACON UND AVOCADO

Käse-Cups machen einfach Spaß und sind lecker, egal womit sie gefüllt sind. BLTA (B für Bacon, L für lettuce, also Blattsalat, T für Tomate und A für Avocado) ist allerdings als Füllung kaum zu überbieten. Im Grunde bereitet man hier größere Käse-Chips zu und formt sie beim Abkühlen zu einer Schale.

☐ Comfort Food
☐ bis 30 Minuten

ZUTATEN:

240 g geraspelter Käse (beispielsweise eine Mischung aus kräftigen Sorten wie Cheddar, mittelalter Gouda und Monterey Jack etc.)

¼ Kopf klein geschnittener Romanasalat

½ Avocado, entkernt, geschält und gewürfelt

90 g halbierte Kirschtomaten

6 Scheiben Frühstücksspeck, kross gebraten und gehackt

2 EL Sauerrahm

1. Den Backofen auf 180 °C vorheizen. Ein Backblech mit Backpapier auslegen. Ein Muffinbackblech mit 4 größeren Mulden mit Papier- oder Silikon-Backförmchen auslegen.

2. Den Käse in vier Häufchen teilen und auf das vorbereitete Backblech geben. 7 Minuten im Ofen backen, bis sie am Rand braun und in der Mitte vollständig geschmolzen sind. Sie sollten einen etwas größeren Durchmesser haben als ein normaler Käse-Chip.

3. Die Käsefladen 2 Minuten abkühlen lassen – sie werden zunächst noch biegsam sein, beim Abkühlen dann aber hart werden.

4. Bevor sie ganz ausgehärtet sind, jeden Käsefladen in eine Muffinmulde geben und so andrücken, dass der Käse die Form einer Schale annimmt. Der Käse härtet dann in der Muffinmulde ganz aus, sodass die Schale am Ende einfach zu füllen ist.

5. Nach dem Aushärten die Schalen schichtweise mit Salat, Avocado, Tomate und Speck füllen und jeweils einen kleinen Klecks Sauerrahm daraufgeben.

MAKRONÄHRSTOFFE:

71 % F
24 % EW
5 % KH

kcal: 685; F: 55 g; EW: 39 g; Gesamt-KH: 9 g; BS: 4 g; N-KH: 5 g

GUT VORZUBEREITEN:

Luftdicht aufbewahrt halten sich die Käse-Cups mehrere Tage.

2 PORTIONEN | ZUBEREITUNG: 10 MINUTEN

SUSHI-STYLE-SNACKS AUS ALGEN

Ich mag salzige Algen-Snacks sowieso sehr gern, und als Unterlage für ausgefallene sushi-ähnliche Häppchen sind sie einfach ideal.

- ☐ Comfort Food
- ◼ ohne Milchprodukte
- ◼ ohne Nüsse
- ◼ paleo oder paleo-freundlich
- ◼ bis 30 Minuten

ZUTATEN:

1 großes Nori-Algenblatt, in 6 Teile geschnitten

120 g Räucherlachs

½ Avocado, entkernt

1 TL Sojasauce alternativ Kokos-Aminos-Würzsauce

1 EL Allround-Bagel-Würzmischung (Seite 293)

1. Auf einer Arbeitsfläche die Algen-Blätter nebeneinander auslegen. Den Räucherlachs gleichmäßig auf den Blättern verteilen.

2. Das Fruchtfleisch der Avocado in einer kleinen Schüssel mit einer Gabel musig kneten und die Sojasauce unterrühren. Jeweils einen Klecks Avocado auf die Algen-Snacks geben und mit der Bagel-Würzmischung bestreuen. Dann wie einen Taco zusammenklappen und reinbeißen.

MAKRONÄHRSTOFFE:

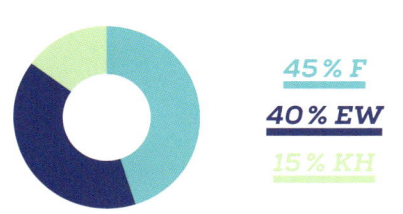

45 % F
40 % EW
15 % KH

kcal: 165; F: 9 g; EW: 19 g;
Gesamt-KH: 6 g; BS: 3 g; N-KH: 3 g

VARIANTE:

Hier kann man bei den Toppings wirklich nach Herzenslust kreativ werden. Alles, was man mit Sushi verbindet, kann hier gut als Ausgangspunkt dienen, ob Gurken oder Krebsfleisch.

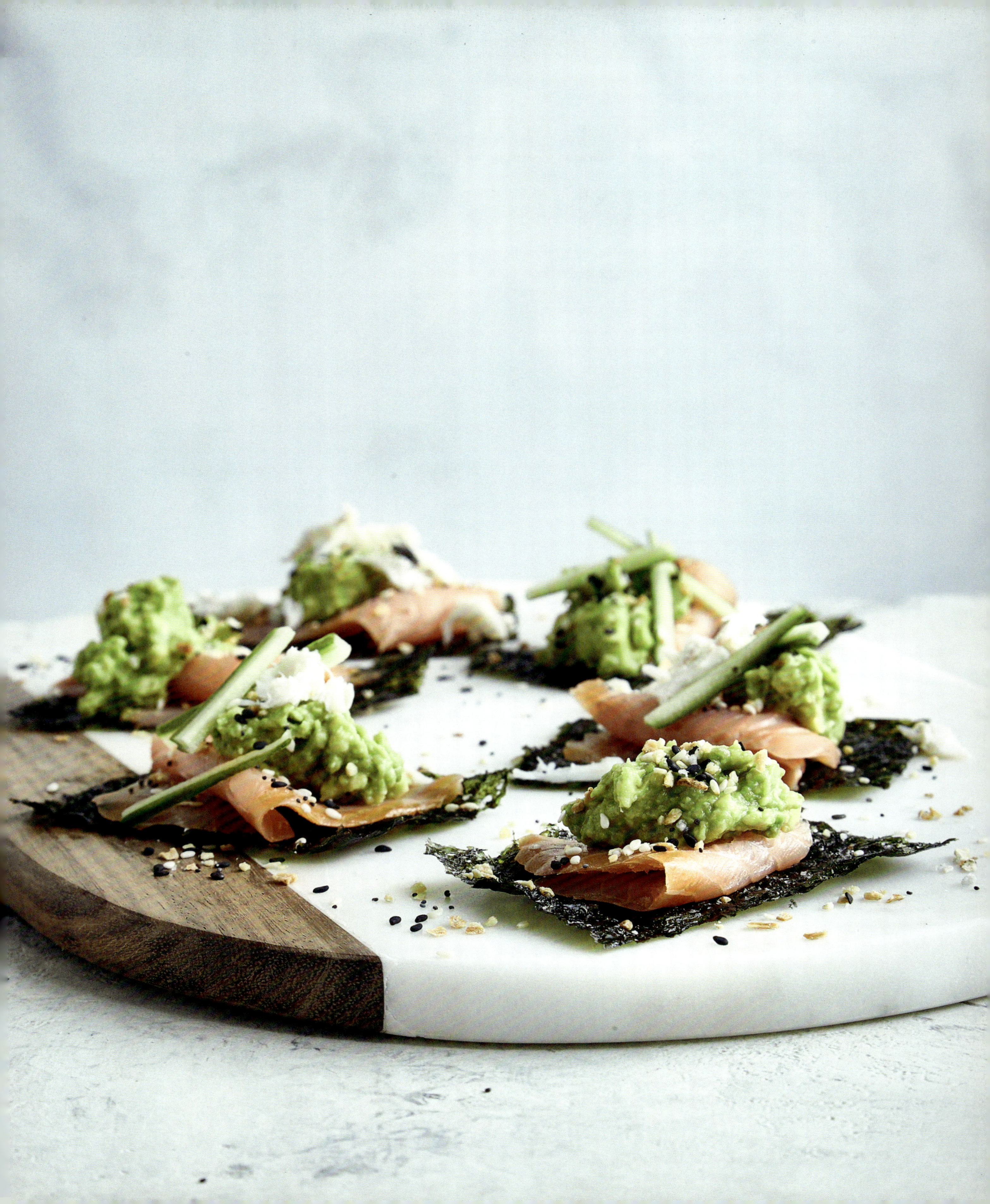

GERÖSTETE BLUMENKOHL-NACHOS OHNE KÄSE

Ohne Blumenkohl käme ich mit der ketogenen Küche wahrscheinlich gar nicht zurecht. Er ist so vielseitig und liefert den Stoff für so viele Ideen – wie etwa diese Blumenkohl-Nachos. Diese knusprig-gerösteten Blumenkohlsnacks sind ideal als Unterlage für die verschiedensten Zutaten.

- ☐ allergenfrei
- ☐ Comfort Food
- ■ ohne Milchprodukte
- ■ ohne Nüsse
- ■ paleo oder paleo-freundlich

ZUTATEN:

1 Kopf Blumenkohl, in Röschen zerteilt

2 EL natives Olivenöl extra

2 EL Chili-Limetten-Würzmischung (Seite 290)

120 g Milchfreie Avocado-Crema (Seite 304)

4 EL Pico de Gallo (Seite 296)

2 Jalapeño-Schoten, in Streifen geschnitten

1. Den Backofen auf 200 °C vorheizen. Ein Backblech mit Backpapier oder einer Silikon-Backmatte auslegen.

2. Die Blumenkohlröschen auf dem vorbereiteten Backblech in einer Lage ausbreiten und das Olivenöl darüberträufeln. Dann mit der Chili-Limetten-Würzmischung bestreuen.

3. Den Blumenkohl 25 Minuten im Ofen rösten und etwa nach der Hälfte der Garzeit einmal umrühren.

4. Die Blumenkohlröschen auf eine Servierplatte oder einen großen Teller geben.

5. Die Avocado-Crema mit einem Löffel oder einer Garnierspritze auf dem Blumenkohl verteilen und zum Schluss mit dem Pico de Gallo und den Jalapeños toppen.

MAKRONÄHRSTOFFE:

75 % F
6 % EW
19 % KH

kcal: 288; F: 24 g; EW: 4 g;
Gesamt-KH: 14 g; BS: 7 g; N-KH: 7 g

VARIANTE:

Dieses Rezept kommt ohne Milchprodukte aus, wer aber gern Käse dazu hat, kann den Blumenkohl anschließend noch mit geriebenem Käse 5 Minuten überbacken.

2 PORTIONEN | ZUBEREITUNG: 10 MINUTEN | GARZEIT: 40 MINUTEN

PIKANTER KREBSFLEISCH-DIP

Krebsfleisch ist eine meiner fünf Lieblingszutaten. Diesen Dip habe ich kürzlich mit zu einer Party genommen und er kam unglaublich gut an. Sie können dazu Gemüsesticks oder Schweinekrusten-Chips (Seite 272) reichen, ihn in ausgehöhlte Gurken füllen oder auch einfach so weglöffeln!

☐ Comfort Food
☐ ohne Nüsse

ZUTATEN:

120 g Krebsfleischstücke
2 EL zimmerwarmer Doppelrahmfrischkäse,
1 EL Avocadoöl-Mayonnaise
½ TL frisch gepresster Zitronensaft
½ TL Worcestershiresauce
30 g geriebener Chili-Käse
2 EL geriebener Parmesan
1 EL in Ringe geschnittene Frühlingszwiebel, nur das Grüne
½ TL Knoblauchpulver
½ TL Chilisauce
Salz
frisch gemahlener schwarzer Pfeffer

1. Den Backofen auf 160 °C vorheizen.
2. In einer Rührschüssel das Krebsfleisch sorgfältig mit dem Doppelrahmfrischkäse, der Mayonnaise, dem Zitronensaft, der Worcestershiresauce sowie dem Chili- und Parmesankäse verrühren.
3. Die Frühlingszwiebel, das Knoblauchpulver und die Chilisauce dazugeben und mit Salz und Pfeffer abschmecken.
4. Die Mischung in eine kleine Auflaufform geben und 40 Minuten backen, bis sie goldgelb ist und blubbert.

MAKRONÄHRSTOFFE:

57 % F
37 % EW
6 % KH

kcal: 221; F: 14 g; EW: 19 g;
Gesamt-KH: 4 g; BS: 0 g; N-KH: 4 g

DIE PALEO-VARIANTE:

Mit Milchfreiem Rahmkäse (Seite 305) und veganem Parmesan wird dieses Gericht paleo-freundlich.

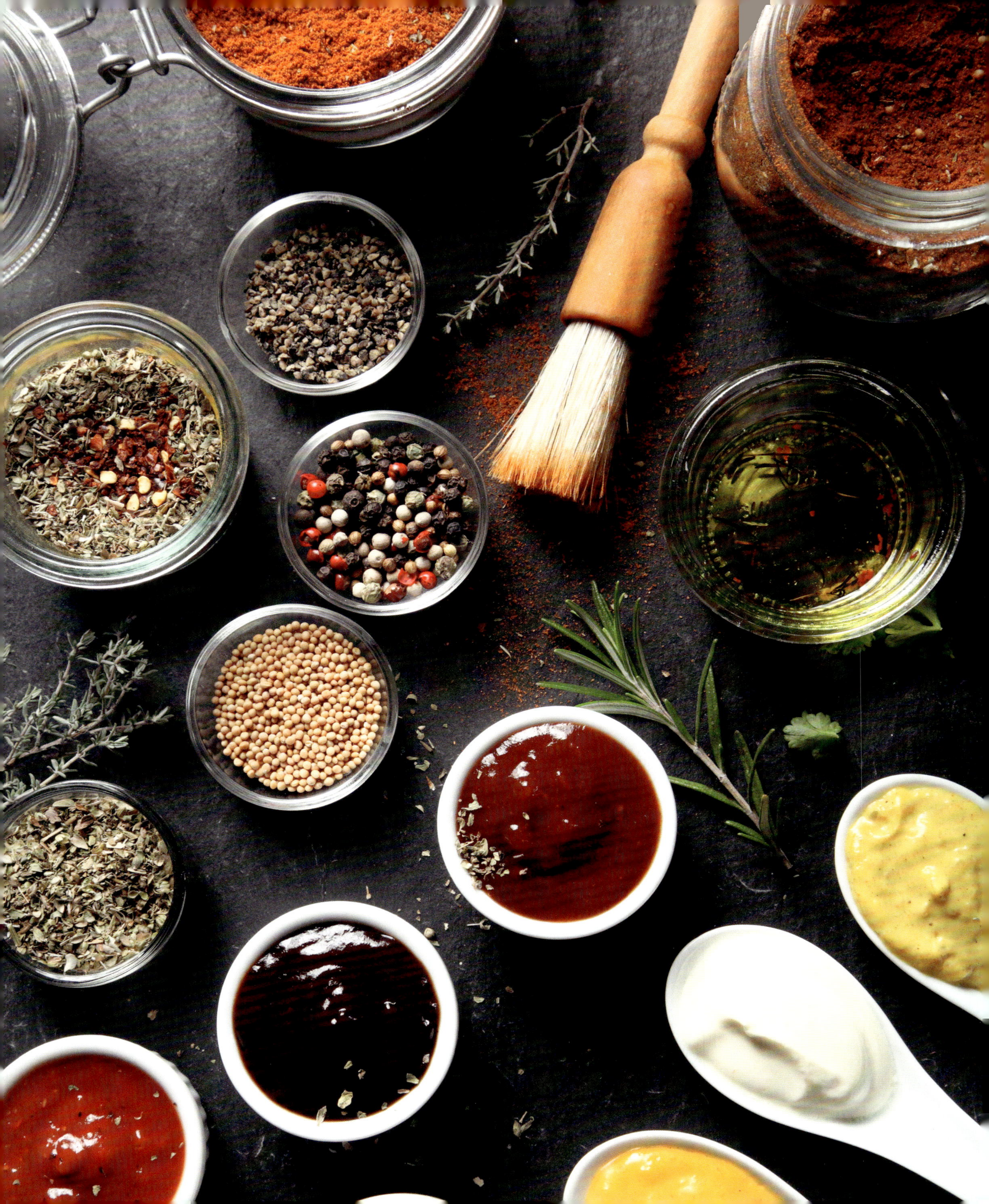

DRESSINGS, SAUCEN & WÜRZMISCHUNGEN

* KAPITEL 14 *

Chili-Limetten-Würzmischung 290

Taco-Würzmischung 292

Allround-Bagel-Würzmischung 293

Ranch-Würzmischung 294

Italienische Kräutermischung 295

Pico de Gallo 296

Enchilada-Sauce 298

Milchfreie Sauce Tartare 299

Geschlagene Sahne 300

Milchfreier geschlagener Kokos-Rahm 301

Milchfreie Sauce Hollandaise 302

Milchfreie Avocado-Crema 304

Milchfreier Rahmkäse 305

Milchfreier Sauerrahm 306

Schweinekrusten-»Semmelbrösel« 307

CHILI-LIMETTEN-WÜRZMISCHUNG

Ich bin total begeistert von dieser Würzmischung und verwende sie sehr häufig. Meine Tochter würde sagen, viel zu oft, aber sie ist so gut, dass ich einfach nicht anders kann. Man kann sie entweder fertig kaufen oder aber selbst aus Gewürzen mischen, die man vermutlich sowieso im Schrank hat.

- ☐ allergenfrei
- ☐ Comfort Food
- ◼ ohne Milchprodukte
- ◼ ohne Nüsse
- ◼ paleo oder paleo-freundlich
- ☐ bis 30 Minuten

ZUTATEN:

1 EL Chilipulver
1 TL abgeriebene Limettenschale
½ TL gemahlener Kreuzkümmel
¼ TL Paprikapulver
¼ TL Zwiebelpulver
¼ TL Knoblauchpulver
Salz

In einer kleinen Schüssel Chilipulver, Limettenschale, Kreuzkümmel, Paprikapulver, Zwiebelpulver, Knoblauchpulver und 1 Prise Salz
vermischen. Die Menge ergibt etwa 2 EL Würzmischung. Was nicht sofort gebraucht wird, hält sich in einer Frischhaltebox oder einem Beutel bis zu 1 Woche.

MAKRONÄHRSTOFFE:

39 % F
13 % EW
48 % KH

kcal: 16; Fett: 1 g; EW: 1 g;
Gesamt-KH: 3 g; BS: 1 g; N-KH: 2 g

VARIATION:
Wenn die Mischung schärfer sein soll, ½ TL Cayennepfeffer zugeben.

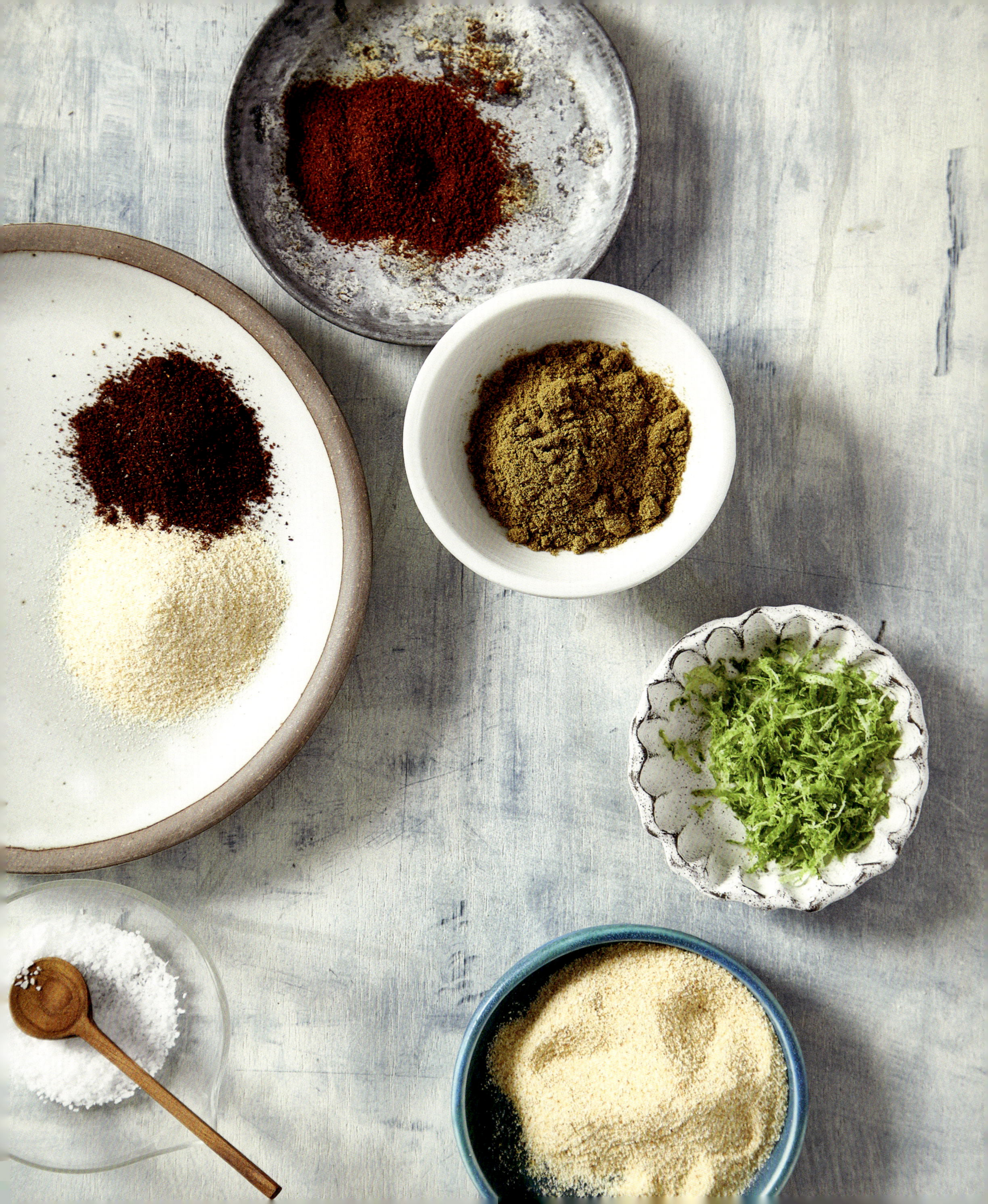

2 PORTIONEN | ZUBEREITUNG: 5 MINUTEN

TACO-WÜRZMISCHUNG

Diese Taco-Würzmischung ähnelt der Chili-Limetten-Mischung, enthält jedoch keine Limette, dafür aber Oregano. Da gekaufte Taco-Seasonings viele bedenkliche Zutaten enthalten können, bereite ich lieber mein eigenes zu.

- ☐ allergenfrei
- ☐ Comfort Food
- ☑ ohne Milchprodukte
- ☑ ohne Nüsse
- ☑ paleo oder paleo-freundlich
- ☐ bis 30 Minuten

ZUTATEN:
1 EL Chilipulver
½ TL gemahlener Kreuzkümmel
½ TL getrockneter Oregano
¼ TL Paprikapulver
¼ TL Zwiebelpulver
¼ TL Knoblauchpulver
¼ TL Cayennepfeffer
Salz

In einer kleinen Schüssel das Chilipulver, den Kreuzkümmel, den Oregano, das Paprikapulver, das Zwiebelpulver, das Knoblauchpulver, den Cayennepfeffer und 1 Prise Salz vermischen. Diese Menge ergibt in etwa 2 EL Würzmischung.

MAKRONÄHRSTOFFE:

36 % F
16 % EW
48 % KH

kcal: 25; F: 1 g; EW: 1 g;
Gesamt-KH: 3 g; BS: 2 g; N-KH: 1 g

GUT VORZUBEREITEN:
Wenn Sie die Taco-Würzmischung häufig verwenden, können Sie gleich eine größere Portion mischen und diese dann bis zu 6 Monate bei Zimmertemperatur in einer Frischhaltebox aufbewahren.

DRESSINGS, SAUCEN & WÜRZMISCHUNGEN

2 PORTIONEN | ZUBEREITUNG: 5 MINUTEN

ALLROUND-BAGEL-WÜRZMISCHUNG

Diese in den USA mittlerweile sehr beliebte Würzmischung ist zwar als Everything Bagel Seasoning im Internet erhältlich, man kann sie aber ebenso gut aus einigen wenigen Zutaten selbst herstellen. Wird die Würzmischung für ungekochte Speisen wie die Sushi-Türmchen mit Algen-Snacks (Seite 284) verwendet, sollte sie vorher geröstet werden. Aber auf Gerichte aus dem Backofen wie die Fathead-Bagels (Seite 82) kann sie einfach so gestreut werden, da sie beim Backen gleich mitgeröstet wird.

- ☐ allergenfrei
- ☐ Comfort Food
- ◼ ohne Milchprodukte
- ◼ ohne Nüsse
- ◼ paleo oder paleo-freundlich
- ☐ bis 30 Minuten

ZUTATEN:

2 TL weiße und schwarze Sesamsamen
1 TL Mohnsamen
¼ TL Zwiebelpulver
1 TL Knoblauchpulver
1 TL Salz

1. In einer kleinen Schüssel Sesamsamen, Mohnsamen, Zwiebelpulver, Knoblauchpulver und Salz mischen.
2. Zum Rösten die Würzmischung in eine trockene Pfanne geben und bei mittlerer Hitze unter häufigem Rühren rösten, bis sie duftet und die Sesamsamen leicht gebräunt sind.

MAKRONÄHRSTOFFE:

36 % F
16 % EW
48 % KH

kcal: 25; F: 1 g; EW: 1 g;
Gesamt-KH: 3 g; BS: 1 g; N-KH: 2 g

VARIATION:
Meersalzflocken sind hier ein wunderbarer Ersatz für reguläres Meersalz.

DRESSINGS, SAUCEN & WÜRZMISCHUNGEN

2 PORTIONEN | ZUBEREITUNG: 5 MINUTEN

RANCH-WÜRZMISCHUNG

Als ich angefangen habe zu kochen, habe ich fast alles mit dieser Mischung gewürzt. Sie ist superlecker und man braucht nicht viel davon. Zum Glück kann man sie problemlos selber machen, weil man dann genau weiß, was sie enthält.

- ☐ allergenfrei
- ☐ Comfort Food
- ■ ohne Milchprodukte
- ■ ohne Nüsse
- ■ paleo oder paleo-freundlich
- ☐ bis 30 Minuten

ZUTATEN:

2 TL getrocknete Petersilie
1 TL Knoblauchpulver
¼ TL Zwiebelpulver
1 TL getrockneter Dill
1 TL Senfpulver
1 TL getrockneter Schnittlauch
Salz
frisch gemahlener schwarzer Pfeffer

In einer kleinen Schüssel Petersilie, Knoblauchpulver, Zwiebelpulver, Dill, Senfpulver, Schnittlauch, 1 Prise Salz und 1 Prise Pfeffer mischen. Man sollte etwa 2 EL Würzmischung erhalten. Was nicht sofort
gebraucht wird, hält sich in einer Frischhaltebox oder einem Beutel bis zu 1 Woche.

MAKRONÄHRSTOFFE:

22 % F
18 % EW
60 % KH

kcal: 20; F: 0,5 g; EW: 1 g;
Gesamt-KH: 3 g; BS: 1 g; N-KH: 2 g

VARIATION:
Wenn gerade zur Hand, 1 TL Zwiebelflocken zugeben.

DRESSINGS, SAUCEN & WÜRZMISCHUNGEN

2 PORTIONEN | ZUBEREITUNG: 5 MINUTEN

ITALIENISCHE KRÄUTERMISCHUNG

Die italienische Kräutermischung ist ein echter Klassiker. Ich würze damit nicht nur liebend gern Hähnchenfleischgerichte, sondern einfach alles, was ein wenig herzhafter schmecken soll. Da die Gewürze und Kräuter für diese Mischung eigentlich in jedem Vorratsschrank zu finden sind, kann man diese Gewürzmischung eigentlich immer mal schnell zusammenmixen.

- ☒ allergenfrei
- ☐ Comfort Food
- ☐ ohne Milchprodukte
- ☐ ohne Nüsse
- ☐ paleo oder paleo-freundlich
- ☐ bis 30 Minuten

ZUTATEN:

2 TL getrockneter Oregano
2 TL getrocknetes Basilikum
1 TL Knoblauchpulver
¼ TL Zwiebelpulver
1 TL getrockneter Thymian
1 TL getrockneter Rosmarin
½ TL Chiliflocken
Salz

In einer kleinen Schüssel Oregano, Basilikum, Knoblauchpulver, Zwiebelpulver, Thymian, Rosmarin, Chiliflocken und 1 Prise Salz mischen. Die Menge ergibt etwa 2 EL Kräutermischung.

MAKRONÄHRSTOFFE:

20 % F
10 % EW
70 % KH

kcal: 23; F: 0,5 g; EW: 0,6 g;
Gesamt-KH: 4 g; BS: 1 g; N-KH: 3 g

VARIATION:

Falls gerade zur Hand, können Sie auch 1 TL getrockneten Salbei zugeben.

DRESSINGS, SAUCEN & WÜRZMISCHUNGEN

2 PORTIONEN | ZUBEREITUNG: 5 MINUTEN

PICO DE GALLO

Pico de Gallo ist eine supereinfache, superfrische Salsavariante. Ich mag es besonders gern auf meinen Gerösteten Blumenkohl-Nachos ohne Käse (Seite 286), aber es schmeckt auch zu Eiern oder anderen Gerichten ausgezeichnet. Es passt wirklich zu fast allem gut! Ich rühre es außerdem gern in meine Guacamole.

- ☐ allergenfrei
- ☐ Comfort Food
- ■ ohne Milchprodukte
- ■ ohne Nüsse
- ■ paleo oder paleo-freundlich
- ☐ bis 30 Minuten

ZUTATEN:

1 kleine fein gewürfelte Zwiebel

2 Roma-Tomaten, fein gewürfelt

½ Jalapeño-Chilischote, fein gewürfelt (Samen nach Belieben entfernt)

1 kleine Handvoll gehacktes Koriandergrün

1 EL frisch gepresster Limettensaft

Salz

In einer kleinen Schüssel die Zwiebel, die Tomaten, die Jalapeño, das Koriandergrün, den Limettensaft und das Salz vermengen und servieren.

MAKRONÄHRSTOFFE:

2 % F
13 % EW
85 % KH

kcal: 32; F: 0 g; EW: 1 g;
Gesamt-KH: 7 g; BS: 2 g; N-KH: 5 g

VARIATION:

Sie können nach Belieben auch fein gehackten Knoblauch zugeben. Den Schärfegrad nach Geschmack anpassen.

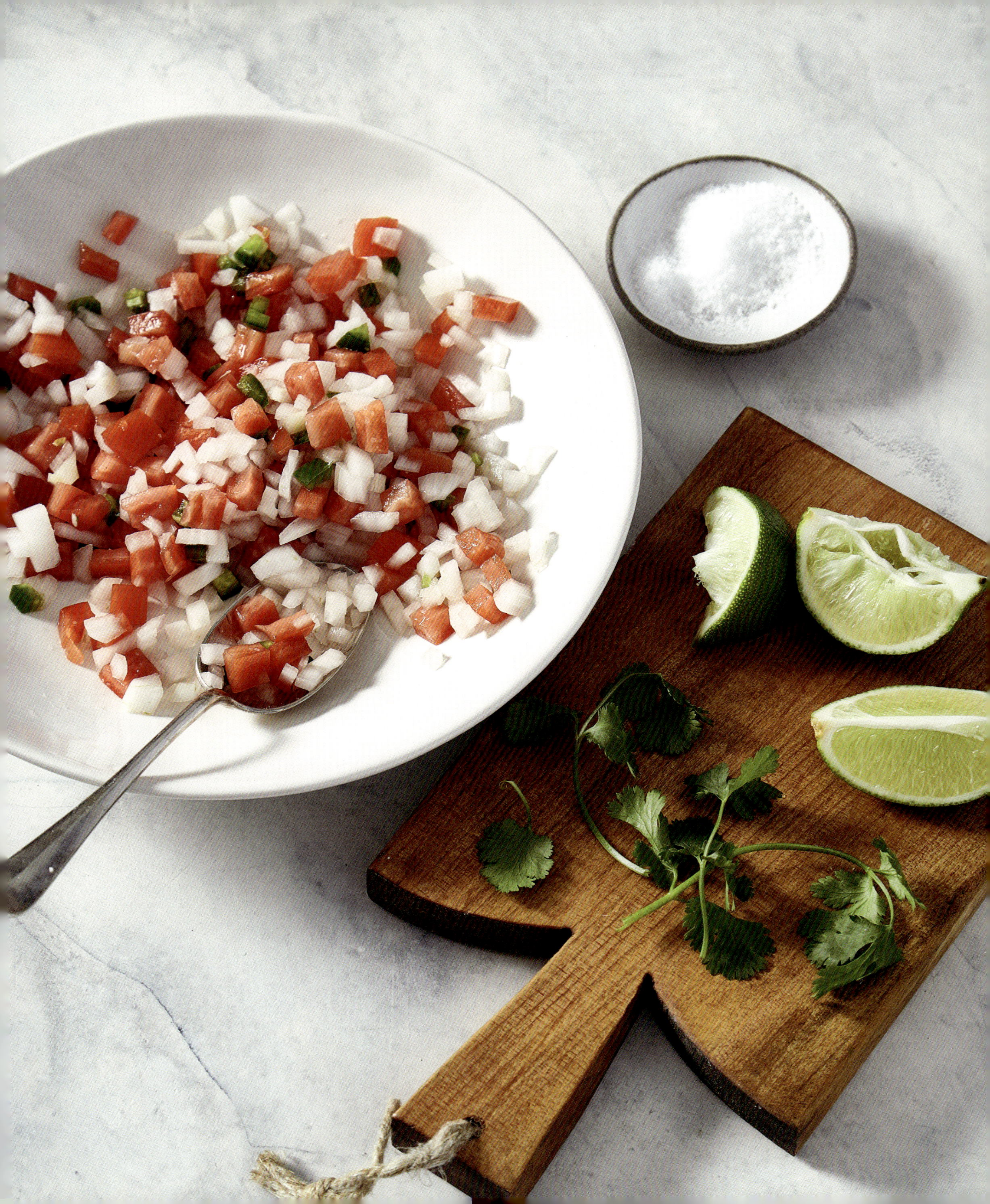

ENCHILADA-SAUCE

Da es nicht leicht ist, eine glutenfreie Enchilada-Sauce zu finden, ist diese Version hier eine gute Alternative. Außerdem können Sie sicher sein, dass sie keinen Zucker enthält. Denken Sie daran, dass sich die Zahl der Kohlenhydrate in Tomatenprodukten schnell summiert – achten Sie also auf die verwendete Menge.

- ☐ allergenfrei
- ☐ Comfort Food
- ☐ ohne Milchprodukte
- ☐ ohne Nüsse
- ☐ paleo oder paleo-freundlich
- ☐ bis 30 Minuten

ZUTATEN:

140 g passierte Tomaten
1 TL Knoblauchpulver
¼ TL Zwiebelpulver
1 TL Chilipulver
½ TL gemahlener Kreuzkümmel
1 TL Chilisauce
Salz

In einem kleinen Topf die passierten Tomaten mit dem Knoblauchpulver, dem Zwiebelpulver, dem Chilipulver, dem Kreuzkümmel, der Chilisauce und dem Wasser verquirlen und salzen. Unter gelegentlichem Rühren 20 Minuten köcheln lassen.

MAKRONÄHRSTOFFE:

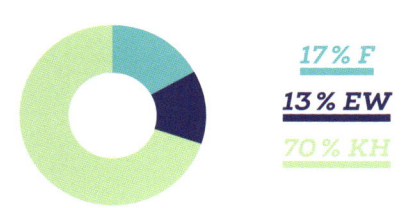

17 % F
13 % EW
70 % KH

kcal: 53; F: 1 g; EW: 2 g;
Gesamt-KH: 9 g; BS: 2 g; N-KH: 7 g

VARIATION:

Nach Geschmack kann mehr Chilisauce zugegeben werden. Ist die Sauce zu dickflüssig, noch ein wenig Wasser zugeben.

2 PORTIONEN | ZUBEREITUNG: 5 MINUTEN

MILCHFREIE SAUCE TARTARE

Da Sauce Tartare zu den Zutaten gehört, die bei mir nicht häufig zum Einsatz kommen, kaufe ich ungern ein ganzes Glas. Zum Glück stehen in der Regel alle erforderlichen Zutaten in meinem Kühlschrank. Avocadoöl-Mayonnaise ist toll, weil sie aus hochwertigen Zutaten zubereitet wird, während herkömmliche Mayonnaisen in der Regel mit Ölen von geringerer Qualität hergestellt werden.

- ☐ allergenfrei
- ☐ Comfort Food
- ■ ohne Milchprodukte
- ■ ohne Nüsse
- ■ paleo oder paleo-freundlich
- ☐ bis 30 Minuten

ZUTATEN:
2 EL Avocadoöl-Mayonnaise
1 EL gehackte Kapern
1 TL Kapernlake
1 gewürfelte Gewürzgurke
1 TL frisch gepresster Zitronensaft

In einer kleinen Schüssel Mayonnaise, Kapern, Kapernlake, Gurke und Zitronensaft gründlich vermischen.

MAKRONÄHRSTOFFE:

98 % F
0 % EW
2 % KH

kcal: 184; F: 20 g; EW: 0 g;
Gesamt-KH: 1 g; BS: 0 g; N-KH: 1 g

VARIATION:
Frischer Dill, wenn gerade zur Hand, passt sehr gut dazu.

DRESSINGS, SAUCEN & WÜRZMISCHUNGEN

4 PORTIONEN | ZUBEREITUNG: 5 MINUTEN

GESCHLAGENE SAHNE

Hausgemachte geschlagene Sahne ist meiner Meinung nach hundertmal besser als die gekauften Sorten aus der Sprühdose, und da Sie sich ketogen ernähren, haben Sie vermutlich bereits flüssige Schlagsahne im Kühlschrank. Wenn Sie auf Milchprodukte verzichten, können Sie den Milchfreien geschlagenen Kokos-Rahm (siehe rechts) ausprobieren. Meine Mutter hat die Metallschüssel, in der sie die Sahne geschlagen hat, immer eine Stunde vorher in den Gefrierschrank gestellt, und so mache ich es heute auch.

- ☐ Comfort Food
- ☐ ohne Nüsse
- ☐ bis 30 Minuten

ZUTATEN:

120 g Schlagsahne (mit möglichst hohem Fettgehalt)

¼ TL Vanillepulver (alternativ ½ TL reiner Vanilleextrakt)

1. Die Schlagsahne und die Vanille in eine gut gekühlte Schüssel geben.
2. Mit einem Handmixer auf niedrigster Stufe kurz verrühren, dann auf höchster Stufe steif schlagen.

MAKRONÄHRSTOFFE:

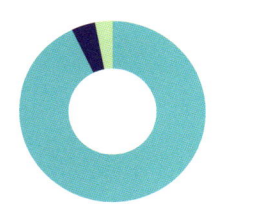

93 % F
4 % EW
3 % KH

kcal: 104; F: 11 g; EW: 1 g;
Gesamt-KH: 1 g; BS: 0 g; N-KH: 1 g

VARIATION:

Im Allgemeinen gebe ich kein Erythrit in Schlagsahne, da ich sie in der Regel zu etwas Süßem reiche, beispielsweise zu Erdbeeren. Für eine süßere Sahne kann es aber jederzeit zugegeben werden. Ich würde in diesem Fall 1 EL Erythrit-Puderzucker zugeben.

4 PORTIONEN | ZUBEREITUNG: 10 MINUTEN

MILCHFREIER GESCHLAGENER KOKOS-RAHM

Bevor ich angefangen habe, mich ketogen zu ernähren, hatte ich vor allem deshalb noch nie Kokosmilch probiert, weil ich die Textur von Kokosraspeln nicht mag, nie gemocht habe und auch nie mögen werde. Merkwürdigerweise schmecken mir aber Kokosmilch und Kokoscreme-Schlagsahne wirklich sehr gut. Da die möglichst fettreiche Kokosmilch zum Aufschlagen gut gekühlt sein muss, sollten Sie die Dose am Vortag in den Kühlschrank stellen. Wie bei der traditionellen Geschlagenen Sahne (siehe links) stelle ich die Schüssel etwa 1 Stunde vor der Zubereitung in den Gefrierschrank.

- ☐ allergenfrei
- ☐ Comfort Food
- ■ ohne Milchprodukte
- ■ ohne Nüsse
- ■ paleo oder paleo-freundlich
- ☐ bis 30 Minuten

ZUTATEN:

1 Dose (400 ml) Kokosmilch (mit hohem Fettgehalt, ungesüßt)

¼ TL Vanillepulver (wahlweise ½ TL reiner Vanilleextrakt)

Die Dose öffnen, ohne sie dabei zu schütteln, und nur die feste Kokoscreme in eine gekühlte Schüssel geben. Die Vanille zugeben und auf hoher Stufe 5–7 Minuten steif schlagen.

MAKRONÄHRSTOFFE:

92 % F
3 % EW
5 % KH

kcal: 98; F: 10 g; EW: 1 g;
Gesamt-KH: 2 g; BS: 1 g; N-KH: 1 g

GUT VORZUBEREITEN:

Nicht verwendeter geschlagener Kokos-Rahm hält sich im Kühlschrank bis zu 1 Woche. Da er mit der Zeit hart wird, einfach vor dem Verzehr mit einem Schneebesen erneut aufschlagen.

2 PORTIONEN | ZUBEREITUNG: 5 MINUTEN | GARZEIT: 5 MINUTEN

MILCHFREIE SAUCE HOLLANDAISE

Eine Sauce Hollandaise gehört zu den Dingen, für die man ein wenig Geduld braucht, und Geduld gehört nicht gerade zu meinen Stärken. Diese milchfreie Version ist aber unkompliziert und kann in einem Standmixer oder mit einem Stabmixer zubereitet werden. Das Gelingen der Sauce hängt entscheidend davon ab, wie in Schritt 3 das Ghee zugegeben wird – so langsam wie möglich und in dünnem Strahl, damit die Sauce binden kann.

- ☐ Comfort Food
- ohne Milchprodukte
- ohne Nüsse
- paleo oder paleo-freundlich
- bis 30 Minuten

ZUTATEN:

125 g Ghee
2 Eier (Größe L), nur die Eigelbe
1 EL frisch gepresster Zitronensaft
1 Spritzer Chilisauce (optional)
Salz

1. In einem kleinen Topf das Ghee bei schwacher Hitze zerlassen.

2. In einem Standmixer die Eigelbe, den Zitronensaft, die Chilisauce (falls verwendet) auf niedrigster Stufe etwa 30 Sekunden mixen.

3. Das Ghee bei laufendem Mixer so langsam wie möglich und in dünnem Strahl durch den Einfülltrichter zulaufen lassen, bis alles gut vermischt und eingedickt ist. Nach Belieben mit Chili verfeinern.

MAKRONÄHRSTOFFE:

93 % F
4 % EW
3 % KH

kcal: 281; F: 29 g; EW: 3 g;
Gesamt-KH: 1 g; BS: 0 g; N-KH: 1 g

GUT VORZUBEREITEN:
Die Sauce Hollandaise wird im Kühlschrank zwar fest, hält sich aber einige Tage. Einfach langsam und bei schwacher Hitze wieder aufwärmen, ohne sie zu kochen.

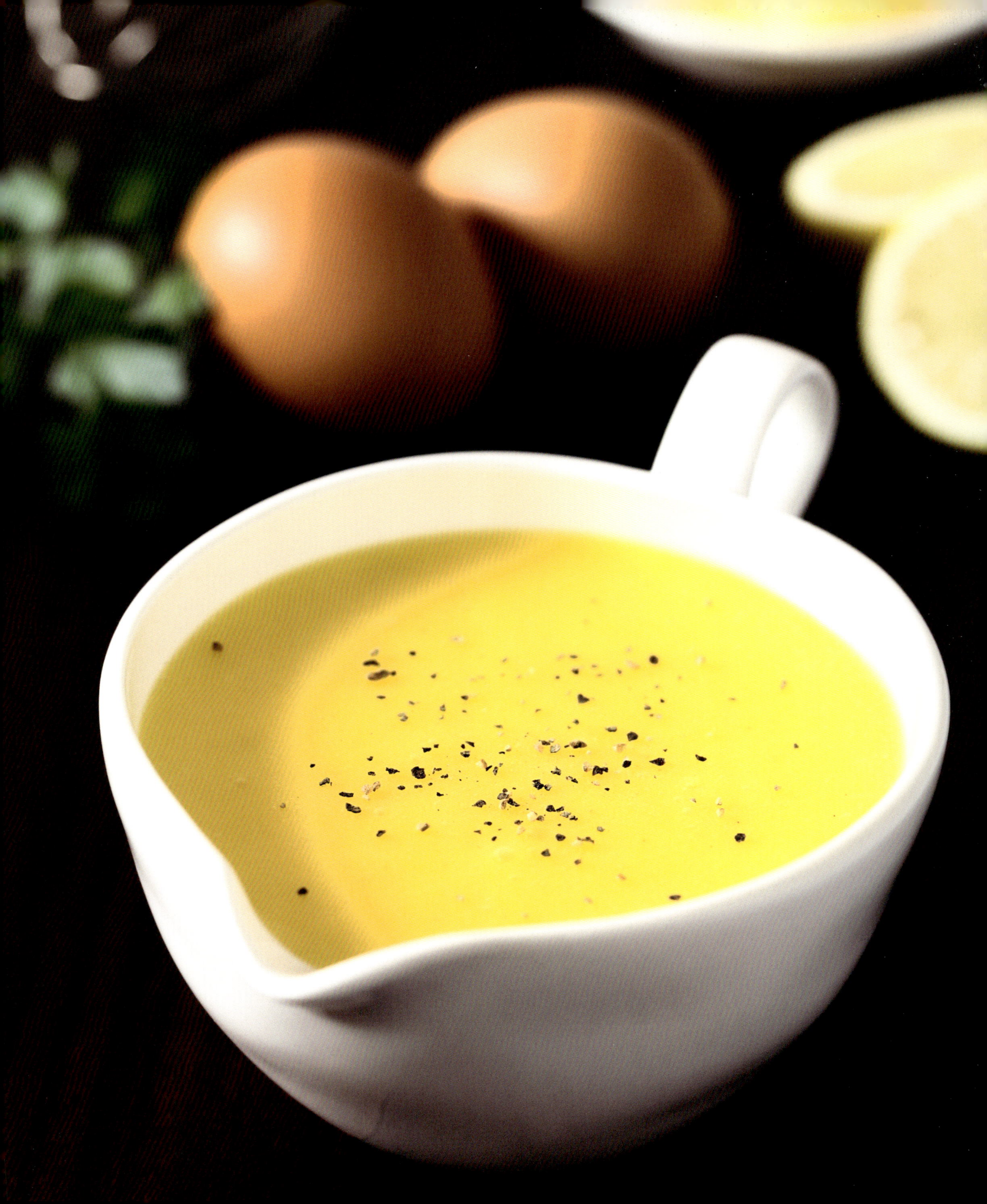

2 PORTIONEN | ZUBEREITUNG: 5 MINUTEN

MILCHFREIE AVOCADO-CREMA

Diese milchfreie Version einer Avocado-Crema wird mit fetter Kokosmilch statt mit Sauerrahm zubereitet, aber beide Versionen sind einfach köstlich. Ich fülle die fertige Crema gern in einen kleinen Gefrierbeutel, schneide eine der unteren Ecken ab und garniere verschiedene Gerichte damit.

- ☐ allergenfrei
- ■ Comfort Food
- ■ ohne Milchprodukte
- ■ ohne Nüsse
- ■ paleo oder paleo-freundlich
- ☐ bis 30 Minuten

ZUTATEN:

½ Avocado, geschält

2 EL Kokosmilch (mit hohem Fettgehalt, ungesüßt)

1 EL natives Olivenöl extra oder Avocadoöl, plus mehr, falls erforderlich

1 EL frisch gepresster Limettensaft

Salz

In einer Küchenmaschine die Avocado, die Kokosmilch, das Olivenöl, den Limettensaft und Salz zu einer glatten Creme pürieren. Falls die Konsistenz dickflüssiger ist als gewünscht, noch etwas Oliven- oder Avocadoöl zugeben.

MAKRONÄHRSTOFFE:

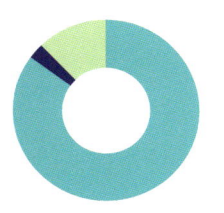

85 % F
3 % EW
12 % KH

kcal: 206; F: 20 g; EW: 2 g;
Gesamt-KH: 7 g; BS: 5 g; NH: 2 g

VARIATION:

Für eine schärfere Crema Cayennepfeffer oder einen Spritzer Chilisauce zugeben.

MILCHFREIER RAHMKÄSE

Wussten Sie, dass man Rahmkäse auch aus Cashewkernen herstellen kann? Nein? Ich auch nicht, bis ich bei meinen Recherchen zu einem milchfreien Leben entdeckt habe, dass die Zubereitung einer Mischung mit ähnlicher Konsistenz wie Doppelrahmfrischkäse auch ohne Milchprodukte möglich ist. Die Zubereitung ist zudem ziemlich einfach, man muss nur ein wenig planen, weil die Cashewkerne über Nacht eingeweicht werden müssen.

- ☐ Comfort Food
- ☐ ohne Milchprodukte
- ☐ paleo oder paleo-freundlich
- ☐ bis 30 Minuten

ZUTATEN:

150 g rohe Cashewkerne, über Nacht in Wasser eingeweicht und abgegossen

2 TL Apfelessig

2 TL Kokosmilch (mit hohem Fettgehalt, ungesüßt)

2 TL frisch gepresster Zitronensaft

Salz

1. In einer Küchenmaschine oder einem Standmixer die Cashewkerne vermahlen, bis sie die Konsistenz von Sandkörnern haben.

2. Essig, 2 TL Wasser, Kokosmilch und Zitronensaft in die Küchenmaschine geben, salzen und einige Minuten gründlich mixen, bis die Mischung Doppelrahmfrischkäse ähnelt.

MAKRONÄHRSTOFFE:

68 % F
10 % EW
22 % KH

kcal: 241; F: 20 g; EW: 7 g;
Gesamt-KH: 14 g; BS: 1 g; N-KH: 13 g

GUT VORZUBEREITEN:

Dieses Rezept ergibt 2 Portionen. Sie können die Mengen aber problemlos verdoppeln oder verdreifachen, wenn Sie gern einen Vorrat für die Woche hätten. Der Rahmkäse hält sich in einer Frischhaltebox bis zu 7 Tage.

MILCHFREIER SAUERRAHM

Die Kokosmilch muss hier genau wie bei dem Milchfreien geschlagenen Kokos-Rahm (Seite 301) über Nacht in den Kühlschrank. So trennt sich die fette Kokoscreme, die hier gebraucht wird, von der Flüssigkeit und setzt sich oben ab. Dieser Rahm ist dann im Handumdrehen fertig.

- ☐ allergenfrei
- ☐ Comfort Food
- ■ ohne Milchprodukte
- ■ ohne Nüsse
- ■ paleo oder paleo-freundlich
- ☐ bis 30 Minuten

ZUTATEN:

1 Dose (400 ml) Kokosmilch (mit hohem Fettgehalt, ungesüßt)
2 TL frisch gepresster Zitronensaft
Salz

Die Dose öffnen, ohne sie dabei zu schütteln, und nur die feste Kokoscreme in eine Küchenmaschine geben. Zitronensaft und Salz zugeben und alles gründlich vermischen. Der Rahm hält sich in einer Frischhaltebox im Kühlschrank bis zu 1 Woche.

MAKRONÄHRSTOFFE:

88 % F
4 % EW
8 % KH

kcal: 199; F: 21 g; EW: 2 g;
Gesamt-KH: 4 g; BS: 1 g; N-KH: 3 g

VARIATION:

Sie können auch Apfelessig verwenden, wenn kein Zitronensaft zur Hand ist.

2 PORTIONEN | ZUBEREITUNG: 5 MINUTEN

SCHWEINEKRUSTEN-»SEMMELBRÖSEL«

Semmelbrösel durch zerbröselte Schweinekrusten zu ersetzen, ist einer meiner liebsten Keto-Tricks. Man braucht lediglich einige Schweinekrusten und eine Küchenmaschine. Diese Brösel, ob man sie nun zum »Panieren« von Fleisch oder zum Binden einzelner Zutaten verwendet, werden Ihnen Ihr Keto-Abenteuer in jedem Fall erleichtern.

- ☐ allergenfrei
- ☐ Comfort Food
- ■ ohne Milchprodukte
- ■ ohne Nüsse
- ■ paleo oder paleo-freundlich
- ☐ bis 30 Minuten

ZUTATEN:
40 g zerbröselte Schweinekrusten

Die Schweinekrusten in der Küchenmaschine zerkleinern, bis sie die Konsistenz von Semmelbröseln haben.

MAKRONÄHRSTOFFE:

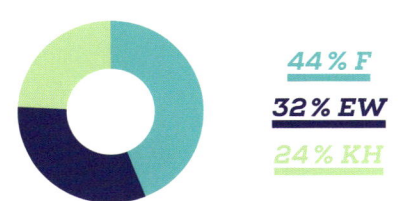

44 % F
32 % EW
24 % KH

kcal: 282; F: 14 g; EW: 22 g;
Gesamt-KH: 17 g; BS: 11 g; N-KH: 6 g

VARIANTE:
Diese Brösel kann man gut mit Parmesan vermischen, aber auch mit jedem anderen Gewürz oder trockenen Kräutern. Man kann auch gewürzte Schweinekrusten kaufen, diese dann zerkleinern und Gerichten damit eine würzige Note verleihen.

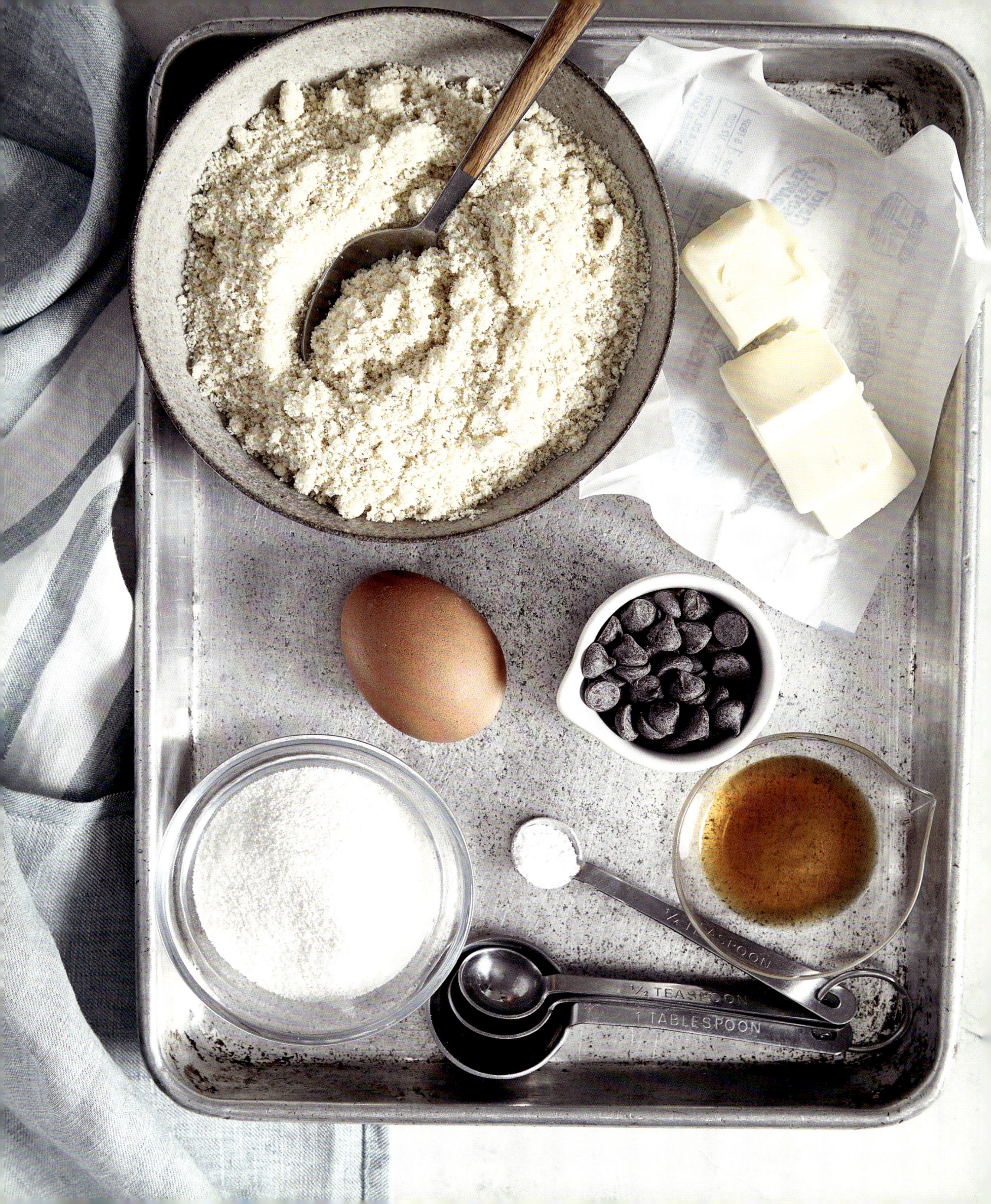
½ TEASPOON
1 TABLESPOON

SÜSSE LECKEREIEN

* KAPITEL 15 *

Macadamia-Splitter 310
Fruchtgummis 311
Bacon im Schokomantel 312
Nussmus-Cookies mit Schokodrops 313
Heidelbeer-Zitronen-Kuchen 314
Weiche Schokodrop-Cookies 316
Schoko-Cookie-Bruch 318
Pekannuss-Fettbomben 319
Scharfe Schoko-Fettbomben 320
Zitronen-Kekskugeln ohne Backen 322
Schoko-Avocado-Mousse 323
Erdnuss-Chia-Pudding 324
Schoko-Chia-Pudding 325
Fathead-Zimtschnecken 326
Beeren-Kokos-Chia-Pudding 327

10 PORTIONEN | ZUBEREITUNG: 10 MINUTEN | GARZEIT: 1 MINUTE

MACADAMIA-SPLITTER

Ich esse Macadamianüsse für mein Leben gern und diese Splitter sind eine keto-freundliche Version dieser kleinen Köstlichkeiten, die auf Hawaii so überaus beliebt sind. Bei jedem Bissen fühle ich mich wie in einem tropischen Paradies. Sie können auch andere Nussorten verwenden.

- ☐ allergenfrei
- ☐ Comfort Food
- ■ ohne Milchprodukte
- ■ paleo oder paleo-freundlich
- ☐ bis 30 Minuten

ZUTATEN:

3 EL Butter
4 EL Schlagsahne
½ TL Vanillepulver (alternativ 1 TL reiner Vanilleextrakt)
1 EL Erythrit (Süßungsmittel)
120 g gehackte Macadamianusskerne
4 EL zuckerfreie Schokotropfen

1. In einer Pfanne die Butter bei mittlerer Hitze zerlassen und unter ständigem Rühren bräunen, ohne dass sie verbrennt. Sobald sie goldgelb wird, die Pfanne vom Herd nehmen.

2. Die Temperatur auf die niedrigste Stufe herunterschalten und die Schlagsahne, die Vanille und das Erythrit unterquirlen.

3. Die Mischung bei schwacher Hitze 5 Minuten unter gelegentlichem Rühren köcheln lassen, bis sie eindickt und dunkler wird. Vom Herd nehmen und die Macadamianusskerne einrühren.

4. Ein Backblech mit Backpapier oder einer Silikon-Backmatte auslegen.

5. Mit einem Löffel 5–8 cm große Häufchen auf das Backblech setzen.

6. Die Splitter etwa 10 Minuten im Kühlschrank fest werden lassen.

7. In einer kleinen geeigneten Schüssel die Schokolade auf mittlerer Stufe je nach Leistung Ihres Geräts etwa 30 Sekunden in der Mikrowelle schmelzen. Die zerlassene Schokolade über die gekühlten Macadamia-Splitter träufeln und servieren.

MAKRONÄHRSTOFFE:

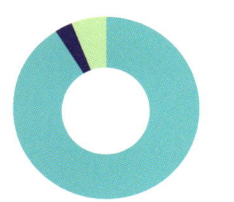

91 % F
3 % EW
6 % KH

kcal: 162; F: 17 g; EW: 2 g; Gesamt-KH: 4 g; BS: 2 g; N-KH: 2 g; Erythrit: 1 g

VARIANTE:

Sie können die Macadamianüsse durch Pekannüsse, Walnüsse oder eine beliebige Nussorte ersetzen. Darüber hinaus kann Kokoscreme die Schlagsahne ersetzen, wenn Sie auf Milchprodukte verzichten.

FRUCHTGUMMIS

Vermissen Sie Gummibärchen? Das muss nicht sein! Diese Fruchtgummis sind köstlich und können ganz nach Geschmack zubereitet werden. Die Schlagsahne kann weggelassen werden, aber durch ihr Fett macht sie aus diesen Fruchtgummis kleine Fettbomben. Schnappen Sie sich Ihre Lieblingsförmchen aus Silikon und los geht's! Verwenden Sie für diese Fruchtgummis eine zuckerfreie Götterspeise Ihrer Wahl.

☐ Comfort Food

ZUTATEN:

120 g Schlagsahne

1 Beutel (90 g) zuckerfreies Götterspeisepulver, jede Geschmacksrichtung

1 EL geschmacksneutrale Gelatine

1. In einem kleinen Topf die Schlagsahne bei mittlerer Temperatur erhitzen.
2. Das Götterspeisepulver und die Gelatine unterrühren, bis alles verbunden ist.
3. Die Mischung mithilfe einer Pipette in Silikonmulden füllen.
4. 1 Stunde kalt stellen, bis die Fruchtgummis vollständig fest geworden sind, dann aus den Mulden stürzen und in einer luftdicht verschließbaren Frischhaltebox im Kühlschrank aufbewahren.

MAKRONÄHRSTOFFE:

87 % F
11 % EW
2 % KH

Pro Portion (6 Fruchtgummis): kcal: 114; F: 11 g; EW: 3 g; Gesamt-KH: 1 g; BS: 0 g; N-KH: 1 g

ALLERGEN-TIPP:

Wer auf Milchprodukte verzichtet, kann statt der Schlagsahne auch Kokosmilch mit hohem Fettgehalt verwenden. Die Dose am Vorabend in den Kühlschrank stellen und nur die Creme, nicht die Flüssigkeit verwenden.

2 PORTIONEN | ZUBEREITUNG: 5 MINUTEN | GARZEIT: 10 MINUTEN

BACON IM SCHOKOMANTEL

Mit Schokolade überzogener Frühstücksspeck ist Genuss pur und wurde sofort zu meinem Keto-Lieblingssnack. Süß und herzhaft ist die beste Kombination der Welt, wenig überraschend also, dass diese Leckerei so köstlich ist.

- ☐ Comfort Food
- ■ ohne Nüsse

ZUTATEN:

8 Scheiben Frühstücksspeck
120 g keto-freundliche, zuckerfreie Schokolade

1. Den Speck in einer großen Pfanne auf mittlerer bis hoher Stufe etwa 8 Minuten kross braten, zwischendurch einmal wenden. Zum Entfetten auf einen mit Küchenpapier ausgelegten Teller geben und abkühlen lassen.

2. In einer geeigneten Schüssel die Schokolade in 30-Sekunden-Intervallen in der Mikrowelle schmelzen, zwischendurch umrühren, bis sie glatt ist.

3. Den Frühstücksspeck in einer Lage auf Backpapier legen, dann die Schokolade darübergießen. Ich gebe die Schokolade gern nur über das obere Ende der einzelnen Speckscheiben, weil ich sie dann am unteren Ende in die Hand nehmen und essen kann.

4. Zum Festwerden der Schokolade etwa 30 Minuten in den Kühlschrank stellen.

MAKRONÄHRSTOFFE:

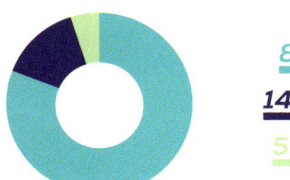

81 % F
14 % EW
5 % KH

kcal: 454; F: 43 g; EW: 19 g;
Gesamt-KH: 17 g; BS: 9 g; N-KH: 8 g

VARIANTE:

Noch schneller und einfacher geht es, wenn man einen fertigen zuckerfreien Schokodip für die Mikrowelle verwendet. Diese Dips gibt es in weißer Schokolade, in Milch- und in Bitterschokolade und sie werden schnell fest.

10 COOKIES | ZUBEREITUNG: 10 MINUTEN | BACKZEIT: 12 MINUTEN

NUSSMUS-COOKIES MIT SCHOKODROPS

Diese Cookies kommen ohne Mehl aus und sind mit Ihrem Lieblingsnussmus schnell gemacht. Ich backe sie mit einer Mischung aus Mandel- und Cashewmus, aber experimentieren Sie ruhig auch mit anderen Kombinationen. Ich mag gern stückiges Nussmus, weil die Cookies dann auch ein wenig Biss haben.

- ☐ Comfort Food
- ☐ bis 30 Minuten

ZUTATEN:

240 g Nussmus
1 Ei (Größe L)
2 EL Erythrit (Süßungsmittel)
4 EL zuckerfreie Schokotropfen

1. Den Backofen auf 180 °C vorheizen.
2. Ein Backblech mit Backpapier oder einer Silikon-Backmatte auslegen und beiseitestellen.
3. In einer Schüssel Nussmus, Ei und Erythrit mit einem Handrührgerät mixen.
4. Die Schokodrops unterziehen.
5. Mit einem Löffel etwa 5–7 cm große Kugeln vom Keksteig auf das vorbereitete Backblech setzen und nach Belieben etwas flach drücken.
6. Die Cookies 10–12 Minuten backen, bis sie an den Rändern goldbraun sind.
7. Auf dem Backblech 10–15 Minuten, dann nochmals auf einem Kuchengitter weitere 15 Minuten abkühlen lassen.

MAKRONÄHRSTOFFE:

78 % F
9 % EW
13 % KH

kcal: 245; F: 17 g; EW: 5 g;
Gesamt-KH: 8 g; BS: 3 g; N-KH: 5 g;
Erythrit: 10 g

VARIANTE:
Diese Cookies werden mit Erdnussmus ohne Zusätze sehr lecker.

SÜSSE LECKEREIEN

HEIDELBEER-ZITRONEN-KUCHEN

Da ich Heidelbeeren unglaublich gern mag, ist dieser Kuchen genau das Richtige für mich. Außerdem wird er durch die Zitronenschale wunderbar frisch. Ein tolles Dessert, das sich auch perfekt zum Brunchen eignet. Gehen Sie nicht zu großzügig mit den Heidelbeeren um, sonst wird der Boden breiig.

- ☐ Comfort Food
- ■ ohne Nüsse
- ☐ bis 30 Minuten

ZUTATEN:

Backspray
2 EL Butter, in 4 Stücke aufgeteilt, plus etwas zusätzlich nach Belieben
4 Eier (Größe L)
120 g Doppelrahmfrischkäse
4 EL Kokosmehl
4 EL Erythrit (Süßungsmittel)
1 ½ TL Backpulver
½ TL Vanillepulver (alternativ 1 TL reiner Vanilleextrakt)
1 TL abgeriebene Zitronenschale
4 EL Heidelbeeren alternativ TK

1. Den Backofen auf 220 °C vorheizen. Eine Backform (20 cm x 20 cm) mit Backspray einsprühen.
2. Die 4 Stücke Butter in der Backform im Backofen 2–3 Minuten zerlassen, aber darauf achten, dass sie nicht bräunt oder verbrennt. Die Form aus dem Ofen nehmen.
3. In einer Küchenmaschine oder einem Standmixer die Eier mit Doppelrahmfrischkäse, Kokosmehl, Erythrit, Backpulver, Vanille und Zitronenabrieb zu einem glatten Teig verarbeiten.
4. Den Teig in die Backform mit der zerlassenen Butter gießen.
5. Die Heidelbeeren gleichmäßig auf dem Teig verteilen.
6. 15 Minuten backen, bis bei der Stäbchenprobe in der Mitte des Kuchens kein Teig haften bleibt.
7. Nach Belieben mehr Butter daraufstreichen und warm servieren.

MAKRONÄHRSTOFFE:

72 % F
14 % EW
14 % KH

kcal: 147; F: 11 g; EW: 5 g; Gesamt-KH: 5 g; BS: 3 g; N-KH: 2 g; Erythrit: 2 g

GUT VORZUBEREITEN:

In einer Gugelhupfform gebacken sieht dieser Kuchen besonders hübsch aus und mit etwas Erythrit-Puderzucker bestreut bekommt er den letzten Schliff. Dieser Kuchen hält sich im Kühlschrank bis zu 1 Woche.

8 PORTIONEN | ZUBEREITUNG: 10 MINUTEN | BACKZEIT: 20 MINUTEN

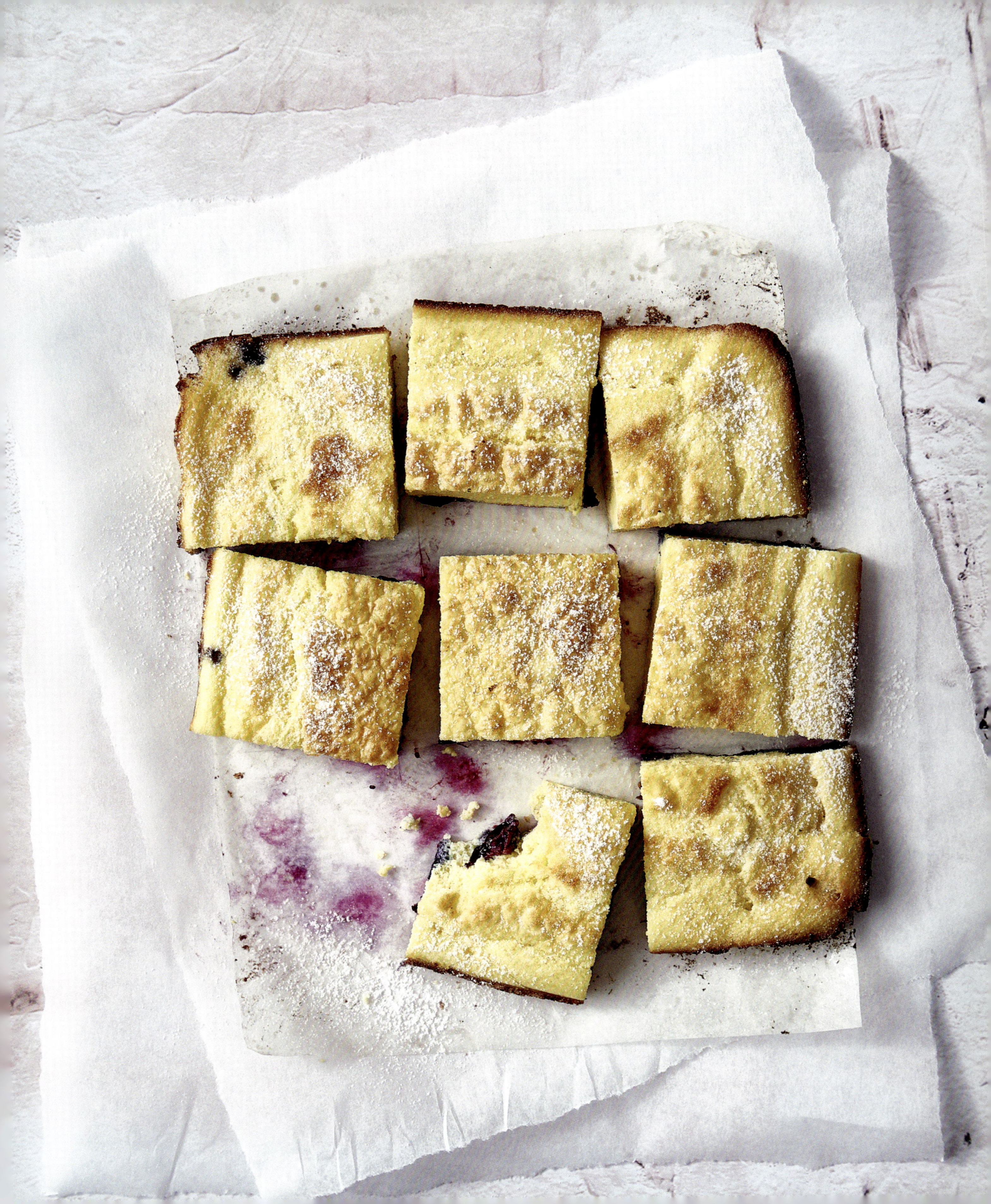

WEICHE SCHOKODROP-COOKIES

Ich mag üppig-weiche Cookies, deshalb sind diese hier auch meine bevorzugte Keto-Version. Ich backe sie mit zuckerfreien, keto-freundlichen Schokodrops, außerdem schmecken sie super, wenn man noch einige Nüsse zugibt. Durch das Weinsteinpulver werden diese Cookies schön weich, genauso eben, wie ich sie gern mag.

- ☐ Comfort Food
- ☐ bis 30 Minuten

ZUTATEN:

4 EL Butter
125 g gemahlene Mandeln
¼ TL Salz
4 EL Erythrit (Süßungsmittel)
¼ TL Weinsteinpulver
1 Ei (Größe L)
½ TL Vanillepulver (alternativ 1 TL reiner Vanilleextrakt)
4 EL zuckerfreie Schokodrops

1. Den Backofen auf 180 °C vorheizen.
2. Ein Backblech mit Backpapier oder einer Silikon-Backmatte auslegen und beiseitestellen.
3. In einem Stieltopf oder in der Mikrowelle die Butter zerlassen, in einen zimmerwarmen Behälter umfüllen und im Kühlschrank 10 Minuten abkühlen lassen.
4. In einer großen Schüssel gemahlene Mandeln, Salz, Erythrit und Weinstein verrühren.
5. In einer kleinen Schüssel das Ei mit der Vanille und der abgekühlten Butter verquirlen.
6. Die feuchten Zutaten zu den trockenen Zutaten geben und mit einem großen Löffel oder einem Teigschaber gut vermischen, dann die Schokodrops unterrühren.
7. Mit einem Löffel etwa 5 cm große Häufchen vom Keksteig auf das vorbereitete Backblech setzen und nach Belieben etwas flach drücken.
8. Die Cookies 10–12 Minuten backen, bis sie an den Rändern goldbraun sind.
9. Auf dem Backblech 10–15 Minuten abkühlen lassen, dann auf ein Kuchengitter legen und weitere 15 Minuten abkühlen lassen.
10. So werden die Schokodrops-Cookies schön üppig mit herrlich weichem Kern. Da ich sie besonders gern gekühlt mag, bewahre ich sie im Kühlschrank auf.

GUT VORZUBEREITEN:

Diese Cookies halten sich im Kühlschrank 1 Woche. Wenn Sie gern Nüsse in Ihren Cookies mögen, können Sie Macadamianüsse, Pekannüsse, Walnüsse oder andere gehackte Nusskerne zusammen mit den Schokodrops unterheben.

MAKRONÄHRSTOFFE:

83 % F
7 % EW
10 % KH

kcal: 121; F: 9 g; EW: 2 g;
Gesamt-KH: 3 g; BS: 1 g; N-KH: 2 g;
Erythrit: 5 g

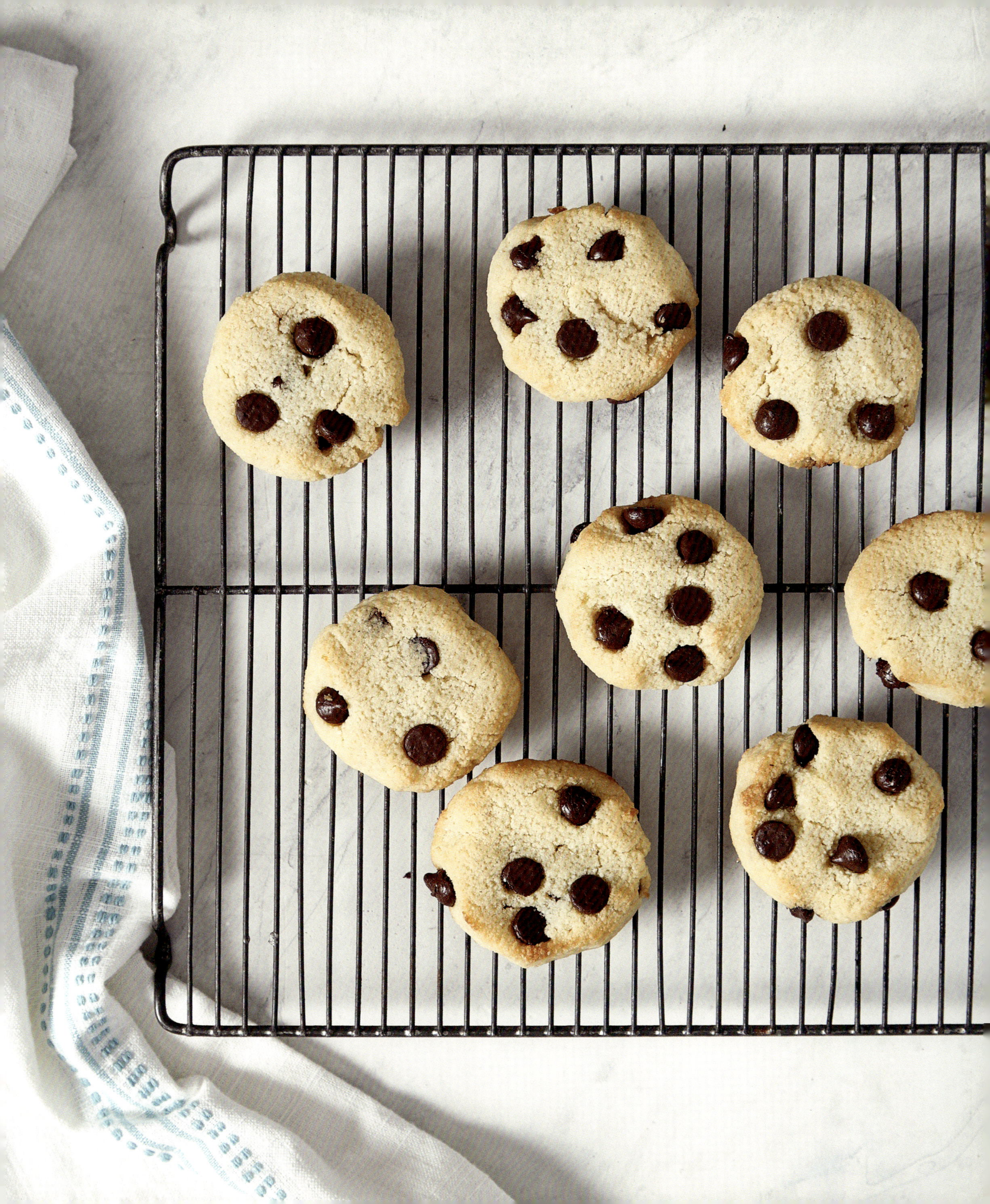

10 PORTIONEN | ZUBEREITUNG: 10 MINUTEN | GARZEIT: 10 MINUTEN

SCHOKO-COOKIE-BRUCH

Bruchschokolade ist einfach und schnell gemacht und schmeckt mit unterschiedlichen Zutaten immer wieder neu. Ich bereite sie gern zu, nachdem ich die Weichen Schokodrop-Cookies (Seite 316) gebacken habe, weil ich dann einige Cookie-Krümel hinzufügen kann. Sie können aber auch jede andere Sorte keto-freundlicher Kekse verwenden.

☐ Comfort Food

ZUTATEN:

2 Scheiben Frühstücksspeck
150 g zuckerfreie Schokolade
1 keto-freundlicher Keks, zerkrümelt
4 EL gehackte Pekannusskerne
Salz

1. Den Speck in einer großen Pfanne auf mittlerer bis hoher Stufe etwa 8 Minuten kross braten, zwischendurch einmal wenden. Zum Entfetten auf einen mit Küchenpapier ausgelegten Teller geben und abkühlen lassen, anschließend zerbröseln.

2. Ein Backblech mit Backpapier oder einer Silikon-Backmatte auslegen.

3. In einer geeigneten Schüssel die Schokolade 30-Sekunden in der Mikrowelle schmelzen, zwischendurch umrühren, bis sie glatt ist.

4. Die geschmolzene Schokolade auf das vorbereitete Backblech gießen.

5. Den zerkrümelten Keks, den zerbröselten Speck und die gehackten Pekannusskerne gleichmäßig auf der Schokolade verteilen und mit 1 Prise Salz bestreuen.

6. Zum Festwerden der Schokolade etwa 30 Minuten in den Kühlschrank stellen.

7. Die Schokoplatte in 10 Stücke brechen und in einer Frischhaltebox im Kühlschrank aufbewahren.

MAKRONÄHRSTOFFE:

70 % F
12 % EW
18 % KH

kcal: 130; F: 10 g; EW: 4 g;
Gesamt-KH: 6 g; BS: 3 g; N-KH: 3 g

VARIANTE:
Eine weitere tolle Kombination sind geröstete Kokosraspel, Mandelstifte und Salz.

SÜSSE LECKEREIEN

10 PORTIONEN | ZUBEREITUNG: 10 MINUTEN | GARZEIT: 5 MINUTEN

PEKANNUSS-FETTBOMBEN

Eine ordentliche Fettportion am Ende des Tages. Füllen Sie einen Eiswürfelbehälter voll, dann haben Sie immer einige zur Hand.

- ☐ Comfort Food
- ◼ ohne Milchprodukte
- ◼ paleo oder paleo-freundlich

ZUTATEN:

60 g Pekannusskerne
4 EL Kokosmus
4 EL Kokosöl
4 EL Ghee alternativ Butter
¼ TL Vanillepulver (alternativ ½ TL reiner Vanilleextrakt)
1 TL Kürbiskuchengewürz (Seite 60)
60 g Erythrit (Süßungsmittel, optional)
Salz

1. Eine Pfanne ohne Fett bei mittlerer Temperatur erhitzen Die Pekannusskerne darin unter ständigem Rühren rösten, bis sie etwas dunkler sind.

2. Die Pekannüsse auf einem Schneidebrett grob hacken.

3. Die Temperatur auf eine niedrige Stufe reduzieren und die Pfanne zurück auf den Herd stellen. Kokosmus, Kokosöl und Ghee darin schmelzen lassen, dann Vanille, Kürbiskuchengewürz (falls verwendet), Erythrit (falls verwendet) und 1 Prise Salz zugeben.

4. Die gehackten Pekannusskerne auf die Mulden eines Eiswürfelbehälters verteilen und mit der Kokos-Ghee-Masse übergießen.

5. 30 Minuten in den Gefrierschrank stellen, dann die Bomben aus der Form lösen und im Kühlschrank oder Gefrierschrank aufbewahren.

MAKRONÄHRSTOFFE:

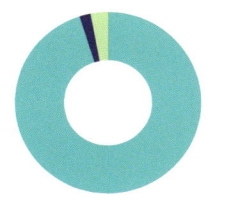

95 % F
2 % EW
3 % KH

kcal: 181; F: 19 g; EW: 1 g;
Gesamt-KH: 3 g; BS: 2 g; N-KH: 1 g

VARIANTE:

Eine ebenfalls leckere Variante erhält man mit 1 oder 2 EL Nussmuss.

SÜSSE LECKEREIEN

10 PORTIONEN | ZUBEREITUNG: 5 MINUTEN | GARZEIT: 5 MINUTEN

SCHARFE SCHOKO-FETTBOMBEN

Wenn Sie noch nie Cayennepfeffer mit Schokolade probiert haben, wird es höchste Zeit! Süß und scharf passen einfach perfekt zusammen. Diese schmackhaften Fettbomben kommen immer dann genau richtig, wenn man sich mit etwas zusätzlichem gesundem Fett belohnen möchte.

- ☐ allergenfrei
- ☐ Comfort Food
- ■ ohne Milchprodukte
- ■ ohne Nüsse
- ■ paleo oder paleo-freundlich

ZUTATEN:

4 EL Kokosmus
60 ml Kokosöl
4 EL Ghee alternativ Butter
2 EL Kakaopulver
¼ TL Vanillepulver (wahlweise ½ TL reiner Vanilleextrakt)
¼ TL Cayennepfeffer
½ TL gemahlener Zimt
2 EL Erythrit (Süßungsmittel, optional)
Salz

1. In einer kleinen Pfanne Kokosmus, Kokosöl und Ghee oder Butter bei schwacher Hitze zerlassen. Wenn alles geschmolzen ist, Kakaopulver, Vanille, Cayennepfeffer, Zimt, Erythrit (falls verwendet) und 1 Prise Salz zugeben.

2. Die Mischung in die Mulden eines Eiswürfelbehälters oder Silikonformen füllen.

3. 30 Minuten in den Gefrierschrank stellen, dann die Bomben aus der Form lösen und in einer Frischhaltebox im Gefrierschrank oder Kühlschrank aufbewahren.

MAKRONÄHRSTOFFE:

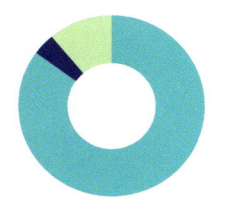

85 % F
4 % EW
11 % KH

kcal: 190; F: 18 g; EW: 2 g;
Gesamt-KH: 5 g; BS: 3 g; N-KH: 2 g

VARIANTE:
Für Knuspergenuss gehackte Mandeln, Pilinusskerne oder Macadamianusskerne zugeben.

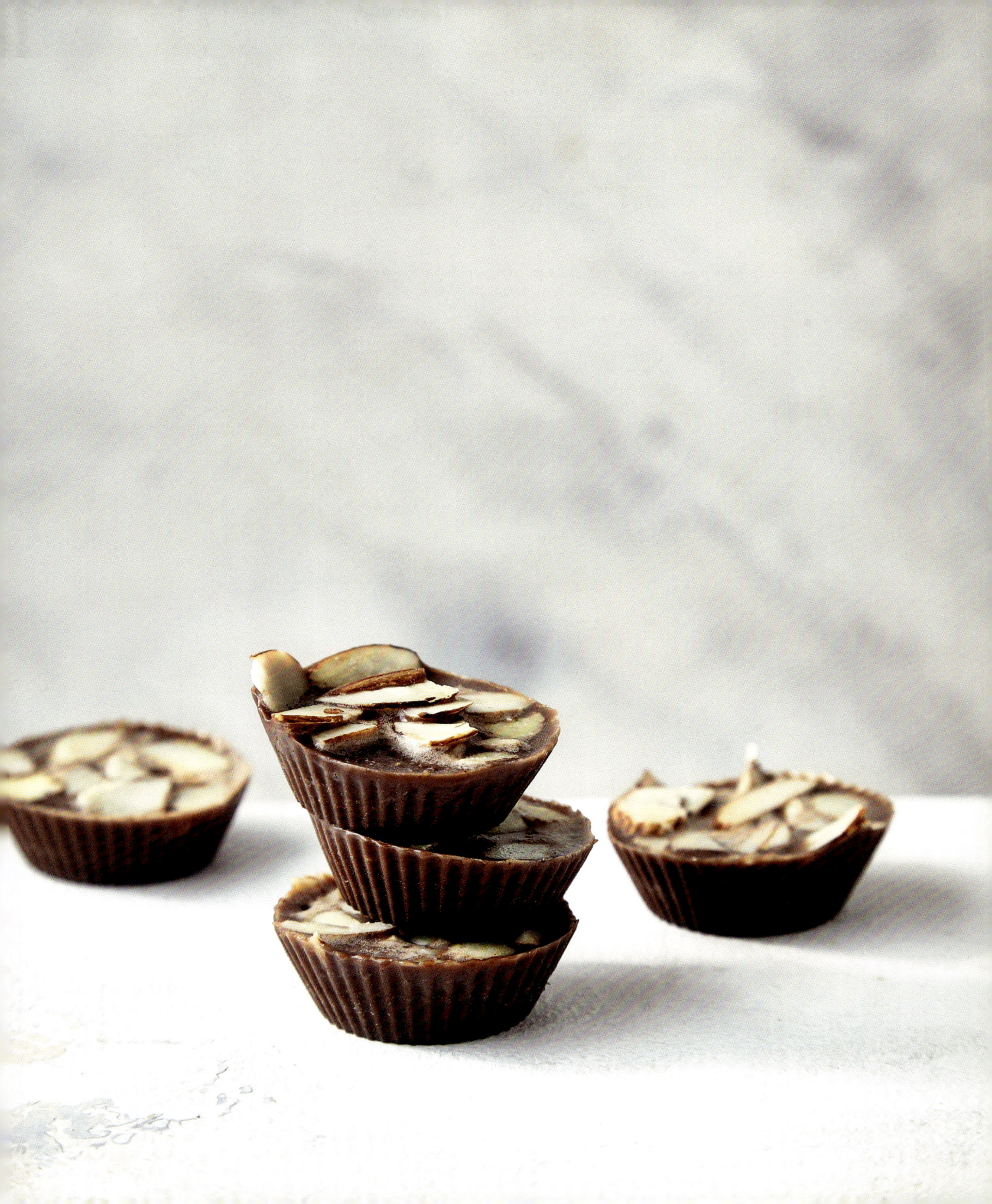

10 KEKSKUGELN | ZUBEREITUNG: **10 MINUTEN** | GARZEIT: **5 MINUTEN**

ZITRONEN-KEKSKUGELN OHNE BACKEN

Einfacher geht »Backen« wirklich nicht. Diese kleinen Happen werden Ihre Naschlust stillen und können durch viele unterschiedliche Aromen abgewandelt werden. Das Zitronenaroma ist genau richtig, wenn man Lust auf etwas Süßes hat, aber nicht unbedingt Schokolade essen möchte.

☐ Comfort Food

ZUTATEN:
3 EL Butter
125 g gemahlene Mandeln
2 EL Erythrit (Süßungsmittel)
1 TL abgeriebene Zitronenschale
½ TL Vanillepulver (alternativ 1 TL reiner Vanilleextrakt)
Salz

1. In einem Stieltopf die Butter bei schwacher Hitze zerlassen.
2. In einer kleinen Schüssel die Butter mit den gemahlenen Mandeln, Erythrit, Zitronenschale, Vanille und 1 Prise Salz gründlich verrühren. Die Masse sollte klebrig wie Keksteig sein.
3. Den Teig zu gleich großen Kugeln (ca. 2,5–5 cm Durchmesser) rollen.
4. Die Kekskugeln auf einem Teller etwa 1 Stunde in den Kühlschrank stellen.

MAKRONÄHRSTOFFE:

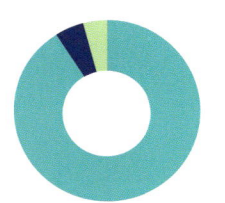

91 % F
5 % EW
4 % KH

kcal: 53; F: 5 g; EW: 1 g; Gesamt-KH: 2 g; BS: 1 g; N-KH: 1 g; Erythrit: 2 g

VARIANTE:
Bei den Zutaten kann Ihre kreative Ader zum Einsatz kommen. Ich habe zum Beispiel die Vanille und die Zitronenschale durch unterschiedliche Aromaextrakte, Zimt und zuckerfreie Schokodrops ersetzt – köstlich ohne Ausnahme.

2 PORTIONEN | ZUBEREITUNG: 10 MINUTEN

SCHOKO-AVOCADO-MOUSSE

Ich mag Desserts ohne Backen, weil sie in wenigen Minuten fertig sind, und diese köstliche Avocado-Kakao-Kombination gehört unbedingt dazu. Sie ist reich an Kalium und Magnesium und perfekt als Dessert oder Frühstück, wenn der Elektrolythaushalt etwas aus dem Gleichgewicht geraten ist. Spinat klingt vielleicht seltsam, aber ich garantiere Ihnen, Sie würden ihn nicht schmecken, wenn Sie es nicht wüssten. Wichtig ist, die Dose mit der Kokosmilch am Vorabend in den Kühlschrank zu stellen und sie nicht zu schütteln, damit sich die dicke Kokoscreme nicht mit der Milch vermischt.

- ☐ allergenfrei
- ☐ Comfort Food
- ■ ohne Milchprodukte
- ■ ohne Nüsse
- ■ paleo oder paleo-freundlich
- ☐ bis 30 Minuten

ZUTATEN:

1 Dose (400 ml) Kokosmilch (mit hohem Fettgehalt, ungesüßt)

1 Avocado, geschält und entkernt

3 EL Kakaopulver

1 TL Vanillepulver (wahlweise 2 TL reiner Vanilleextrakt)

1 TL gemahlener Zimt

2 EL Erythrit (Süßungsmittel)

30 g frischer Spinat (optional)

Salz

Die Dose öffnen, ohne sie zu schütteln, und nur die feste Kokoscreme in die Küchenmaschine oder den Standmixer geben. Avocado, Kakaopulver, Vanille, Zimt, Erythrit, Spinat (falls verwendet) sowie 1 Prise Salz zugeben, alles zu einer glatten Mousse pürieren und servieren.

MAKRONÄHRSTOFFE:

81 % F
6 % EW
13 % KH

kcal: 539; F: 51 g; EW: 7 g;
Gesamt-KH: 18 g; BS: 12 g; N-KH: 6 g;
Erythrit: 12 g

VARIANTE:

1 Prise Cayennepfeffer peppt diese Mousse schön scharf auf.

SÜSSE LECKEREIEN

ERDNUSS-CHIA-PUDDING

Ich gebe gern etwas Nussmus in meinen Chia-Pudding, weil ich damit den Geschmack einfach und schnell verändern kann und er noch üppiger wird. Mit einigen Kakao-Nibs oder zuckerfreien Schokodrops als Topping bekommt man bei diesem Dessert das Gefühl, ordentlich über die Stränge zu schlagen, obwohl es sehr nahrhaft und reich an hochwertigen Fetten ist. Damit sich die Kokoscreme leicht von der Kokosmilch trennen lässt, die Dose am Vorabend in den Kühlschrank stellen und ohne Schütteln öffnen.

- ☐ Comfort Food
- ◻ ohne Milchprodukte
- ◼ paleo oder paleo-freundlich

ZUTATEN:

1 Dose (400 ml) Kokosmilch (mit hohem Fettgehalt, ungesüßt)
2 EL Erdnussmus oder Nussmus ohne Zusätze
1 EL Erythrit (Süßungsmittel)
Zimt
½ TL Vanillepulver (alternativ 1 TL reiner Vanilleextrakt)
4 EL Chiasamen
1 EL Kakao-Nibs

1. Die Dose öffnen, ohne sie zu schütteln, und nur die feste Kokoscreme in die Küchenmaschine oder den Standmixer geben. Die Kokoscreme mit dem Erdnussmus, dem Erythrit, 1 Prise Zimt, und der Vanille zu einer zähflüssigen Masse pürieren. Die Chiasamen unterziehen.

2. Die Mischung in vier kleine Gläser oder Schalen gießen, abdecken und vor dem Servieren über Nacht oder bis zu 3 Tage in den Kühlschrank stellen.

3. Die Kakao-Nibs darüberstreuen und servieren.

MAKRONÄHRSTOFFE:

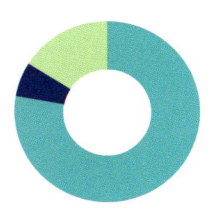

78 % F
6 % EW
16 % KH

kcal: 350; F: 30 g; EW: 5 g;
Gesamt-KH: 14 g; BS: 7 g; N-KH: 7 g;
Erythrit: 1 g

GUT VORZUBEREITEN:

Jede Art von Chia-Pudding hält sich im Kühlschrank mehrere Tage, Sie können also gleich für mehrere Tage ein Frühstück oder Dessert zubereiten.

4 PORTIONEN | ZUBEREITUNG: 10 MINUTEN | RUHEZEIT: ÜBER NACHT

SCHOKO-CHIA-PUDDING

Für viele ist Schokolade der Heilige Gral der Dessertspeisen. Für diesen Schokogenuss wird Kakaopulver mit der cremigen, fettreichen Köstlichkeit des Chia-Puddings vermischt. Pudding schmeckt alles andere als gesund, ist es aber! Damit sich die Kokoscreme leicht von der Kokosmilch trennen lässt, die Dose am Vorabend in den Kühlschrank stellen und ohne Schütteln öffnen.

- ☐ allergenfrei
- ☐ Comfort Food
- ◼ ohne Milchprodukte
- ◼ ohne Nüsse
- ◼ paleo oder paleo-freundlich

ZUTATEN:

1 Dose (400 ml) Kokosmilch (mit hohem Fettgehalt, ungesüßt)
3 EL Kakaopulver
1 EL Erythrit (Süßungsmittel)
½ TL Vanillepulver (alternativ 1 TL reiner Vanilleextrakt)
Salz
4 EL Chiasamen
1 EL Kakao-Nibs

1. Die Dose öffnen, ohne sie zu schütteln, und nur die feste Kokoscreme in die Küchenmaschine oder den Standmixer geben. Mit Kakaopulver, Erythrit, Vanille und 1 Prise Salz pürieren, bis die Mischung zähflüssig wird. Die Chiasamen unterziehen.

2. Die Mischung in vier kleine Gläser oder Schalen gießen, abdecken und vor dem Servieren über Nacht oder bis zu 3 Tage in den Kühlschrank stellen.

3. Die Kakao-Nibs darüberstreuen und servieren.

MAKRONÄHRSTOFFE:

76 % F
6 % EW
18 % KH

kcal: 314; F: 26 g; EW: 5 g;
Gesamt-KH: 14 g; BS: 8 g; N-KH: 6 g;
Erythrit: 1 g

VARIANTE:

Mit einem Topping aus Milchfreiem geschlagenem Kokos-Rahm (Seite 301) schmeckt dieser Pudding dann wirklich wie ein echtes Dessert.

6 PORTIONEN | ZUBEREITUNG: 20 MINUTEN | BACKZEIT: 20 MINUTEN

FATHEAD-ZIMTSCHNECKEN

Fathead-Teig kann für so viele Dinge verwendet werden! Ich habe Ihnen in den Kapiteln 4 und 10 bereits einige herzhafte Möglichkeiten vorgestellt und hier gibt es jetzt zur Abwechslung einmal eine süße Version. Mozzarella in Zimtschnecken?! Hört sich sonderbar an, aber probieren Sie es aus und ich verspreche Ihnen, dass Sie es nicht herausschmecken werden.

☐ Comfort Food

ZUTATEN:
Für die Schnecken:
90 g zerrupfter Mozzarella
2 EL Doppelrahmfrischkäse
1 Ei (Größe L)
80 g gemahlene Mandeln, plus gegebenenfalls mehr
Backspray
3 EL Butter alternativ Ghee
3 EL Erythrit (Süßungsmittel)
2 EL gemahlener Zimt

Für die Glasur:
60 g Doppelrahmfrischkäse
1 TL gemahlener Zimt
1 EL Schlagsahne

1. Den Backofen auf 200 °C vorheizen.

2. In einer geeigneten Schüssel den Mozzarella und den Doppelrahmfrischkäse auf hoher Stufe 1 Minute in der Mikrowelle erhitzen. Gut durchrühren und weitere 30 Sekunden in der Mikrowelle erhitzen, bis die Masse geschmolzen ist.

3. Das Ei und die gemahlenen Mandeln behutsam unter die Käsemischung rühren. Wenn der Teig klebt, noch mehr gemahlene Mandeln darüberstreuen.

4. 2 Blätter Backpapier von jeweils einer Seite mit Backspray einsprühen und den Teig zwischen die eingesprühten Seiten legen.

5. Den Teig mithilfe einer Teigrolle zu einem etwa 1,5–2 cm dicken Rechteck ausrollen.

6. Das obere Blatt Backpapier abziehen und den Teig mit dem unteren Blatt Backpapier auf ein Backblech legen.

7. In einem Stieltopf die Butter bei schwacher Hitze zerlassen.

8. In einer kleinen Schüssel das Erythrit mit dem Zimt vermischen.

9. Die zerlassene Butter über den Teig gießen, dann die Zimtmischung darüberstreuen. Die Teigplatte fest aufrollen und in etwa 1,5 cm dicke Scheiben schneiden. Die Scheiben mit einigen Zentimetern Abstand auf das Backblech legen, damit sie Platz haben aufzugehen.

10. Im Ofen 10–15 Minuten backen, bis sie goldbraun sind.

11. In einer kleinen Schüssel oder im Standmixer den Doppelrahmfrischkäse, den Zimt und die Schlagsahne verrühren. Die Glasur mit einem Messer auf die warmen Schnecken streichen.

MAKRONÄHRSTOFFE:

77 % F
10 % EW
13 % KH

kcal: 186; F: 14 g; EW: 4 g;
Gesamt-KH: 6 g; BS: 2 g; N-KH: 4 g;
Erythrit: 5 g

4 PORTIONEN | ZUBEREITUNG: 10 MINUTEN | GARZEIT: 15 MINUTEN

BEEREN-KOKOS-CHIA-PUDDING

Chia-Pudding ist eine köstliche Leckerei mit unglaublich vielen gesundheitlichen Vorzügen. Die Puddings sehen umwerfend aus und können mit der gleichen Kokosmilch-Chia-Basis nach Belieben abgewandelt werden. Damit sich die Kokoscreme leicht von der Kokosmilch trennen lässt, die Dose am Vorabend in den Kühlschrank stellen und ohne Schütteln öffnen

☐ allergenfrei
☐ Comfort Food
☐ ohne Milchprodukte
■ paleo oder paleo-freundlich

ZUTATEN:

1 Dose (400 ml) Kokosmilch (mit hohem Fettgehalt, ungesüßt)
1 EL Erythrit (Süßungsmittel)
½ TL Vanillepulver (wahlweise 1 TL reiner Vanilleextrakt)
4 EL Chiasamen
1 EL Heidelbeeren
1 EL Himbeeren
1 EL gewürfelte Erdbeeren
2 EL Mandelblätter
2 EL Kokosraspel

1. Die Dose öffnen, ohne sie zu schütteln, und nur die feste Kokoscreme in die Küchenmaschine oder den Standmixer geben. Die Kokoscreme mit dem Erythrit und der Vanille pürieren, bis die Masse eindickt. Die Chiasamen unterziehen.

2. In einem kleinen Topf Heidelbeeren, Himbeeren und Erdbeeren 15 Minuten köcheln lassen, dann zu einem glatten Mus pürieren.

3. Die Hälfte der Kokos-Chiasamen-Mischung in vier kleine Gläser oder Dessertschalen füllen, darüber dann das Beerenmus verteilen und mit der anderen Hälfte der Kokos-Chiasamen-Mischung abschließen. Die Gläser oder Schalen abdecken und vor dem Servieren über Nacht oder bis zu 3 Tage in den Kühlschrank stellen.

4. Mit Mandelblättern und Kokosraspeln garnieren.

VARIANTE:
Sie können statt frischer Beeren auch eine TK-Beerenmischung verwenden.

MAKRONÄHRSTOFFE:

79 % F
7 % EW
14 % KH

kcal: 288; F: 24 g; EW: 4 g;
Gesamt-KH: 11 g; BS: 6 g; N-KH: 5 g;
Erythrit: 3 g

SÜSSE LECKEREIEN

REGISTER

A

Artischocken
Antipasto-Salat 146
Paprika im Prosciuttomantel 201
Spinat-Artischocken-Suppe 134

Avocado
Avocado-Cotija-Salat 142
Avocado-Geflügel-Salat 176
Avocado-Kurkuma-Smoothie 123
Blumenkohlreis mit Pulled Chicken 196
Cobb Salad mit Chili-Limetten-Garnelen 137
Eier-Speck-Salat mit Avocado 152
Erdbeer-Spinat-Salat mit Speck 148
Gebackene Avocado 50
Hähnchen-Enchilada-Bowl 194
Hähnchen-Käse-Nachos 195
Hühnerrahmsuppe mit grünen Chilis 135
Hühner-Tortilla-Suppe 140
Käse-Cups mit Bacon und Avocado 283
Lachs-Avocado-Schiffchen 278
Mexikanische Frühstücks-Bowl 102
Milchfreie Avocado-Crema 304
Minze-Smoothie mit Schokodrops 124
Schoko-Avocado-Mousse 323
Spargel im Speckmantel 267
Sushi-Style-Snacks aus Algen 284
Tacos mit knusprigen Käseschalen 94
Thunfisch-Poke-Bowl 162

Avocadoöl
Knoblauch-Königskrabbenbeine 171
Kokos-Goldmakrelen-Nuggets 164
Krosse Fischstäbchen 166

Avocadoöl-Mayonnaise
Avocado-Geflügel-Salat 176
Blackened Fish auf Sriracha-Rotkohl 172
Buffalo-Wing-Dip ohne Käse 280
Champignons mit Krebsfleischfüllung 262
Cheeseburger-Tacos 243
Eiersalat im Salatblatt mit Bacon 100
Frikadellen im Salatblatt 214
Kokos-Goldmakrelen-Nuggets 164
Krosse Fischstäbchen 166
Lachs-Avocado-Schiffchen 278
Lachs-Burger mit Aioli und Blattgemüse 156
Milchfreie Sauce Tartare 299
Pikanter Krebsfleisch-Dip 287
Reuben-Wraps 279
Russische Eier mit Buffalo-Sauce 259
Russische Eier mit Speck und Sriracha-Sauce 105
Schweinekoteletts mit Kräutern und Dijonsenf 216
Steakhäppchen im Speckmantel mit Senf-Dipsauce 240
Thunfisch-Poke-Bowl 162
Wraps all'italiana 281
Würzige Miesmuscheln aus dem Ofen 173

B

Basilikum
Fathead-Pizza mit Salami und Peperoni 206
Italienische Kräutermischung 295
Ofentomaten mit Parmesan 250
Pollo alla Caprese 188
Prosciutto-Mozzarella-Bomben 200
Scharfe Garnelen mit Shirataki-Nudeln 159
Thailändischer Garnelen-Zoodles-Salat 143

Blattgemüse
Lachs-Burger mit Aioli und Blattgemüse 156

Blumenkohl
Blumenkohl-Eierküchlein 91
Blumenkohl-Mac-and-Cheese mit Speck 208
Blumenkohlreis 52
Blumenkohlreis-Hähnchen-Auflauf 186
Blumenkohlreis mit Pulled Chicken 196
Buffalo-Blumenkohl 253
Fajita-Skirt-Steak mit Blumenkohlreis 224
Frühstücks-Nachos mit Blumenkohl 101
»Gebratener« Blumenkohlreis im Schongarer 269
Geröstete Blumenkohl-Nachos ohne Käse 286
Gerösteter Blumenkohl mit Speck 258
Kokos-Curry-Hühnersuppe 136
Ofengemüse 56
Thai-Blumenkohl mit Erdnusssauce 260

Brokkoli
Brokkoli-Hähnchen-Auflauf 184
Gerösteter Brokkoli mit Knoblauch und Mandeln 256
Ofengemüse 56

Buffalo-Wing-Sauce
Buffalo-Blumenkohl 253
Buffalo-Wing-Dip ohne Käse 280
Chickenwings aus dem Schongarer 182
Russische Eier mit Buffalo-Sauce 259

Butter
Bacon-Cheeseburger-Suppe 138
Berry Cheese Bites 75
Buffalo-Blumenkohl 253
Chickenwings aus dem Schongarer 182
Ei-Wurst-Frühstück im Glas 104
Fathead-Zimtschnecken 326
Gegrillte Langustenschwänze 169
Heidelbeer-Frischkäse-Muffins 78
Heidelbeer-Zitronen-Kuchen 314
Herzhafte Cheddar-Schnittlauch-Waffeln 264
Kabeljau-Prosciutto-Rolle 167
Kaisergranat mit Zoodles 160
Keto-Kürbis-Brot 60
Keto-Kürbis-Latte 118
Knoblauch-Königskrabbenbeine 170
Knusper-Granola 73
Kokos-Curry-Hühnersuppe 136
Kräuterbutter 46
Kürbis-Pfannkuchen mit Aromakick 80
Lachs in Knoblauch-Butter-Rahmsauce 168
Macadamia-Nussecken 84
Macadamia-Schoko-Frühstückscookies 76
Macadamia-Splitter 310
Mexikanische Frühstücks-Bowl 102
Paprika-Prosciutto-Frittata 106
Scharfes Alfredo-Hähnchen mit Zoodles 177
Schoko-Zimt-Frühstücksflocken 74
Schweinekoteletts mit würziger Rahmsauce 215
Schweinelende in Butter aus dem Schongarer 213
Spargel im Speckmantel 266
Spinat-Artischocken-Suppe 134
Steak and Eggs vom Blech 232
Steak-Pilz-Häppchen aus dem Schongarer 244
Tacos mit knusprigen Käseschalen 94
Weiche Schokodrop-Cookies 316
Zitronen-Kekskugeln ohne Backen 322

C

Cashewkerne
Milchfreier Rahmkäse 305

Chiasamen
Beeren-Kokos-Chia-Pudding 327
Erdnuss-Chia-Pudding 324
Knusper-Granola 73
Schoko-Chia-Pudding 325
Schoko-Crunch-Frühstücksflocken 70

Chiliflocken
Ei-Wurst-Frühstück im Glas 104
Gebackenes Ei mit Grünkohl, Avocado und Feta 90
Gerösteter Brokkoli mit Knoblauch und Mandeln 256
Hackfleischfrikadellen 48
Italienische Kräutermischung 295
Kaisergranat mit Zoodles 160
Knoblauch-Königskrabbenbeine 170
Scharfe Garnelen mit Shirataki-Nudeln 159
Schweinelende in Butter aus dem Schongarer 213
Thailändischer Garnelen-Zoodles-Salat 143

Chilipulver
Bacon-Cheeseburger-Suppe 138
Chili-Limetten-Würzmischung 290
Enchilada-Sauce 298
Hühner-Tortilla-Suppe 140
Krosse Fischstäbchen 166
Santa-Fe-Burger mit grünen Chilischoten 237
Taco-Würzmischung 292

Chilisauce
Enchilada-Sauce 298
Hähnchen-Salat nach Chickenwing-Art 147
Milchfreie Sauce Hollandaise 302
Pikanter Krebsfleisch-Dip 287
Tacos mit knusprigen Käseschalen 94

Chilischoten
Blumenkohlreis mit Pulled Chicken 196
Eier-Muffins nach Santa-Fe-Art 108
Fleischbällchen mit grünen Chilischoten 234
Frühstücks-Nachos mit Blumenkohl 101
Hähnchen-Enchilada-Bowl 194
Hühnerrahmsuppe mit grünen Chilis 135
Santa-Fe-Burger mit grünen Chilischoten 237

Chorizo
Eier-Muffins nach Santa-Fe-Art 108

Currypaste
Hähnchen-Curry mit Shirataki-Nudeln 181
Thai-Blumenkohl mit Erdnusssauce 260

Currypulver
Erdnuss-Hähnchen-Curry mit Blumenkohlreis 180
Kokos-Curry-Hühnersuppe 136

D

Dill
Kräuterbutter 46
Lachs-Avocado-Schiffchen 278
Pochierter Lachs mit Gurken-Rahm-Sauce 158
Ranch-Würzmischung 294
Sahniger Gurkensalat 144

Doppelrahmfrischkäse
Bacon-Cheeseburger-Suppe 138
Berry Cheese Bites 75
Eiweißbrötchen (Oopsies) 62
Fathead-Bagels 82
Fathead-Pizza mit Salami und Peperoni 206
Fathead-Zimtschnecken 326
Hähnchen-Käse-Roulade im Speckmantel 197
Heidelbeer-Frischkäse-Muffins 78
Heidelbeer-Zitronen-Kuchen 314
Hühnerrahmsuppe mit grünen Chilis 135
Jalapeño-Hähnchen 178
Käse-Cracker 275
Keto-Dessertcreme 65
Kürbis-Pfannkuchen mit Aromakick 80
Mini-Burger mit Frikadellen 85
Paprika im Prosciuttomantel 201
Pikanter Krebsfleisch-Dip 287
Salami-»Tacos« 282
Scharfes Alfredo-Hähnchen mit Zoodles 177
Schweinekoteletts mit würziger Rahmsauce 215
Spinat-Artischocken-Suppe 134
Waffeln mit Schweinekrusten 86

E

Eier
Berry Cheese Bites 75
Blumenkohl-Eierküchlein 91
Blumenkohl-Pizza mit Prosciutto und Rucola 202
Blumenkohlreis-Hähnchen-Auflauf 186
Cloud Eggs mit Parmesan 92
Cobb Salad mit Chili-Limetten-Garnelen 137
Doppelt panierte Schweinekoteletts 218
Eier Benedict mit Räucherlachs 98
Eier-Muffins nach Santa-Fe-Art 108
Eiersalat im Salatblatt mit Bacon 100
Eier-Speck-Salat mit Avocado 152
Eiweißbrötchen (Oopsies) 62
Ei-Wurst-Frühstück im Glas 104
Fathead-Bagels 82
Fathead-Pizza mit Salami und Peperoni 206
Fathead-Zimtschnecken 326
Fleischbällchen mit grünen Chilischoten 234
Frühstücks-Nachos mit Blumenkohl 101
Gebackene Avocado 50
Gebackenes Ei mit Grünkohl, Avocado und Feta 90
»Gebratener« Blumenkohlreis im Schongarer 269
Hähnchenschnitzel in Schweinekruste paniert 183
Heidelbeer-Frischkäse-Muffins 78
Heidelbeer-Zitronen-Kuchen 314
Herzhafte Cheddar-Schnittlauch-Waffeln 264
Käse-Cracker 275
Käse-Spinat-Auflauf mit Schweinekrusten 95
Keto-Kürbis-Brot 60
Knusper-Granola 73
Kokos-Goldmakrelen-Nuggets 164
Krosse Fischstäbchen 166
Kürbis-Pfannkuchen mit Aromakick 80
Macadamia-Schoko-Frühstückscookies 76
Mediterrane Burger-Patties 233
Mexikanische Frühstücks-Bowl 102
Milchfreie Sauce Hollandaise 302
Mini-Burger mit Frikadellen 85
Nussmus-Cookies mit Schokodrops 313
Paniertes Schnitzel auf Keto-Art 242
Paprika-Prosciutto-Frittata 106
Portobello-Pilze mit Ei-Spinat-Füllung 96
Russische Eier mit Buffalo-Sauce 259
Russische Eier mit Speck und Sriracha-Sauce 105
Schweinekoteletts mit Parmesankruste 212
Steak and Eggs vom Blech 232
Tacos mit knusprigen Käseschalen 94
Waffeln mit Schweinekrusten 86
Weiche Schokodrop-Cookies 316

Erdbeeren
Beeren-Kokos-Chia-Pudding 327
Erdbeer-Spinat-Salat mit Speck 148

Erythrit
Avocado-Kurkuma-Smoothie 123
Beeren-Kokos-Chia-Pudding 327
Berry Cheese Bites 75
Eistee Pink Passion 130
Erdnuss-Chia-Pudding 324
Fathead-Zimtschnecken 326
Heidelbeer-Frischkäse-Muffins 78
Heidelbeer-Kokos-Smoothie 126
Heidelbeer-Zitronen-Kuchen 314
Heiße Keto-Schokolade 121
Kalt gebrühter Keto-Nuss-Latte 120
Keto-Chata 131
Keto-Dessertcreme 65
Keto-Jito 128
Keto-Kürbis-Brot 60
Keto-Kürbis-Latte 118
Keto-Matcha-Tee 116
Knusper-Granola 73
Kokos-Frühstücksflocken 72
Kürbis-Pfannkuchen mit Aromakick 80
Macadamia-Nussecken 84
Macadamia-Schoko-Frühstückscookies 76
Macadamia-Splitter 310
Minze-Smoothie mit Schokodrops 124
Nussmus-Cookies mit Schokodrops 313
Pekannuss-Fettbomben 319
Scharfe Schoko-Fettbomben 320
Schoko-Avocado-Mousse 323
Schoko-Chia-Pudding 325
Schoko-Zimt-Frühstücksflocken 74
Waffeln mit Schweinekrusten 86
Weiche Schokodrop-Cookies 316
Zitronen-Kekskugeln ohne Backen 322

F

Fenchelsamen
Hackfleischfrikadellen 48

Fischsauce
Asiatische Rindfleisch-»Nudel«-Bowl 228
Blumenkohlreis-Hähnchen-Auflauf 186

Frühlingszwiebeln
Asiatische Rindfleisch-»Nudel«-Bowl 228
Avocado-Geflügel-Salat 176
Blumenkohlreis-Hähnchen-Auflauf 186
Buffalo-Wing-Dip ohne Käse 280
Champignons mit Krebsfleischfüllung 262
Cloud Eggs mit Parmesan 92
Eier-Muffins nach Santa-Fe-Art 108
»Gebratener« Blumenkohlreis im Schongarer 269
Knoblauch-Königskrabbenbeine 171
Lachs-Burger mit Aioli und Blattgemüse 156
Mediterrane Burger-Patties 233
Pikanter Krebsfleisch-Dip 287
Slow-Cooker-Chili 226
Würzige Miesmuscheln aus dem Ofen 173

G

Garam Masala
Kokos-Curry-Hühnersuppe 136

Gelatine
Fruchtgummis 311

Gemüsebrühe
Kokos-Curry-Hühnersuppe 136

Gewürzgurken
Cheeseburger-Tacos 243
Gurken-»Fritten« im Speckmantel 274
Milchfreie Sauce Tartare 299
Reuben-Wraps 279

Ghee
Hähnchen mit Pilzsauce »Alfredo-Art« 193
Milchfreie Sauce Hollandaise 302
Pekannuss-Fettbomben 319
Scharfe Schoko-Fettbomben 320

Götterspeisepulver
Fruchtgummis 311

Grünkohl
Gebackenes Ei mit Grünkohl, Avocado und Feta 90
Grünkohl-Kürbis-Gratin 268

Gurken
Asiatische Rindfleisch-»Nudel«-Bowl 228
Avocado-Cotija-Salat 142
Bacon-Cheeseburger-Suppe 138
Gurken-Happen 248
Hähnchen-Salat nach Chickenwing-Art 147
Lachs-Avocado-Schiffchen 278
Mediterraner Wedge-Salat 139
Pochierter Lachs mit Gurken-Rahm-Sauce 158
Sahniger Gurkensalat 144
Vietnamesische Steak-»Reis«-Bowl 231

H

Hackfleisch
Asiatische Rindfleisch-»Nudel«-Bowl 228
Bacon-Cheeseburger-Suppe 138
Burger-Patties mit Kräuterbutter 211
Cheeseburger-Tacos 243
Fleischbällchen mit grünen Chilischoten 234
Frikadellen im Salatblatt 214
Hackfleischfrikadellen 48
Hacksteak mit Pilzen und Bacon 236
Mediterrane Burger-Patties 233
Mini-Hackbraten 241
Santa-Fe-Burger mit grünen Chilischoten 237
Schweinefleisch-Pfanne mit Sriracha-Sauce 219
Slow-Cooker-Chili 226

Haselnusskerne
Knusper-Granola 73

Heidelbeeren
Beeren-Kokos-Chia-Pudding 327
Berry Cheese Bites 75
Heidelbeer-Frischkäse-Muffins 78
Heidelbeer-Kokos-Smoothie 126
Heidelbeer-Zitronen-Kuchen 314

Himbeeren
Beeren-Kokos-Chia-Pudding 327

Huhn
Blumenkohlreis-Hähnchen-Auflauf 186
Blumenkohlreis mit Pulled Chicken 196
Brokkoli-Hähnchen-Auflauf 184
Buffalo-Wing-Dip ohne Käse 280
Chickenwings aus dem Schongarer 182
Dijon-Hähnchenunterschenkel aus dem Ofen 187
Erdnuss-Hähnchen-Curry mit Blumenkohlreis 180
Hähnchen-Curry mit Shirataki-Nudeln 181
Hähnchen-Enchilada-Bowl 194
Hähnchen-Käse-Roulade im Speckmantel 197
Hähnchen mit Pilzsauce »Alfredo-Art« 193
Hähnchen-Salat nach Chickenwing-Art 147
Hähnchenschenkel mit Zitronen-Rahmsauce 190
Hähnchenschnitzel in Schweinekruste paniert 183
Hühnerrahmsuppe mit grünen Chilis 135
Hühner-Tortilla-Suppe 140
Jalapeño-Hähnchen 178
Kokos-Curry-Hühnersuppe 136
Pollo alla Caprese 188
Pulled Chicken mit Knoblauch und Limette 192
Scharfes Alfredo-Hähnchen mit Zoodles 177

Hühnerbrühe
Erdnuss-Hähnchen-Curry mit Blumenkohlreis 180
»Gebratener« Blumenkohlreis im Schongarer 269
Hähnchen-Curry mit Shirataki-Nudeln 181
Hähnchenschenkel mit Zitronen-Rahmsauce 190
Hühnerrahmsuppe mit grünen Chilis 135
Hühner-Tortilla-Suppe 140
Pulled Chicken mit Knoblauch und Limette 192
Schweinekoteletts mit würziger Rahmsauce 215
Spinat-Artischocken-Suppe 134

I

Ingwer
Asiatische Rindfleisch-»Nudel«-Bowl 228
Kokos-Curry-Hühnersuppe 136
Thunfisch-Poke-Bowl 162

Ingwerpulver
Blumenkohlreis-Hähnchen-Auflauf 186
»Gebratener« Blumenkohlreis im Schongarer 269
Hähnchen-Curry mit Shirataki-Nudeln 181

J

Jalapeño-Chilischoten
Blumenkohlreis mit Pulled Chicken 196
Fajita-Skirt-Steak mit Blumenkohlreis 224
Fajita vom Blech 225
Geröstete Blumenkohl-Nachos ohne Käse 286
Gurken-Happen 248
Hähnchen-Enchilada-Bowl 194
Hühner-Tortilla-Suppe 140
Jalapeño-Garnelen im Speckmantel 163
Jalapeño-Hähnchen 178
Käse-Chips mit Speck und Jalapeños 276
Paprika im Prosciuttomantel 201
Pico de Gallo 296
Pikantes Pulled Pork aus dem Schongarer 204
Pulled Chicken mit Knoblauch und Limette 192
Slow-Cooker-Chili 226
Vietnamesische Steak-»Reis«-Bowl 231

K

Kabeljau
Kabeljau-Prosciutto-Rolle 167
Krosse Fischstäbchen 166

Kaffee
Kalt gebrühter Keto-Nuss-Latte 120
Keto-Eiskaffee 114
Keto-Kürbis-Latte 118
Keto-Latte 112

Kakao-Nibs
Erdnuss-Chia-Pudding 324
Kalt gebrühter Keto-Nuss-Latte 120
Knusper-Granola 73
Macadamia-Nussecken 84
Minze-Smoothie mit Schokodrops 124
Schoko-Chia-Pudding 325
Schoko-Crunch-Frühstücksflocken 70
Schoko-Zimt-Frühstücksflocken 74

Kakaopulver
Heiße Keto-Schokolade 121
Minze-Smoothie mit Schokodrops 124
Scharfe Schoko-Fettbomben 320
Schoko-Avocado-Mousse 323
Schoko-Chia-Pudding 325

Kapern
Lachs-Burger mit Aioli und Blattgemüse 156
Milchfreie Sauce Tartare 299
Zitroniger Spinat 252

Käse
Antipasto-Salat 146
Avocado-Cotija-Salat 142
Bacon-Cheeseburger-Suppe 138
Blumenkohl-Mac-and-Cheese mit Speck 208
Blumenkohl-Pizza mit Prosciutto und Rucola 202
Brokkoli-Hähnchen-Auflauf 184
Burger-Patties mit Kräuterbutter 211
Cheeseburger-Tacos 243

Cloud Eggs mit Parmesan 92
Cobb Salad mit Chili-Limetten-Garnelen 137
Eier-Muffins nach Santa-Fe-Art 108
Fathead-Pizza mit Salami und Peperoni 206
Gebackenes Ei mit Grünkohl, Avocado und Feta 90
Gerösteter Brokkoli mit Knoblauch und Mandeln 256
Grünkohl-Kürbis-Gratin 268
Hähnchen-Enchilada-Bowl 194
Hähnchen-Käse-Nachos 195
Hähnchen-Salat nach Chickenwing-Art 147
Hähnchenschenkel mit Zitronen-Rahmsauce 190
Herzhafte Cheddar-Schnittlauch-Waffeln 264
Hühnerrahmsuppe mit grünen Chilis 135
Hühner-Tortilla-Suppe 140
Jalapeño-Garnelen im Speckmantel 163
Jalapeño-Hähnchen 178
Kaisergranat mit Zoodles 160
Käse-Chips mit Speck und Jalapeños 276
Käse-Cracker 275
Käse-Cups mit Bacon und Avocado 283
Käse-Spinat-Auflauf mit Schweinekrusten 95
Krosse Fischstäbchen 166
Lachs in Knoblauch-Butter-Rahmsauce 168
Mediterrane Burger-Patties 233
Mexikanische Frühstücks-Bowl 102
Mini-Burger mit Frikadellen 85
Ofentomaten mit Parmesan 250
Pikanter Krebsfleisch-Dip 287
Portobello-Pilze mit Ei-Spinat-Füllung 96
Reuben-Wraps 279
Russische Eier mit Buffalo-Sauce 259
Santa-Fe-Burger mit grünen Chilischoten 237
Scharfes Alfredo-Hähnchen mit Zoodles 177
Schweinekoteletts mit Kräutern und Dijonsenf 216
Schweinekoteletts mit Parmesankruste 212
Schweinekrusten-Chips 272
Slow-Cooker-Chili 226
Spinat-Artischocken-Suppe 134
Tacos mit knusprigen Käseschalen 94

Knoblauch
Asiatische Rindfleisch-»Nudel«-Bowl 228
Blumenkohlreis-Hähnchen-Auflauf 186
Blumenkohlreis mit Pulled Chicken 196
Dijon-Hähnchenunterschenkel aus dem Ofen 187
Erdnuss-Hähnchen-Curry mit Blumenkohlreis 180
Fajita-Skirt-Steak mit Blumenkohlreis 224
Fajita vom Blech 225
Gebackenes Ei mit Grünkohl, Avocado und Feta 90
Grünkohl-Kürbis-Gratin 268
Hacksteak mit Pilzen und Bacon 236
Hähnchen-Curry mit Shirataki-Nudeln 181
Hähnchen mit Pilzsauce »Alfredo-Art« 193
Hähnchenschenkel miT Zitronen-Rahmsauce 190
Kaisergranat mit Zoodles 160
Knoblauch-Königskrabbenbeine 170
Kokos-Curry-Hühnersuppe 136
Kräuterbutter 46
Lachs in Knoblauch-Butter-Rahmsauce 168
Mini-Hackbraten 241
Pikantes Pulled Pork aus dem Schongarer 204
Pulled Chicken mit Knoblauch und Limette 192
Rinder-Knochenbrühe 47
Sahniger Gurkensalat 144
Scharfe Garnelen mit Shirataki-Nudeln 159
Scharfes Alfredo-Hähnchen mit Zoodles 177
Schweinefleisch-Pfanne mit Sriracha-Sauce 219
Schweinelende in Butter aus dem Schongarer 213
Slow-Cooker-Chili 226
Spinat-Artischocken-Suppe 134
Thai-Blumenkohl mit Erdnussauce 260
Thailändischer Garnelen-Zoodles-Salat 143
Vietnamesische Steak-»Reis«-Bowl 231
Zitroniger Spinat 252
Zoodles (Zucchininudeln) 54

Kokos-Aminos-Würzsauce
Knoblauch-Königskrabbenbeine 171
Thunfisch-Poke-Bowl 162
Würzige Miesmuscheln aus dem Ofen 173

Kokosmehl
Doppelt panierte Schweinekoteletts 218
Hähnchen mit Pilzsauce »Alfredo-Art« 193
Hähnchenschnitzel in Schweinekruste paniert 183
Heidelbeer-Zitronen-Kuchen 314
Kürbis-Pfannkuchen mit Aromakick 80
Paniertes Schnitzel auf Keto-Art 242
Waffeln mit Schweinekrusten 86

Kokosmilch
Avocado-Kurkuma-Smoothie 123
Beeren-Kokos-Chia-Pudding 327
Eistee Pink Passion 130
Erdnuss-Chia-Pudding 324
Erdnuss-Hähnchen-Curry mit Blumenkohlreis 180
Hähnchen-Curry mit Shirataki-Nudeln 181
Hähnchen mit Pilzsauce »Alfredo-Art« 193
Heidelbeer-Kokos-Smoothie 126
Heiße Keto-Schokolade 121
Kalt gebrühter Keto-Nuss-Latte 120
Keto-Chata 131
Keto-Eiskaffee 114
Keto-Kürbis-Latte 118
Keto-Latte 112
Keto-Matcha-Tee 116
Keto-Tee 115
Kokos-Curry-Hühnersuppe 136
Milchfreie Avocado-Crema 304
Milchfreier geschlagener Kokos-Rahm 301
Milchfreier Rahmkäse 305
Milchfreier Sauerrahm 306
Minze-Smoothie mit Schokodrops 124
Nussmus-Smoothie 122
Schoko-Avocado-Mousse 323
Schoko-Chia-Pudding 325
Thai-Blumenkohl mit Erdnussauce 260

Kokosmus
Pekannuss-Fettbomben 319
Scharfe Schoko-Fettbomben 320

Kokosnuss
Beeren-Kokos-Chia-Pudding 327
Knusper-Granola 73
Kokos-Frühstücksflocken 72
Kokos-Goldmakrelen-Nuggets 164
Macadamia-Nussecken 84
Schoko-Crunch-Frühstücksflocken 70
Schoko-Zimt-Frühstücksflocken 74

Kokosöl
Pekannuss-Fettbomben 319
Scharfe Schoko-Fettbomben 320

Kollagenpulver
Keto-Eiskaffee 114
Keto-Latte 112
Keto-Tee 115

Koriandergrün
Fajita-Skirt-Steak mit Blumenkohlreis 224
Fajita vom Blech 225
Hähnchen-Curry mit Shirataki-Nudeln 181
Hähnchen-Käse-Nachos 195
Kokos-Curry-Hühnersuppe 136
Mexikanische Frühstücks-Bowl 102
Pico de Gallo 296
Schweinefleisch-Pfanne mit Sriracha-Sauce 219
Tacos mit knusprigen Käseschalen 94

Krustentiere
Champignons mit Krebsfleischfüllung 262
Cobb Salad mit Chili-Limetten-Garnelen 137
Gegrillte Langustenschwänze 169
Jalapeño-Garnelen im Speckmantel 163
Kaisergranat mit Zoodles 160
Knoblauch-Königskrabbenbeine 170
Pikanter Krebsfleisch-Dip 287
Scharfe Garnelen mit Shirataki-Nudeln 159
Thailändischer Garnelen-Zoodles-Salat 143

Kürbis
Grünkohl-Kürbis-Gratin 268
Keto-Kürbis-Brot 60
Keto-Kürbis-Latte 118
Kürbis-Pfannkuchen mit Aromakick 80

Kürbiskerne
Knusper-Granola 73

Kurkuma
Avocado-Kurkuma-Smoothie 123
Erdnuss-Hähnchen-Curry mit Blumenkohlreis 180

L

Lachs
Eier Benedict mit Räucherlachs 98
Lachs-Avocado-Schiffchen 278
Lachs-Burger mit Aioli und Blattgemüse 156
Lachs in Knoblauch-Butter-Rahmsauce 168
Pochierter Lachs mit Gurken-Rahm-Sauce 158
Sushi-Style-Snacks aus Algen 284

Leinsamen
Knusper-Granola 73

Limette
Avocado-Cotija-Salat 142
Avocado-Geflügel-Salat 176
Avocado-Kurkuma-Smoothie 123
Chili-Limetten-Würzmischung 290
Fajita-Skirt-Steak mit Blumenkohlreis 224
Fajita vom Blech 225
Frikadellen im Salatblatt 214
Hähnchen-Curry mit Shirataki-Nudeln 181
Hähnchen-Käse-Nachos 195
Keto-Jito 128
Kokos-Curry-Hühnersuppe 136
Kokos-Goldmakrelen-Nuggets 164
Milchfreie Avocado-Crema 304
Pico de Gallo 296
Pikantes Pulled Pork aus dem Schongarer 204
Pulled Chicken mit Knoblauch und Limette 192
Thunfisch-Poke-Bowl 162
Vietnamesische Steak-»Reis«-Bowl 231

M

Macadamianusskerne
Knusper-Granola 73
Kokos-Goldmakrelen-Nuggets 164
Macadamia-Nussecken 84
Macadamia-Schoko-Frühstückscookies 76
Macadamia-Splitter 310

Makrele
Kokos-Goldmakrelen-Nuggets 164

Mandeldrink
Avocado-Kurkuma-Smoothie 123
Keto-Chata 131
Minze-Smoothie mit Schokodrops 124

Mandeln
Beeren-Kokos-Chia-Pudding 327
Fathead-Bagels 82
Fathead-Pizza mit Salami und Peperoni 206
Fathead-Zimtschnecken 326
Gerösteter Brokkoli mit Knoblauch und Mandeln 256
Heidelbeer-Frischkäse-Muffins 78
Herzhafte Cheddar-Schnittlauch-Waffeln 264
Käse-Cracker 275
Keto-Kürbis-Brot 60
Knusper-Granola 73
Kokos-Goldmakrelen-Nuggets 164
Krosse Fischstäbchen 166
Macadamia-Schoko-Frühstückscookies 76
Mini-Burger mit Frikadellen 85
Röstmandeln mit Zimt 69
Salami-»Tacos« 282
Schoko-Crunch-Frühstücksflocken 70
Weiche Schokodrop-Cookies 316
Zitronen-Kekskugeln ohne Backen 322

Marinara-Sauce
Blumenkohl-Pizza mit Prosciutto und Rucola 202

Masago
Würzige Miesmuscheln aus dem Ofen 173

Matcha-Pulver
Keto-Matcha-Tee 116

MCT-Öl
Heidelbeer-Kokos-Smoothie 126
Kalt gebrühter Keto-Nuss-Latte 120
Keto-Eiskaffee 114
Keto-Kürbis-Latte 118
Keto-Latte 112
Keto-Matcha-Tee 116
Keto-Tee 115
Lachs-Burger mit Aioli und Blattgemüse 156
Minze-Smoothie mit Schokodrops 124

MCT-Öl-Pulver
Keto-Kürbis-Brot 60

Meerrettich
Lachs-Burger mit Aioli und Blattgemüse 156

Minze
Avocado-Cotija-Salat 142
Keto-Jito 128
Minze-Smoothie mit Schokodrops 124
Vietnamesische Steak-»Reis«-Bowl 231

Mohnsamen
Allround-Bagel-Würzmischung 293

Mortadella
Wraps all'italiana 281

Mozzarella
Blumenkohl-Pizza mit Prosciutto und Rucola 202
Fathead-Bagels 82
Fathead-Pizza mit Salami und Peperoni 206
Fathead-Zimtschnecken 326
Käse-Cracker 275
Käse-»Fritten« im Speckmantel 273
Mini-Burger mit Frikadellen 85
Pollo alla Caprese 188
Prosciutto-Mozzarella-Bomben 200

Muscheln
Würzige Miesmuscheln aus dem Ofen 173

N

Nori-Algenblatt
Sushi-Style-Snacks aus Algen 284

Nussdrink
Kokos-Frühstücksflocken 72
Schoko-Crunch-Frühstücksflocken 70

Nussmus
Erdnuss-Chia-Pudding 324
Erdnuss-Hähnchen-Curry mit Blumenkohlreis 180
Kalt gebrühter Keto-Nuss-Latte 120
Macadamia-Nussecken 84
Nussmus-Cookies mit Schokodrops 313
Nussmus-Smoothie 122
Thai-Blumenkohl mit Erdnussauce 260

O

Oliven
Antipasto-Salat 146
Fathead-Pizza mit Salami und Peperoni 206
Mediterraner Wedge-Salat 139
Thailändischer Garnelen-Zoodles-Salat 143

Olivenöl
Avocado-Cotija-Salat 142
Blackened Fish auf Sriracha-Rotkohl 172
Blumenkohl-Pizza mit Prosciutto und Rucola 202
Blumenkohlreis 52
Blumenkohlreis mit Pulled Chicken 196
Buffalo-Blumenkohl 253
Cheeseburger-Tacos 243
Cobb Salad mit Chili-Limetten-Garnelen 137
Dijon-Hähnchenunterschenkel aus dem Ofen 187
Doppelt panierte Schweinekoteletts 218
Eier-Speck-Salat mit Avocado 152
Erdbeer-Spinat-Salat mit Speck 148
Fajita-Skirt-Steak mit Blumenkohlreis 224
Fajita vom Blech 225
Frikadellen im Salatblatt 214
Gebackenes Ei mit Grünkohl, Avocado und Feta 90
Geröstete Blumenkohl-Nachos ohne Käse 286
Gerösteter Blumenkohl mit Speck 258
Gerösteter Brokkoli mit Knoblauch und Mandeln 256
Grünkohl-Kürbis-Gratin 268
Hackfleischfrikadellen 48
Hacksteak mit Pilzen und Bacon 236
Hähnchen mit Pilzsauce »Alfredo-Art« 193
Hähnchenschenkel mit Zitronen-Rahmsauce 190
Hähnchenschnitzel in Schweinekruste paniert 183
Hühner-Tortilla-Suppe 140
Käse-»Fritten« im Speckmantel 273
Knoblauch-Königskrabbenbeine 170, 171
Knuspriger Schweinebauch aus dem Ofen 209
Knusprig geröstete Rosenkohlblätter 249
Lachs-Burger mit Aioli und Blattgemüse 156

Lachs in Knoblauch-Butter-Rahmsauce 168
Mediterrane Burger-Patties 233
Mediterraner Wedge-Salat 139
Milchfreie Avocado-Crema 304
Ofensteak mit Radieschen und Kräuterbutter 230
Paniertes Schnitzel auf Keto-Art 242
Prosciutto-Mozzarella-Bomben 200
Röstmandeln mit Zimt 69
Santa-Fe-Burger mit grünen Chilischoten 237
Scharfe Garnelen mit Shirataki-Nudeln 159
Scharfe Pekannüsse 68
Scharfes Alfredo-Hähnchen mit Zoodles 177
Schweinefleisch-Nuggets im Speckmantel 207
Schweinekoteletts mit Parmesankruste 212
Steakhäppchen im Speckmantel mit Senf-Dipsauce 240
T-Bone-Steak mit Kräuterbutter 222
Thai-Blumenkohl mit Erdnusssauce 260
Thailändischer Garnelen-Zoodles-Salat 143
Vietnamesische Steak-»Reis«-Bowl 231
Zitroniger Spinat 252
Zoodles (Zucchininudeln) 54

P

Paprika
Blumenkohlreis-Hähnchen-Auflauf 186
Blumenkohlreis mit Pulled Chicken 196
Eier-Muffins nach Santa-Fe-Art 108
Fajita-Skirt-Steak mit Blumenkohlreis 224
Fajita vom Blech 225
Hühner-Tortilla-Suppe 140
Ofensteak mit Radieschen und Kräuterbutter 230
Paprika im Prosciuttomantel 201
Paprika-Prosciutto-Frittata 106
Schweinefleisch-Pfanne mit Sriracha-Sauce 219

Pekannusskerne
Cobb Salad mit Chili-Limetten-Garnelen 137
Knusper-Granola 73
Pekannuss-Fettbomben 319
Scharfe Pekannüsse 68
Schoko-Cookie-Bruch 318

Peperoni
Antipasto-Salat 146
Wraps all'italiana 281

Petersilie
Buffalo-Wing-Dip ohne Käse 280
Champignons mit Krebsfleischfüllung 262
Dijon-Hähnchenunterschenkel aus dem Ofen 187
Gegrillte Langustenschwänze 169
Hähnchenschenkel mit Zitronen-Rahmsauce 190
Kaisergranat mit Zoodles 160
Käse-Spinat-Auflauf mit Schweinekrusten 95
Knoblauch-Königskrabbenbeine 170
Kräuterbutter 46
Krosse Fischstäbchen 166
Lachs in Knoblauch-Butter-Rahmsauce 168
Ranch-Würzmischung 294
Schweinekoteletts mit Kräutern und Dijonsenf 216
Schweinekrusten-Chips 272
Steak-Pilz-Häppchen aus dem Schongarer 244
Thai-Blumenkohl mit Erdnusssauce 260

Pilinusskerne
Knusper-Granola 73

Pilze
Champignons mit Krebsfleischfüllung 262
Hacksteak mit Pilzen und Bacon 236
Hähnchen mit Pilzsauce »Alfredo-Art« 193
Kokos-Curry-Hühnersuppe 136
Mini-Hackbraten 241
Portobello-Pilze mit Ei-Spinat-Füllung 96
Steak-Pilz-Häppchen aus dem Schongarer 244

R

Radieschen
Frikadellen im Salatblatt 214
Ofensteak mit Radieschen und Kräuterbutter 230
Sahniger Gurkensalat 144
Vietnamesische Steak-»Reis«-Bowl 231

Rinderbrühe
Bacon-Cheeseburger-Suppe 138

Rindfleisch
Ofensteak mit Radieschen und Kräuterbutter 230
Paniertes Schnitzel auf Keto-Art 242
Reuben-Wraps 279
Rinder-Knochenbrühe 47
Steak and Eggs vom Blech 232
Steakhäppchen im Speckmantel mit Senf-Dipsauce 240
T-Bone-Steak mit Kräuterbutter 222
Vietnamesische Steak-»Reis«-Bowl 231

Rosenkohl
Knusprig geröstete Rosenkohlblätter 249
Ofengemüse 56

Rosmarin
Italienische Kräutermischung 295

Rotkohl
Blackened Fish auf Sriracha-Rotkohl 172

Rucola
Blumenkohl-Pizza mit Prosciutto und Rucola 202

Rum
Keto-Jito 128

S

Salami
Salami-»Tacos« 282

Wraps all'italiana 281

Salat
Antipasto-Salat 146
Blumenkohl-Pizza mit Prosciutto und Rucola 202
Cheeseburger-Tacos 243
Cobb Salad mit Chili-Limetten-Garnelen 137
Eiersalat im Salatblatt mit Bacon 100
Eier-Speck-Salat mit Avocado 152
Frikadellen im Salatblatt 214
Hähnchen-Salat nach Chickenwing-Art 147
Käse-Cups mit Bacon und Avocado 283
Mediterraner Wedge-Salat 139
Wraps all'italiana 281

Salsa Verde
Fleischbällchen mit grünen Chilischoten 234
Hühnerrahmsuppe mit grünen Chilis 135

Sauerrahm
Eiersalat im Salatblatt mit Bacon 100
Ei-Wurst-Frühstück im Glas 104
Hähnchen-Enchilada-Bowl, schonend gegart 194
Hähnchen-Käse-Nachos 195
Hühnerrahmsuppe mit grünen Chilis 135
Hühner-Tortilla-Suppe 140
Käse-Cups mit Bacon und Avocado 283
Mexikanische Frühstücks-Bowl 102
Pochierter Lachs mit Gurken-Rahm-Sauce 158
Russische Eier mit Buffalo-Sauce 259
Russische Eier mit Speck und Sriracha-Sauce 105
Sahniger Gurkensalat 144
Slow-Cooker-Chili 226

Schalotten
Gebackenes Ei mit Grünkohl, Avocado und Feta 90
Grünkohl-Kürbis-Gratin 268
Hacksteak mit Pilzen und Bacon 236
Kaisergranat mit Zoodles 160
Mini-Hackbraten 241
Zitroniger Spinat 252

Schinken
Blumenkohl-Eierküchlein 91
Blumenkohl-Pizza mit Prosciutto und Rucola 202
Kabeljau-Prosciutto-Rolle 167
Paprika im Prosciuttomantel 201
Paprika-Prosciutto-Frittata 106
Prosciutto-Mozzarella-Bomben 200
Wraps all'italiana 281

Schlagsahne
Bacon-Cheeseburger-Suppe 138
Blumenkohl-Mac-and-Cheese mit Speck 208
Eier-Muffins nach Santa-Fe-Art 108
Fathead-Zimtschnecken 326
Fruchtgummis 311
Geschlagene Sahne 300
Grünkohl-Kürbis-Gratin 268

Hähnchenschenkel mit Zitronen-Rahmsauce 190
Heidelbeer-Frischkäse-Muffins 78
Käse-Spinat-Auflauf mit Schweinekrusten 95
Keto-Dessertcreme 65
Lachs in Knoblauch-Butter-Rahmsauce 168
Macadamia-Splitter 310
Mexikanische Frühstücks-Bowl 102
Paprika-Prosciutto-Frittata 106
Scharfes Alfredo-Hähnchen mit Zoodles 177
Spinat-Artischocken-Suppe 134
Tacos mit knusprigen Käseschalen 94

Schnittlauch
Eier Benedict mit Räucherlachs 98
Eiersalat im Salatblatt mit Bacon 100
Herzhafte Cheddar-Schnittlauch-Waffeln 264
Kräuterbutter 46
Lachs-Burger mit Aioli und Blattgemüse 156
Ranch-Würzmischung 294
Russische Eier mit Buffalo-Sauce 259
Thunfisch-Poke-Bowl 162

Schokolade, zuckerfrei
Bacon im Schokomantel 312
Schoko-Cookie-Bruch 318

Schokotropfen
Macadamia-Schoko-Frühstückscookies 76
Macadamia-Splitter 310
Nussmus-Cookies mit Schokodrops 313
Weiche Schokodrop-Cookies 316

Schweinefleisch
Doppelt panierte Schweinekoteletts 218
Knuspriger Schweinebauch aus dem Ofen 209
Krosse Fischstäbchen 166
Lachs-Burger mit Aioli und Blattgemüse 156
Pikantes Pulled Pork aus dem Schongarer 204
Schweinefleisch-Nuggets im Speckmantel 207
Schweinekoteletts mit Kräutern und Dijonsenf 216
Schweinekoteletts mit Parmesankruste 212
Schweinekoteletts mit würziger Rahmsauce 215
Schweinekrusten-»Semmelbrösel« 307
Schweinelende im Speckmantel 210
Schweinelende in Butter aus dem Schongarer 213
Würzige Miesmuscheln aus dem Ofen 173

Schwertfisch
Blackened Fish auf Sriracha-Rotkohl 172

Sellerie
Asiatische Rindfleisch-»Nudel«-Bowl 228
Avocado-Geflügel-Salat 176
Hähnchen-Salat nach Chickenwing-Art 147
Slow-Cooker-Chili 226

Senf
Bacon-Cheeseburger-Suppe 138
Blumenkohl-Mac-and-Cheese mit Speck 208
Buffalo-Wing-Dip ohne Käse 280

Cheeseburger-Tacos 243
Dijon-Hähnchenunterschenkel aus dem Ofen 187
Lachs-Burger mit Aioli und Blattgemüse 156
Schweinekoteletts mit Kräutern und Dijonsenf 216
Steakhäppchen im Speckmantel mit Senf-Dipsauce 240

Senfpulver
Ranch-Würzmischung 294
Russische Eier mit Buffalo-Sauce 259

Sesam
Allround-Bagel-Würzmischung 293
Asiatische Rindfleisch-»Nudel«-Bowl 228
Knoblauch-Königskrabbenbeine 171
Thunfisch-Poke-Bowl 162
Würzige Miesmuscheln aus dem Ofen 173

Sesamöl
Asiatische Rindfleisch-»Nudel«-Bowl 228
Blumenkohlreis-Hähnchen-Auflauf 186
»Gebratener« Blumenkohlreis im Schongarer 269
Schweinefleisch-Pfanne mit Sriracha-Sauce 219
Thunfisch-Poke-Bowl 162

Sojasauce
Asiatische Rindfleisch-»Nudel«-Bowl 228
Blumenkohlreis-Hähnchen-Auflauf 186
»Gebratener« Blumenkohlreis im Schongarer 269
Schweinefleisch-Pfanne mit Sriracha-Sauce 219
Slow-Cooker-Chili 226
Spargel im Speckmantel 266
Sushi-Style-Snacks aus Algen 284
Vietnamesische Steak-»Reis«-Bowl 231

Sonnenblumenkerne
Knusper-Granola 73
Schoko-Crunch-Frühstücksflocken 70

Spargel
Schweinefleisch-Pfanne mit Sriracha-Sauce 219
Spargel im Speckmantel 266

Speck
Avocado-Geflügel-Salat 176
Bacon-Cheeseburger-Suppe 138
Bacon im Schokomantel 312
Blumenkohl-Mac-and-Cheese mit Speck 208
Brokkoli-Hähnchen-Auflauf 184
Cloud Eggs mit Parmesan 92
Cobb Salat mit Chili-Limetten-Garnelen 137
Eiersalat im Salatblatt mit Bacon 100
Eier-Speck-Salat mit Avocado 152
Erdbeer-Spinat-Salat mit Speck 148
Frühstücks-Nachos mit Blumenkohl 101
Gerösteter Blumenkohl mit Speck 258
Gurken-»Fritten« im Speckmantel 274
Hacksteak mit Pilzen und Bacon 236

Hähnchen-Käse-Roulade im Speckmantel 197
Jalapeño-Garnelen im Speckmantel 163
Jalapeño-Hähnchen 178
Käse-Chips mit Speck und Jalapeños 276
Käse-Cups mit Bacon und Avocado 283
Käse-»Fritten« im Speckmantel 273
Mini-Hackbraten 241
Portobello-Pilze mit Ei-Spinat-Füllung 96
Russische Eier mit Speck und Sriracha-Sauce 105
Schoko-Cookie-Bruch 318
Schweinefleisch-Nuggets im Speckmantel 207
Schweinelende im Speckmantel 210
Slow-Cooker-Chili 226
Spargel im Speckmantel 266, 267
Steakhäppchen im Speckmantel mit Senf-Dipsauce 240

Spinat
Blumenkohl-Eierküchlein 91
Ei-Wurst-Frühstück im Glas 104
Erdbeer-Spinat-Salat mit Speck 148
Erdnuss-Hähnchen-Curry mit Blumenkohlreis 180
Käse-Spinat-Auflauf mit Schweinekrusten 95
Lachs in Knoblauch-Butter-Rahmsauce 168
Mediterrane Burger-Patties 233
Portobello-Pilze mit Ei-Spinat-Füllung 96
Schoko-Avocado-Mousse 323
Spinat-Artischocken-Suppe 134
Steak and Eggs vom Blech 232
Zitroniger Spinat 252

Sriracha-Sauce
Asiatische Rindfleisch-»Nudel«-Bowl 228
Blackened Fish auf Sriracha-Rotkohl 172
Frikadellen im Salatblatt 214
Knoblauch-Königskrabbenbeine 171
Lachs-Avocado-Schiffchen 278
Russische Eier mit Speck und Sriracha-Sauce 105
Scharfes Alfredo-Hähnchen mit Zoodles 177
Schweinefleisch-Pfanne mit Sriracha-Sauce 219
Thunfisch-Poke-Bowl 162
Würzige Miesmuscheln aus dem Ofen 173

T

Tajín-Sauce
Gebackene Avocado 50
Hühner-Tortilla-Suppe 140

Tee
Eistee Pink Passion 130
Keto-Tee 115

Thunfisch
Knoblauch-Königskrabbenbeine 171
Thunfisch-Poke-Bowl 162

Thymian
Italienische Kräutermischung 295

Tomaten
Avocado-Cotija-Salat 142
Blumenkohlreis mit Pulled Chicken 196
Enchilada-Sauce 298
Hühner-Tortilla-Suppe 140
Käse-Cups mit Bacon und Avocado 283
Mediterrane Burger-Patties 233
Mediterraner Wedge-Salat 139
Ofentomaten mit Parmesan 250
Pico de Gallo 296
Pollo alla Caprese 188
Prosciutto-Mozzarella-Bomben 200
Scharfe Garnelen mit Shirataki-Nudeln 159
Slow-Cooker-Chili 226
Thailändischer Garnelen-Zoodles-Salat 143

Tomatensauce
Bacon-Cheeseburger-Suppe 138
Fathead-Pizza mit Salami und Peperoni 206

Tortilla
Hühner-Tortilla-Suppe 140

V

Vanille
Beeren-Kokos-Chia-Pudding 327
Berry Cheese Bites 75
Eistee Pink Passion 130
Erdnuss-Chia-Pudding 324
Geschlagene Sahne 300
Heidelbeer-Frischkäse-Muffins 78
Heidelbeer-Kokos-Smoothie 126
Heidelbeer-Zitronen-Kuchen 314
Heiße Keto-Schokolade 121
Keto-Chata 131
Keto-Dessertcreme 65
Keto-Eiskaffee 114
Keto-Kürbis-Latte 118
Keto-Latte 112
Kürbis-Pfannkuchen mit Aromakick 80
Macadamia-Schoko-Frühstückscookies 76
Macadamia-Splitter 310
Milchfreier geschlagener Kokos-Rahm 301
Nussmus-Smoothie 122
Pekannuss-Fettbomben 319
Scharfe Schoko-Fettbomben 320
Schoko-Avocado-Mousse 323
Schoko-Chia-Pudding 325
Waffeln mit Schweinekrusten 86
Weiche Schokodrop-Cookies 316
Zitronen-Kekskugeln ohne Backen 322

W

Walnusskerne
Knusper-Granola 73

Worcestershiresauce
Pikanter Krebsfleisch-Dip 287
Reuben-Wraps 279

Wurst
Antipasto-Salat 146
Eier-Muffins nach Santa-Fe-Art 108
Ei-Wurst-Frühstück im Glas 104
Fathead-Pizza mit Salami und Peperoni 206
Salami-»Tacos« 282
Wraps all'italiana 281

Wurstbrät
Mini-Hackbraten 241

Z

Zimt
Erdnuss-Chia-Pudding 324
Fathead-Zimtschnecken 326
Heidelbeer-Frischkäse-Muffins 78
Heiße Keto-Schokolade 121
Kalt gebrühter Keto-Nuss-Latte 120
Keto-Chata 131
Keto-Latte 112
Keto-Matcha-Tee 116
Keto-Tee 115
Kürbis-Pfannkuchen mit Aromakick 80
Röstmandeln mit Zimt 69
Scharfe Schoko-Fettbomben 320
Schoko-Avocado-Mousse 323
Schoko-Zimt-Frühstücksflocken 74
Waffeln mit Schweinekrusten 86

Zitronen
Cobb Salat mit Chili-Limetten-Garnelen 137
Dijon-Hähnchenunterschenkel aus dem Ofen 187
Eier-Speck-Salat mit Avocado 152
Erdbeer-Spinat-Salat mit Speck 148
Gegrillte Langustenschwänze 169
Gerösteter Brokkoli mit Knoblauch und Mandeln 256
Hähnchenschenkel mit Zitronen-Rahmsauce 190
Heidelbeer-Zitronen-Kuchen 314
Kaisergranat mit Zoodles 160
Knoblauch-Königskrabbenbeine 170, 171
Knusprig geröstete Rosenkohlblätter 249
Kräuterbutter 46
Milchfreier Rahmkäse 305
Milchfreier Sauerrahm 306
Milchfreie Sauce Hollandaise 302
Milchfreie Sauce Tartare 299
Pikanter Krebsfleisch-Dip 287
Sahniger Gurkensalat 144
Zitronen-Kekskugeln ohne Backen 322
Zitroniger Spinat 252

Zucchini
Hähnchen mit Pilzsauce »Alfredo-Art« 193
Kaisergranat mit Zoodles 160
Scharfes Alfredo-Hähnchen mit Zoodles 177
Thailändischer Garnelen-Zoodle-Salat 143
Zoodles (Zucchininudeln) 54

Zwiebeln
Blumenkohlreis 52
Blumenkohlreis mit Pulled Chicken 196
Cheeseburger-Tacos 243
Erdnuss-Hähnchen-Curry mit Blumenkohlreis 180
Fajita-Skirt-Steak mit Blumenkohlreis 224
Fajita vom Blech 225
Frikadellen im Salatblatt 214
»Gebratener« Blumenkohlreis im Schongarer 269
Hähnchen-Enchilada-Bowl 194
Hähnchen mit Pilzsauce »Alfredo-Art« 193
Hühner-Tortilla-Suppe 140
Kokos-Curry-Hühnersuppe 136
Lachs-Avocado-Schiffchen 278
Lachs in Knoblauch-Butter-Rahmsauce 168
Ofensteak mit Radieschen und Kräuterbutter 230
Paprika-Prosciutto-Frittata 106
Pico de Gallo 296
Pikantes Pulled Pork aus dem Schongarer 204
Pulled Chicken mit Knoblauch und Limette 192
Rinder-Knochenbrühe 47
Schweinefleisch-Pfanne mit Sriracha-Sauce 219
Slow-Cooker-Chili 226
Spinat-Artischocken-Suppe 134

Zwiebelpulver
Allround-Bagel-Würzmischung 293
Bacon-Cheeseburger-Suppe 138
Blumenkohlreis-Hähnchen-Auflauf 186
Buffalo-Wing-Dip ohne Käse 280
Champignons mit Krebsfleischfüllung 262
Chili-Limetten-Würzmischung 290
Enchilada-Sauce 298
»Gebratener« Blumenkohlreis im Schongarer 269
Hühnerrahmsuppe mit grünen Chilis 135
Italienische Kräutermischung 295
Ranch-Würzmischung 294
Taco-Würzmischung 292

NOCH MEHR SCHÖNE BÜCHER

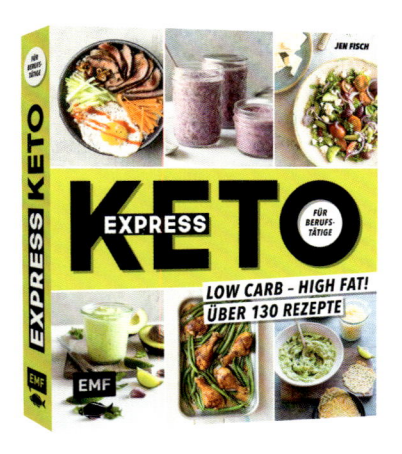

Express-Keto für Berufstätige
Schnelle ketogene Küche
ISBN: 978-3-96093-302-1
20,00 € (DE) / 20,60 € (AT)

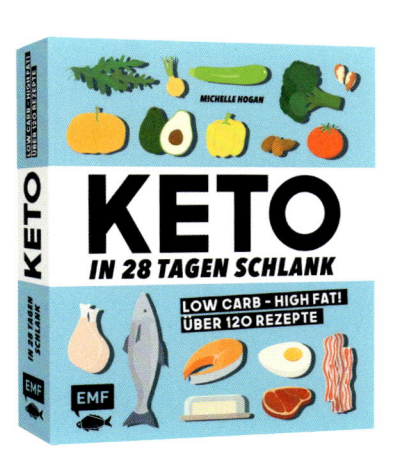

Keto – In 28 Tagen schlank
ISBN: 978-3-96093-307-6
20,00 € (DE) / 20,60 € (AT)

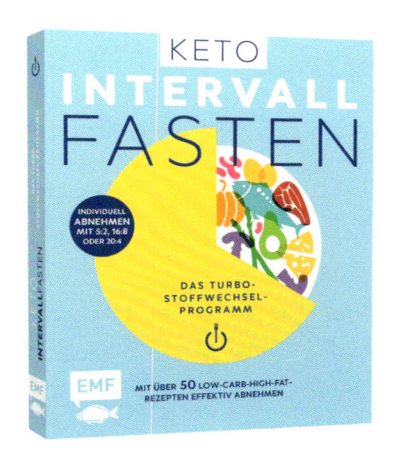

Keto-Intervallfasten
Das Turbo-Stoffwechselprogramm
ISBN: 978-3-96093-536-0
15,00 € (DE) / 15,50 € (AT)

Low Carb
Raffiniert kombiniert
ISBN: 978-3-96093-309-0
18,00 € (DE) / 18,50 € (AT)